Earvin »Magic« Johnson · William Novak
MEIN LEBEN

Earvin »Magic« Johnson
William Novak

MEIN LEBEN

*Die Autobiographie
des Dream-Team-Stars*

Aus dem Amerikanischen
von Mike Carlson, Bruno Genzler
Ulrich Genzler, Angela Hirsch
und Jens Plassmann

Goldmann Verlag

Deutsche Erstausgabe

Die Originalausgabe erschien unter dem Titel
»My Life« bei Random House, New York

Das Glossar erstellten Mike Carlson
und Jens Plassmann

Alle bedruckten Materialien
dieses Taschenbuches sind chlorfrei
und umweltfreundlich.

Der Goldmann Verlag
ist ein Unternehmen der Verlagsgruppe Bertelsmann

Made in Germany · 4/93 · 1. Auflage
© der Originalausgabe 1992 by June Bug Enterprises
© der deutschsprachigen Ausgabe 1993
by Wilhelm Goldmann Verlag, München
Umschlaggestaltung: Design Team München
Umschlagfoto: Bongarts, Hamburg
Satz: Uhl + Massopust, Aalen
Druck: Graphische Großbetriebe, Pößneck
Verlagsnummer: 42279
Lektorat: Ulrich Genzler
Herstellung: Ludwig Weidenbeck
ISBN 3-442-42279-5

FÜR COOKIE

Du hattest recht.
Ich hätte dich früher
heiraten sollen.

Inhalt

Prolog 11

Teil I
KINDHEIT UND JUGEND

Erstes Kapitel
Liebe und Disziplin 19

Zweites Kapitel
Schwarz und weiß 39

Drittes Kapitel
Drei Freunde. 52

Viertes Kapitel
Zeit der Entscheidung 60

Fünftes Kapitel
College Kid 68

Sechstes Kapitel
Die große Saison 88

Teil II
DIE LAKERS-JAHRE

Siebtes Kapitel
Das nächste Level 103

Achtes Kapitel
Rookie 114

Neuntes Kapitel
Der Lange 128

ZEHNTES KAPITEL
Sophomore Blues oder das verflixte zweite Jahr. 147

ELFTES KAPITEL
Die Jungs im Bus. 163

ZWÖLFTES KAPITEL
Ein Mann unter Hochspannung 184

DREIZEHNTES KAPITEL
Die Celtics. 202

VIERZEHNTES KAPITEL
Larry Bird 218

FÜNFZEHNTES KAPITEL
Isiah und Michael 228

SECHZEHNTES KAPITEL
Die Frauen und ich 240

TEIL III
HEUTE

SIEBZEHNTES KAPITEL
Schlechte Neuigkeiten 263

ACHTZEHNTES KAPITEL
Mein neuer Beruf 281

NEUNZEHNTES KAPITEL
Ein besonderes Spiel 304

ZWANZIGSTES KAPITEL
Der Rücktritt 312

EINUNDZWANZIGSTES KAPITEL
Ein neues Leben 326

Postscript 334

ANHANG

Eine Botschaft an schwarze Jugendliche 339

Glossar 343

Bildnachweise 348

Danksagungen 349

Autoren 351

Prolog

Orlando, Florida. Es ist Sonntag, der 9. Februar, und ich spiele im All-Star-Spiel 1992. Ich kann es noch immer nicht glauben, hier zu sein.

Gerade mal drei Monate ist es her, daß ich durch die Nachricht geschockt wurde, HIV zu haben, das Virus, das AIDS verursacht. Sofort als ich das erfuhr, gab ich das Basketballspielen auf.

Als ich meinen Rücktritt am 7. November verkündete, hätte ich niemals mit der Möglichkeit gerechnet, heute dabeizusein. Aber die Stimmzettel für die All-Star-Mannschaft waren bereits gedruckt, und so wählten mich die Fans – trotz alledem – ins Team. Allerdings waren einige Leute der Überzeugung, ich könnte nicht – oder ich sollte nicht spielen.

Aber ich mußte etwas beweisen. Von dem Moment an, da ich von diesem fürchterlichen Virus in mir wußte, war mir klar, daß ich weiterspielen wollte. Das ist ein Teil von dem, was dieses All-Star-Spiel für mich bedeutet. Ich will mir selbst und allen anderen zeigen, daß ich noch genauso Basketball spielen kann wie immer.

Hier in Orlando sind die Fans auf meiner Seite, feuern mich an. Und meine Mitspieler nehmen mich herzlich auf. Ich habe während der gesamten Saison kein Meisterschaftsspiel bestritten und stelle mit Erleichterung fest, daß ich den Anschluß nicht verloren habe. Ich genieße es, jede Minute, jeden Spielzug. Mein Herz hämmert. Ich wünsche mir, dies würde kein Ende nehmen.

Wir sind in der Schlußphase des letzten Viertels, und das Spiel ist fast vorbei. Ich habe soeben zwei Dreipunktewürfe getroffen und fühle mich phantastisch. Jetzt bringt Isiah Thomas für das Ost-Team den Ball nach vorne. Isiah ist mein Freund, und ich sehe ihm an, was er gerade denkt: Mann, ich hätte dich diesen letzten Dreier nicht machen lassen sollen!

Er will gegen mich punkten, ich weiß es genau, ich muß ihn daran hindern. Einer seiner Mannschaftskameraden ist im Weg, ich schiebe ihn beiseite. Ich will es allein mit Isiah austragen, noch einmal.

Plötzlich sind die anderen acht Jungs auf dem Feld verschwunden. Jetzt ist es nur noch eine Sache zwischen uns beiden, Isiah und mir, wie früher auf dem Freiplatz. Niemand sonst in der Nähe. Bevor du in den Ruf kommst, wirklich gut zu sein, mußt du gegen jeden eins gegen eins antreten. Ihnen zeigen, was du drauf hast.

Die Zuschauer spielen verrückt. Sie lieben so etwas. Diese beiden Haudegen, alte Freunde und harte Rivalen, wollen es noch mal wissen.

Jetzt beginnt Isiah zu dribbeln, wie er es immer tut, zuerst etwas fürs Auge, durch die Beine, hinter dem Rücken, ich winke ihn zu mir. Komm schon, sage ich ihm. Hör auf, dich zu drücken. Bringst du jetzt deinen Move oder was?

Endlich macht Isiah einen Sprungschuß. Verfehlt alles. Die Verteidigung ist zu gut. Lauter Beifall von den Rängen.

Eine Minute später. Hier kommt Michael Jordan mit dem Ball. Er grinst. Ihn will ich jetzt auch. Wieder schicke ich alle aus dem Weg. Die Menge kreischt! Das ist es, was sie lieben. Ich liebe es genauso.

Ich erwarte, daß Michael zum Korb zieht, mit einem seiner unglaublichen Superdunks einfliegt. Ich decke ihn eng, aber er überrascht mich. Geht schnell hoch zu einem Sprungwurf. *Bloing!* Vom Ring abgeprallt. Die Menge brüllt.

Die Leute haben gefragt, ob diese kleinen Zweikämpfe abgesprochen waren. Tut mir leid, aber so clever bin ich nicht. Wer hätte sich schon so etwas ausdenken können?

Noch dreißig Sekunden zu spielen. Ich bekomme den Ball ein letztes Mal. Ich setze zu einem Korbleger an, aber Isiah ist dicht an mir dran. Er schenkt mir nichts. Ich zahle es ihm heim, indem ich ein wenig mit ihm herumspiele. Dann mache ich einen Schritt hinter die Dreipunktelinie und lasse den Ball in hohem Bogen fliegen. Ich bewege mich dabei zurück, weshalb ich höher und fester als gewöhnlich werfen muß. Sieht gut aus – ja – *Swish!* Noch einer! Die Fans schreien auf. Sie sind perplex. Drei Dreier hintereinander, und dieser letzte kam von jenseits der Stadtgrenze. Wer hat behauptet, ich könnte dieses Spiel nicht mehr spielen?

Noch vierzehn Sekunden, aber keiner nimmt mehr den Ball auf. Plötzlich bin ich umringt, belagert von den All-Stars beider Teams. Sie zeigen mir ihre Zuneigung, ihre Unterstützung. Und ich kämpfe gegen die Tränen an. Ich glaube nicht, daß mich jemals etwas so sehr bewegt hat.

Diese Dreipunktewürfe waren großartig gewesen, aber dieses unglaubliche Ende war der schönste Augenblick von allen. Spielabbruch aufgrund von Umarmungen.

Soweit ich zurückdenken kann, hat sich mein Leben nur um Basketball gedreht: darum, Teil einer Mannschaft zu sein; um das Gewinnen und die Meisterschaften; darum, mich niemals mit meinem Spiel zufriedenzugeben und beständig daran zu arbeiten, besser zu werden. Sobald mir meine von Gott gegebenen Talente für dieses Spiel bewußt wurden, war ich entschlossen, sie soweit wie möglich zu nutzen.

Und ich tat es. Bis zu einem späten Freitag nachmittag im Herbst 1991, als ich unserem Mannschaftsarzt in Los Angeles an dessen Schreibtisch gegenübersaß. Wumm! Von dem Moment an, da er mit mir sprach, wußte ich: Alles, was ich in meinem Leben erreicht hatte, war nichts im Vergleich zu dem Kampf, der nun vor mir lag.

Als Dr. Michael Mellman erklärte, ich habe mich mit HIV angesteckt, hatte ich zuerst nur eine vage Vorstellung von dem, worüber er sprach. In dem Durcheinander und den Aufregungen der nächsten Woche blieb mir auch weiterhin unklar, was genau mit mir nicht stimmte. Am 7. November auf dem Weg zur großen Pressekonferenz im Forum, in der ich meinen Rücktritt bekanntgab, nahm mich mein Manager und enger Freund Lon Rosen beiseite: »Sag ihnen, du hast HIV«, meinte er. »Denk dran, du hast kein AIDS.«

Ich habe noch immer kein AIDS. Ich bin gut bei Kräften und zweifellos in Form. Ich habe hart gearbeitet, um mich auf die Olympischen Spiele vorzubereiten, und ich hatte keinerlei Schwierigkeiten, mit meinen Mannschaftskameraden mitzuhalten. Auf dem Spielfeld war ich immer bemüht, Zeichen zu setzen. Genauso spüre ich jetzt die Verpflichtung, mich dieser schweren Lebensaufgabe zu stellen.

Mit dem Moment, in dem ich meine Erklärung abgab, wurde ich eine andere Person. Ich war nicht länger Magic Johnson, Basketball-Star und »Master of Ceremonies« der Showtime. Auf einmal hatte ich eine neue Identität. Jetzt war ich Earvin »Magic« Johnson, ein lebendes Symbol für AIDS – eine Krankheit, die jeden treffen kann, der das Pech hat, ihr in die Quere zu kommen.

Fast über Nacht hatte ich mich mit Dingen zu beschäftigen, die für mich vorher nie ein Thema gewesen waren – zumindest kein öffentliches. Wie Promiskuität. Oder was ich von Homosexuellen halte. Oder die Gerüchte, ich wäre entweder schwul oder bisexuell. Oder meine Beziehungen zu Frauen und wie dieser Teil meines Lebens mit Basketball und mit meiner Prominenz zusammenhängt.

Mir war von Beginn an klar, daß ich diese Fragen beantworten mußte, so schwierig und persönlich sie auch sein mochten. Außerdem würde ich in einer völlig neuen Rolle auftreten müssen: Mein Ziel, weltweit stärker auf das Problem AIDS aufmerksam zu machen, würde mich zwingen, als Sprecher, ja zuweilen beinahe als Politiker in Erscheinung zu treten. Darüber hinaus wollte ich alles tun, um die Millionen von Kids zu erreichen, die laufend das Risiko einer Ansteckung eingehen, ohne dem viel Beachtung zu schenken.

Ich war von der enormen Reaktion auf meine öffentliche Erklärung erschüttert. Ich wußte, daß ich eine große Anhängerschaft habe, aber das

Ausmaß des öffentlichen Interesses an dieser Story war kaum glaublich. Einige Leute haben gesagt, sie würden sich immer daran erinnern, wo genau sie die Nachricht zum erstenmal hörten, fast so wie nach den Schüssen auf Präsident Kennedy. Ich hatte zwar große Erfolge als Basketballspieler, aber zu keiner Zeit habe ich mir vorgestellt, irgendein Ereignis meines Lebens könnte solche Auswirkungen haben.

Aber diese Öffentlichkeit kommt mir sehr entgegen, weil ich jetzt eine wichtige Botschaft habe: daß jeder HIV bekommen kann; daß unsere Regierung dem weitaus mehr Aufmerksamkeit schenken muß und daß wir mehr Geld für Forschung und Aufklärung bereitstellen müssen, wenn wir eine Epidemie unvorstellbaren Ausmaßes verhindern wollen.

In dem Jahr seit meiner Erklärung vom 7. November bin ich zusammen mit den Menschen in meiner Nähe durch ein Wechselbad extremer Gefühle gegangen. Meine Frau Cookie und meine Familie mußten widerliche Gerüchte und lächerliche Behauptungen verkraften. Aber gleichzeitig hat mir diese Zeit einige der absoluten Höhepunkte meines Lebens gebracht: meine Nähe zu Cookie und die Geburt unseres Sohnes; das All-Star-Spiel in Orlando und die Verabschiedungszeremonie im Forum; meine Besuche in High Schools im ganzen Land; meine Begegnungen mit Jugendlichen; und selbstverständlich die Olympischen Spiele, bei denen meine Mannschaftskameraden und ich die Vereinigten Staaten repräsentierten und die Goldmedaille gewannen. Dies alles war ein erstaunliches Auf und Ab, und es ist natürlich noch lange nicht vorbei.

Wenn die Ärzte recht haben, liegen die wirklichen Schwierigkeiten noch vor mir. Was vergangen ist, kann ich nicht mehr verändern. Sicherlich bedaure ich, was passiert ist. Ich hätte es verhindern können, und ich war dumm, keine Vorsorge getroffen zu haben.

Aber ich kann noch immer Nutzen daraus ziehen, indem ich alles daransetze, andere Menschen aus meinem Fehler lernen zu lassen. Und ich bete, daß Gott und die Liebe meiner Familie, meine eigene Willensstärke und der medizinische Fortschritt mir noch lange Zeit Gelegenheit dazu geben.

Ich hätte dieses Buch in jedem Fall geschrieben. Aber nicht jetzt. Ich hatte geplant, in zwei oder drei Jahren, wenn meine Basketball-Karriere zu einem natürlichen Ende gekommen wäre, daran zu arbeiten. Daß es jetzt entsteht, gibt dem Buch eine völlig andere Bedeutung.

Ich bin dankbar für das Leben, das ich bis heute genossen habe. Ich bin wirklich gesegnet. Ich komme aus einer großen, liebevollen Familie mit Eltern, die mir den Sinn für Werte vermittelt und mich immer angespornt haben.

Für zu viele schwarze Amerikaner ist der Rassismus ein fürchterliches

Handikap. Damit hatte ich nicht so stark zu kämpfen, denn aufgrund meiner sportlichen Fähigkeiten standen mir eine Vielzahl von Möglichkeiten offen.

Ich hatte Spaß, schöne Zeiten, Befriedigung, Erfolg und materiellen Wohlstand – mehr als irgendein Mensch je für sich hat erwarten können. Bis vor kurzem habe ich niemals wirklich innegehalten, um mir die Bedeutung von alldem bewußtzumachen. Und hierin unterscheidet sich dieses Buch von jenem, das ich immer schreiben wollte.

Der größte Teil dieser Geschichte handelt von Dingen, die mir und den Menschen, denen ich in meinem Leben begegnet bin, zugestoßen sind: meine Kindheit und Jugend; meine Jahre auf der Michigan State University und die NCAA-Meisterschaften; meine zwölf Spielzeiten mit den Lakers und meine Begegnungen mit einigen der bedeutendsten Spieler der Liga; meine lange Beziehung zu Cookie, die auch selbst in diesem Buch zu Wort kommen wird; und die Ereignisse, die zu meiner öffentlichen Erklärung führten und jene, die ihr folgten.

Also: Willkommen zu meinem Leben. Hier spricht Earvin Johnson jr. zu Ihnen, Sohn von Earvin und Christine Johnson, Ehemann von Cookie, Vater von Andre und Little Earvin.

Magic bin ich auf dem Basketballfeld. Earvin ist der, der ich wirklich bin.

TEIL I
KINDHEIT UND JUGEND

Erstes Kapitel

Liebe und Disziplin

Ich bin in einer jener schwarzen Familien aufgewachsen, die man heute leider immer seltener antrifft. Obwohl wir zu neunt waren, hatten wir alles, was wir brauchten – liebevolle Eltern, immer genug zu essen auf dem Tisch und genügend Zeit für das Familienleben. Meine Eltern mußten unglaublich hart arbeiten, um uns zu versorgen. Mein Vater hatte zwei volle Stellen, und meine Mutter schuftete genauso fleißig, damit im Haus alles rund lief. Mit sieben Kindern war sie zwar voll ausgelastet, aber sie ging auch noch verschiedenen Arbeiten außer Haus nach.

Das war in Lansing, Michigan, ungefähr eineinhalb Autostunden von Detroit entfernt. Wir lebten in einem bescheidenen gelben Holzhaus in der Middle Street 814, im Westen der Stadt. Es war ein solides Arbeiterviertel, kein feiner Vorort, aber auch kein Ghetto.

Lansing ist nicht nur die Hauptstadt von Michigan, sondern auch ein bedeutender Industriestandort. In den fünfziger Jahren lief hier die Produktion von General Motors auf Hochtouren, und es gab jede Menge Arbeitsplätze. Die Löhne waren recht hoch, und deshalb zogen auch damals so viele schwarze Familien, genau wie meine Eltern, aus dem ländlichen Süden hoch nach Lansing. Und genau wie mein Vater arbeiteten auch fast alle anderen Väter, die ich so kannte, für GM oder eins ihrer Subunternehmen.

Lansing war ein gutes Pflaster zum Aufwachsen. Die Atmosphäre war typisch kleinstädtisch; man winkte sich zu und begrüßte sich, wenn man sich auf der Straße traf. Wir kannten alle Leute im Viertel, und die Familien, mit denen ich aufwuchs, hatten sehr viel gemeinsam: Man sah sich in der Kirche, in der Schule, im Boy's Club, beim Eislaufen oder bei den Basketballspielen von Sexton, der örtlichen High School. Über alles, was ich machte – natürlich auch, wenn ich was ausgefressen hatte –, wußten meine Eltern bald Bescheid, manchmal noch bevor ich zu Hause war.

Wenn man in solch einer Gemeinschaft lebt, kann man sich nicht viel herausnehmen. Wir Jugendlichen wußten, daß man mit den Erwachsenen ganz schön Krach kriegen konnte, wenn man irgendeinen Mist baute. Aber das hielt dann die Eltern nicht davon ab, einen noch mal zu bestrafen, wenn man nach Hause kam.

Ich bin am 14. August 1959 geboren, als viertes von sieben Kindern.

Quincy, Larry und Pearl sind älter als ich, und nach mir kamen dann noch Kim und die Zwillinge Evelyn und Yvonne. Meine Mutter erzählt immer, daß ich ein süßes Baby war, das eine Menge gelächelt hat, und daß mich fast jeder ohne Geschrei hochnehmen und mit mir spielen konnte. So wird's wohl auch gewesen sein.

Unser Haus war ziemlich klein für die große Familie; im zweiten Stock schliefen wir zusammengedrängt in den drei Schlafzimmern: Eins war für meine Eltern, eins für meine vier Schwestern und eins für uns drei Jungen. Morgens vor der Schule, wenn wir alle Schlange standen, um das einzige Bad zu benutzen, verwandelte sich unser Zuhause regelmäßig in ein Tollhaus. Man lernte, schnell zu sein.

Neben uns sieben Geschwistern hatten unsere Eltern noch drei weitere Kinder aus der Zeit vor ihrer Ehe. Michael, Lois und Mary lebten im Süden, aber sie waren oft bei uns zu Hause. Sie waren praktisch ein Teil der Familie.

Ich war ziemlich pummelig, bevor ich so in die Höhe geschossen bin, und in jener Zeit bekam ich den Spitznamen »June Bug« (Maikäfer) verpaßt. Wenn die Erwachsenen aus dem Viertel zur Arbeit gingen und mich mit meinem Basketball rumspielen sahen, konnte ich hören, wie sie zueinander sagten: »Da ist ja wieder dieser verrückte June Bug, der den ganzen Tag nur auf den Korb ballert.« Meine Eltern nannten mich Junior, aber für meine Freunde war ich E. J. oder auch manchmal ganz einfach E. Manche Bekannte aus Lansing nennen mich noch heute so.

Mein erster Spitzname ist vor langer Zeit verschwunden, was mir auch ganz recht ist. Ja, ich bin wirklich froh, daß mich so ein Name nicht während meiner ganzen Profikarriere begleitet hat: »Und nun, meine Damen und Herren, der Guard des Weltmeisters Los Angeles Lakers, June Bug Johnson!«

Meine Familie hielt sehr eng zusammen, und wir hatten eine Menge Spaß miteinander. Fast jeden Samstagabend gab's eine Pizza-Party. Mom hat dann ein ganzes Blech mit Hamburgern und selbstzubereiteten Teigtaschen gebacken, gefüllt mit Zwiebeln, Pepperoni und Pilzen. Nach dem Essen sind wir dann alle, mit großen Schüsseln Popcorn bewaffnet, ins Wohnzimmer rüber und haben ferngesehen.

Als ich klein war, haben wir eine Menge Zeit vor dem Fernseher verbracht und Serien wie *Barnaby Jones, Mannix, Columbo* und *The Man from U.N.C.L.E.* gesehen. Es liefen damals nicht viele Sendungen, in denen Schwarze eine Hauptrolle spielten, aber immerhin gab's so Sachen wie *Sanford and Son, The Flip Wilson Show* und *Julia* mit Diahann Carroll. Sonntags abends war Ed Sullivan unser Mann, unter anderem auch, weil bei ihm viele schwarze Entertainer auftraten.

Aber wenn ich jetzt so zurückdenke und mir überlege, welchen Einfluß das Fernsehen auf mich hatte, kommt mir als erstes keine Sendung, sondern ein Werbespot für *Camay*-Seife in den Sinn. Darin war eine großgewachsene, elegante Dame zu sehen, die anscheinend in einem Schloß lebte. Sie war gerade dabei, in eine gigantische, in den Boden eingelassene Badewanne zu steigen. Aus irgendeinem Grund hat mich dieses Bild nicht mehr losgelassen. »Genau das ist es«, habe ich mir gesagt, »wenn ich groß bin, werde ich in einer großen Villa leben, mit genau so einer riesigen Badewanne.«

Als der Werbespot das nächste Mal im Fernsehen kam, habe ich zu meiner Schwester Pearl, die ein Jahr älter ist als ich, gesagt: »Hast du die Badewanne gesehen? Irgendwann werde ich auch mal so eine zu Hause haben.«

»Tja, in Ordnung«, hat sie nur geantwortet, und seitdem habe ich das Thema nie mehr erwähnt. Aber heute besitze ich ein großes Haus mit einer riesigen Badewanne, die der in der Werbung ganz ähnlich ist. Und Pearl hat sogar schon darin gebadet.

Eine andere Vorstellung von Reichtum setzte sich bei einem meiner vielen kleinen Jobs in meinem Kopf fest. In Lansing lebten zwei erfolgreiche schwarze Geschäftsleute, Joel Ferguson und Gregory Eaton, die prächtige Villen und tolle Autos besaßen. Bei ihnen habe ich die Büros geputzt. Jedesmal wenn ich dort war, machte ich's mir in den mächtigen Ledersesseln bequem und legte die Füße auf den Schreibtisch. Dann tat ich so, als wenn das alles mir gehören würde, und begann, meinen Angestellten Befehle zu geben: »Machen Sie das, kümmern Sie sich darum...« Ich stellte mir vor, daß alle Leute im ganzen Gebäude für mich arbeiten würden und daß die gesamte Stadt zu mir aufblicken würde.

Anders als Detroit war Lansing eine vorwiegend weiße Stadt. Die Schwarzen lebten fast alle in der East oder West Side. Aber diese beiden Geschäftsleute besaßen große wunderschöne Anwesen und konnten es sich erlauben, zu wohnen, wo sie Lust hatten. Damals hätte ich mir nie träumen lassen, daß ich später einmal vom Basketballspielen leben würde. Mein Ziel war es, ein reicher Geschäftsmann zu werden, genau wie Mr. Ferguson und Mr. Eaton.

Meine Eltern mußten eine große Familie durchbringen und hatten daher kein Geld übrig für irgendwelche Luxussachen. Wir hatten immer genug zu essen, aber es gab auch viele Dinge, die ich gern gehabt hätte, aber einfach nicht kriegen konnte. Zum Beispiel ein Rad mit Zehngangschaltung oder Bluejeans.

Kleidung war überhaupt ein besonderes Problem für mich, denn ich wuchs sehr schnell und brauchte fast alle zwei Wochen eine neue Größe. (Meine Geschwister waren alle überdurchschnittlich groß, aber ich überragte sie alle.) Mein bestes Stück war ein Anzug mit Wendejacke, den ich in die Kirche anzog. An einem Sonntag war die Jacke schwarz, und für den nächsten Kirchgang drehte ich sie um, und sie war kariert.

Meine Eltern glaubten fest an den Wert der Arbeit. Und das galt nicht nur für sie selbst, sondern auch für ihre Kinder. Sie erwarteten von uns allen, daß wir bei der Hausarbeit halfen. Genau wie meine Geschwister wusch ich ab und trug den Mülleimer raus. Ich staubsaugte, kochte und paßte auf die Zwillinge auf, obwohl ich nur zwei Jahre älter war als sie. Mein Vater hielt nicht viel von Taschengeld. Wenn ich ein bißchen was zum Ausgeben haben wollte, mußte ich es mir schon selbst verdienen. Als ich so ungefähr zehn war, hatte ich mir ein richtiges kleines Dienstleistungsunternehmen in unserem Viertel aufgebaut: Ich rechte Laub zusammen, machte Gärten sauber und schaufelte Schnee. Mit dem Geld, das ich auf diese Weise verdiente, konnte ich dann ins Kino gehen oder mir ab und zu mal eine Schallplatte leisten.

Mein Vater war mein Vorbild, und so paßte ich genau auf, wie er mit seinem Geld umging. Um sich selbst zum Sparen zu zwingen, hatte er stets zwei nicht eingelöste Schecks in seiner Brieftasche. Manchmal dachte ich, daß er sein Geld vielleicht ein bißchen zu vorsichtig ausgibt, besonders dann, wenn er mir irgendwas nicht kaufen wollte, was ich unbedingt zu brauchen glaubte. »Du willst fünf Dollar, Junior?« sagte er dann. »Hier, nimm den Rasenmäher, es gibt genug Gras in der Stadt, und ich wette, du hast das Geld bald zusammen.«

Er haßte es, Geld zu leihen, und oft warnte er uns davor, Schulden zu machen. Es war einer der glücklichsten Tage in seinem Leben, als er endlich die letzte Rate für unser Haus abzahlen konnte. Aber er war auch sehr großzügig. Wenn seine Freunde Geld brauchten, war er immer bereit auszuhelfen.

Durch den Sport und meine geschäftlichen Aktivitäten verfüge ich heute über ein großes Einkommen, über viel mehr, als sich mein Vater oder ich jemals erträumt hätten. Vor einigen Jahren, noch bevor ich Cookie heiratete, habe ich mir ein großes neues Haus in Beverly Hills gekauft, für 7,2 Millionen Dollar. Aber ich bin immer noch der Sohn meines Vaters, und manche Dinge werden sich nie ändern.

Als ich das Haus kaufte, hat mir mein Vermögensberater nahegelegt, nicht zuviel von dem Gesamtpreis sofort zu zahlen. Aus steuerlichen Gründen, so meinte er, sei es besser, die Summe über Jahre verteilt nach und nach abzutragen. Mir war klar, daß er recht hatte. Aber trotzdem legte ich auf einen Schlag 6,2 Millionen Dollar für das Haus hin. Das waren mehr als fünfundachtzig Prozent von der Gesamtsumme. Aber damit war ich immer noch nicht mit mir im reinen, und einige Monate später schrieb ich auch noch einen Scheck über die restliche Million aus. Ich haßte einfach den Gedanken an diese Hypothek genau wie an irgendwelche anderen Schulden, die mich belasten.

Mein Vater liebte die alten Bluessänger wie B. B. King und Muddy Waters. Er hörte ihre Single-Aufnahmen, LPs waren zu teuer, und es war meine Aufgabe, alle drei Minuten, wenn eine Platte zu Ende war, zum Plattenspieler rüberzugehen und sie noch mal laufen zu lassen. So saßen wir dann an Wochenendnachmittagen zusammen auf der Wohnzimmercouch, und ich wartete darauf, daß er einnickte. Sobald er schlief, nahm ich seine Platte vom Plattenteller und legte eine von meinen auf, die Jackson Five, die Commodores oder die Temptations.

Aber anscheinend hörte mein Vater die Musik auch im Schlaf. Oder vielleicht war es einfach nur »meine« Musik, die ihn beim Schlafen störte. Auf alle Fälle wachte er dann auf und meinte zu mir: »Hey, Junge, leg die andere Platte wieder auf!«

Als ich älter wurde, hat sich mein Musikgeschmack immer mehr dem seinen angenähert. Seit einigen Jahren bin ich auch ein eingefleischter Blues-Fan. Und kürzlich habe ich mir sogar ein paar von den Platten gekauft, die er so gern hörte. Immer wenn ich sie auflege, fängt Cookie, meine Frau, an zu lästern und nennt mich einen alten Mann.

Mein Arbeits-Ethos und einige meiner Gewohnheiten habe ich sicher von meinem Vater, doch sehr viel von meinem Charakter und meiner Persönlichkeit kommt zweifellos von meiner Mutter. Über mein Lächeln ist viel gesagt und geschrieben worden, aber im Grunde ist es ihr Lächeln. Viele Menschen können einen glücklich machen, indem sie etwas Bestimmtes tun, aber sie hat die Gabe, einen mit fast allem, was sie tut, glücklich zu machen. Egal, wo sie ist, sie verbreitet immer Sonnenschein. Mom kommt mit allen gut zurecht, und in unserem Viertel war sie praktisch die Mutter von allen Kindern. Auch heute noch beherbergt sie ständig Leute oder kocht für eine große Schar von Gästen. In meiner Zeit mit den Los Angeles Lakers fuhren sie und mein Vater, wenn wir in Detroit spielten, von Lansing runter zu den Spielen und brachten dabei regelmäßig ein selbstgekochtes Abendessen für die ganze Mannschaft mit. Sie arbeitete ständig. Als die Zwillinge gerade laufen konnten, nahm sie eine Stelle als Hausmeisterin in einer Schule an. Später arbeitete sie in einer Cafeteria. Nach einem vollen Tag auf den Beinen mußte sie sich dann zu Hause um uns sieben Kinder kümmern, mit allen unseren Wehwehchen und Zankereien. Sie war oft ausgepumpt, und die Erschöpfung konnten wir ihr im Gesicht ablesen.

Mom ist sehr religiös, und als ich klein war, ging die ganze Familie regelmäßig zur *Union Missionary Baptist Church*. Doch später dann, da war ich vielleicht zehn, änderte sich das. Eine Frau von den »Adventisten der letzten sieben Tage« zog damals von Haus zu Haus mit ihren religiösen Büchern und Bibeln, und da Mom interessiert war, sah man sie immer öfter bei uns. Die Adventisten sind Christen, für die der Sabbat heilig ist und die nach den Fastenregeln der orthodoxen Juden leben.

Als meine Mutter Adventistin wurde, kam es zu ganz schönen Spannungen in unserer Familie. Mein Vater war fest in der baptistischen Kirche verankert und versah dort die verschiedensten Ämter. Unter anderem sang er, wie ich übrigens auch, im Kirchenchor. Mom wollte, daß wir alle Adventisten würden, und einige Wochen lebten wir auch als Adventisten, nur mein Vater nicht.

Es war furchtbar für mich. Meine Basketballspiele in der Mini-Liga waren immer samstags, und auf einmal konnte ich nicht mehr mitspielen. Der Fernseher blieb von Freitagabend, wenn es dunkel wurde, bis samstags spät ausgeschaltet; Autofahren war bis auf die Fahrt in die Kirche am Samstag verboten, und die einzige Musik, die wir hören durften, war Kirchenmusik. Diese ganzen Regeln und Einschränkungen machten mich wahnsinnig. Ich sprach mit meinem Vater darüber, und er war auch ziemlich sauer. Meine Mutter kochte jetzt samstags nicht mehr, und Schinken, Würste und Speck kamen nicht mehr auf den Tisch. Das war schlimm für meinen Vater, denn er verschlang leidenschaftlich gerne gekochten Schinken und Bratwürstchen.

Einige Wochen lang herrschte Krieg in der Familie. Doch meine Eltern lieben sich, und schließlich konnten sie sich einigen. Mein Vater hatte gesehen, daß es meiner Mutter ernst war mit der neuen Kirche, und Mom verstand, daß mein Vater nicht übertreten wollte. Meine Schwestern wurden Adventisten, und mein Vater, meine Brüder und ich blieben Baptisten. Meine Eltern leben heute noch so und gehen zusammen zur Kirche, samstags *und* sonntags.

Meine Mutter hatte zwar dieses großartige Lächeln, aber das bedeutete nicht, daß man mit ihr Schlittenfahren konnte. Dad war meist bei der Arbeit, so daß meine Mutter die Hauptlast unserer Erziehung trug. Sie konnte auch ganz schön streng sein. Wenn wir unseren Pflichten im Haus nicht nachkamen oder wenn es Ärger mit der Schule gab, setzte es was. Manchmal, wenn etwas wirklich Schlimmes passiert war – was sehr selten vorkam –, wartete sie, bis mein Vater nach Hause kam.

Und mein Vater war *wirklich* streng. Wenn er mitten in der Nacht heimkam und die Ausfahrt war nicht freigeschaufelt, wie er es angeordnet hatte, konnte er einen aus dem Bett holen und zur Schaufel greifen lassen – auch wenn es drei Uhr morgens war.

Einmal, als ich neun war, hatte ich mit ein paar Freunden Süßigkeiten in einem Laden im Viertel mitgehen lassen. Schlimm genug – aber ich machte das Ganze noch schlimmer, indem ich alles abstritt. Mein Vater war so außer sich, daß er mich rausschickte und einen Zweig von einem Baum abbrechen ließ. Ich wußte, was das bedeutete – eine Tracht Prügel mit der Rute. Das kam selten vor, aber die größte Strafe war es, daß er einen die Rute selbst anfertigen ließ. Wenn er mich zum Verdreschen dann am Kragen packte und hochhob, zappelten meine kurzen Beinchen in der Luft wie bei einer Comic-Figur, die über einem Felsabsturz weiterläuft.

Dad machte die Nachtschicht in der Fabrik von Fisher Body, die zu General Motors gehörte. Tagaus, tagein – und ich glaube, er war nie krank oder auch nur zu spät bei der Arbeit. Egal, wo man ihn hinstellte, er machte einfach seine Arbeit, ob an der Karosserie, an der Innenausstattung oder beim Lackieren. Dreißig Jahre lang arbeitete er dort, und auf diese Leistung war er sehr stolz.

Seine Schicht begann um Viertel vor fünf am Nachmittag und ging bis um Viertel nach drei am nächsten Morgen. Die Fließbandarbeit schlauchte und war auch nicht ungefährlich. Oft kam er mit Brandflecken auf der Kleidung, oder sogar auf der Haut, nach Hause. Er nahm dann ein Bad und war so ausgelaugt, daß er manchmal noch in der Wanne einschlief. Solange ich denken kann, hatte er zusätzlich immer noch einen anderen Job. Zunächst bei einer Tankstelle, wo er Benzin zapfte und Autos reparierte. Später dann kaufte er sich einen Lastwagen, mit dem er einen eigenen Schrotthandel aufzog. Nach der Schicht bei Fisher fuhr er zu einem Lkw-Reparaturdienst und räumte dort die Werkstatt auf. Am Morgen klapperte er dann auf seiner Route alle Autowerkstätten ab und sammelte deren Alteisen ein. Samstags mußten wir ihm oft bei seiner Tour helfen.

Mein Vater war schon immer ein Autofan. Er liebte es, Autos zusammenzubauen, an ihnen rumzubasteln, über sie zu reden, sie zu fahren, sie zu kaufen. In der Fabrik arbeitete er an Oldsmobile-Wagen, aber sein Lieblingsauto war der Buick Electra 225. Er besaß stets mindestens einen Buick, den er alle zwei Jahre gegen ein neues Modell eintauschte. Mit diesen Wagen ging er immer sehr pfleglich um, machte regelmäßig Ölwechsel, wachste sie und hielt sie sauber. Auch heute noch gehört es zu seinen Hobbys, alte Autos zu kaufen und aufzumöbeln.

In Zeitungsartikeln über mich ist öfter zu lesen, daß ich einen Großteil meiner Kindheit mit Basketball-Wurfübungen in unserer Auffahrt verbrachte. Wer so etwas schreibt, kennt meinen Dad nicht. Wir hatten zwar eine Auffahrt, aber mein Vater hätte es uns nie erlaubt, dort einen Korb aufzustellen. Keine Frage, er mochte Basketball, aber nicht so sehr wie Autos.

Meine Eltern kommen beide aus dem Süden, und daher zwängte sich die ganze Familie jeden Sommer in unseren Buick und fuhr runter nach North Carolina und Mississippi, um die entferntere Verwandtschaft zu besuchen. Auf der Fahrt dorthin erzählten meine Eltern Geschichten aus ihrer Jugend. Meine Mutter wuchs als eines von zehn Kindern auf einem Bauernhof in Tarboro, North Carolina, auf. Morgens früh, vor der Schule, arbeitete sie auf den Feldern und nach der Schule genauso.

Mein Vater kommt aus Wesson, einem kleinen Dorf in Mississippi, wo seine Eltern Halbpächter waren. Sein Vater verließ die Familie, als er noch ein Junge war, und so mußte er schon damals hart ran, zusammen mit seinem Bruder auf den Tabak- und Baumwollfeldern oder in den Ställen. »Ich bin eigentlich nur zur Schule gegangen, wenn es geregnet hat«, erzählte mein Vater.

Spätabends fuhren wir dann durchs Mississippi-Delta, der Rest der Familie war eingeschlafen, und ich saß vorne neben meinem Vater und unterhielt mich mit ihm. Manchmal sprachen wir über Basketball, aber meistens erzählte er mir Geschichten aus seiner harten Jugendzeit auf der Farm.

Er redete aber auch über die Rassentrennung. Als er ein Junge war, gab es in Restaurants und Busbahnhöfen noch getrennte Bereiche für Schwarze und Weiße. Seitdem hatte sich eine Menge getan, aber Spuren des »Alten Südens« fanden sich noch überall. Bis Anfang der siebziger Jahre nahmen wir unseren eigenen Proviant auf diese Fahrten mit, den wir auf Rastplätzen an der Straße verzehrten. Klar, so sparten wir Geld, aber das war nicht der einzige Grund. Unten im Süden mußte man immer damit rechnen, daß Schwarze in einem Restaurant einfach nicht bedient wurden.

Dad vergaß auch nicht, uns daran zu erinnern, daß der Süden eine Welt für sich war und ganz anders als unsere Heimat Michigan. Auf diesen Reisen mußten wir daran denken, Weißen mit »Yes, Sir« und »No, Sir« zu antworten. Es ist noch gar nicht lange her, vielleicht zwei Jahre, da saß ich in einem Restaurant im tiefsten Süden, als ein Mann, vielleicht im Alter von meinem Vater, an meinen Tisch trat. Er glotzte mich eine Weile an, da ihm mein Gesicht wohl bekannt vorkam. »Junge«, meinte er dann, »du spielst doch Basketball, oder?« Das muß man sich mal überlegen, wir waren in den neunziger Jahren, und dieser Kerl nannte mich immer noch

»Junge«. Na ja, ich habe mich zurückgehalten und daran gedacht, was mein Vater immer gesagt hat: Wir dürfen nicht vergessen, daß diese Leute einen sehr, sehr langen Weg zurückzulegen haben.

Zwischen meinem Vater und mir gab es ein besonderes Band, das nie abgerissen ist, und es ist gar keine Frage, daß unser gemeinsames Interesse für Basketball uns besonders nahegebracht hat. Er hatte ja nie viel Freizeit, aber sonntags nachmittags saßen wir fast immer zusammen im Wohnzimmer und sahen uns die NBA-Spiele im Fernsehen an. Das war noch lange, bevor es Kabelfernsehen gab. Es wurde nur ein Spiel in der Woche übertragen, und das schaute man sich eben an. Wilt Chamberlain war der Lieblingsspieler meines Vaters, aber wir hatten Gelegenheit, alle großen Stars zu bewundern: Kareem Abdul-Jabbar und Oscar Robertson von Milwaukee, Bill Russell und John Havlicek von den Boston Celtics, Elgin Baylor und Jerry West von den Lakers. Während der Spiele wies er mich dann auf die Feinheiten der Block- und Abroll-Spielzüge hin oder erklärte mir die verschiedenen Verteidigungstaktiken. Wenn das Spiel vorbei war, schlief mein Vater meist auf der Wohnzimmercouch ein. Ich aber lief rüber zu den Schulhof-Basketballplätzen in der Main Street und übte ein paar von den Bewegungsabläufen, die ich gerade gesehen hatte. Manchmal kam mein Vater auch mit, vorwiegend dann, wenn er wegen Umbauarbeiten in der Fabrik einige Tage frei hatte. Dann spielten wir »eins gegen eins«, und er gewann immer. Er war wirklich gut, aber er spielte auch hart. Manchmal hielt er mich mit einer Hand fest, während er mit der anderen warf. Er boxte mir in die Rippen, schubste und hielt mich das ganze Spiel über fest. Aber wenn ich dann sauer wurde, meinte er nur: »Stell dich nicht so an, das ist doch kein Foul.« Das frustrierte mich nur noch mehr, brachte mich aber auch dazu, selbst härter zu spielen, cool zu bleiben, trotz all seiner Provokationen.

Und genau das war der Punkt. Mein Vater brachte mir auf diese Weise bei, daß ich nicht damit rechnen konnte, daß jedes Foul gepfiffen wird und daß ich Körperkontakt nicht scheuen durfte. Er machte mir auch verschiedene Würfe vor, wie den beidhändigen Wurf aus dem Stand, der schon damals kaum mehr gespielt wurde, oder den Hook Shot aus dem Lauf, den er ziemlich gut beherrschte. Aber vor allem brachte er mir bei, aggressiv zu sein auf dem Spielfeld: wie man zum Korb durchzieht und dabei voll in die Abwehr reingeht, wie man den Ball im Korb unterbringt, auch wenn ein Gegner am Arm hängt. Wenn dann ein Foul gepfiffen wird, um so besser. Wenn nicht, auch nicht schlimm. Er lehrte mich, alle Widrigkeiten zu meistern und niemals aufzugeben. Es sollte noch Jahre dauern, bis ich es schaffte, ihn beim Eins-gegen-Eins zu schlagen. Aber als es endlich soweit war, wußte ich, daß ich mir das wirklich verdient hatte.

Von meinen athletischen Voraussetzungen her bin ich bestimmt nicht der begnadetste Basketballspieler der Welt. Ich war nie der schnellste Läufer oder der beste Springer. Aber dank des Unterrichts bei meinem Vater kann mich auf dem Spielfeld nie ein Gegner schlecht aussehen lassen.

Mein Vater war noch ein Vertreter der alten Schule und glaubte fest daran, daß sich jeder, der Basketball spielt, total schinden muß, um ein wirklich guter Spieler zu werden. Er hielt mich dazu an, an meiner Wurftechnik zu arbeiten, sowohl von außen als auch unter dem Korb. Aber ich mußte auch lernen, richtig auszublocken und zum Rebound zu gehen, wirkungsvoll zu verteidigen, zu passen und zu dribbeln, ohne auf den Ball zu schauen.

Ich wollte gut werden, und so spielte ich ohne Unterlaß. So hart wie mein Vater in der Fabrik arbeitete ich auf dem Platz. Aber ich ließ mir immer etwas einfallen, damit es auch Spaß machte. Wenn ich allein war, ließ ich in meiner Phantasie Detroit und Philadelphia über das ganze Feld gegeneinander antreten. Das lief regelmäßig auf einen Kampf »eins gegen eins« zwischen meinen Helden Wilt Chamberlain und Dave Bing hinaus. Dann war ich Chamberlain in die eine Richtung und Bing in die andere.

Ich spielte auch den Kommentator, der den imaginären Zuschauern genau erzählte, was auf dem Spielfeld los war: »Und jetzt Wali Jones über die rechte Seite. Gibt den Ball rein zu Wilt. Noch elf Sekunden zu spielen, Detroit führt mit einem Punkt. Wilt täuscht links, zieht rechts, läßt den Ball über die Fingerspitzen rollen – Korb! Und jetzt die Pistons, nur noch sechs Sekunden bleiben ihnen. Philadelphia mit einem Punkt vorn. Schnell jetzt, Dave Bing löst sich vom Block, steigt hoch zum Sprungschuß aus sechs Metern, die Sirene ertönt – drin! Und die Detroit Pistons sind Weltmeister!« Da stand ich also allein auf dem Platz, um sieben Uhr morgens, wie ich glücklicher nicht sein konnte, und schrie aus vollem Hals: »Dave Bing, meine Damen und Herren. Dave Bing, was für ein phantastischer Spieler! Den muß man gesehen haben!«

Ich war erst sieben, als Dave Bing die Syracuse University verließ und Profi wurde. Aber trotzdem habe ich am Fernseher miterlebt, wie er in seinem ersten Jahr in der Profiliga zwanzig Punkte im Durchschnitt machte. Ihm hatten es die Detroit Pistons zu verdanken, daß sie im Jahr darauf zum erstenmal die Playoffs erreichten. Bald versuchte sich jedes Kind auf den Freiplätzen am Dave-Bing-Sprungschuß. Dann starteten sie zum Korb, stoppten ab, stiegen hoch, schrien »Bing« und klinkten aus.

Gelegentlich habe ich Dave Bing live in der Cobo Arena in Detroit gesehen. Es war damals nicht so schwierig wie heute, ein Profispiel zu besuchen. Der Eintritt war viel billiger, und es gab auch genügend Karten.

Das Zuschauen war ein Erlebnis – besonders in Detroit. Die Pistons waren keine gute Mannschaft, aber das war ganz egal, die Spiele waren ein gesellschaftliches Ereignis. Die Zuschauer, überwiegend Schwarze, waren alle fein herausgeputzt: Die Frauen trugen schicke Mäntel mit Pelzkragen, die Männer große Hüte und schrille Jacketts, wie man sie in Lansing nie sah.

Mir fehlen heute Orte wie die Cobo Arena. Als ich Profi wurde, hat es mich sehr gestört, daß die schwarzen Fans in der Halle ständig weniger zu werden schienen, obwohl die schwarzen Spieler eindeutig den Ton angaben. Viele Vereine sind in die feineren Vororte gezogen, und die Eintrittspreise sind so in die Höhe geklettert, daß es sich viele frühere Fans nicht mehr leisten können zu kommen.

Aber Cobo – das war etwas Besonderes. Es war eine kleine, intime Halle, wo die Zuschauer direkt zu den Spielern sprechen konnten. »Zeig's ihm, Bing! Mach ihn naß! Der kann dir doch nicht das Wasser reichen.« Sie ließen es die Spieler wissen, wenn sie gut waren, und wenn nicht, genauso.

Als ich elf war, fuhr ich mit einigen Jungen aus unserem Boy's Club mit dem Bus zur Cobo Arena, um die Pistons gegen Milwaukee zu sehen. Irgendwer nahm mich mit in die Umkleidekabine von Milwaukee, und so konnte ich den großen Star Kareem Abdul-Jabbar persönlich um ein Autogramm bitten. Da stand er also, direkt vor mir. Leider war ich so nervös, daß ich den Mund nicht aufkriegte. Ein anderer Junge mußte sich für mich das Autogramm geben lassen.

Kareem unterschrieb eilig und rannte dann sofort raus. Er war nicht besonders freundlich, und ich verließ seine Kabine mit einem unguten Gefühl. Trotz dieses ersten Zusammentreffens wurde Kareem Jahre danach der wichtigste Mannschaftskamerad, den ich je hatte. Später werde ich noch viel mehr darüber erzählen.

Earl Monroe von den New York Knicks war auch einer unserer Helden. Seine Bewegungen auf dem Spielfeld waren so phantastisch, daß die Leute sagten, nicht einmal Jesus Christus könne es »eins gegen eins« mit ihm aufnehmen. Ihn zu decken, war ein Abenteuer wie ein Kampf gegen den »Unsichtbaren Mann«, denn man wußte nie, wo er als nächstes auftauchte. Wir kannten ihn alle als »Earl the Pearl«, aber ein Freund meines Vaters erzählte mir, daß sein ursprünglicher Spitzname »Black Magic« war.

Wenn Earl dreißig Punkte machte, wollte danach jeder auf dem Freiplatz Earl sein. Wenn Dave Bing ein großes Spiel geliefert hatte, waren plötzlich alle Dave. Diese Spieler waren Übermenschen für mich, ich vergötterte sie. Niemals hätte ich mir träumen lassen, daß ich selbst einmal in der NBA-Profiliga spielen und die Jugendlichen genauso über mich reden würden. Ich merkte das zum erstenmal bei einem Besuch in Lansing während der Playoff-Saison, drei oder vier Jahre nachdem ich Profi geworden war. Ich kam an einem Freiplatz vorbei, gerade in dem Moment, als ein Junge einen Dreipunktewurf versenkte. »Yeah«, rief er, »genau wie Magic Johnson!« Was hatte er da gesagt? Mir lief ein Schauer über den Rücken.

Wenn ich mit meinem Vater die NBA-Spiele im Fernsehen sah, paßte ich genau auf bei den großen Spielern und versuchte soviel wie möglich von ihnen allen zu lernen. Bill Russell war besonders bei den Erwachsenen beliebt, wegen seiner brillanten Beinarbeit in der Verteidigung. Klar, Bill Russel war ein toller Spieler, aber was ich am meisten an ihm bewunderte, hatte nichts mit seinen Bewegungen auf dem Spielfeld zu tun. Es waren die vielen, vielen Meisterschaften, die er mit den Boston Celtics gewonnen hat. Und das war das einzige, was ich auch immer wollte – gewinnen.

Es gab noch einen anderen Spieler, den ich anhimmelte, obwohl er nie in der NBA gespielt hat: Marques Haynes, bekannt als der »Beste Dribbler der Welt«. Er begann mit den Harlem Globetrotters und stellte später, 1953, eine eigene Mannschaft auf, die Harlem Magicians. Wenn er mit seiner Truppe zu uns in die Stadt kam, nahm mein Vater mich zu den Spielen mit. Er hatte die beste Ballkontrolle, die ich je bei einem Spieler gesehen habe. Der konnte wirklich dribbeln! Durch die Beine und durch die seines Gegners, und sogar auf dem Rücken liegend war seine Ballbeherrschung noch unglaublich. Er dribbelte gewöhnlich sehr, sehr niedrig, gerade zwei, drei Zentimeter über dem Boden, was mir jedesmal die Sprache verschlug. Ich habe es damals oft selbst versucht und merkte schnell, wie schwierig das ist. Selbst an unserer Hauswand übte ich Dribbeln, weil mir jemand erzählt hatte, daß man so die Ballkontrolle mit den Fingerspitzen verbessern kann.

Egal, was ich zu tun hatte, ein Basketball war immer dabei. Wenn meine Mutter mich zum Einkaufen losschickte, dribbelte ich den ganzen Weg zum Kaufmann. Zur Abwechslung einen Häuserblock mit rechts, einen mit links.

Ich kann mich noch daran erinnern, daß ich manchmal frühmorgens aufgewacht bin, wenn es draußen noch dunkel war, und eine wahnsinnige Lust hatte zu spielen. Dann lag ich unruhig in meinem Bett, schaute aus dem Fenster und wartete ungeduldig, daß es hell wurde. Wenn es noch zu früh für den Schulhof war, dribbelte ich durch die Straßen. Ich lief Slalom um die geparkten Autos und stellte mir vor, sie seien Gegenspieler. In der Middle Street öffneten sich dann die Fenster, und die Leute schrien mich an, weil ich sie aufgeweckt hatte. Aber was sollte ich machen? Ich hatte das Spiel schon im Blut.

Bei meiner Mutter galten strikte Regeln, was das Spielen im Haus anging, und die nahm sie sehr ernst. Wenn es regnete, blieb mir nichts anderes übrig, als zu improvisieren. Eine Socke von meinem Vater konnte so zum Ball werden und ein aufgemaltes Viereck oben an der Wand zum Korb. Manchmal spielte ich auch mit meinen Schwestern oder meinem Bruder Larry. Aber gewöhnlich trainierte ich allein, warf gegen das Viereck an der Wand oder in den Papierkorb oder übte Freiwürfe mit einem Wäschekorb oben auf dem Treppenabsatz.

Egal wie und wo, ich wollte spielen. Das Wetter jedenfalls mußte schon unheimlich schlecht sein, um mich von den Plätzen in der Main Street fernzuhalten. Ab der vierten Klasse war ich dort auch an Wintermorgen zu finden. Schnee konnte mich nicht abhalten – dann nahm ich eben eine Schaufel mit.

Manchmal war auch Larry mit von der Partie; wir spielten dann übers ganze Feld, nur wir zwei. Er war stets Walt Frazier und ich Wilt Chamberlain. Ein Grund, warum ich so gut dribbeln gelernt habe, ist der, daß Wilt immer, wenn er in Ballbesitz war, von Frazier übers ganze Spielfeld hautnah gedeckt wurde.

Wenn das Wetter gut war, waren die Freiplätze natürlich überfüllt. Wir merkten es kaum, daß der Boden uneben war oder die Netze an den Ringen fehlten. Manchmal befestigten wir auch ein Netz von einem anderen Platz, aber in kürzester Zeit war auch das wieder zerfetzt von den vielen Schüssen.

Die Beläge selbst waren auch stark mitgenommen. Allerdings sorgte die Stadt dafür, daß alle zwei Jahre die Linien, die nicht mehr zu erkennen waren, neu gemalt und auch die Ringe ausgetauscht wurden. Diese Instandsetzungen gaben mir stets einen enormen Ansporn. Was war das für ein herrliches Gefühl, auf diesen sauberen hellen Linien zu spielen und in den leuchtend orangen Ring zu werfen – wenigstens für die zwei, drei Tage, die er noch ganz waagerecht hing.

Wenn man keine *Chucks* trug – die Chuck-Taylor-All-Star-Basketballschuhe –, galt man nicht als richtiger Spieler. Meine waren rot, mit rotweißen Senkeln. Wir spielten immer bis fünfzehn, die mit Trikot gegen die ohne, ein Korb zählte einen Punkt, und man mußte mit zwei Punkten Unterschied gewinnen. Die Siegermannschaft durfte auf dem Feld bleiben. Die Plätze in der Main Street waren überfüllt mit Jungen, die warteten, daß sie dran kamen: Die einzige Möglichkeit, länger zu spielen, war zu gewinnen.

Und das tat ich. Dabei suchte ich mir nicht unbedingt die talentiertesten Spieler für meine Mannschaften aus. Ich merkte bald, daß manche Typen nur ihre eigene Show abziehen wollten. Mir waren die harten Arbeiter lieber, die Jungen, die wirklich gewinnen wollten. Und auf diese Weise konnten wir den ganzen Tag auf dem Spielfeld bleiben.

Wir spielten ganz normal fünf gegen fünf. Aber während der Spiele lief dann viel auf Eins-gegen-eins-Auseinandersetzungen hinaus. Es ging darum, den Gegenspieler auszuspielen und schlecht aussehen zu lassen. Wenn dein Mann dich austrickste, riefen alle »Oooh« von der Seitenlinie aus. Jetzt erwarteten sie von dir, daß du ihn im Gegenzug stehen läßt. Die ersten Punkte in einem Spiel fielen meist durch Schüsse von außen. Aber je knapper es wurde, desto mehr verlagerte sich das Geschehen unter den Korb.

Die heißesten Spiele gab es an den langen Sommerabenden. Manchmal, wenn wir unheimlich gut drin waren, fuhren unsere älteren Brüder mit ihren Autos vor den Platz und beleuchteten uns das Spielfeld. So konnten wir bis in die Nacht weitermachen. Das Gute an unserer Spielerei in den Main Street war ja, daß unsere Eltern immer wußten, wo und mit wem wir zusammen waren.

Trotzdem mußte ich meiner Mutter immer erzählen, wo ich hingehe. »Ach, Mom«, sagte ich dann zu ihr, »du weißt doch genau, was ich mache, ich bin auf dem Freiplatz.« Aber damit nicht genug. Auch sonntags morgens in aller Frühe, wenn noch alle schliefen, mußte ich sie wecken, bevor ich loszog. Dann öffnete sie ein Auge, murmelte »Hmhm« und schlief sofort wieder ein. Ich dachte damals, sie wolle das so, weil ich noch recht jung war. Heute weiß ich es besser: Sie ist einfach eine Mutter. Auch heute noch, wenn ich in Lansing bin, wartet sie abends, bis ich heimkomme.

Ich weiß nicht mehr genau, wann ich begriff, daß Basketball mehr für mich war als bloß ein Spiel und die Außenwelt wichtig für mich wurde. Wahrscheinlich war ich da so zehn. Greta Dart, meine Lehrerin in der fünften Klasse, und ihr Mann Jo hatten damals einen Einfluß auf meine Entwicklung, der fast so groß wie der meiner Eltern war. Außerhalb der Familie waren sie die wichtigsten erwachsenen Bezugspersonen in meinem Leben. Und trotz allem, was ich inzwischen erlebt habe, sind wir uns auch heute noch nah.

Mal abgesehen von den vielen Dingen, die sie mir in der Klasse, auf dem Spielfeld und bei ihnen zu Hause beigebracht haben, waren sie meine ersten (und engsten) weißen Freunde. Durch meine Freundschaft mit den Darts bekam ich ein viel natürlicheres Verhältnis zu Weißen. Vielen schwarzen Jugendlichen in den USA fehlt einfach so eine Gelegenheit. Ich war in der Klasse, in der Mrs. Dart zum erstenmal unterrichtete. Doch sie war klug genug, uns das nicht wissen zu lassen. Sie war ziemlich klein, vielleicht einen Meter fünfzig, und wog wahrscheinlich nicht mehr als fünfundvierzig Kilo. Und sie war blond und hatte blaue Augen, und das in einer Schule, wo fünfundneunzig Prozent der Kinder schwarz waren. Wir mochten sie alle, aber ich hatte einen besonders guten Draht zu ihr. Ich war der Größte in der Klasse, ein guter Sportler und ganz ordentlicher Schüler. Es war nicht meine Art, mich aufzuspielen – da hätte ich auch was von meinen Eltern zu hören bekommen –, aber die anderen Kinder schauten zu mir auf, und mir gefiel es auch, ihr Anführer zu sein. Manchmal, wenn es in der Klasse drunter und drüber ging, half ich Mrs. Dart, die Lage in den Griff zu bekommen.

Ihren Mann habe ich kennengelernt, als die Jungs aus der sechsten Klasse eine eigene Basketballmannschaft aufstellten. Wir Fünftklässler waren natürlich neidisch, und einige von uns zogen dann zum Direktor, um ihn zu fragen, ob wir nicht auch eine Mannschaft gründen dürften.

»Warum eigentlich nicht?« meinte er. »Aber ihr braucht in der Halle eine erwachsene Aufsichtsperson. Wenn ihr selbst einen Trainer findet, okay.«

Wir liefen schnurstracks zu Mrs. Dart. »Ach bitte«, baten wir sie, »Sie haben auch weiter nichts zu tun. Sie müssen einfach nur dasein.«

»Tut mir leid, Jungs«, antwortete sie, »ich hab wirklich keine Zeit.«

»Und Ihr Mann?« fragte einer. Alles, was wir über den Ehemann von Mrs. Dart wußten, war, daß er existierte. Wir hatten keine Ahnung, daß er Basketballer gewesen war, in der High School und in der Stadtliga von Lansing. Wir brauchten einfach einen Erwachsenen. Und wenn er bereit gewesen wäre, uns zu übernehmen, hätten wir uns gefreut. Wie sich dann herausstellte, war er mehr als nur bereit. Er war gut.

Mrs. Dart war auch ziemlich sportlich. Sie gehörte zu den wenigen Lehrern, die mit uns in der Pause Kickball spielten. Manchmal nahmen wir es zu dritt, ich mit ihr und noch einem Mitschüler, gegen die ganze Klasse auf. Ich war richtig in sie verliebt, auch wenn mir das damals gar nicht klar war. Aber warum hätte ich sonst freiwillig nach der Schule noch dableiben sollen, um die Tafel abzuwischen und die Fenster zu schließen?

Mehr als jeder andere Lehrer der Main-Street-Schule besaß sie die Fähigkeit, uns anzuspornen und zu motivieren. Als sie uns zum Beispiel vom staatlichen Sportabzeichen erzählte, wollten fünf von uns, drei

Jungen und zwei Mädchen, sofort dabeisein. Das Programm war eine echte Herausforderung, viel Laufen und jede Menge Klappmesser, Liegestütze und Klimmzüge gehörten dazu. (Die Klimmzüge waren wirklich schwer.) Zum erstenmal trainierte ich jetzt auf ein sportliches Ziel hin, und Wochen der Anstrengung und der Hingabe waren dafür nötig. Ich glaube nicht, daß sich auch nur einer von uns ohne Mrs. Darts Aufforderung überhaupt eingeschrieben hätte. Aber als die Medaillen dann verliehen wurden, trugen wir sie ganz stolz durchs Schulgebäude.

Mein Verhältnis zu Mrs. Dart änderte sich entscheidend, als wir beide einen schlimmen Streit auszufechten hatten, der eine der schwersten Prüfungen meiner Kindheit war. Ich spielte damals in einer »Samstagmorgen-Basketballiga«, und am Wochenende sollten wir das Finale bestreiten. Wenige Tage vorher, kam ich ohne Hausaufgaben in die Schule, und Mrs. Dart ordnete an, daß ich sie nach dem Unterricht im Klassenraum machen solle.

»Das geht nicht«, habe ich zu ihr gesagt, »wir haben gleich Training.«

»Tut mir leid, Earvin, erst erledigst du deine Hausaufgaben.«

»Aber am Samstag haben wir unser großes Spiel.«

»Ich weiß. Aber wenn du die Aufgaben nicht machst, wirst du auch nicht spielen.«

»Sie können mir doch nicht das Spielen verbieten!« entgegnete ich aufgebracht. Vielleicht hatte ich ja recht, aber ich hätte das trotzdem niemals sagen dürfen. Doch an dem Punkt konnte ich schon nicht mehr zurück. Ich weigerte mich weiterhin, die Aufgaben zu machen, und Mrs. Dart bat daraufhin unseren Coach, mich am Samstag nicht einzusetzen. Dann rief sie auch noch meine Eltern an und erzählte ihnen, was vorgefallen war. Jetzt saß ich doppelt in der Tinte.

Ich versuchte alles, um die Wogen zu glätten. Ich rief sie an und bat sie, ihre Meinung zu ändern. Dann suchte ich sie nach der Schule zu Hause auf. »Verstehen Sie doch, das ist das Endspiel«, sagte ich. »Die Mannschaft braucht mich. Die Hausaufgabe kann ich doch auch nächste Woche machen.«

»Nein.« Sie blieb hart. »Wenn du das nicht vorher erledigst, spielst du nicht!«

Ich war ziemlich sicher, daß sie bluffte, und kam mit meinen Sportsachen am Samstag in die Halle. Als unser Coach mir sagte, daß er mich nicht einsetzen würde, war ich unheimlich sauer. Und meine Wut steigerte sich noch, als ich von der Bank aus mit ansehen mußte, wie unser Team zum erstenmal in der Saison verlor. Mit einem Punkt Unterschied.

Ich habe geweint an diesem Tag und mir geschworen, nie mehr mit

Mrs. Dart zu reden. Eine Woche lang war ich kaum anzusprechen. Ich weiß heute noch nicht so genau, warum mein Verhältnis zu Mrs. Dart sich sogar verbesserte, als dann mein Ärger endlich verflog. Möglicherweise respektierte ich sie jetzt noch mehr, weil sie sich durchgesetzt hatte. Vielleicht war ich aber auch heimlich stolz darauf, daß sie mehr in mir sah als bloß einen guten Sportler. Sie erwartete von mir, daß ich auch etwas lernte.

Jim Dart fuhr einen Lieferwagen für Vernor's, ein bekanntes Softdrink-Unternehmen aus Michigan, das nur ein Produkt herstellte – Ginger Ale. Er fuhr von Laden zu Laden, lieferte die Ginger-Ale-Kästen ab und stapelte die Flaschen in die Regale. Manchmal an Wochenenden, wenn mein Vater mich nicht brauchte, begleitete ich Jim und half ihm bei der Arbeit. Er besaß auch mehrere Häuser, die er an Familien aus dem Westen der Stadt vermietete. Ich habe mit meinen Freunden viel in diesen Häusern gearbeitet, Rasen gemäht, gestrichen, saubergemacht. Anstelle einer Bezahlung luden uns Jim und Greta oft zum Mittagessen ein und taten auch sonst viel für uns.

Jim kümmerte sich richtig um mich. Er ist ein Basketball-Verrückter und nahm mich damals oft mit zu den Spielen in der Sexton High School direkt bei uns im Viertel oder zu denen in der Universität von Michigan State, die auch nicht weit entfernt liegt. Als ich die siebte Klasse geschafft hatte, schickte er mich zu einem Basketball-Camp an der Universität. Es wurde von Gus Ganakas, dem Co-Trainer der Universität geleitet, mit dem ich mich bald anfreundete. Von da an konnte ich immer umsonst zu den Spielen des Michigan-State-Teams gehen.

In der Zeit, als ich auf die Junior High School kam, zogen viele Familien aus unserem Viertel in eine neue Siedlung am anderen Ende der Stadt. Ich bin mit meinen Freunden oft zu Partys dorthin gegangen. Da es zu Fuß zu weit war, besonders im Winter, baten wir manchmal Jim oder Greta, uns mit dem Auto rüberzufahren. Aber es wäre uns peinlich gewesen, wenn uns jemand gesehen hätte, wie wir aus dem Auto von Weißen stiegen. Deshalb baten wir die Darts immer, uns einen Häuserblock vor unserem eigentlichen Ziel rauszulassen oder abzuholen. Wir dachten natürlich, wir würden sie ein bißchen an der Nase herumführen, aber die beiden wußten die ganze Zeit Bescheid. Sie verstanden unsere Lage und waren so taktvoll, sich nichts anmerken zu lassen.

Zu dieser Zeit spielte ich schon pausenlos Basketball. Bei jedem Turnier, bei jedem Freundschaftsspiel, von dem ich erfuhr, war ich zu finden. Ich spielte mit Gleichaltrigen und auch mit Älteren, die schon zur High School gingen. Manchmal lief ich zu Fuß durch die ganze Stadt, nur um irgendwo mitzumachen. Egal, wo gespielt wurde, ich war dabei.

Ich war nicht der einzige Junge in Lansing, der wirklich gut war. Im Osten der Stadt hatte ich einen ebenbürtigen Rivalen, Jay Vincent hieß er. Wir waren im gleichen Alter und haben nach und nach so oft gegeneinander gespielt, daß wir schließlich Freunde wurden. Später spielten wir im selben Team für die Michigan State University, wo wir auch ein Zimmer teilten.

Eine Saison lang habe ich's auch mit Football probiert. Aber ich glaube, ich war nicht mit ganzem Herzen bei der Sache. Denn ich war immer ein, zwei Stunden vor dem Training im Park, damit ich vorher noch Basketball spielen konnte. Da stand ich also in meinen Football-Klamotten auf dem Freiplatz, aber da ich den Weg dorthin in meinen Footballschuhen gelaufen war, mußte ich Basketball in Strümpfen spielen. So vernarrt war ich damals schon.

Kurz nachdem ich in die siebte Klasse der Dwight Rich Junior High School gekommen war, kündigte der Trainer der Schule Ausscheidungswettkämpfe für die Basketballmannschaft an. Natürlich wollten eine Menge Jungen mitspielen. Es waren bestimmt an die hundert, die bei unserem ersten Treffen in der Halle standen. Ich wußte, daß ich ins Team kommen würde, aber ich hatte die Befürchtung, daß es mindestens eine Woche dauern würde, bis der Kreis auf zwölf Spieler reduziert war.

Aber der Coach hatte sich was einfallen lassen. »Okay«, sagte er, »alle Rechtshänder stellen sich da drüben auf, die Linkshänder auf die andere Seite. Die Rechtshänder fangen an. Ihr dribbelt jetzt alle mit der linken Hand zum Korb und macht einen Korbleger mit links. Die Linkshänder machen das gleiche mit rechts.«

Die meisten Jungen schafften es nicht und waren auf der Stelle draußen. In knapp zwanzig Minuten leerte sich die Halle, und der Coach Louis Brockhaus hatte sein Team zusammen.

Ich hatte keine Schwierigkeiten reinzukommen, weil Jim Dart mit uns viel an den Schüssen mit der schwachen Hand gearbeitet hatte. Auch die ständige Dribbelei auf der Straße und die vielen Stunden allein am Korb machten sich nun bezahlt. Der neue Coach arbeitete viel mit mir, damit ich körperbetonter spielte, richtig ausblockte, energisch zum Rebound ging. Auf den Freiplätzen hatte ich wegen meiner Körpergröße nie Schwierigkeiten, Rebounds zu bekommen, jetzt aber mußte ich um sie kämpfen.

In der achten und neunten Klasse half mir ein anderer Trainer, Paul Rosekrans, meine Wurftechnik zu verbessern. Von außen hatte ich schon immer ziemlich gut getroffen, also übte er mit mir Schüsse aus der Zone. Ich mußte spezielle Schußübungen machen, wobei ich einen Schuß zwanzigmal zu wiederholen hatte. Das war eine neue Erfahrung für mich; ich lernte den didaktischen Wert ständigen Wiederholens zu schätzen.

In der neunten Klasse war unsere Mannschaft praktisch unbesiegbar. In einem Spiel gegen die Otto Junior High erzielte ich achtundvierzig Punkte. Ich frage mich heute noch, wie ich das gemacht habe, denn wir spielten vier Viertel zu sechs Minuten, und das ganze letzte Viertel habe ich draußen gesessen.

In meiner Zeit in der Junior High School begann ich, in die Höhe zu schießen. In der siebten Klasse war ich schon über 1,80 Meter groß und am Ende der neunten Klasse fast zwei Meter. Kleidung für mich zu kaufen, war nicht einfach – und außerdem teuer, weil ich schnell aus meinen Sachen rauswuchs.

Mir hat es nie etwas ausgemacht, so groß zu sein. Aber manchmal wurde es schon zum Problem, zum Beispiel wenn ich keine Schuhe gefunden habe, die mir paßten. Oder es konnte passieren, daß ich irgendwo bei einer Kellerparty mit dem Kopf gegen die Decke stieß. Und die Mädchen waren alle soviel kleiner als ich, daß ich mich beim Blues-Tanzen ziemlich tief bücken mußte.

Wie alle großgewachsenen Menschen habe auch ich meine Ration an Sätzen wie »Wie ist das Wetter da oben?« abbekommen. Es ist schon erstaunlich, wie oft die Leute das sagen. Und dabei finden sie sich auch noch geistreich. Jahre später hat mir jemand erzählt, daß Wilt Chamberlain diese Frage gewöhnlich mit einem Spucken beantwortete. »Scheint zu regnen«, sagte er dann.

Die Leute erwarten mehr von einem, wenn man groß ist, besonders beim Sport. Deswegen haben mir auch immer große Typen, die unsportlich sind, leid getan. Und wenn man groß und *schwarz* ist – keine Chance, dann muß man einfach Basketballspieler sein. Ein alter Freund von mir, der ungefähr so groß ist wie ich – ich habe bei 2,05 Metern aufgehört zu wachsen –, erzählt, daß die Leute ihn immer wieder ansprechen: »Was, du spielst nicht Basketball? Mensch, wenn ich so groß wäre...« Tja, immer das alte Lied, das ich auf den Freiplätzen bestimmt tausendmal zu hören bekommen habe: »Wenn ich so groß wär wie du, würde ich in der NBA spielen.«

Ich habe immer wieder festgestellt, daß einige der längsten Spieler in der NBA gleichzeitig auch die mit dem geringsten Talent sind. Man hat das Gefühl, daß in ihrem Fall irgend jemand entschieden hat, daß die Körpergröße ausreicht und daß das Ballgefühl dann schon von alleine kommt. Wenn aber ein relativ kleiner Spieler Profi wird, kann man ziemlich sicher drauf wetten, daß er gut ist.

Bevor ich in die Junior High School kam, hat mich mein Vater nie richtig spielen sehen. Unsere Meisterschaftsspiele waren immer nachmittags, mitten in der Woche, und so konnte mein Vater wegen seiner Arbeit nicht zuschauen kommen. »Ich hab dreißig Punkte gemacht«, erzählte ich ihm dann am nächsten Morgen und beschrieb ihm einige meiner Aktionen, die besonders gelungen waren. Ich wußte, daß es schwer für ihn war, nicht dabeisein zu können.

Irgendwann dann, als ihm einige andere Väter von meinen Erfolgen berichteten, versuchte er, eine Erlaubnis zu bekommen, wegen meiner Spiele früher gehen zu dürfen. Als sein Vorgesetzter ihn abblitzen ließ, wandte er sich direkt an seinen Chef.

»Ich weiß alles über Ihren Jungen«, sagte der, »schauen Sie sich seine Spiele ruhig an.« Nach dem Spiel gegen Otto High, als ich achtundvierzig Punkte erzielt hatte, begann der ganze Stadtteil über den Sohn von Earvin Johnson senior zu sprechen. Von da an versäumte er kein Spiel mehr.

Meine Familie hat mich immer unterstützt, aber sie ließen nie zu, daß mir die Sache zu Kopf stieg. Auch wenn ich vielleicht in einem Spiel der Held war, mußte ich danach zu Hause wieder den Mülleimer raustragen, so wie immer. Und egal, wieviele Punkte ich auch am Freitagabend gemacht hatte, am nächsten Morgen kam mein Vater um halb sieben in mein Zimmer: »Wach auf, Junge, spring in den Laster. Wir haben 'ne Menge zu tun.«

Obwohl ich schon in meiner Zeit in der Junior High School für Gesprächsstoff sorgte, glaubte ich nicht, so gut zu sein, wie die Leute sagten. Ich hatte von Dutzenden guter junger Spieler gehört aus den großen Städten wie Detroit, New York, Chicago oder Philadelphia. Einige von ihnen wurden College-Stars, wenige schafften es sogar bis zur NBA. Aber keiner von ihnen allen war aus Lansing, Michigan.

Ich habe ziemlich oft an mir gezweifelt, aber das stellte sich als großer Vorteil heraus. Es dämpfte meine Erwartungen und hatte zur Folge, daß ich wie wild an mir arbeitete, um immer besser zu werden. Ich war vielleicht in der achten Klasse, als ich merkte, daß ich im Basketball eine Zukunft haben könnte. Wenn ich noch besser würde und weiter hart trainierte – so überlegte ich mir –, dann könnte ich vielleicht einer der Stars von Sexton High werden. Das wäre schon eine tolle Sache gewesen.

ZWEITES KAPITEL

Schwarz und weiß

Sexton High. Das war der Stolz der West Side, eine Schule, die in ganz Michigan als Basketballhochburg bekannt war. Sie lag nur fünf Blocks von uns entfernt und war fast vollkommen »schwarz«. Unser ganzes Viertel unterstützte die *Big Reds*, und wir alle gingen zu den Spielen. Das war eine Showtime, *Lansing-Style* eben. Die Halle platzte aus allen Nähten, die Zuschauer johlten, eine Band spielte, Trommeln wurden geschlagen, und die Leute tanzten. Popcorn wurde gleich vor Ort in der Halle gebruzzelt, und wenn man reinkam und einem dieser Duft in die Nase stieg, wußte man, es ist Basketball-Zeit.

Die ganzen Jahre über in der Junior High School habe ich darauf gewartet, daß ich eines Tages an der Reihe sein würde, endlich auch für Sexton zu spielen und Teil dieser großen Tradition zu werden. Sexton High war mein großes Ziel, und ich konnte es kaum erwarten, dorthin zu kommen.

Aber ich hatte mich verrechnet, das *Forced busing* kam mir dazwischen. Man denkt allgemein, nur die Weißen seien gegen den gesetzlich angeordneten Bustransport von Schwarzen in »weiße« Schulen gewesen. In Lansing war das nicht so. Wir haßten diese Anordnung und keiner mehr als ich selbst. Unsere Familie lebte knapp hinter der Grenze des Schulbezirks. Plötzlich durften wir – bis auf Quincy, der schon auf der High School war – nicht mehr auf die Sexton High School gehen, wir mußten den Frühbus nach Everett nehmen, eine »weiße« Schule im Süden der Stadt.

Ich war außer mir. Kein schwarzes Kind wollte in eine »weiße« Schule. Aber für mich war es eine besonders schlimme Strafe. Ich hätte damit leben können, wenn Everett wenigstens eine starke Basketballmannschaft gehabt hätte. Oder wenigstens eine ganz ordentliche. Aber die Vikings waren eine öde Truppe. Sie konnten nicht laufen, sie konnten nicht springen, und das Schlimmste, sie konnten nicht gewinnen. Allein die Vorstellung, mit ihnen spielen zu müssen, war erniedrigend. Ich versuchte alles, was in meiner Macht stand, um dieser Schmach zu entkommen. Erst behauptete ich, meine Familie sei umgezogen, und als das nichts nützte, erzählte ich, ich würde nicht mehr bei meinen Eltern wohnen, sondern bei Freunden in einer anderen Ecke unseres Viertels.

Ich habe sogar bei der Schulbehörde Einspruch erhoben. Aber es war nichts zu machen.

Ein Jahr vorher waren schon Larry und Pearl zwangsweise nach Everett geschickt worden. Pearl gefiel das gar nicht, und Larry war sogar in handfeste Kämpfe verwickelt. Er war ein guter Basketballspieler, aber nach einer Auseinandersetzung mit dem Coach hatte man ihn aus der Mannschaft geschmissen. Er war immer noch sauer deswegen, und daher bat er mich, nicht für die Vikings zu spielen. Ich konnte meinen Bruder gut verstehen, aber das war unmöglich für mich. Klar, die Vorstellung, für Everett zu spielen, war furchtbar, aber gar nicht zu spielen, war noch viel schlimmer.

Wenn ich heute so zurückblicke, sehe ich die Sache in einem ganz anderen Licht. Sicher, es war hart, nicht für Sexton spielen zu können, und in der ersten Zeit in Everett ging's mir auch gar nicht gut. Aber im nachhinein entpuppte sich Everett als mit das Beste, was mir je im Leben passiert ist. Es brachte mich aus meiner eigenen kleinen Welt hinaus und lehrte mich, Weiße besser zu verstehen, mit ihnen zu reden, mit ihnen umzugehen.

Und es war immer noch ein großer Schritt von der Junior High School zur Everett High. In Michigan ist High-School-Basketball fast so bedeutend wie in Indiana, und was da los ist, weiß man ja. Die Fans sind leidenschaftlich, die Teams sind in den Medien präsent, und die besten Spieler werden im ganzen Staat bekannt.

Als im September die Schule begann, war die Atmosphäre auf Everett High angespannt. Wir waren erst der zweite Schub von schwarzen Jugendlichen, die die Schule besuchen sollten. Im Jahr vorher hatten einige Weiße die Busse mit Steinen beworfen. Manche weiße Eltern hatten ihre Kinder auch lieber von der Schule genommen, als sie mit Schwarzen in eine Klasse gehen zu lassen. Die Zustände waren ein bißchen besser geworden, aber es dauerte lange, bis wir uns nicht mehr als Außenseiter fühlten. Zwei Busladungen von Jugendlichen können ziemlich leicht untergehen in einer großen High School. Zunächst vermischten sich die beiden Gruppen kaum. Die Lehrer und die Schulverwaltung waren an einen bestimmten Stil gewöhnt, und viele von ihnen fühlten sich bedroht durch die bloße Anwesenheit der schwarzen Jugendlichen. Wir waren so an die hundert, und bei Basketballspielen saßen wir alle zusammen hinter dem Korb wie ein schwarzer Klecks auf einem weißen Blatt.

Da mich viele der schwarzen Jungen kannten, wurde ich bald ihr Anführer. Aber wenn mein Bruder Larry sich den Schulautoritäten gegenüber aufgebracht und aggressiv verhalten hatte, war ich jetzt entgegenkommend und diplomatisch. Als wir Schwarzen uns zum Beispiel durch die »weiße« Rockmusik ausgegrenzt fühlten, die im Speisesaal ertönte, ging ich zum Direktor. Ganz friedlich und freundlich erklärte ich ihm die Situation. Es dauerte nicht lange, bis auch unsere »schwarze« Musik zu hören war. Wir Schwarzen begannen uns wohler zu fühlen, und bald mochten die weißen Jugendlichen die Motown Songs fast genauso wie wir.

Dann fragten wir den Direktor, ob wir einen freien Klassenraum über die Mittagspause zum Tanzen nutzen könnten. Er sagte nicht direkt nein, aber es war ihm auch nicht so ganz recht. Er befürchtete, daß wir danach zu spät zum Nachmittagsunterricht kommen würden. Ich versprach ihm, daß das nicht passieren würde. Wir bekamen den Raum, und ich sorgte immer dafür, daß die Musik zehn Minuten vor Ende der Mittagspause abgeschaltet wurde.

Aber nicht alle Probleme waren so einfach zu lösen. Kurz vor Beginn der Basketballsaison gab es Ausscheidungswettbewerbe für die Cheerleader-Tanzgruppen. Zwei, drei schwarze Mädchen waren nicht reingekommen, obwohl alle wußten, wie gut sie waren. Als der Cheerleader-Coach die Namen bekanntgab, trauten wir unseren Ohren nicht, kein schwarzes Mädchen war dabei.

In diesem Fall war mit Diplomatie nichts zu machen. Als die Verantwortlichen nicht mit sich reden ließen, wies ich alle schwarzen Spieler an, dem Training so lange fernzubleiben, bis die Sache geklärt war. Und das dauerte nicht lange.

Würden die Spannungen zwischen den Rassen auch auf das Basketballteam abfärben? Ich hoffte, nicht. Und es gab auch einige Gründe, ganz optimistisch zu sein. Ich hatte einige Spiele der *Summer League* für Everett gespielt, und obwohl ich der einzige Schwarze unter den »Ersten Fünf« war, war das ganz gut gelaufen. Ich war ganz schön heiß, und die Mannschaft spielte besser als erwartet. Die älteren Spieler waren im Sommer nicht dabei, und das machte unsere Erfolge noch eindrucksvoller.

Aber als die *Seniors* dann im Herbst dazukamen, änderte sich alles. Beim ersten Trainingsspiel wurde ich von allen geschnitten. Immer wieder stand ich vollkommen frei, aber keiner gab mir den Ball. Zunächst habe ich noch gedacht, sie sehen mich einfach nicht. Aber als dann ein Typ namens Danny Parks mich auch noch demonstrativ anschaute, bevor er einen Sprungschuß von außen machte – der danebenging –, wußte ich, was gespielt wurde.

Ich war wütend, sagte aber kein Wort. Bei der nächsten Aktion holte ich den Rebound in der Verteidigung, dribbelte ohne abzugeben nach vorn und machte einen Korb. Zwei-, dreimal wiederholte ich das.

Schließlich wurde Parks sauer und schnauzte mich an: »Hey, gib den verdammten Ball endlich her!« Das tat ich. Ich warf ihm das Ei vor die Füße und starrte ihn böse an. Dann explodierte ich: »Ich hab genau gewußt, daß es so kommen würde. Deshalb wollte ich auch nie auf diese Scheißschule hier!«

»Ach, da haben wir's ja wieder. Ihr Typen seid doch alle gleich«, sagte er. »Ihr meint, ihr könnt hier einfach herkommen und machen, was ihr wollt. Jetzt paß mal gut auf, mein Junge, du hast Rebounds zu holen. Das Schießen überläßt du uns!«

Währenddessen rückten wir immer enger aufeinander zu. Ich war stinksauer und kurz davor, ihm ein Ding zu verpassen. Doch ein paar von den anderen Spielern sprangen herbei und hielten mich fest.

Als ich wie wild um mich schlug, um freizukommen, kam unser Coach aufs Feld gerannt. Er schickte Parks in die Kabine und zog mich in Richtung Seitenlinie. »Was ist denn in dich gefahren, warum bist du so sauer?« fragte er.

»Sehen Sie das denn nicht«, sagte ich. »Die schneiden mich alle, ich hasse diese Arschlöcher.«

»Ich werd mit ihnen reden. Das kommt schon in Ordnung.«

»Nein, das kommt es nicht! Mein Bruder hat mir gesagt, daß so was passieren würde. Was soll ich hier überhaupt? Es wird doch wohl noch eine andere Schule geben, für die ich spielen kann.«

»Hör mal, du mußt einfach toleranter sein. Kann doch mal passieren, daß ein Mitspieler übersehen wird.«

Was redete der da? Warum sollte *ich* toleranter sein?

»Also, morgen regeln wir die Sache«, meinte Fox, aber ich glaubte ihm nicht.

Am Anfang hoffte ich, daß ich wegen des Zwischenfalls auf eine andere Schule geschickt würde – vielleicht sogar Sexton. Aber das war ein Wunschtraum. Entweder fand ich einen Weg, mit den Typen klarzukommen, oder ich konnte Basketball vergessen.

Beim nächsten Training lief es etwas besser; anscheinend hatte der Coach mit den älteren Spielern geredet. Doch sie wollten immer noch ihre eigene Show abziehen. Sie hatten nicht damit gerechnet, daß sie mit einem Schwarzen zusammenspielen müßten – und dann auch noch mit einem jüngeren, der viel besser war als sie.

Einer von den älteren weißen Spielern, Randy Shumway hieß er, half mir aber auch. Als mich ein paar seiner Freunde demonstrativ anschwiegen, redete er um so öfter mit mir. Danach ging es etwas besser. Wahrscheinlich hatte er seinen Freunden klargemacht, daß sie mich wohl oder übel in ihren Kreis aufnehmen mußten.

George Fox war ein guter Coach und ein hervorragender Trainer. Besonderen Wert legte er auf die Arbeit an den Grundtechniken wie dem Rebounden oder der richtigen Beinarbeit in verschiedenen Spielsituationen. Er ließ bestimmte Bewegungsabläufe immer und immer wieder üben, bis sie in Fleisch und Blut übergegangen waren. Wir waren technisch keine besonders gute Mannschaft, aber wir trainierten sehr intensiv, und bald stellten sich die ersten Erfolge ein. Natürlich ist Talent im Basketball sehr wichtig, aber das sture Üben der Grundbewegungen macht sich gewöhnlich bezahlt – und nichts ist so erfolgversprechend wie harte Arbeit.

Fox war der erste Trainer, der verstand, daß ich im Spielaufbau am stärksten war. Normalerweise spielen große Spieler auf den Flügeln oder direkt unter dem Korb. Aber ich war immer schon am wirkungsvollsten, wenn ich Spielmacher war, die Verteidigungssysteme der Gegner interpretierte, Entscheidungen fällte, freie Mitspieler suchte. Es gab dieses ungeschriebene Gesetz, wonach ein langer Spieler nie den Ball nach vorn bringen darf, sondern am Korb auf ein Anspiel zu warten hat. Doch als unser Coach sah, daß es sich bei mir anders verhielt, zeigte er sich sehr flexibel.

Wir verstanden uns gut. Ich war sehr eifrig im Training, und noch jeder Coach, für den ich gespielt habe, wußte das zu schätzen. Ich war bereit, Stunde um Stunde hart zu arbeiten, Rebounds zu holen, zu werfen, zu verteidigen. Wenn es mal langweilig wurde, fiel mir immer etwas ein, um das Training aufzulockern. Aber ich war stets mit ganzem Herzen bei der Sache.

Manche Spieler lassen es im Training ruhig angehen. Sie schonen sich und schalten erst in den höchsten Gang, wenn es um Sieg und Niederlage geht. Ich habe diese Einstellung nie verstehen können. Ich denke, wenn man seinen Motor ständig an- und ausstellt, besteht immer die Gefahr, daß er einmal nicht anspringen will. Egal ob in der High School oder später bei den Lakers, ich habe im Training immer genauso konzentriert gespielt wie im Meisterschaftsspiel.

Unser Coach hatte die Einstellung, daß es eine Ehre ist, für die Vikings spielen zu dürfen. Er vergab keine Freikarten, auch nicht für den Star des Teams. In meinem zweiten Jahr ließ ich im Training etwas nach. Sofort nahm mich George Fox zur Seite und schärfte mir ein: »Earvin, ist mir scheißegal, wie gut du bist. Wenn du so weitermachst, kannst du im nächsten Spiel die Bank warm halten.«

Das reichte mir als Warnung. Ich mache nicht immer alles richtig, aber wenn ich falsch liege, muß man mir das nicht zweimal sagen.

In meinem ersten Jahr mit Everett wurden wir von fast allen als

Kandidaten für den letzten Platz gehandelt. Aber wir erwischten einen tollen Saisonstart und gewannen die ersten sechs Spiele. Dann kam das Spiel gegen Jackson Parkside, das ich nie vergessen werde. Sie galten eindeutig als Favorit für die Meisterschaft und waren tatsächlich sehr gut. Aber wir waren besser und haben sie nach allen Regeln der Kunst auseinandergenommen. Ich machte eins der besten Spiele meines Lebens, mit sechsunddreißig Punkten, achtzehn Rebounds und sechzehn Assists. Dreimal zweistellig, das war das Höchste. Nach dem Spiel erschien Fred Stabley jr., ein Sportreporter vom *State Journal* in Lansing, wie gewöhnlich in unserem Umkleideraum.

»Starkes Spiel, Earvin«, sagte er.

»Danke.«

»Hör mal, Earvin, ich meine, du solltest einen Spitznamen haben. Ich hab an ›Dr. J.‹ gedacht, aber der Name ist ja schon vergeben. Und ›Big E.‹ genauso. Was hältst du davon, wenn ich dich ›Magic‹ nenne?«

Ich war gerade fünfzehn damals. Meine Teamkameraden standen um uns rum und bekamen jedes Wort mit. Der Vorschlag brachte mich in Verlegenheit, und ich nahm ihn auch nicht ganz ernst. »In Ordnung«, sagte ich, »wie Sie wollen.«

Ich habe nicht damit gerechnet, den Namen noch mal zu hören, und einige Wochen lang tauchte er auch nicht mehr auf. Fred Stabley hat mir später erzählt, daß seine Kollegen ihm den Namen ausgeredet haben. »Nenn ihn nicht ›Magic‹«, meinte sein Chef zu ihm, »er hat zwar jetzt ein paar ordentliche Spiele gemacht, aber wer weiß, wie lange das andauert.« Einige Zeit später, als ich gegen dieselbe Mannschaft wieder ein großes Spiel gemacht hatte, begann Fred, über mich als Earvin »Magic« Johnson zu schreiben. Es dauerte nur wenige Monate, bis der Name in ganz Michigan bekannt war.

Magic Johnson. Den meisten Leuten in Lansing gefiel der Name, meinen Eltern aber überhaupt nicht. Dad meinte, der Name würde unweigerlich dazu führen, daß ich früher oder später die Fans enttäusche. »Magic« – das sei zu viel für einen Spieler, dem könne keiner gerecht werden. Und darüber hinaus, sagte er, würde jeder Gegenspieler durch meinen Namen nur noch mehr angespornt werden. Damit hatte er recht, aber der zusätzliche Druck hat mir geholfen, noch besser zu werden.

Die Einwände von meiner Mutter sahen etwas anders aus. Als sehr religiös eingestellter Mensch erinnerte sie mich stets daran, daß meine Fähigkeiten von Gott kommen. Für sie war dieses ganze Gerede über »Magic« eine Art Gotteslästerung. Sie befürchtete, daß mich der Name hochmütig machen würde. Und von Anfang an hat sie jeden zurechtgewiesen, der in ihrer Anwesenheit von mir als »Magic« gesprochen hat.

Mit dem Namen hat sich viel für mich geändert. Wenn wir in die Halle einer gegnerischen Schule einliefen, wurden Spruchbänder mit Schriftzügen wie No Magic Today oder We'll Make The Magic Disappear in die Höhe gereckt. Einmal, bei einem Spiel gegen East Lansing, johlte die ganze Menge: »No magic, no magic, no magic tonight.« Als ich dann aufs Feld lief, drehten sich alle demonstrativ um. Wo ich auch spielte, immer war ich die Hauptzielscheibe der gegnerischen Fans. Mir war das ganz recht, ich faßte das als Kompliment auf. Mich störte nur, daß viele Leute wahrscheinlich annahmen, ich hätte mir den Namen selbst zugelegt.

Der Name wurde zur Herausforderung, und ich liebe Herausforderungen. Die Spruchbänder und Sprechgesänge beflügelten mich nur noch mehr. Und meinen Teamkameraden schienen sie auch nichts auszumachen. Im Gegenteil. Zum erstenmal seit vielen Jahren hatte Everett eine erfolgreiche Saison – ein wirklich großes Jahr. Die Vikings verloren nur ein Spiel in der regulären Saison und schafften es dann sogar bis zum Viertelfinale der Meisterschaft von Michigan. Und dieses Viertelfinale hätten wir wahrscheinlich auch gewonnen, wenn ich nicht zehn Sekunden vor Schluß eine Auszeit beantragt hätte. Ich hatte vergessen, daß wir unsere letzte Auszeit schon genommen hatten, und so kamen die anderen in Ballbesitz. Trotzdem, so weit zu kommen, war für Everett schon ein kleines Wunder.

Obwohl ich immer stolz auf meinen Namen war, habe ich selbst nie geglaubt, magisch zu sein. Und genausowenig meine Mannschaftskameraden oder Trainer. Pat Riley von den Los Angeles Lakers, der die längsten Jahre meiner Profikarriere mein Trainer war, konnte diesen Namen überhaupt nicht ausstehen. Er war der Meinung, daß er genau die falsche Aussage enthalte. »Magic« hörte sich für ihn nach einem Spieler an, der nicht hart trainiert und nicht an seinen Grundtechniken feilt. Beides tat ich aber. Und zwar ständig.

Für mich war es immer Ehre und Ansporn, als Magic Johnson bekannt zu sein. Meine ganze Karriere über habe ich versucht, diesem Namen gerecht zu werden.

In meinem zweiten Jahr in Everett machte das Spielen noch viel mehr Spaß. Die älteren Spieler waren alle abgegangen, so daß es nun erheblich weniger Spannungen im Team gab. Und nichts fördert die Harmonie so sehr wie gemeinsames Gewinnen. Wir haben damals sogar Sexton geschlagen – zweimal. Das war seit Ewigkeiten nicht mehr vorgekommen. Ich war wahnsinnig nervös vor diesen Spielen. Ich war mir nicht sicher, ob meine Mitspieler dem Druck standhalten würden, den der glorreiche

Name der Schule – und das abfällige Gerede der Sexton-Spieler über uns – mit sich brachten. Und ich schaute immer noch mit einem gewissen Neid auf die Spieler von Sexton, unter denen auch einige Freunde von mir waren.

Im ersten Spiel gegen sie war ich so überdreht, daß ich ziemlich schlecht getroffen habe. Die Woche drauf aber, als sie zu uns in die Halle kamen, war ich bereit. Wenn ich schon nicht für Sexton spielen konnte, so wollte ich ihnen wenigstens zeigen, was ich drauf hatte. Ich habe dann vierundfünfzig Punkte gemacht, absoluter Rekord für einen High-School-Spieler in der Basketballgeschichte von Lansing.

Noch vor dem Saisonstart waren wir mit dem Bus nach Detroit gefahren zu einem Freundschaftsspiel gegen Detroit Northwestern. Wie Sexton auch waren sie ein rein »schwarzes« Team. Und sie waren aus Detroit – Grund genug, nervös zu sein. Als wir zum Aufwärmen in der Halle erschienen, waren unsere Gegner schon eifrig bei der Sache. Einer nach dem anderen stopfte beim Anlaufen den Ball mit einem Dunking von oben durch den Ring – Teil des normalen Zeremoniells von »schwarzen« Schulen, um die Gegner einzuschüchtern und das Publikum heiß zu machen. Jedesmal, wenn einer der Jungs eindunkte, schrien die Zuschauer im Chor »Boom«.

Jaimie Huffmann, ein weißer Aufbauspieler unseres Teams, kam mit ziemlich besorgter Miene zu mir und meinte: »Ihr Langen zeigt jetzt wohl besser auch ein paar Dunkings.« Als ob das etwas geändert hätte.

»Nein«, sagte ich, »warten wir lieber, bis das Spiel losgeht.«

Es war nur ein Freundschaftsspiel, aber ich wußte, daß die ganze Halle mich beobachtete. Die Zeitungen hatten schon viel über mich geschrieben, und die Leute aus Detroit wollten nun wissen, aus welchem Holz dieser Kleinstadt-Junge, den alle nur »Magic« nannten, geschnitzt war: Okay, wir haben 'ne Menge von dir gehört. Jetzt zeig mal, wie gut du wirklich bist.

Unter Druck blühe ich erst richtig auf, und so hatte ich am Ende vierzig Punkte, fünfunddreißig Rebounds und zwanzig Assists auf meinem Konto. Auch die anderen aus meinem Team spielten gut, und sogar unsere »Zweite Fünf« konnte ihnen noch was vormachen. Ein gutes Vorzeichen für die bevorstehende Saison, die noch erfolgreicher als die letzte zu werden versprach.

Es wird wohl nicht überraschen, daß ich einen hohen Preis für meine sportlichen Erfolge zu zahlen hatte. Während meines ersten Jahres auf der Everett High School nahm mich mein Vertrauenslehrer zur Seite: »Du bist vielleicht ein guter Sportler«, meinte er, »aber in der Klasse kommst du nur mit Mühe mit. Ich weiß nicht, ob du aufs College gehen willst, aber wenn deine Noten nicht besser werden, hast du überhaupt keine Chance.«

Er hatte nicht unrecht. Meine Noten lagen unter dem Durchschnitt, weil ich nichts anderes als Basketball im Kopf hatte.

»Natürlich geh ich aufs College«, sagte ich.

»Wenn's dir wirklich ernst damit ist, solltest du unbedingt in die Sommerschule gehen.«

In die Sommerschule? – Das war das letzte, auf das ich Lust hatte. In der Klasse über den Büchern zu schwitzen, wenn draußen die Sonne scheint und alle anderen auf den Freiplätzen sind? Nee, nicht mit mir! Ein anderer Lehrer sagte mir, daß ich im Lesen gerade mal auf dem Niveau der achten Klasse sei und daß ich unbedingt Nachhilfe brauche, um das aufzuholen. Eine Zeitlang widersetzte ich mich. Aber als ich's mir dann in Ruhe überlegte und ehrlich zu mir war, nahm ich mir den Rat der Lehrer doch zu Herzen. Ich wußte ja, daß sie recht hatten. In den Sommerferien ging ich dann also weiterhin zur Schule, drei Stunden jeden Morgen. Ich kniete mich voll rein und hab wie ein Wilder gebüffelt. Tatsächlich wurde ich im Lesen bald besser und im neuen Jahr dann auch in den anderen Fächern. Meine Lernerfolge waren so beeindruckend und befriedigend für mich, daß ich im Jahr darauf wieder in der Sommerschule Stunden nahm.

Aber nicht alle in der High School unterstützten mich so wie meine Lehrer. Es gab da einen Sicherheitsbeamten, den wir »John the Narc« nannten, weil er die ganze Zeit damit beschäftigt war, jeden Winkel in den Klassen und Gängen nach versteckten Drogen abzusuchen.

Er mochte mich nicht. Vielleicht war er neidisch auf den ganzen Rummel, der um mich gemacht wurde. Oder es zeigten sich bei ihm nur wieder die guten alten Vorurteile. Auf alle Fälle versuchte er mir mit Vorliebe klarzumachen, daß ich es nie zu etwas bringen würde. »Du denkst, du wärst schon jemand, nur weil du einen Ball in einen Korb werfen kannst«, sagte er. »Aber du wirst schon sehen. Du schaffst hier noch nicht mal deinen Abschluß. Noch alle Schwarzen, die wir hier hatten, sind früher oder später abgesackt. Und du bist auch nicht besser als sie.«

Ich haßte ihn, aber ich habe nie ein Wort gesagt.

Wahrscheinlich legte er es drauf an, daß ich ihm irgendwie patzig antwortete, damit er mich in Schwierigkeiten bringen konnte. Ich ließ seine Beleidigungen einfach über mich ergehen. Dem Arschloch werd ich's schon zeigen, dachte ich mir. John the Narc wäre bestimmt schockiert gewesen, wenn er gewußt hätte, wie sehr mich seine offene Feindschaft motivierte. Als ich in die elfte Klasse kam, wurde ich fleißiger in der Schule als beim Basketball.

Nach meinem High-School-Abschluß habe ich noch zweimal meine alte

Schule besucht, und zwar nur, um John zu treffen. Beim erstenmal, das war nur wenige Monate danach, bin ich mit meinen Noten aus dem ersten Semester an der Michigan State University bei ihm aufgekreuzt. Ich hatte einen ziemlich guten Schnitt, und das wollte ich ihm gern zeigen.

Beim zweitenmal, zwei Jahre später, hatte ich gerade meinen ersten Profivertrag bei den Los Angeles Lakers unterschrieben. Jetzt konnte ich mir zum erstenmal in meinem Leben alles erlauben, was ich wollte. Und das war in erster Linie ein Auto – ein wunderschöner blauer Mercedes. (Beide Geschäftsleute, für die ich als Kind geputzt hatte, hatten einen gefahren.) Ich hütete den Wagen wie einen Schatz. Sogar mein Vater, der Autonarr in Person, war der Ansicht, daß ich damit übertreibe. »Junior«, meinte er zu mir, »wenn du weiter so an der Kiste rumschrubbst, wäschst du noch den Lack ab.« Doch ich liebte mein Auto und alles, für das es stand.

Ich habe den Wagen in Illinois gekauft, auf dem Weg zurück zur Michigan State University, wo ich mein letztes Semester beenden wollte, obwohl ich schon Profi war. Aber zunächst hatte ich noch etwas zu erledigen. Frühmorgens wachste und polierte ich mein bestes Stück noch einmal auf und fuhr dann bei der Everett High School vor, wo ich mich mitten auf den Rasen vor dem Gebäude stellte. Dann bat ich einen Schüler, John the Narc zu suchen und ihm zu sagen, daß jemand auf dem Schulrasen geparkt hat. Es war klar, daß John sofort herbeieilen würde, um den Sünder zur Rede zu stellen. Ich wartete seelenruhig, mit verschränkten Armen, hinter dem Steuer. Als er neben dem Wagen stand, kurbelte ich das Seitenfenster runter und sagte: »Oh, hallo, John, wie geht's denn so? Schau mal, aus mir ist überhaupt nichts geworden, oder was meinst du?« Er lief tiefrot an. Das schönste Rot, das ich je gesehen habe.

Ab der elften Klasse besuchte ich Vorbereitungskurse fürs College. In meiner Klasse gab es nur wenige Schwarze, und so versuchte ich, einige meiner weißen Mitschüler besser kennenzulernen. Natürlich kam mir dabei entgegen, daß ich der Star des Basketballteams war.

An einem Freitagnachmittag meinte einer meiner weißen Teamkameraden, es war der schon erwähnte Brian, in der Umkleidekabine zu mir: »Heute abend steigt ein *Kegger* bei mir zu Hause.«

»Was ist das denn?« fragte ich.

»Hey, willst du mich auf den Arm nehmen?« sagte er.

»Nein, im Ernst, was ist ein *Kegger*? Nie davon gehört.«

»Eine Party«, meinte er, »man besorgt ein Fäßchen Bier, wenn die Eltern ausgeflogen sind... Gibt's das bei euch nicht?«

»Nein«, sagte ich. Die schwarzen Jugendlichen, die ich so kannte, tranken kein Bier. Die meisten hielten es mit Wein, aber ich trank eigentlich überhaupt keinen Alkohol. Einmal war mein Bruder Quincy abends besoffen nach Hause gekommen. Es war schon sehr spät, aber meine Mutter weckte uns trotzdem alle auf, damit wir uns ansahen, was für ein Bild er abgab. Der arme Kerl stank aus allen Poren und kotzte uns die Bude voll. Meine Mutter machte ihm 'ne Tasse Kaffee und steckte ihn dann in die Badewanne. Mir hätte das als Warnung gereicht, aber mein Vater weckte ihn auch noch am anderen Morgen früh um sechs und ließ ihn in den Laster steigen. Mich hat das damals sehr beeindruckt. Und seit jenem Tag erlaube ich mir vielleicht mal einen Drink auf einer Party, aber das ist auch schon alles.

In der Umkleidekabine unterhielten sich Brian und seine Freunde nun über die verschiedenen Bier- und Weinmarken. Plötzlich sagte er zu mir: »Warum kommst du nicht auch heut abend?«

»Danke, aber ich kann nicht. Wir machen selbst 'ne Party«, sagte ich.

»Um wieviel Uhr?«

»Zehn, halb elf. Ich werd so um elf hingehen.«

»So spät?« sagte er. »Wir fangen um acht an.«

»Um acht? Da sind wir noch nicht mal richtig angezogen.«

»Eigentlich könntest du doch zu beiden kommen«, sagte Brian.

»Mach ich vielleicht auch. Mal sehen, was Reggie meint.«

Reggie Chastine war mein bester Freund. Er war ein netter kleiner Kerl, gerade mal 1,60 Meter groß, aber mit dem Herz eines Löwen. Trotz seiner geringen Körpergröße gehörte er, als ich in der elften Klasse war, zur »Ersten Fünf« unserer Mannschaft. Er war wirklich ein phantastischer Spieler. Wir beide waren unzertrennlich. Wenn wir zusammen waren, sahen wir so komisch aus, daß uns alle *Mutt* und *Jeff* nannten.

Ich war neugierig auf die Party von den Weißen, hatte aber keine Lust, da allein aufzutauchen. Und außerdem besaß Reggie ein Auto.

Es war nicht schwierig, Brians Haus zu finden, denn die Musik war so laut, daß wir sie schon vom Auto aus hörten. Als wir reinkamen, war das wie in einer Szene aus einem Western, wenn die Bösewichte den Saloon betreten. Alles erstarrte. Die meisten kannten uns zwar, aber es verschlug ihnen trotzdem die Sprache, uns auf ihrer Party zu sehen. Währenddessen suchte ich mit den Augen verzweifelt den Raum nach unserem Gastgeber ab. »Hey, wo steckt denn Brian?«

Endlich kam er und stellte uns ein paar Leuten vor. Nachdem sich meine Ohren an die Musik gewöhnt hatten, war das erste, was mir auffiel, daß dies das größte Haus war, das ich jemals gesehen hatte. Überall waren Leute: in der Küche, im Wohnzimmer, im Keller. Einige tanzten.

Aber die meisten standen bloß rum, tranken Bier und unterhielten sich. Bei unseren Partys waren immer alle in einem Raum versammelt und tanzten.

In jenem Jahr besuchten Reggie und ich noch eine Menge *Kegger*-Partys, aber ich habe dort niemals auch nur ein einziges Bier getrunken. Wir machten uns immer rechtzeitig davon, um zu unseren eigenen Partys mit unseren Freunden von Sexton High zu kommen. Es gab immer ein paar Schwarze, die es einem übelnahmen, wenn man auch weiße Freunde hatte, aber ich habe mich nie davon beeinflussen lassen. Meine schwarzen Freunde von der Sexton High School – dazu gehörte auch Tony, meine Freundin – habe ich ja nicht vernachlässigt, aber jetzt hatte ich dazu auch noch ein paar weiße Freunde.

Als die schwarzen und weißen Schüler auf Everett ein bißchen besser miteinander klarkamen, versuchte jede Gruppe, was von der Sprache der anderen aufzuschnappen. Die Weißen sagten zum Beispiel dauernd »fucking A«, was ich vorher noch nie gehört hatte, oder »golly gee«, was sich wie ein Ausdruck aus einer Seifenoper im Fernsehen anhörte. Und wir hatten unseren Spaß, wenn sie sich am schwarzen Slang versuchten. Ihr »Yo, what's up, bro« warf uns jedesmal vom Hocker, denn die meisten sagten das total ohne Gefühl. Da mußten wir noch viel mit ihnen üben.

Im Sommer war ich dann wieder überwiegend bei uns im Viertel. Nachmittags arbeitete ich im Boy's Club, und abends war ich immer auf dem Freiplatz zu finden. Danach sang ich mit vier Freunden an der Ecke Middle/Williams Street. Unser Leadsänger war Jimmy Howell, der mit der Stimme ziemlich hoch kam. Wir anderen unterstützten ihn aus dem Hintergrund bei Liedern wie »My Girl«, »Heard It Through the Grapevine«, »Ain't Too Proud to Beg« und anderen Motown-Hits. Wir haben viel an diesen Songs gearbeitet und sogar die Tanzschritte geprobt.

Es war eine starke Zeit für Popmusik damals. Uns tat nur leid, daß Lansing keinen eigenen schwarzen Radiosender hatte. Nachts konnte man aber, in manchen Stadtteilen, den von Detroit empfangen. Meist hörten wir die *Top Forty* und warteten darauf, daß ein schwarzer Song gespielt wurde. Ich liebte diese Musik – die Jackson Five, die Commodores, die Temptations, Stevie Wonder, die Supremes. Es war die Zeit, kurz bevor Kassettenrecorder in Mode kamen. Das ist zwar alles noch gar nicht lange her, aber wir sind damals mit diesen großen unförmigen Tonbandgeräten, die heute so lächerlich anmuten, durch die Gegend gelaufen.

Im Sommer gingen wir auch oft ins Kino, besonders gern in Horrorfilme. Oder wir sind zur Rollschuhbahn. Das ist ein Sport, in dem ich nie gut war. Normalerweise mache ich eine Sache lieber gar nicht, als sie schlecht zu machen. Beim Rollschuhlaufen war das was anderes. Wenn man auf den Dingern absolut nicht zurechtkam, nahmen einen die Mädchen bei der Hand und führten einen.

Drittes Kapitel

Drei Freunde

Viel von dem, was ich heute bin, hat mit Menschen zu tun, mit denen ich in meiner Jugendzeit eng verbunden war. Natürlich waren meine Eltern wichtig und meine Geschwister oder auch Jim und Greta Dart. Aber in meinen Teenager-Jahren haben mich wahrscheinlich meine Freunde am stärksten geprägt.

Was meinem Freund Reggie Chastine an Körpergröße fehlte, machte er durch sein Selbstvertrauen doppelt wett. Er war sich seiner Fähigkeiten so sicher, daß er oft etwas von seiner überschüssigen Selbstsicherheit an mich abgeben konnte. Und das hatte ich auch nötig. Wenn man bedenkt, was aus mir geworden ist, hört sich das vielleicht seltsam an. Aber als ich in der High School anfing, steckte ich voller Zweifel darüber, wie gut ich wirklich war. Würde ich mit den Spielern der anderen Mannschaften mithalten können, die mich im Laufen abhängten und viel höher sprangen? Klar, ich hatte damals schon einen Namen in Lansing, aber Lansing – was war das schon? Was würde passieren, wenn ich gegen die wirklich starken Teams aus Detroit spielte?

»Willst du mich verarschen?« sagte Reggie, wenn ich ihm so kam. »Mensch, du schaffst es sicher bis ganz nach oben. Ist doch vollkommen egal, wo du herkommst. Ich weiß, wo du hingehst – in die NBA nämlich.«

Er war eine Klasse über mir auf der High School, aber wir haben alles zusammen gemacht. Morgens holte er mich ab, um gemeinsam zur Schule zu fahren. Nach dem Unterricht trainierten wir mit der Mannschaft. Und während der letzten Minuten eines Spiels, wenn der Gegner schon weit zurücklag und unsere »Zweite Fünf« auf dem Feld war, saßen wir gewöhnlich zusammen auf der Bank. Wir taten dann nur so, als würden wir uns für das Spiel interessieren, in Wirklichkeit ließen wir unsere Blicke durchs Publikum schweifen und hielten nach hübschen weiblichen Fans Ausschau. Manchmal entdeckte Reggie zwei schöne Mädchen, die zusammensaßen. Er schrieb ihnen dann auf einem Zettel, den ein Betreuer zu überbringen hatte, daß sie nach dem Spiel auf uns warten sollten. Manchmal hatten wir Glück. Einmal, nach einem Spiel in Jackson, lernte Reggie ein Mädchen kennen, das er wirklich mochte. Für längere Zeit ist er dann jedes Wochenende nach Jackson gefahren.

Nach der High School bekam Reggie ein Basketball-Stipendium für die

Eastern Michigan University. In jenem Sommer bin ich oft mit ihm zusammen nach Jackson gefahren, wo auch ich eine Freundin hatte. Ich weiß nicht mehr genau, warum, aber vor einer dieser gemeinsamen Fahrten mußte ich im letzten Moment absagen. Reggie versprach, von Jackson aus anzurufen. Als er sich nicht meldete, dachte ich, ihm sei etwas dazwischengekommen.

Früh am nächsten Morgen bekam ich einen Anruf von seinem jüngeren Bruder. Er sagte mir, daß Reggie am Abend vorher einen Unfall hatte. Ein betrunkener Fahrer hatte ein Stoppschild nicht beachtet und war mit voller Geschwindigkeit in Reggies Wagen gerast. Reggie, mein bester Freund, war auf der Stelle tot. *Nein! Nein! Nein!* Ich hängte auf, rannte aus dem Haus und fing an zu laufen. Stunde um Stunde lief ich, mit tränenüberströmtem Gesicht; ich wußte nicht, wohin, aber ich konnte nicht stehenbleiben. Ich wollte nicht stehenbleiben. Wenn ich anhielt, würde es wahr werden.

Ich konnte nicht glauben, daß Reggies Leben einfach so vorbei war. Er hatte Pläne. Eine Zukunft. Ich wollte ihn im College spielen sehen. Und Reggie wollte uns, seine alte Mannschaft, in Everett High besuchen kommen.

In Reggies letztem Jahr auf der High School hatten wir es bis zum Halbfinale geschafft. Und in der neuen Saison, die in ein paar Wochen beginnen sollte, hatten wir gute Chancen, ganz nach vorn zu kommen und die High-School-Meisterschaft von Michigan zu gewinnen. »Ihr habt das Zeug dazu«, hatte Reggie bei seinem Abschied von der High School gesagt. »Und ich komm vorbei, um euch anzufeuern.«

Das war meine erste Erfahrung mit dem Tod, und sie war niederschmetternd.

Wenn man jung ist und ein Gleichaltriger stirbt, ist das ein Schock, den man sein Leben lang nicht vergißt. Das ganze Viertel war fassungslos. Alle hatten Reggie geliebt, diesen zähen kleinen Kämpfer, der es nicht nur ins Team, sondern sogar in die »Erste Fünf« geschafft hatte. Er hatte so ein großes Kämpferherz und kannte keine Angst. Und er hat mir gezeigt, was Mut ist, als ich das erst lernen mußte.

Ich weiß nicht mehr, wie ich die Beerdigung überstanden habe. Den Sarg trugen seine Mannschaftskameraden, und wir hatten zu Reggies ehrendem Angedenken unsere Trainingsanzüge und Basketballschuhe angezogen. Aber für mich war das erst der Anfang einer schmerzvollen Zeit. Wir hatten so viele schöne Sachen gemeinsam erlebt, und nun war mir ein wichtiger Teil meines Lebens plötzlich fortgerissen worden. Daß ich eigentlich mit ihm im Auto hatte sitzen sollen, machte das Ganze nur noch schlimmer. Immer wieder nahm ich mir vor, bei seiner Familie anzurufen, aber ich schaffte es einfach nicht. Überall in der Stadt liefen mir Mädchen über den Weg, mit denen wir gemeinsam ausgegangen waren, oder Leute, die mich an ihn erinnerten. Und jedesmal überfiel mich wieder dieser furchtbare Schmerz.

Ich vermisse ihn auch heute noch. Bei meiner Rücktrittsfeier habe ich mir so sehr gewünscht, daß er dabeisein könnte. Und auch eine Woche vorher, beim *All-Star-Spiel*, mußte ich an ihn denken. Genauso bei meinem ersten Spiel in der NBA und bei allen Meisterschaftserfolgen mit den Lakers. Er hat an mich geglaubt, noch bevor ich selbst an mich glaubte, und ich weiß genau, wie stolz und froh er über meine Karriere gewesen wäre. Und ich weiß auch, wieviel Kraft er mir bei dem, was ich jetzt zu überstehen habe, hätte geben können.

Als die Schule dann im September wieder losging, widmeten wir die Basketballsaison seinem Andenken. Everett hatte wieder ein sehr gutes Jahr, unser bestes. Das Spiel gegen Eastern High wurde sogar im Fernsehen übertragen – das erstemal überhaupt in Michigan. Eastern High hatte eine wirklich starke Mannschaft, in der Jay Vincent, mein langjähriger Freund und Rivale, den Ton angab.

Aber wir schlugen sie und fegten auch alle anderen Mannschaften in der regulären Saison buchstäblich vom Platz. Doch im Verlauf des Jahres mußte ich meine Spielweise grundlegend ändern. Ich erwischte einen Super-Auftakt – vielleicht hatte das mit Reggies Tod zu tun –, und in den ersten paar Wochen sah es so aus, als ob ich einfach nicht zu stoppen wäre. Im Durchschnitt machte ich so fünfundvierzig Punkte im Spiel. Unser Coach war aber erfahren genug, um zu erkennen, daß ich der Mannschaft mit meinen Leistungen – so toll sie auch waren – eher schadete. »Earvin«, sagte er, »du schießt zu viel. Wenn wir dieses Jahr die Meisterschaft gewinnen wollen, kommt es auf eine geschlossene Mannschaftsleistung an. Die anderen müssen auch lernen, in entscheidenden Situationen zu werfen. Alle Zuschauer haben nur ein Auge für dich, und das ist auch ganz in Ordnung. Die Gegenspieler sehen nur dich, und das ist mir auch noch recht. Aber du hast noch vier Mitspieler, die auch nur dich ansehen, und das ist ein Problem. Die Hälfte der Zeit stehen sie rum und warten, daß von dir etwas ausgeht. Du mußt den Ball besser verteilen, die anderen stärker ins Spiel mit einbeziehen.«

Ich hörte ihm zu und änderte meine Spielweise. Anstelle der fünfundvierzig Punkte am Abend machte ich nur noch fünfundzwanzig oder dreißig. Ich ließ den Ball besser laufen, und nur wenn es absolut nötig war, nahm ich das Spiel selbst in die Hand.

Genau das gleiche hat auch Michael Jordan in der NBA zu Ende der achtziger Jahre lernen müssen. Seine Einzelleistung war umwerfend, aber in den ersten Jahren gingen seine Chicago Bulls am Ende immer leer aus. Als Michael das klarwurde und er mehr für die Mannschaft zu spielen begann, wurde Chicago zum besten Team der Welt.

In jenem Jahr also schaffte Everett zum erstenmal den Durchmarsch bis zur State-Meisterschaft. Unser Gegner im Endspiel war Birmingham Brother Rice, eine katholische High School mit einer sehr starken Mannschaft. Das große Spiel stieg in der Michigan University. Brother Rice erwischte den besseren Start, aber in der zweiten Halbzeit kamen wir auf, konnten ausgleichen und lagen dann Kopf an Kopf bis fast zum Ende. Wenige Augenblicke vor der Schlußsirene lagen wir mit zwei Punkten vorn, als einer der Gegenspieler noch aus der eigenen Hälfte einen unglaublichen Verzweiflungsschuß losließ, und der Ball war drin. Mist, Verlängerung.

Diesmal waren wir es, die sofort davonzogen. Ich machte die ersten acht Punkte der Verlängerung. Als noch drei Minuten zu spielen waren, mußte ich mit fünf Fouls raus. Aber unsere Jungs ließen nicht locker; sie wußten, wie sie auch ohne mich gewinnen konnten. Schließlich schlugen wir dann das Team von Brother Rice mit 62 : 56. Endlich!

Es war ein unbeschreibliches Gefühl, den langen, langen Weg bis zur Meisterschaft erfolgreich zurückgelegt zu haben. Aber mir fehlte etwas. Während meine Kameraden in der Kabine jubelnd und singend unseren Sieg feierten, verzog ich mich auf den dunklen Gang, um allein zu sein. Später in Lansing würde noch genug Zeit für Siegesfeiern sein, aber jetzt konnte ich an nichts anderes als an Reggie denken. Es war so ungerecht. Er hätte dabeisein oder uns wenigstens spielen sehen müssen. In jenen Minuten, während ich so dastand und das Geschrei meiner Kameraden aus der Kabine drang, habe ich ihn schrecklich vermißt. »Wir haben's geschafft, Junge«, sagte ich, und die Tränen liefen mir übers Gesicht. »Du hast gesagt, wir packen's, und wir haben's gepackt. Für dich haben wir gewonnen!«

Mit Terry Furlow verband mich eine ganz andere Art von Freundschaft. Reggie und ich waren ebenbürtig. Terry war mehr so etwas wie ein älterer Bruder.

Terry spielte für die Spartans und war auf dem besten Weg, einer der besten Korbschützen aller Zeiten in der Big-Ten-Liga zu werden. Ich habe ihn kennengelernt, als ich so in der zehnten Klasse war. Damals trieb ich mich immer öfter in der Halle der Michigan State University rum, und eines Tages forderte er mich auf, bei einem Spielchen mitzumachen. Ich war so nervös, daß ich die ganze Zeit kein einziges Mal geschossen habe. Und als ich ein paarmal gefoult wurde, war ich auch zu schüchtern, um etwas zu sagen. Es war eine ganz neue Erfahrung für mich, einmal nicht der Beste – oder wenigstens unter den Besten – zu sein. Die Kerle dort waren ein paar Jahre älter als ich, und die meisten waren auch einfach besser. Als Neuling, und als der Jüngste unter ihnen, hielt ich mich ganz schön zurück, damit keiner sauer auf mich werden mußte.

Aber einer wurde es trotzdem. Terry gefiel es überhaupt nicht, daß seine Mannschaft verlor, nur weil dieses Bürschchen den Mund hielt, wenn es gefoult wurde. Nachdem er das einmal klargestellt hatte, fragte er mich bei den nächsten Spielen immer, ob ich in seiner Mannschaft spielen wollte. Zunächst war ich noch ziemlich unsicher, aber nach ein, zwei Monaten konnte ich schon ganz gut mithalten. Ich dominierte zwar nicht wie auf dem Freiplatz. Aber schließlich war ich ja auch kein Anfänger mehr. Wenn ich gegen ältere, körperlich überlegene Spieler angetreten bin, habe ich mich immer ganz aufs Passen konzentriert. Und egal, wo ich später gespielt habe, meinen Mitspielern kam das immer sehr entgegen.

Während meiner High-School-Jahre nahm mich Terry unter seine Fittiche und adoptierte mich mehr oder weniger als seinen kleinen Bruder. »Junge«, meinte er zu mir, »du solltest dich an mich halten.« Nach den Spielen übers ganze Feld spielten wir oft noch »eins gegen eins«. Ich dachte ja, daß ich ganz gut sei, aber Terry war wirklich ein sagenhafter Werfer. Über Wochen machte er mich bei jedem Spiel total fertig. Regelmäßig fünfzehn zu null. Es dauerte einige Monate, bis ich die ersten Punkte gegen ihn schaffte. Anfangs vielleicht drei, vier, wenn's hoch kam acht. Weitere Monate vergingen, bis ich ihn wirklich herausfordern konnte. Und schließlich, nach zwei Jahren, habe ich ihn dann endlich geschlagen. Er war so stolz, daß er mich zu einer Limo einlud.

Terry Furlow war ein richtiger Sportheld an der Universität. Eine große Nummer, mit der jeder zu tun haben wollte. Eines Abends, da war ich so in der zehnten oder elften Klasse, lud er mich und ein paar Freunde ein, mit ihm zu einer Party in der Michigan State University zu kommen. Ich fragte meine Eltern, und sie hatten nichts dagegen, solange ich nicht zu spät nach Hause kam.

Als wir dort eintrafen, wollten sie zu Terrys Überraschung an der Türe Eintrittsgeld von uns. »Das ist ja wohl nicht euer Ernst«, fuhr Terry die Typen an. »Ich bin Terry Furlow und zahl nicht für Partys. Und meine Kumpel und der junge Bursche hier auch nicht.« Sie ließen uns umsonst rein. Als die Leute auf der Party Terry erblickten, kamen sie sofort angerannt und schlugen ihm vertraulich auf die Schulter.

Als Terry anfing, bei unseren Spielen aufzukreuzen, war ich ganz schön nervös. Er kam immer total gestylt an, mit ein paar Typen im Schlepptau und einem schönen Mädchen an jedem Arm. Es war eine berauschende Sache für mich, als High-School-Spieler von einer ganzen Gruppe fein herausgeputzter College-Studenten angefeuert zu werden.

Als sich Terry zum erstenmal in der Halle von Everett High sehen ließ, legte ich mich ganz besonders ins Zeug, um ihm eine Extra-Show zu bieten. Von meinen ersten zwölf Schüssen ging keiner daneben, und am Ende brachte ich es auf vierzig Punkte, zwanzig Rebounds und siebzehn Assists.

Als ich ihn am nächsten Tag in der Michigan State University sah, wartete ich darauf, daß er mir zu meiner gelungenen Vorstellung gratulierte. »Nicht schlecht gespielt«, sagte er, »aber als du von links durchgezogen bist, hättest du auch den Korbleger mit links werfen müssen!« Ich traute meinen Ohren nicht: Nach all den Sachen, die ich *richtig* gemacht hatte, hielt er mir so eine Kleinigkeit vor. Aber trotzdem, ich war schon stolz, daß er mich überhaupt in Aktion gesehen hatte.

1976 wurde Terry beim ersten Wahldurchgang der College-Drafts von dem NBA-Club Philadelphia 76ers ausgesucht. Sobald er dann Profi war, kaufte er sich einen blauen Mercedes. Er kam oft nach Michigan zurück, weil seine Mutter noch dort lebte. Als ich den Wagen zum erstenmal sah, war ich sofort Feuer und Flamme. In jenem Moment habe ich mir geschworen, daß ich, wenn ich's jemals in die NBA schaffen sollte, auch so ein Auto fahren würde.

Als Terry in der Profiliga spielte, kam das Gerücht auf, daß er Drogen nahm. Vielleicht hat ihn Philadelphia deswegen so schnell an Cleveland abgegeben. Von dort ging er dann nach Atlanta, und von Atlanta nach Utah. Mit mir hat er nie über Drogen gesprochen, und er hat auch nie versucht, mich in diese Richtung zu beeinflussen. Ein paarmal habe ich ihn gefragt, ob an dem Gerede was dran ist. Aber er hat jedesmal das Thema gewechselt.

1980, in meinem ersten Jahr in der NBA, starb Terry bei einem Autounfall, als er mit hundertsechzig Sachen gegen einen Brückenpfeiler raste. In den Trümmern seines Wagens wurde Kokain gefunden.

In Reggie hatte ich einen Freund und eine moralische Stütze. Terry hingegen hat mir viel über Basketball und Lebensstil beigebracht. Keinen der beiden konnte ich davor bewahren, so jung zu sterben. Und das war schlimm, denn alle beide haben mir unheimlich viel gegeben.

Eine andere Person, die mich in meiner High-School-Zeit formte, war George Gervin, der damals in der heute nicht mehr bestehenden ABA-Profiliga spielte. Es war an einem Sommernachmittag, als ich mir ein Spiel in St. Cecila's, einer winzig kleinen Halle in Detroit, ansehen ging.

Dort trafen sich einige Profis während der Saisonpause regelmäßig zu Show-Spielen. In der einen Mannschaft war Campy »Mr. Moves« Russell von Cleveland der Star, in der anderen George Gervin. Gervin, dem man den Spitznamen »Ice« gegeben hatte, weil er anscheinend nie schwitzte, spielte die meisten Jahre seiner Karriere bei den San Antonio Spurs. Sein Name ist in die Basketballgeschichte eingegangen. Ende der siebziger, Anfang der achtziger Jahre war er im Zeitraum von fünf Jahren viermal bester Korbschütze der gesamten NBA. Nur Wilt Chamberlain und Michael Jordan waren auf diesem Gebiet erfolgreicher.

Gervin wurde in Detroit geboren und spielte später für die Eastern Michigan University. In Detroit war er so etwas wie ein Volksheld, und die kleine Halle war an jenem Tag auch dementsprechend vollgestopft mit Zuschauern. Aber Campy Russel hatte einen tollen Tag erwischt. In der ersten Halbzeit muß er an die vierzig Punkte gemacht haben. Er ließ Gervin ein ums andere Mal stehen, und die Zuschauer waren der Verzweiflung nah. »Los, komm schon, Ice«, schrien sie, »laß dich nicht zur Sau machen!«

Als die zweite Halbzeit begann, stand die ganze Menge geschlossen auf. »Ice! Ice! Ice!« brüllten sie im Chor. Und die Anfeuerungen verfehlten nicht ihre Wirkung auf Gervin. Es war ein anderer Spieler, der da aus der Kabine kam. An die fünfzehn Schüsse hintereinander versenkte er zu Anfang des dritten Viertels. Dann warf er ein-, zweimal daneben, nur um zu zeigen, daß er auch ein Mensch war. Aber im vierten Viertel hatte er sofort noch mal eine Serie von fünfzehn Treffern – aus jeder möglichen Ecke und mit allen erdenklichen Wurftechniken: er machte Sprungschüsse, Hook Shots, warf mit und ohne Brett, zog zum Korb – alles, was man sich auch nur vorstellen kann.

Ich glaube, Gervin hat an jenem Abend bestimmt siebzig Punkte gemacht. Als noch fünf Minuten zu spielen waren, stürmte Gervin im Fast Break auf den Korb zu. Als sich ein Verteidiger vor ihm aufbaute, um ihn zu stoppen, übersprang ihn Gervin einfach und ließ den Ball über die Fingerspitzen durchs Netz rollen – *swish* – aus viereinhalb Metern Entfernung. Die Zuschauer gerieten total aus dem Häuschen, rannten aufs Spielfeld und umarmten ihn stürmisch. Das Spiel war zu Ende. Ich hatte noch nie – und habe auch nie mehr wieder – solch eine Vorstellung wie die Gervins an jenem Tag gesehen. Als ich wieder in Lansing war, redete ich tagelang von nichts anderem.

Nach dem Spiel wurde ich dem Iceman vorgestellt. Gervin hatte gehört, daß ich ein High-School-Star war, und in den darauffolgenden Wochen spielten wir ein paarmal in Detroit und in Lansing eins gegen eins. Und ich hatte gedacht, Furlow wäre ein harter Brocken. Aber Gervin kam einfach aus einer anderen Welt. Es war furchtbar deprimierend, gegen ihn zu spielen, denn er schien sich kein bißchen anzustrengen. Es ist eine Sache, wenn der Gegner ächzt und schnauft wie man selbst. Aber Ice ging einfach aufs Feld und machte einen in aller Ruhe fertig.

Ich hätte regelmäßig im Erdboden versinken mögen, aber Gervin brachte mir auch ein paar Sachen aus seiner Trickkiste bei, zum Beispiel seine Spezialitäten, den Finger Roll oder den Wurf mit Brett.

Als man in Lansing mitbekam, daß ich gegen George Gervin spielte, wurde ich zum Gesprächsthema der ganzen Stadt. Es interessierte niemanden, daß mir kein einziger Punkt gegen ihn gelang. Es war eine Ehre, mit Ice auf einem Platz zu stehen, auch wenn er einen vernichtete.

Als ich das erstemal gegen Gervin in der NBA spielte, war er auf dem Höhepunkt seiner Karriere. Und ich sollte ihn decken. Vor Spielbeginn schloß er mich in seine Arme und hieß mich in der Profiliga willkommen. »Du hast's geschafft, Junge«, sagte er, »und ich hab immer gewußt, daß du's schaffen würdest.« Dann stellte er mich seinen Teamkameraden vor. »Schaut mal her, Leute. Gegen diesen Burschen hab ich früher in Michigan ein paarmal gespielt, als er noch auf der High School war. Und jetzt paßt gut auf ihn auf, denn Earvin Johnson ist ein wirklicher Basketballer.«

Ich strahlte voller Stolz. Dann ging Gervin aufs Feld und machte mal so eben vierzig Punkte gegen mich.

Ice, du hast's wirklich raus, wie man einem Freund weh tut.

VIERTES KAPITEL

Zeit der Entscheidung

Eines Nachmittags, gegen Ende meines ersten Jahres in der High School, rief mich Coach Fox zu sich in sein Büro. Ach du je, dachte ich, hab ich was angestellt?
»Hier, Earvin«, sagte er, indem er mir fünf Briefumschläge aushändigte. »Du hast Post.«
Es waren Briefe von College-Trainern. Sie stellten sich vor und wollten mich dazu bringen, über eine Anmeldung auf ihr College nachzudenken. Die NCAA-Bestimmungen legen fest, daß High-School-Sportler erst im Abschlußjahr fürs College geworben werden dürfen. Um sich aber schon mal ins Gespräch zu bringen, schicken Colleges, die ein ehrgeiziges Basketballprogramm haben, solche Briefe zur ersten Kontaktaufnahme an alle wichtigen High-School-Basketballer im ganzen Land. Für mich war das ganz neu. Diese Briefe versetzten mich in Hochstimmung. Schließlich war ich ja erst fünfzehn. Und in diesen Colleges hatte man tatsächlich schon von mir gehört? Ich lief schnell nach Hause, um die Briefe meinen Eltern zu zeigen, und in der Nacht machte ich dann kaum ein Auge zu. In meinem letzten Jahr auf der High School konnte ich mich dann vor Talentsuchern kaum mehr retten. Unser Telefon zu Hause lief so heiß, daß wir schließlich die Nummer ändern mußten, was aber nur wenig half. Was als Ansporn begonnen hatte, wurde bald unheimlich lästig. Und da die Talentsucher immer öfter auch bei uns zu Hause auftauchten, suchte ich mehr und mehr bei Freunden Zuflucht. Manchmal standen sie stundenlang vor unserem Haus oder vor der Schule, nur um mir zu zeigen, daß es sie gab. Will Jones, der Assistenztrainer von Maryland, lebte praktisch in Lansing. Egal, was ich machte, er war dabei. Na ja, es war eben seine Arbeit, und er wurde auch nie unangenehm.

Die Talentsucher gingen davon aus, daß eine Mutter den besten Zugang zum Herzen eines Jungen hat. Also erzählten sie Mom alle den gleichen Schmus: daß ihr Junge immer ordentlich zu essen bekommen wird, daß er regelmäßig zum Unterricht gehen und daß er in keine Schwierigkeiten geraten wird. »Glauben Sie mir, Mrs. Johnson, Ihr Sohn ist bei uns in den besten Händen. Wir kümmern uns um ihn, und es wird ihm an nichts fehlen.« Manchmal schickten sie auch noch Blumen.

Aber meine Eltern lassen sich nicht so leicht einwickeln. Mein Vater ist ein Arbeiter mit einer Menge Lebenserfahrung, und auch meine Mutter ist nicht von gestern. Es war schwer, ihnen was vorzumachen. Da nützte den Talentsuchern auch ihr geschwollenes Gerede und ihr Vertretergehabe nicht viel. Alle Anwerbungsversuche hatten über Coach Fox zu laufen, der jetzt so etwas wie mein Manager wurde. Auch für ihn war diese Situation ganz neu, und er genoß sie in vollen Zügen. Angesichts der vielen Angebote waren wir beide so aufgeregt wie zwei Kinder vor Weihnachten.

Natürlich hatte ich auch viele Geschichten über die unlauteren Methoden mancher College-Anwerber gehört. Aber ich kann sie heute eigentlich nicht bestätigen. Klar, manche gingen ein bißchen zu eifrig zur Sache, und es gab auch solche, die uns zu verstehen gaben, daß wir es nur zu sagen brauchten, wenn wir irgend etwas wollten. Manchmal wurde sogar Geld geboten. Aber mein Vater hatte schon von Anfang an klargestellt, daß wir dieses Spielchen nicht mitmachen würden. »Laß dich von keinem versklaven«, sagte er zu mir. »Ich möchte nicht, daß so ein Typ später wieder, wenn irgend etwas schiefgelaufen ist, bei uns aufkreuzt und sein Geld zurückverlangt.«

Zur einzigen unangenehmen Situation, an die ich mich erinnern kann, kam es, als ein Talentsucher meinem Vater das Märchen auftischte, wie froh er sei, daß ich endlich für seine Schule unterschrieben hätte.

»Ich glaube eigentlich nicht, daß er zu Ihnen kommt«, antwortete mein Vater.

»Mr. Johnson, es kommt nicht darauf an, was *Sie* glauben«, belehrte ihn der Anwerber. »Earvin hat seine Entscheidung schon gefällt.«

»Was fällt Ihnen ein, in diesem Ton mit mir zu reden«, sagte mein Vater – und damit war der Anwerber schon raus aus dem Geschäft.

Aber das war eine Ausnahme. Die Universitäten, die ich wirklich in Betracht zog – North Carolina, Michigan, Notre Dame und Maryland – hatten alle eine große Basketballtradition. Wenn sie die Bestimmungen nicht verletzten, hatten sie's wahrscheinlich auch nicht nötig. Ursprünglich war auch UCLA (Los Angeles) unter meiner engeren Wahl. Sie luden mich zu einem Besuch ein, und ich war auch sehr interessiert an ihren Plänen für die Basketballsaison. Wer wäre das nicht gewesen? Ende der sechziger, Anfang der siebziger Jahre hatte UCLA die besten Basketballteams in der College-Geschichte, die eine Meisterschaft nach der anderen gewannen. Aber kurz bevor ich losfliegen wollte, bekam ich einen Anruf von ihrem Assistenztrainer. Er fragte mich, ob es mir etwas ausmachen würde, den Trip noch etwas zu verschieben, weil sie vorher noch mit Albert King und Gene Banks sprechen wollten. Die beiden galten damals als die besten High-School-Basketballer in den Staaten. »Wenn sie bereit sind, für uns zu spielen«, sagte er, »brauchen wir dich nicht mehr. Aber wart's ab. Wir geben dir dann Bescheid.«

Ich hatte keine Lust, hinter Banks und King die zweite Geige zu spielen, und so erklärte ich ihnen, daß sich die Sache für mich erledigt hätte. Einige Jahre später lief ich dem Coach auf einem Flughafen über den Weg. »Tja, Earvin«, meinte er ein bißchen verlegen, »mit dir haben wir uns wohl ganz schön verkalkuliert.«

Ich lächelte. »So was kann passieren«, antwortete ich.

Der Höhepunkt dieser ganzen Anwerbungsprozedur war für mich ein Besuch von Bobby Knight, dem Coach der Indiana University, der damals schon eine Legende war. Als seine Mannschaft in Michigan spielte, nutzte er die Gelegenheit, um in der Schule bei mir vorbeizuschauen. Das Treffen war natürlich eine Ehre für mich, auch wenn mir schon klar war, daß ich nicht für ihn spielen würde. Ich hatte ihn oft genug im Fernsehen gesehen, um zu wissen, wie leicht er explodierte. Und das war noch vor dem berühmten Zwischenfall mit dem Stuhl, den er in hohem Bogen durch die Halle fliegen ließ. Aber er war eben Bobby Knight und ich lediglich ein High-School-Senior, und so konnte ich einem Treffen mit ihm schlecht aus dem Weg gehen. Und abgesehen davon, was ich über seinen Charakter dachte, wußte ich, daß er überall auf der Welt als Basketballgenie größten Respekt genoß.

Als wir beide dann allein im Büro von Coach Fox saßen, war er jedoch ganz anders, als ich erwartet hatte. Er hatte nichts Cholerisches an sich, sondern erwies sich im Gegenteil als ruhig, freundlich und lustig. Seine geradlinige Art hat mich sofort für ihn eingenommen. Im Gegensatz zu vielen anderen Talentsuchern legte er es nicht darauf an, mich mit blumigen Versprechen zu locken. Und er erzählte mir auch keine Sachen, von denen er annehmen konnte, daß ich sie gern hören würde. »Ich kann dir nichts garantieren«, sagte er, »noch nicht einmal einen Platz in der ›Ersten Fünf‹. Den muß man sich bei uns verdienen. Und ich erwarte auch, daß du dich in den Seminaren anstrengst. Keine Bücher, kein Basketball. Bei uns macht jeder seinen Abschluß. Nur eins kann ich dir versprechen: Du wirst von mir genauso angebrüllt wie alle anderen auch.«

Ich bin sicher, daß ich für Knight hätte spielen können. Er hängt sich voll rein und will stets gewinnen. Und unter so einem Druck blühe ich immer auf. Aber ich wußte auch, daß die Spielweise von Indiana nicht zu mir gepaßt hätte. Bobby Knight verlangsamt gerne das Spiel. Indianas bekannte Angriffstaktik, die »Motion offence«, basiert vor allem auf einem ruhigen Spielaufbau mit einer Fülle vorstrukturierter Spielzüge. Mir sagte eine offenere, spontanere Spielweise mehr zu. Ich suchte eine Mannschaft, in der gerannt wurde.

Nach einigen Monaten hatte ich die Wahl auf zwei Colleges eingeschränkt, beide in der Nähe meines Elternhauses: die University of Michigan und die Michigan State University. Die University of Michigan schien eindeutig die bessere Alternative. Sie zählt zu den besten Unis im ganzen Land und hatte damals ein herausragendes Basketballteam. Eine Siegermannschaft, die in jedem Spiel ein ungeheures Tempo vorlegte. Ich kannte ihren Coach, Johnny Orr, ganz gut und auch Bill Frieder, seinen Assistenten. Ann Arbor liegt nur eine Autostunde von Lansing entfernt, und ich war zu den Heimspielen des Uni-Teams, der Wolverines, oft dort hingefahren. Sie spielten gewöhnlich samstags nachmittags, so daß ich danach auch noch zu den Spielen von Michigan State gehen konnte.

Als ich mich in Ann Arbor vorstellte, hatte ich das Gefühl, daß ich nicht von allen aus der Mannschaft gern gesehen wurde. Phil Hubbard, der Star des Teams, nahm mich sehr freundlich auf, und es wäre auch toll gewesen, mit ihm zusammen zu spielen. Es war so ein Genuß, ihn auf dem Spielfeld zu sehen, daß manche Leute von ihm schon als dem nächsten Dr. J. sprachen. Aber einige seiner Teamkameraden hatten wohl Angst, daß ich ihnen in die Quere kommen würde.

Und ich konnte sie gut verstehen. Da tauchte plötzlich so ein junger Spund auf, der einen unglaublichen Wirbel um sich rum entfachte, und der Coach ließ ihn auch noch sofort mit der »Ersten Fünf« auflaufen. Das mußte den Spielern ja an die Nerven gehen, die zwei Jahre die Bank warmgehalten und geduldig auf ihre Chance gewartet hatten, eine Chance, die nun auf einmal in Rauch aufzugehen schien. Zwei, drei Jungs aus der Mannschaft waren in dieser Situation, und ihre Skepsis mir gegenüber war deutlich zu spüren.

Trotz allem, ich hatte Ann Arbor noch nicht aus meinen Plänen gestrichen. Doch Michigan State war wie eine zweite Heimat für mich, und ich fühlte eine starke Verbundenheit mit dem College. Jahrelang hatte ich dort bei Freundschaftsspielen mitgemacht und an Basketball-Camps teilgenommen. Beide Universitäten bemühten sich hartnäckig um mich und beide mit identischen Angeboten: Ausbildung, Unterkunft und Verpflegung, Bücher. Keine Sonderleistungen, keine weitergehenden Verpflichtungen. – Eine schwere Entscheidung!

In Lansing versuchten mich alle davon zu überzeugen, daß Michigan State das richtige für mich sei. Schwarze *und* Weiße, ganz egal. Wenn ich zum Beispiel für eine Trainingsstunde auf einem Freiplatz war, wollten die Kids weniger Basketball spielen, als mit mir über meine College-Entscheidung reden. Als ich im April von einer Basketball-Tour mit einer High-School-Auswahlmannschaft durch Deutschland heimkehrte, empfing mich eine vielköpfige Menschenmenge am Flughafen in Lansing mit

Sprechchören und Michigan-State-Schildern. Sie übergaben mir eine Petition, die fünftausend Schulkinder unterschrieben hatten und in der sie mich baten, in Lansing zu bleiben.

Auch meine Eltern hofften, daß ich mich für Michigan State entscheiden würde, und Coach Fox genauso. Doch niemand ließ Zweifel daran aufkommen, daß ich allein die Wahl zu treffen hatte und daß ich, egal wie die Entscheidung ausfallen sollte, immer auf ihre Unterstützung zählen konnte. Nur Greta Dart wurde etwas deutlicher. Sie und ihr Mann hatten beide auf der Michigan State ihr Examen gemacht, aber sie versicherte mir, daß sie es auch in Ordnung fände, wenn meine Wahl auf die University of Michigan fallen sollte. »Wirklich, Earvin, das wäre doch großartig. Und wir würden dich auch ganz sicher mal besuchen. Ich meine nur, daß du es vielleicht ein bißchen schwierig finden könntest, mit zwei gebrochenen Kniescheiben Basketball zu spielen.«

Meine leichten Vorbehalte gegen Michigan State hatten mit dem dortigen Coach zu tun. Gus Ganakas, der frühere Coach, war gefeuert worden, noch bevor ich in mein letztes High-School-Jahr kam, und das hatte eine ganze Menge für mich geändert. Ich war richtig befreundet mit Gus und hätte sehr gern für ihn gespielt. Der neue Coach war Jud Heathcote, ein kleingewachsener heißblütiger Typ, der mich an eine Bulldogge erinnerte. Heathcote arbeitete zwar erst ein Jahr an der Michigan State, und ich kannte ihn eigentlich nicht, aber ich hatte gesehen, wie er seine Spieler zusammenstauchte, und das gefiel mir nicht besonders.

Als ich kurz vor der endgültigen Entscheidung stand, kam Heathcote zu mir: »Ich weiß, daß für dich nur noch Michigan und Michigan State im Rennen sind«, sagte er. »Ich hab den Eindruck, dein Verstand sagt Michigan, aber dein Herz Michigan State. Kein Zweifel, Michigan ist ein sehr gutes College, und ihre Mannschaft ist Spitze. Aber da wärst du nur einer unter mehreren Stars. Und mit deiner Größe würden sie dich bestimmt Center spielen lassen. Aber du bist kein Center, Earvin. Ich hab dich oft genug spielen sehen. Du bist ein Aufbauspieler, ein Point Guard. Ich will, daß du unserem Angriff Ideen gibst, daß über dich unsere Fast Breaks laufen. Greg Kelser ist unheimlich schnell. Du kennst ihn ja und weißt, wie gut er ist. Aber ich bin überzeugt, daß er noch viel wirkungsvoller wird, wenn du unser Spiel in die Hand nimmst. Kein Zweifel, du wärst ein enormer Gewinn für die ganze Mannschaft.«

Als Heathcote gegangen war, dachte ich über seine Worte nach. Er hatte sicher recht mit dem Kampf zwischen meinem Kopf und meinem Herz. Seit ich zehn war, bin ich regelmäßig zu Spielen von Michigan State gegangen – und nicht nur Basketball, sondern auch Footballspiele der Spartans hab ich mir bei Wind und Wetter angeschaut. Ich hatte nie die

Möglichkeit, für Sexton High zu spielen, und das hing mir immer noch nach. Aber jetzt bot sich mir wieder die Chance, für ein Team aus meiner Stadt zu spielen. Sollte ich die nicht ergreifen?

In der folgenden Nacht träumte ich, ich wäre in der Halle von Michigan State. Jenison Field House faßt an die zehntausend Leute und war überfüllt mit jubelnden Fans. Ich war schon so oft dort gewesen, wenn fast alle Ränge leer waren, aber jetzt, im Traum, lief ich da übers Spielfeld in einem grün-weißen Trikot, und die ganze Halle war auf den Beinen und jubelte mir zu.

Am anderen Morgen bekam ich Besuch von Vernon Payne, dem Assistenz-Coach von Jud Heathcote. Vernon arbeitete schon lange an der Michigan State University, und ich kannte ihn sehr gut. Damals, als Gus gefeuert wurde, hatte ich gehofft, daß er sein Nachfolger würde.

»Zuerst will ich dir eine Sache verraten, die noch keiner weiß«, sagte Vernon. »Ich verlasse Michigan State und nehme ein Angebot von Wayne State an. Ich persönlich hab also nichts davon, wenn ich dich dazu überrede, zur Michigan State zu kommen. Aber ich bin sicher, daß das die richtige Wahl für dich ist. Ich hab gehört, daß du Vorbehalte gegen Jud Heathcote hast.«

»Da hast du richtig gehört«, sagte ich. »Ich kenn ihn einfach zu wenig.«

»Aber ich kenne ihn«, sagte er. »Wenn ich ihn nicht leiden könnte oder wenn ich denken würde, daß er ein schlechter Trainer ist, würde ich dir das sagen. Aber er ist gut, Earvin. Wirklich gut. Ich meine, du solltest für ihn spielen. Ich weiß, daß es dir nicht paßt, wie er seine Spieler anbrüllt. Aber das macht er nur, weil ihm Basketball so nahegeht, weil er um jeden Preis gewinnen will. Und hinter diesem Brüllen und Schreien verbirgt sich ein wahnsinnig guter Coach und exzellenter Basketballehrer. Ich kenn dich jetzt schon so lange und habe gesehen, wie versessen du darauf bist, immer besser zu werden. Er kann dir sehr gut dabei helfen. Und außerdem wird die Mannschaft wirklich stark sein mit dir. Greg Kelser und andere gute Leute aus dem letzten Jahr sind noch dabei. Und du weißt ja, daß wir Jay Vincent schon für uns gewonnen haben.«

Nach seinem Plädoyer für Heathcote sagte ich zu meiner – und seiner – großen Überraschung: »Also gut, einverstanden. Gib mir die Papiere, ich unterschreib.«

Vernon fiel fast vom Hocker vor Staunen. Sicher hatte er gehofft, daß ich meine Meinung ändern würde, aber *so* schnell... »Wart einen Moment«, sagte er, »ich muß grad mal anrufen.« Jud brauchte nicht lange, um mit dem Vertrag bei uns zu erscheinen.

Sobald die Entscheidung gefallen war, fühlte ich mich unheimlich gut, und meine Eltern freuten sich mit mir. Vor allem Mom war sehr erleichtert, denn zu den Spielen in Ann Arbor am Samstagnachmittag hätte sie wegen ihrer religiösen Verpflichtungen nicht gehen können. So aber konnte sie mich spielen sehen, Samstag abends in der Halle von Michigan State, denn dann war der Sabbat, an den sie sich so penibel hielt, schon vorüber.

Mir gefiel es vor allem, daß ich mich für die schwächere Mannschaft entschieden hatte, für die ewigen Verlierer, die mit meiner Hilfe vielleicht endlich auf der Erfolgsleiter hochklettern würden. So wie die Everett High School. Niemand hatte uns wirklich ernst genommen, und trotzdem hatten wir's bis zum Titel geschafft. Das gleiche wollte ich nun mit der College-Mannschaft versuchen.

Mir war klar, daß das eine enorme Herausforderung war. Aber Michigan State war nicht annähernd so schlecht wie damals die High-School-Mannschaft von Everett. Sicher, das erste Jahr unter Heathcotes Leitung hatte die Mannschaft mit der traurigen Bilanz von zehn Siegen und siebzehn Niederlagen abgeschlossen. Aber die meisten Spiele waren mit einer Differenz von weniger als fünf Punkten verlorengegangen. Vier aus der »Ersten Fünf« waren noch dabei, und Kelser war wirklich ein Klassespieler. Und dann Jay Vincent. Ihn kannte ich schon eine Ewigkeit, und auch er würde spielentscheidend sein. Die Spartans waren eine ganz gute Mannschaft, der nur noch ein, zwei Teilchen fehlten, um das Puzzle zu vervollständigen. Vielleicht würden Vincent und ich genau reinpassen.

Abgesehen von meiner Familie erzählte ich keinem von meiner Entscheidung, und anscheinend sickerte auch nichts durch. Einige Tage später organisierte Coach Fox eine Pressekonferenz im Auditorium der Everett High School. Als ich dort eintraf, stellte ich verblüfft fest, daß sogar Reporter und Fernsehteams aus so weit entfernten Städten wie Chicago und New York gekommen waren. Und als mir dann jemand erzählte, die Pressekonferenz werde live im Radio übertragen, kam ich aus dem Staunen gar nicht mehr heraus.

Ich war unheimlich nervös, aber es war auch ein großer Moment für mich, und ich hatte mir vorgenommen, ihn in vollen Zügen zu genießen. Als ich das Wort ergriff, sagte ich zuerst: »Noch weitere Fragen?« Alles lachte. Das Eis war gebrochen. Dann kam's: »Ich habe mich dazu entschlossen, die Michigan State University zu besuchen.« Donnernder Applaus und Jubelgeschrei erfüllten augenblicklich das Auditorium.

»Als die Entscheidung anstand«, sagte ich, »ist mir immer klarer geworden, daß ich zu keinem anderen College gehen kann. Ich bin zum *Spartan* geboren.«

Applaus und Hochrufe verstärkten sich noch. Ein Reporter fragte mich, warum ich mich gegen die University of Michigan entschieden hätte, wo doch alle wüßten, daß sie die bessere Mannschaft habe.

»Die Vergangenheit oder Traditionen sind mir ziemlich egal«, sagte ich. »Mich interessiert nur die Zukunft. Und da sehe ich eine College-Meisterschaft für Michigan State.«

Meine Entscheidung war erst zwei Tage alt, und schon galt es, Versprechungen einzuhalten.

FÜNFTES KAPITEL

College Kid

In meinem ersten Spiel für Michigan State habe ich mich wahrlich nicht mit Ruhm bekleckert. Wir spielten zu Hause gegen das Team von Central Michigan, und meine ganze Familie und all meine Freunde waren zu meinem Debüt gekommen. Aber durch den enormen Druck und die hochgespannten Erwartungen war ich einfach zu aufgedreht, um gut zu spielen. Die ganze Nacht vorher hatte ich Magenkrämpfe. Im Spiel gingen dann die meisten meiner Schüsse daneben. Außerdem hatte ich fast ein Dutzend Ballverluste.

Meine ganze Karriere über war mein erstes Spiel auf der nächsthöheren Ebene regelmäßig ein furchtbares Desaster. So erging's mir in der Junior High School und dann mit Everett und Michigan State und sogar mit den Los Angeles Lakers. Aber wir haben das Spiel trotzdem gewonnen, und die folgenden auch. Nicht viel später stand das Auswärtsspiel gegen die University of Detroit an, neben uns die einzige noch ungeschlagene Mannschaft der Liga. Meine Teamkameraden und ich kannten die meisten ihrer Spieler. Aber vor dem großen Match weigerten sich diese Burschen doch beharrlich, auch nur ein Wort mit uns zu wechseln. Es kam schon mal vor, daß unsere Gegner uns mit abfälligem Gerede verunsichern wollten, aber solch eine absolute Nichtachtung war uns noch nie vorgekommen. Wir unterhielten uns in der Kabine darüber und nahmen uns vor, ihnen auf dem Spielfeld Manieren beizubringen.

Die Halle war mit fast zehntausend Besuchern brechend voll, und die Spieler von Detroit wurden wie bei den Profis im Scheinwerferlicht einzeln vorgestellt. Aber als dann das Spiel endlich losging, hatten sie uns mit ihrem Getue so heiß gemacht, daß wir sie nach allen Regeln der Kunst auseinandernahmen. Wir bleuten ihnen ein, daß *wir* die Besten in Michigan waren.

Ich war schon berühmt, als ich zur Michigan State kam. Die Medien hatten über meine College-Entscheidung solch einen Wirbel entfacht, daß fast jeder an der Uni wußte, wer ich war. Manchmal hörte ich, wie Studenten die Köpfe zusammensteckten, wenn ich vorbeikam. »Hey, ist das nicht Magic Johnson!« Und das war sogar noch, bevor die Saison losging.

Solch eine Popularität hatte ich nicht erwartet. Solange ich denken konnte, war an der Michigan State immer Football die wichtigste Sportart gewesen. Gewöhnlich kamen zu den Basketballspielen so wenige Zuschauer, daß man sich die besten Plätze aussuchen konnte.

Aber ein Jahr bevor ich zur Michigan State kam, war das Footballteam wegen irgendwelcher Ausschreitungen ausgeschlossen worden. Deswegen schien auf einmal jeder an der Uni zum Basketballfan geworden zu sein. Eins meiner Erstsemester-Seminare fand früh um acht im Jenison Field House statt, und dort konnte ich eines Morgens miterleben, wie der Vorverkauf für die Basketballsaison eröffnet wurde. Es war kaum zu fassen, wie viele Studenten vor dem Gebäude Schlange standen, viele mit Schlafsäcken unter dem Arm. Die ganze Nacht hatten sie im Freien zugebracht, nur um unsere Spiele zu sehen.

Die sind ja total heiß auf uns, dachte ich. Besser, wenn wir sie nicht enttäuschen.

Als die Saison dann begann, kamen mehr Fans zu unserem Training als im Jahr vorher zu den Spielen. Das Training war eigentlich immer öffentlich gewesen, aber jetzt wurde es zu solch einer Attraktion, daß Jud gezwungen war, die Türen schließen zu lassen.

Im Gegensatz zur ersten Zeit auf der High School, als ich noch voller Selbstzweifel steckte, kam ich nun mit einer gehörigen Portion Selbstvertrauen zum College. Durch die unzähligen gemeinsamen Spiele in all den Jahren auf dem Campus kannte ich meine Mitspieler genau. Und als ich dann selbst in die Mannschaft kam, stand außer Frage, daß ich von Anfang an richtig dazugehörte.

Aber trotzdem mußte ich mich umstellen. In der High School konnte ich jedes Spiel allein in die Hand nehmen, wann immer es die Situation erforderte, und es kam höchst selten vor, daß ich auf einen ebenbürtigen Gegenspieler traf. Doch im College sah die Sache ganz anders aus. Jede Mannschaft, gegen die wir spielten, hatte zwei, drei herausragende Athleten. Und fast jeder Spieler in der Liga war der Star einer ganzen High School gewesen.

In College-Spielen ging man auch körperbetonter zur Sache. Die Spieler waren durchweg groß und kräftig gebaut, und die Schiedsrichter ließen eine Menge Schieben und Stoßen durchgehen. Ich habe ein Jahr gebraucht, um mich daran zu gewöhnen.

Und ich mußte mir einige schlechte Angewohnheiten wieder abgewöhnen. In den High-School-Spielen war ich oft mit dem Ball in der Hand hochgesprungen, ohne recht zu wissen, was darauf folgen sollte. Aber unser Coach zeigte mir, daß es unsere Gegner deshalb geradezu darauf anlegten, daß ich sprang. Sie machten meine Mitspieler dicht, so daß ich in der Luft »hing«, ohne eine Anspielstation zu finden. Dann konnte ich nur noch aus ungünstiger Position werfen oder, schlimmer noch, ein Gegenspieler baute sich vor mir auf und zwang mich zu einem Offensivfoul. »Bleib am Boden«, sagte Jud dann. »Wenn du springst, verbaust du dir alle Möglichkeiten.«

Die größte Umstellung war jedoch die Qualität und Intensität des Spiels. Michigan State gehörte zur Liga der Big Ten, in der einige der besten College-Spieler der Vereinigten Staaten spielten. Für Minnesota lief zum Beispiel Mychal Thompson auf, der einfach unglaublich gut war. Und wenn das nicht gereicht hätte, war da immer noch ein gewisser Kevin McHale. Kevin war damals im College fast schon so dominierend wie später bei den Boston Celtics. Ohio State konnte Spieler wie Herb Williams, Kelvin Ransey, Jim Smith und Clark Kellogg aufbieten. Außerdem waren da noch Mike Woodson bei Indiana, Eddie Johnson bei Illinois und Phil Hubbard und Mike McGee bei Ann Arbor.

Aber der Allerbeste war Ronnie Lester von Iowa, einer der besten Guards aller Zeiten. Der hatte einfach alles drauf. Ich bin sicher, wenn er sich nicht noch zu College-Zeiten eine schlimme Knieverletzung zugezogen hätte, wäre sein Name zur Legende geworden. Er hat dann zwar noch in der NBA gespielt – eine Zeitlang waren wir sogar Teamkameraden –, aber da war er schon nur noch ein Schatten seiner selbst.

Bei den vielen Spitzenspielern, mit denen wir es zu tun hatten, war es unheimlich wichtig, daß wir einen überzeugenden Coach hatten. Und Jud Heathcote erwies sich, entgegen meinen anfänglichen Zweifeln, als sagenhafter Coach. Er war ein absoluter Perfektionist, und von uns erwartete er nicht weniger. Nicht getroffen? Okay, kann vorkommen. Aber wenn man seine Arbeit nicht ordentlich erledigte, also keine Blocks setzte oder nicht mit vollem Einsatz zum Rebound ging, oder wenn man die Spielsituation nicht richtig erfaßte – mit anderen Worten einen Denkfehler machte –, da kannte er keine Gnade. Dann faßte er sich an den Kopf und schrie: »Du sollst denken!« Das einzige, was er mehr haßte als Denkfehler, waren Entschuldigungen. »Warum hast du ihn nicht richtig ausgeblockt?« fragte er zum Beispiel. Wenn dann die Antwort vielleicht lautete: »Ich mußte einen anderen Mann übernehmen und bin nicht mehr rechtzeitig rübergekommen«, lief er tiefrot an im Gesicht und brüllte mit sich überschlagender Stimme: »Ich will so einen Mist nicht hören!« Wir lernten schnell, wie die einzig mögliche Antwort auf eine »Warum-hast-du-nicht?«-Frage auszusehen hatte. »Ich hab's verbockt, Coach. Soll nicht wieder vorkommen.«

Jud hat uns in einem fort angebrüllt. Wenn man etwas nicht haargenau so machte, wie er sich das vorstellte, explodierte er. Und es war egal, wo man Scheiße gebaut hatte, im Training oder im Spiel. Manche Spieler nahmen sich seine Wutausbrüche sehr zu Herzen, aber mich störten sie eigentlich viel weniger, als ich erwartet hatte. Manchmal halfen sie mir sogar: Ich wurde sauer auf Jud und habe dann meinen Ärger am Gegner ausgelassen.

Ich sah in ihm einfach einen unverdrossenen Kämpfer, und daher respektierte ich seine Leidenschaft. Er brannte darauf zu gewinnen, und die Schreierei war das Mittel, mit dem er sein Ziel erreichte. Für mich war immer der Sieg das Wichtigste, und Jud dachte genauso.

Man kann sagen, daß unsere Herzen und unsere Köpfe fast synchron geschaltet waren. Fast immer beurteilten wir Spielsituationen oder Spieler in der gleichen Weise. Wenn es in die letzten Spielminuten einer hart umkämpften Partie ging, wußte ich immer, welches System Jud spielen wollte – manchmal noch, bevor er es dann tatsächlich ansagte.

Außerhalb der Halle war Jud Heathcote die Korrektheit in Person. Er hielt sich so streng an die NCAA-Regeln, daß wir alle dachten, er habe sie selbst geschrieben. Und er hielt sich auch daran, wenn die Regeln lächerlich waren. Er hatte seinen guten Ruf auf seine Integrität aufgebaut und hätte nie etwas getan, was diesen hätte gefährden können.

So war es mit allen Sachen. Wenn man nicht jedes Seminar und jede Vorlesung besuchte, ließ er einen nicht spielen. Am Abend vor den Spielen herrschte immer ein Ausgehverbot, aber ich weiß nicht mehr genau, was einen als Strafe erwartete, wenn man sich nicht daran hielt. Soweit ich mich erinnere, ist so etwas auch nie vorgekommen.

Jud war der ungeduldigste Mensch, der mir je begegnet ist. Wir haben das ganze Land bereist, aber eins war überall gleich: Egal, wo wir uns aufhielten, Jud konnte es nicht erwarten, wieder von dort wegzukommen. Einmal, nach einem Spiel in Minnesota, war unser Rückflug wegen eines Schneesturms gestrichen worden. Am anderen Morgen gab es einen anderen Flug, aber Jud dauerte das zu lange. In einem alten, klapprigen Schulbus sind wir zurückgefahren. Die ganze verdammte Nacht haben wir gebraucht, bis wir endlich daheim waren.

Ein anderes Mal mußten wir nach einem Spiel in Oregon am Flughafen etwas länger auf unser Gepäck warten. Jud brachte die Verzögerung fast um den Verstand. Als unsere Koffer nach zehn Minuten noch nicht erschienen waren, sprang er aufs Förderband und ließ sich zu dem ominösen Ort transportieren, wo unser Gepäck stecken mußte. Eine Ewigkeit sahen wir nichts von unseren Koffern – und auch nicht von unserem Coach. Endlich schwang eine Tür auf, und Jud erschien, begleitet von zwei breitschultrigen Polizisten, die ihn in ihre Mitte genommen hatten. Ein unfaßbar komisches Bild. Ich muß heute noch lachen, wenn ich daran denke.

Er hatte es immer eilig. Wenn wir unterwegs waren, bestellte er sich gewöhnlich ein Steak zum Frühstück. »Halten Sie sich nicht zu lange mit dem Braten auf«, beschied er dann der Kellnerin, »werfen Sie es einfach für zehn Sekunden auf den Grill, dann drehen Sie's noch rasch um und bringen es her.« Solche Szenen haben uns ganz schön beeindruckt.

Normalerweise sind ungeduldige Menschen keine guten Lehrer, aber Jud war eine Ausnahme. Mit jedem aus der Mannschaft arbeitete er ganz individuell, und aus allen hat er bessere Spieler gemacht. Stundenlang haben wir zusammen an meinen Schüssen von außen gefeilt. Er hat mir dabei klargemacht, daß ich oft beim Werfen nicht im Gleichgewicht war. Auch an meinen Freiwürfen haben wir gearbeitet, und schließlich half er mir, noch überlegtere Pässe zu spielen.

Jud hat zwar meine Spielweise entscheidend verbessert, aber er hat nie versucht, sie zu ändern. Er wußte genau, wo meine Stärken liegen, und, wie versprochen, machte er aus mir einen Point Guard. Er wollte, daß die Spielfäden alle bei mir zusammenliefen, und ich brannte darauf, ihn zufriedenzustellen.

Alle Spieler gewöhnten sich bald daran, immer und immer wieder die gleichen Sätze und Regeln aus seinem Mund zu hören. Zum Beispiel ließ er nicht nach, uns seine fünf Schlüssel zum Sieg zu predigen: Teamwork, Fast Break, Verteidigung, Schußausbeute, disziplinierte Offensivarbeit.

Und dann hatte er noch einen anderen Grundsatz, und zwar lautete der: »Kenne deine Teamkameraden.« Diese Aufforderung leitete sich direkt aus einer anderen seiner Regeln ab, und das war eine Regel, die ich anfangs nicht akzeptieren wollte: Wenn ein Paß nicht ankommt, so sagte er, ist das immer die Schuld des Paßgebers.

Das konnte ich nicht verstehen. Schließlich kamen von mir genug gute Pässe, mit denen meine Mitspieler nur nichts anzufangen wußten. Wenn wir zum Beispiel einen Fast Break liefen und ich einem Teamkameraden einen Paß gab, den er nicht erwartet hatte, so daß er ihm auf die Brust oder an den Kopf knallte: War das wirklich mein Fehler? Jud hörte sich meine Argumente an. Dann setzte er dem Team auseinander, daß sich jeder an mein aggressives Paßspiel zu gewöhnen hätte. Wenn ich den Ball hatte, und das war die meiste Zeit, mußten sie in jedem Moment auf einen Paß gefaßt sein, auch wenn ich in eine ganz andere Richtung schaute.

Auf der anderen Seite hatte ich aber auch Verantwortung zu übernehmen. Ich mußte lernen, mit welchen Pässen meine Mitspieler keine Schwierigkeiten hatten, ja mehr noch, welche Pässe ihnen am meisten nützten. Ein Spieler konnte vielleicht nicht gut dribbeln. Das hieß, daß er in Korbnähe angespielt werden mußte. Ein anderer war ein unwiderstehlicher Werfer, aber nur, wenn er frei zum Sprungschuß kam. Ein dritter konnte am meisten mit Bodenpässen anfangen und so weiter. Jud und ich analysierten sorgfältig die Stärken jedes einzelnen Mitspielers, seiner typischen Spielweise und seiner Fähigkeit, vor dem Gegner an den Ball zu kommen.

»Kenne deine Teamkameraden« hört sich ziemlich einfach an. Aber um es in die Tat umzusetzen, waren eine genaue Beobachtung der Mitspieler, viel Training und monatelanges intensives Zusammenspiel nötig. Und es reichte nicht aus, jeden Mitspieler wie seine Westentasche zu kennen. Ich mußte mich auch mit der Spielweise der Gegenspieler vertraut machen, die meine Teamgefährten deckten. Wenn der Verteidiger zum Beispiel sehr flink mit den Händen ist, ist beim Passen besondere Vorsicht geboten. Oder wenn er auf einer Seite langsamer reagiert, versucht man so eine Schwäche natürlich auch mit dem Zuspiel auszunutzen.

Jud Heathcotes Grundregel hat mir unheimlich geholfen, besonders später bei den Lakers. Als Profi hatte ich das Glück, jahrelang mit solch phantastischen Spielern wie Kareem Abdul-Jabbar, James Worthy, Michael Cooper, Byron Scott oder Kurt Rambis zusammenspielen zu können. Schließlich kannten wir die Stärken des anderen so gut, daß wir spätestens 1987 auch mit verbundenen Augen aufs Spielfeld hätten gehen können.

Jud hat mich immer an einen dieser bärbeißigen Feldwebel aus einem alten Kriegsfilm erinnert; unter seiner rauhen Schale verbarg sich ein weicher Kern. Er hat sich wirklich um seine Spieler gekümmert, und früher oder später wurde das den meisten auch klar. Fast alle, die Jud trainierte, haben sich erheblich verbessert. Und es muß ja auch einen Grund geben, warum ihn so viele seiner ehemaligen Spieler immer wieder besuchen.

Obwohl ich mit Jud sehr gut zurechtkam, war unser Verhältnis damals nicht wirklich eng. Für viele meiner Teamgefährten aber war er so etwas wie eine Vaterfigur. Sie brauchten ihn mehr als ich, da sie zum erstenmal in ihrem Leben von zu Hause entfernt lebten. Ich hatte das Glück, daß meine ganze Familie – ganz zu schweigen von den Darts und den meisten meiner Freunde – bei jedem Spiel in der Halle war und mich anfeuerte. Während meiner Zeit auf der Michigan State habe ich zwar nicht mehr bei meinen Eltern gewohnt, aber richtig von zu Hause fort war ich auch nicht.

Es ist seltsam, aber das Verhältnis zwischen Jud und mir wurde erst enger, als ich von Lansing nach Los Angeles gezogen war. Während meiner ersten Jahre bei den Lakers haben wir oft miteinander telefoniert.

Dann erzählte er mir, was ihm bei meinen Spielen aufgefallen war, und gab mir wertvolle Tips. Und immer, wenn ich in der Sommerpause in Lansing war, habe ich mich bei ihm gemeldet und Kontakt zu den neuen Spielern von Michigan State aufgenommen. Er gab mir auch die Schlüssel zur Halle, so daß ich jederzeit trainieren konnte. Es ist jetzt schon Jahre her, daß ich für ihn gespielt habe, aber ich sehe ihn immer noch als meinen Coach.

Über die Jahre habe ich auch versucht, mich für die vielen Sachen zu revanchieren, die er für mich getan hat. Manchmal bat er mich, bei einem High-School-Spieler anzurufen, den er gern in seiner Mannschaft gesehen hätte. Gewöhnlich war der Betreffende nicht zu Hause. Wahrscheinlich aus den gleichen Gründen wie ich damals – um dem Telefonansturm zu entgehen. Wenn ich zufällig mal durchkam, hatte ich meist einen Bruder oder die Mutter des Spielers am Apparat. Aber wenn ich mich dann als Magic Johnson von den Los Angeles Lakers vorstellte, lachten sie mich nur aus. »Ach, hören Sie doch auf«, sagten sie dann, »wer sind Sie denn wirklich?«

Einmal konnte sich ein jüngerer Bruder eines Spielers einfach nicht entscheiden, ob er mich tatsächlich als Magic Johnson akzeptieren sollte oder nicht. Er wollte mir so gern glauben, also habe ich ein bißchen nachgeholfen. »Hör mal«, sagte ich, »ich rufe aus Portland an. Schau mal in die Zeitung und sieh nach, wo die Lakers heute abend spielen. Hier ist die Nummer von meinem Hotel. Du kannst mich jederzeit zurückrufen.« Das schien zu funktionieren. Aber als ich aufgelegt hatte, bekam ich doch Zweifel, ob er in der Lage sein würde, seinen Bruder zu überzeugen.

Mir hat es auf der Michigan State sehr gut gefallen. Von Anfang an wußte ich, daß ich die richtige Entscheidung getroffen hatte. Ich zog ins Studentenwohnheim, wo ich mit Jay Vincent ein Zimmer teilte. Auf dem Unigelände habe ich alle möglichen Leute kennengelernt, darunter viele, die nichts mit Sport zu tun hatten. Und wie in unserem Team gab es auch im Wohnheim keine Rassentrennung.

Das einzige, womit ich Schwierigkeiten hatte, war, rechtzeitig zu den Mahlzeiten zu kommen. Die Cafeteria war nur zu bestimmten Zeiten geöffnet, so daß es leicht passieren konnte, daß man wegen des Trainings oder anderer Aktivitäten das Mittag- oder Abendessen verpaßte. Aber da hatte ich einen großen Vorteil. Mein Vater hatte mir ein Auto besorgt, und so konnte ich jederzeit zum Essen nach Hause fahren. Ich habe auch meine Wäsche daheim waschen lassen. Denn sobald meine Mutter mich an der Waschmaschine rumhantieren sah, hat sie mir die Sachen aus der Hand genommen und die Arbeit für mich erledigt. An den Wochenenden war ich auch öfter mit meinem Vater zusammen. Aber wegen des Studiums und der vielen Spiele konnte ich ihm nicht mehr so helfen wie früher.

Im Hauptfach hatte ich Telekommunikation belegt, und im Nebenfach Pädagogik. Zu einem Pädagogikseminar gehörte es, in einer Schule in Lansing den Unterricht in einer vierten Klasse zunächst zu beobachten und dann auch selbst zu halten. Mir kam natürlich entgegen, daß mich die meisten Kids sehr gut kannten. Aber trotzdem war es immer noch eine Herausforderung. Ich war ganz schön nervös, als ich zum erstenmal vor der Klasse stand und sah, wie alle mich mit großen Augen anstarrten. Aber die Stunde lief sehr gut. Und als ich dann in der Pause mit den Jungen Kickball spielte und mit den Mädchen Seil hüpfte, habe ich sicher ein paar neue Freunde gewonnen.

Durch diese Erfahrung wurde mir erst klar, wie schwierig das Unterrichten ist. Früher dachte ich, daß ein Lehrer einfach in seine Klasse geht und irgendwas erzählt. Ich wußte nichts über Unterrichtsplanung, über das Korrigieren von Arbeiten und all die anderen unsichtbaren Vorbereitungen, die zum Unterricht gehören.

Im Telekommunikations-Seminar besuchten wir einen lokalen Fernsehsender, wo wir alles über die verschiedenen Arbeitsbereiche im Haus gelernt haben. Ich habe mich schon immer für Radio und Fernsehen interessiert, und jener Kurs machte sich dann 1992 bezahlt, als ich für die Fernsehanstalt NBC von den NBA-Spielen berichtete.

Auf der Michigan State legte man großen Wert auf unsere Ausbildung, obwohl wir ja eigentlich zum Basketballspielen da waren. Wir hatten eigens einen akademischen Betreuer, der darüber wachte, daß wir an allen Seminaren teilnahmen, und der ein Auge auf unsere schulischen Fortschritte hatte. Jeden Abend nach dem Training hatte sich das ganze Team im Lesesaal einzufinden. Und wenn der Notendurchschnitt nicht gut genug war, durfte man nicht spielen. Daß ich nie Schwierigkeiten mit meinen Noten hatte, verdankte ich den Lehrern von der Everett High School, die mich zum Besuch der Sommerschule ermutigt hatten. Und natürlich nicht zu vergessen, John the Narc, der mich unwissentlich dazu angestachelt hat, seine düsteren Prognosen über mich zu widerlegen.

Ich hatte immer irgendwelche Jobs, und meine Zeit im College war da keine Ausnahme. Zwei Abende in der Woche war ich E. J., der Discjockey im *Bonnie & Clyde's*, einer vielbesuchten Studentendisko in der Nähe der Uni. Es machte mir unheimlich Spaß, mit der Musik und der Lightshow die Leute auf die Tanzfläche zu locken. *Saturday Night Fever* war gerade in die Kinos gekommen, und die Disco-Szene war heiß.

Ein Discjockey und ein Point Guard haben ja einiges gemeinsam. Beide müssen das richtige Maß von Kontrolle und Spontaneität finden, die Vibrationen um sie herum in sich aufnehmen und etwas damit anfangen. Ein Diskjockey hat es für ein paar Stunden in der Hand, ob die Leute sich wohl fühlen. Live ist das natürlich noch einmal etwas ganz anderes als im Radio, wo man nie weiß, wer einem überhaupt noch zuhört. In einer Disko können Diskjockey und Tänzer immer aufeinander reagieren, und wenn die Leute sich nicht richtig amüsieren, kriegt man das sehr schnell mit.

Das wichtigste Ereignis auf der Michigan State war für mich, daß ich Cookie kennengelernt habe. Mit dem Kopf war ich damals meist beim Basketball, und abgesehen davon, kann sie sich wahrscheinlich an jene Zeit sowieso besser erinnern als ich. Deshalb will ich Ihnen jetzt Earleatha Kelly vorstellen, die sicher für sich selbst sprechen kann. (Aber da dies immer noch mein Buch ist, werde ich sie einige Male unterbrechen.)

Ich bin in der Northwest Side von Detroit groß geworden. Wir wohnten in einem bürgerlichen schwarzen Viertel, ähnlich dem, wo Earvin aufgewachsen ist. Mein Vater war Fabrikarbeiter bei Ford, wo er auch heute noch arbeitet. Unser Haus war schön – nicht besonders groß, aber wirklich schön – und hatte sogar einen Garten.
Ich kam im Januar 1959 auf die Welt, bin also einige Monate älter als Earvin. Ich habe noch eine ältere Schwester und einen jüngeren Bruder. Wir sind alle drei, genau wie unsere Eltern, in Huntsville, Alabama, geboren. Mein Vater zog dann später zunächst ohne uns nach Detroit, fand dort eine Arbeit und ließ uns dann, als ich sieben war und gerade in die zweite Klasse kam, nachkommen.
Für eine Familie aus dem Süden ist es ziemlich schwer, im Norden Fuß zu fassen, besonders für die Kinder. Es dauerte einige Zeit, bis wir uns in der neuen Schule und im neuen Viertel zu Hause fühlten. Es hört sich vielleicht komisch an, aber wir waren es gewohnt, barfuß zu spielen. Nicht, daß wir keine Schuhe gehabt hätten, aber wir zogen sie einfach nicht an. Die ersten ein, zwei Jahre hänselten uns die anderen Kinder auf der Straße oder in der Schule ständig wegen unseres Südstaatenakzents oder weil wir, wenn es warm war, barfuß liefen. Huntsville ist schon sehr viel kleiner als Detroit, und wahrscheinlich waren wir für sie einfach Bauerntrampel. Es war ganz schön schwer, Freunde zu finden.
Zunächst lebten wir mit einer Tante in einer größeren Wohnung. Dann, nach ungefähr einem Jahr, konnte es sich mein Vater leisten, ein Haus zu kaufen. Wir waren die erste schwarze Familie in der Straße,

aber mit unseren Nachbarn gab's nie Scherereien. Nach einigen Jahren sind dann viele weitere schwarze Familien zugezogen.

Ich kann mich noch sehr genau an die Unruhen in Detroit erinnern, die sich praktisch vor unserer Haustür abspielten. In unserer Straße, in die wir gerade gezogen waren, sind damals viele Häuser niedergebrannt worden. Es gab eine Ausgangssperre, und den ganzen Tag hörten wir Sirenengeheul. Sobald irgendwo ein größeres Feuer ausbrach, gingen die Sirenen los, und die Nationalgarde rückte an.

Bei Sonnenuntergang hatten alle im Haus zu sein. Wir Kinder mußten nachts im Flur schlafen, weil wir fürchten mußten, daß jemand durch die Fenster ins Schlafzimmer schießt. In den Nachrichten hieß es: Legen Sie Ihre Kinder zusammen in den Flur. Lassen Sie sie nicht in ihren Betten schlafen. Es besteht die Gefahr, daß sie von Geschossen getroffen werden. Ich ging damals in die dritte Klasse und hatte eine Heidenangst.

In unser Haus ist nicht geschossen worden, aber ganz in der Nähe hörten wir die Schußwechsel. Diese Leute waren so aufgebracht, so gewalttätig, daß es ihnen ganz gleich war, wen sie verletzten. Meist fingen sie mit Plünderungen an, und dann drehten sie durch und begannen Brände zu legen und in der Gegend rumzuschießen. Auch tagsüber ließ uns unsere Mutter nicht weiter entfernt als in der Auffahrt spielen. Man wußte ja nie, was passieren konnte. Aber egal, wie brenzlig die Situation auch war, mein Vater mußte zur Arbeit. Und da er der »Neue« war, teilte man ihn für die Nachtschicht ein. Während der Unruhen brauchte er einen Passierschein, um zur Arbeit fahren zu können. Wir ängstigten uns fast zu Tode, daß er nicht mehr nach Hause kommen könnte.

Später dann besuchte mein Vater tagsüber Kurse in Sonderschulerziehung an der Eastern Michigan University in Ypsilanti. Nachts ging er aber weiterhin zur Schicht. Er wurde Lehrer, und eine Zeitlang machte er beides – Unterrichten am Tag und Fabrikarbeit nachts. Aber für beide Jobs reichte seine Kraft schließlich nicht. Also gab er das Unterrichten wieder auf und konzentrierte sich auf die Arbeit bei Ford, mit der er mehr verdiente. Mein richtiger Name ist Earleatha; das ist die weibliche Form von Earl. Doch meine Mutter nannte mich schon bald nur Cookie, und so hieß ich auch immer zu Hause. Bevor ich in den Kindergarten ging, wußte ich gar nicht, daß ich noch einen anderen Namen hatte. Als ich dann in die Schule kam, mußte mein Vater mir beibringen, wie man den Namen buchstabierte. Meine ganze Schulzeit über, und auch als ich in Ohio gearbeitet habe, war ich nur Earleatha. Später dann in Los Angeles war die Szene so locker, daß ich lieber wieder auf meinen Kindernamen zurückkam. Ich hatte einfach keine Lust mehr, tausendmal meinen Namen zu wiederholen, bevor ihn jemand verstand. Und dann konnte es immer noch passieren, daß der Betreffende Aretha zu mir sagte.

Es war meine Idee, zum College zu gehen. Meine Eltern haben mich nie dazu gedrängt. Solange man klare Vorstellungen von seinem Leben hatte und nicht einfach zu Hause rumhing, ließen sie uns unseren eigenen Weg finden. Und wir waren alle drei ziemlich motiviert. Wir sahen ja, wie hart unsere Eltern arbeiteten. Da konnten wir uns nicht einfach einen schönen Tag machen.

Als Teenager habe ich mir lieber selbst einen Job gesucht, als meine Eltern um Geld zu bitten oder mir Sachen kaufen zu lassen. So habe ich zum Beispiel in einem Kino Popcorn verkauft. Damals habe ich soviel von dem Zeugs gegessen, daß ich es auf Jahre hinaus nicht mehr sehen konnte.

Wahrscheinlich habe ich auch nach Popcorn gerochen, als ich Earvin im College kennenlernte. Er ißt Popcorn für sein Leben gern, und vielleicht habe ich ihm ja deswegen gefallen.

Ich war immer unabhängig. Sogar später, als ich mit Earvin zusammen war, der ja ziemlich viel Geld hatte, habe ich nie meine Selbständigkeit aufgegeben. Auch heute, mit dem Baby, werde ich wohl früher oder später wieder arbeiten gehen. In der High School lernte ich schneidern. Darin war ich ziemlich gut. Ich habe mich dann für die Michigan State University entschieden, weil dort eine gute Einzelhandelsausbildung angeboten wurde. Ich erhielt ein Stipendium und habe das College auch abgeschlossen.

Zwei Mädchen aus der Cheerleader-Gruppe der High School sind mit mir zusammen aufs College gegangen. Eine von ihnen war Adrianne, meine beste Freundin, mit der ich dann ein Zimmer im Wohnheim geteilt habe. Als wir zur Michigan State kamen, sprach alles über diesen Basketballer, Earvin Johnson, und den Wirbel, den seine College-Entscheidung entfacht hatte. Adrianne hatte ein Auge auf ihn geworfen. »Den muß ich unbedingt kennenlernen und heiraten«, sagte sie ganz selbstsicher. Sie fing dann auch tatsächlich damit an, das Training der Mannschaft zu besuchen.

Ich hatte mich damals gerade von meinem High-School-Freund getrennt. Er wollte das College in Detroit besuchen und verlangte von mir, daß ich auch in Detroit bleibe.

Earvin habe ich zu Ende des ersten Semesters kennengelernt. Eine Freundin von mir wollte ausgehen, und so sind wir ins *Dooley's*, einem Restaurant mit Disko, wo sich samstags abends alles traf. Adrianne war wegen irgendwas beleidigt und ist zu Hause geblieben. Als wir ankamen, standen Earvin und Jay Vincent an der Tür, wie üblich umringt von einem Schwarm schöner Mädchen. Meine Freundin kannte Earvin und ist zu ihm hin, um »Hallo« zu sagen. Sie stellte mich vor, aber es kam nicht mehr dabei raus, als ein belangloses »Schön, dich kennenzulernen«. Wir sind dann rein, auch weil da ein Typ war, der mir gefiel. Ich habe den ganzen Abend getanzt, mit allen möglichen Leuten, und mich auch ganz gut amüsiert. Die ganze Zeit über hat Earvin mich nicht einmal zum Tanzen aufgefordert oder auch nur ein Wort zu mir gesagt.

Als wir nach Hause gingen, mußten wir aber wieder bei ihm an der Tür vorbei. Ich schaute ihn an, um »Tschüs« zu sagen, und er meinte: »He, komm mal her. Gib mir doch mal deine Telefonnummer. Ich ruf dich an, wenn's wieder losgeht.«

Das war kurz vor den langen Weihnachtsferien, und ich habe ihn nur ausgelacht. »Ach, hör doch auf«, sagte ich. »Wenn du zurückkommst, weißt du doch noch nicht mal mehr meinen Namen.« Aber ich habe ihm trotzdem meine Nummer gegeben. »Okay«, sagte ich, »mal sehen, ob du dich in einem Monat noch an mich erinnerst.«

Genau so war's. Wir haben uns zum erstenmal im *Dooley's* getroffen, wo Cookie den ganzen Abend getanzt hat. Sie war so eine tolle Tänzerin, und ich hab mich ganz gemütlich zurückgelehnt und ihr einfach nur zugeschaut. Als sie nach Hause gehen wollte, habe ich sie um ihre Telefonnummer gebeten. Sie sagte: »Nach den Ferien weißt du doch gar nicht mehr, wer ich bin.« – »Und ob«, habe ich geantwortet.

Als ich dann im Januar zurück war, habe ich als erstes Cookie angerufen und mich mit ihr verabredet. Zum erstenmal in meinem Leben habe ich mich mit Anzug und Krawatte in Schale geworfen und ein Mädchen zum Essen und Tanzen ausgeführt.

Obwohl ich eigentlich nicht daran glaubte, daß er sich melden würde, habe ich die ganze Zeit darüber nachgedacht, wie ich das Adrianne beibringen sollte. Ich wartete bis zum nächsten Tag. »Rat mal, was mir Komisches passiert ist«, begann ich. Ich wollte, daß es sich wie ein Scherz anhört, und im Grunde war es das ja auch. Wir hatten uns nicht unterhalten, nicht getanzt, gar nichts. Ich erzählte Adrianne, daß ich ihm meine Telefonnummer gegeben hatte, und wir mußten beide darüber lachen. »Na ja, wenn ich ihn nicht rumkriege, vielleicht schaffst du's wenigstens«, meinte sie.

Direkt am ersten Tag nach den Weihnachtsferien hat er mich angerufen und gefragt, ob ich mit ihm ausgehen will. Im College waren Verabredungen mit allem Drum und Dran eigentlich ziemlich ungewöhnlich. Es gab so viele Mädchen auf dem Campus, daß die Jungen es gar nicht nötig hatten, sie auszuführen. Ich war ganz schön beeindruckt. Wir haben uns am Telefon ein bißchen unterhalten, und am nächsten Tag kam er rüber, um mich zu besuchen. Mein Zimmer lag in der Nähe des Saals, wo die Mannschaft gewöhnlich aß, und zweimal hat er mich dann in der Woche noch besucht, am Donnerstag und am Freitag. Und dabei waren wir noch nicht mal aus gewesen.

Am Samstagabend trug er dann Jackett und Krawatte und ich ein Kostüm. Als er bei mir erschien, steckten alle Mädchen auf dem Gang neugierig die Köpfe aus ihren Zimmertüren, um einen Blick auf ihn zu erhaschen. Er hat das noch nicht mal registriert – ich aber um so mehr. Wir sind dann in ein schönes Restaurant gegangen und danach in eine Disko.

Mir gefiel sofort an ihm, daß er kein bißchen überheblich war. Ich hatte gedacht, daß er wahrscheinlich ein Angeber ist, aber davon war wirklich nichts zu spüren. Wir haben uns unterhalten – am meisten übers College –, eine Menge gelacht und einfach versucht, den anderen kennenzulernen. Ich habe ihn nach seiner Familie gefragt, und er erzählte mir, daß er sie häufig sieht und manchmal auch zu Hause schläft. Oft muß man sich ja bei einer ersten Verabredung ganz schön ins Zeug legen, um das Gespräch in Gang zu halten, aber für uns war das kein Problem.

In der Disko wurde er dann ständig von Leuten angesprochen, die er kannte. Er hat sich ausgiebig mit ihnen unterhalten, aber er ließ mich trotzdem keineswegs links liegen. Ich glaube, es hat ihm gefallen, daß ich ihm nicht das Gefühl vermittelt habe, er müßte sich den ganzen Abend um mich kümmern. Er war sehr nett zu mir, sehr zuvorkommend. Ich hätte nicht gedacht, daß solch ein von allen angehimmelter Sportler soviel Respekt zeigen würde. Er war ja wirklich die Nummer eins auf dem Campus, und das war damals alles, was ich von ihm wußte.

Meine Mutter hat Earvin zum erstenmal gesehen, als sie mit meiner Schwester bei mir in der Michigan State zu Besuch war. Ich bat Earvin, doch mal bei uns reinzuschauen, und das tat er auch. Die beiden kriegten den Mund nicht mehr zu. Seine Körpergröße verschlug ihnen einfach die Sprache. So einen Riesen hatten sie noch nie gesehen. Wie er da in mein kleines Zimmer reinkam und dabei an der Tür den Kopf einziehen mußte, war zuviel für meine Mutter.

Obwohl wir nun regelmäßig miteinander ausgingen, zeigte er bald Mr.-

Macho-Allüren. Ich wußte, daß er mich mochte, aber er wollte sich nicht ganz auf mich einlassen. Wir kannten uns jetzt schon einige Wochen, aber trotzdem ging ich noch mit anderen Typen aus und er mit anderen Mädchen. Eines Tages meinte er zu mir: »Das kannst du jetzt nicht mehr machen.«
»Warum nicht?« fragte ich. »Willst du denn aufhören, dich mit anderen Mädchen zu treffen?«
»Nein!« – Okay, immerhin war er ehrlich.
»Wie kannst du dann von mir verlangen, daß ich nur mit dir ausgehe?« Seine Antwort war nicht besonders überzeugend, und wir bekamen uns richtig in die Wolle.
»Ich hör nicht auf, wenn du nicht aufhörst«, sagte ich, »das wäre nicht fair.«
Sein Verhalten war so unheimlich altmodisch. Ich war ja bereit, alle anderen fallenzulassen, aber er wollte seinerseits nicht das gleiche tun. Also trennten wir uns.

Nicht lange nachdem ich Cookie kennengelernt hatte, bat ich sie, nicht mehr mit anderen Typen auszugehen. Kann schon sein, daß ich gesagt habe, daß ich mich weiter mit anderen Mädchen verabreden wolle. Auf alle Fälle bin ich einer klaren Antwort ausgewichen. Wie viele andere Männer damals auch habe ich zweierlei Maß angelegt. Für mich war das ganz normal. Heute sieht man das natürlich ganz anders, aber früher war das einfach so. Sie konnte das aber nicht akzeptieren, und so sind wir für einige Zeit auseinandergegangen.
Dann hat mich eines Tages Adrianne angerufen. »Ihr müßt euch wieder vertragen«, sagte sie, »ich weiß, daß du ihr fehlst, und dir fehlt sie wahrscheinlich auch. Sie ist so unglücklich. Rede doch mal mit ihr.«
Ich war damit einverstanden, Cookie zu treffen, denn sie fehlte mir tatsächlich. Sie war einfach anders als die anderen Mädchen. Sie hatte Klasse und Stil, war warmherzig, intelligent und lustig. Ich wußte schon nach einer Woche mit ihr, daß ich sie einmal heiraten würde. Natürlich habe ich ihr gegenüber so etwas nie erwähnt. Ich habe meine Gefühle versteckt, aber im Grunde meines Herzens wußte ich, daß wir lange, lange zusammensein würden.

Es war Februar, und mir ging's ganz dreckig. »So kann ich nicht leben«, sagte ich zu Adrianne. »Er fehlt mir so.«
Ich habe sie dann dazu überredet, ihn für mich anzurufen. Sie erzählte Earvin, daß es mir schlechtginge, daß ich aber zu stur wäre, ihn selbst anzurufen. Wir sollten uns doch treffen, um über alles in Ruhe zu

reden. Earvin war sicher, daß Adrianne ohne mein Wissen mit ihm sprach, aber ich habe die ganze Zeit daneben gesessen und ihr zugeflüstert, was sie ihm sagen soll. Bis heute glaubt Earvin nicht, daß Adrianne ihn auf meine Bitte hin angerufen hat. Ich habe oft versucht, ihm das klarzumachen, aber er will's einfach nicht wahrhaben.

Noch bei unserer Hochzeit ließ er Adrianne in einem Toast hochleben: »Wenn du nicht gewesen wärst«, sagte er an sie gewandt, »würden wir heute nicht dieses Fest feiern.«

Am Tag nach Adriannes Anruf haben wir uns getroffen und geredet. Wir einigten uns, daß ich mich nicht mehr mit anderen verabreden würde, und für ihn sollte das gleiche gelten.

Aber auch wenn wir zusammen waren, waren wir nicht wirklich zusammen. Er gehörte zum Team, nicht zu mir. Wenn wir gemeinsam eine Party besuchten, wollte er meist, daß wir getrennt hingingen. Wir konnten zusammen nach Hause gehen, aber erscheinen wollte er dort mit den Leuten aus seiner Mannschaft. Wenn ich ihn deswegen zur Rede stellte, meinte er nur: »Spartan-Regel«. Ich haßte diese Antwort, deswegen wär's vielleicht gut, er erklärt das mal genauer.

Spartan-Regeln. Cookie konnte sie nicht ausstehen, und auch heute noch zieht sie mich damit auf. Aber unser Team war wie eine Bruderschaft. Wenn wir entschieden, ohne Freundinnen zu einer Party zu gehen, hielten sich alle daran. Wenn wir ausgemacht hatten, zu einem Footballspiel zu gehen, dann taten wir das auch geschlossen, egal ob wir Verabredungen hatten oder nicht. Oder wir legten zum Beispiel fest, daß wir an einem Abend alle Anzüge trugen. Wir machten einfach alle das gleiche, und keiner aus dem Team konnte da ausscheren. Greg Kelser und ich, die Mannschaftskapitäne, trafen die Entscheidungen, aber Vorschläge durften alle machen.

Cookie machte das wahnsinnig. Oft hat sie mich gefragt: »Warum kann ich denn nicht mitkommen?« Und meine Antwort lautete dann immer: »Tut mir leid, Baby. Keine Freundinnen. Heute ziehen nur die Jungs aus der Mannschaft los.«

Seit jener Zeit sagt sie gelegentlich zu mir, wenn sie mit ihren Freundinnen ausgeht und ich nicht eingeladen bin: »Tut mir leid, Earvin. Spartan-Regeln.« Wir sprechen heute noch oft über unsere Zeit im College, und manchmal zieht sie mich sogar noch mit den Typen auf, mit denen sie damals ausgegangen ist. Wir streiten uns nicht über Sachen aus der Vergangenheit. Wir wissen beide, daß unsere Liebe stärker ist.

Das Thema Sex war ein weiterer Streitpunkt. Die erste Zeit haben wir nicht miteinander geschlafen. Damals bedeutete ein Date nicht unbedingt, daß man mit jemandem ins Bett ging. Und außerdem war ich ein altmodisches Mädchen. Als er mir sagte, daß er mit mir schlafen wolle, sagte ich: »Wenn das alles ist, was dich interessiert, gehst du wohl besser.«

Er sagte: »Wie bitte? Alles, was mich interessiert? Wir sind doch schon seit Wochen zusammen.«

Damit hatte er recht. Wir waren schon zehn-, fünfzehnmal zusammen ausgegangen. Ich dachte, er sei jetzt sauer, weil ich nicht mit ihm schlafen wollte. Dabei war er wütend, weil ich ihn beschuldigte, zu einer bestimmten Sorte Männer zu gehören. Und zu der gehörte er sicher nicht.

Am selben Tag stieg abends auf dem Campus eine große Modenschau mit anschließendem Tanz. Die Spartans hatten ein Spiel in Ann Arbor gegen die University of Michigan, und danach kamen sie alle zum Tanzen vorbei. Earvin und ich ignorierten uns den ganzen Abend über. Aber als das Fest vorbei war, kam er zu mir und meinte: »Komm mit, wir müssen was besprechen.«

Wir gingen wieder auf mein Zimmer und redeten. Er erklärte mir, wie sehr ich ihn verletzt hatte. Und an dem Abend sagte er auch, daß er mich liebte.

Lange Zeit habe ich noch nicht mal *versucht*, mit Cookie zu schlafen. Nicht, daß ich es nicht gewollt hätte. Aber aus irgendeinem Grund war das gar nicht nötig. Mir ging's schon gut, wenn ich einfach nur mit ihr zusammen war.

Ungefähr zwei Monate lang waren wir zusammen ausgegangen, als es zu dem Mißverständnis kam. Sie dachte, ich wolle sie rumkriegen, mit ihr zu schlafen. Aber ganz ehrlich, das stimmte nicht. Es war an einem Samstag, und die Spartans hatten nachmittags ein Spiel in Ann Arbor. Am Morgen, bevor unser Bus losfuhr, alberten wir bei ihr auf dem Bett rum. Irgendwann sagte ich, daß ich gehen müsse, weil ich nicht den Bus verpassen wollte. Aber sie hat das so aufgefaßt, daß ich weg wollte, weil sie sich weigerte, mit mir zu schlafen. Da sind wir uns ganz schön in die Haare geraten.

Gegen Michigan haben wir gewonnen, und ich habe ein Superspiel gemacht. Ich war so stinksauer auf Cookie und habe den ganzen Frust am Gegner ausgelassen.

In Lansing sind wir dann abends nach dem Spiel geschlossen zu einem Showcase gegangen, einer Art Modenschau mit Party für die schwarzen

Studenten. Cookie war auch da, aber ich war immer noch so sauer auf sie, daß ich kein Wort mit ihr gesprochen habe. Ich flirtete und tanzte mit anderen Mädchen und machte mir einen schönen Abend. Irgendwann kam dann Cookie zu mir, aber ich habe sie einfach ignoriert. Da war *sie* stinksauer. Statt mit Cookie tanzte ich die ganze Zeit mit einem anderen Mädchen, das ich auch mochte. Aber als das Fest zu Ende ging, bin ich doch zu ihr hin. Ich habe sie am Arm gefaßt und gesagt: »Hol deinen Mantel und kommt mit.« Wir gingen zu ihr und redeten. Ich fühlte mich an dem Abend körperlich nicht besonders gut – ich glaube, ich bekam eine Grippe –, und Cookie kümmerte sich in der Nacht ganz fürsorglich um mich. Aber miteinander geschlafen haben wir immer noch nicht. In der Nacht habe ich zu ihr gesagt: »Verstehst du denn nicht? Wenn es mir nur um Sex gehen würde, wäre ich schon lange nicht mehr bei dir.« Ich konnte einfach nicht begreifen, daß sie das von mir annahm. Die Studentinnen standen doch Schlange, um mit uns Sportlern ins Bett zu gehen. Gelegenheiten waren also reich gesät, und immer nein gesagt habe ich auch nicht.

Aber mit Cookie war das etwas ganz anderes. Zum erstenmal hatte ich mich auf eine richtige Beziehung eingelassen, und das wollte ich ihr irgendwie klarmachen. »Hast du die ganzen Mädchen heute abend gesehen«, sagte ich. »Mit jeder von ihnen hätte ich ohne Probleme nach Hause gehen können. Aber du bist die einzige, an der mir wirklich etwas liegt.«

Als ich ihr das auseinandergesetzt hatte, konnte sie mich, glaube ich, besser verstehen. Sie war so rührend um mich besorgt wegen meiner Grippe, und spätestens an jenem Abend wußte ich – da hatte ich etwas ganz Besonderes gefunden.

Eine Zeitlang sind wir jede Woche ausgegangen. Aber eine feste Beziehung war es trotzdem nicht. Auch wenn wir uns häufig sahen, fühlte ich mich nicht ausschließlich an sie gebunden. Ich hatte auch andere Freundinnen an der Uni – das war nun mal so. Bei Auswärtsspielen mit den Spartans lief allerdings so gut wie nichts. Mädchen auf der Straße anzusprechen, war nicht drin, da nach dem Spiel schon der Bus auf uns wartete. Manchmal blieben wir noch nicht mal über Nacht. Gelegentlich hatten wir Kontakt zu Cheerleader-Girls, doch meist blieb es bei einem unverbindlichen »Hallo, wie heißt du?«. Kaum hatten wir ein Gespräch angefangen, mußten wir auch schon wieder los.

Sein Hauptinteresse galt dem Basketball, und dann kam lange nichts. Da konnte ich machen, was ich wollte. Anfangs war mir das gar nicht so recht, und ich konnte auch nicht verstehen, warum alle anderen Spieler eine »Haupt-Freundin« hatten, nur Earvin nicht. Ich war ihm wichtig, aber es waren immer auch andere Frauen im Spiel. Was da tatsächlich ablief, habe ich allerdings nie gewußt.

Wir sind ein paarmal richtig auseinandergegangen, und die Trennungen waren ziemlich schlimm für mich. Trotzdem sind wir immer Freunde geblieben.

Aber auch wenn wir getrennt und nichts weiter als Freunde waren, hatten wir immer Kontakt. Er war einfach eine Achterbahn-Beziehung. Wenn ihn damals etwas bedrückte, wollte er absolut nicht mit mir darüber reden. Er konnte sich einfach nicht öffnen. Dabei mußte es nicht unbedingt um Probleme in unserer Beziehung gehen – bei Schwierigkeiten mit Basketball war es das gleiche. Wenn beim Basketball etwas nicht richtig lief, bekam ich das immer zu spüren. Doch je länger wir uns kannten, desto mehr öffnete er sich. Immer wieder habe ich ihm gesagt, daß er mit mir reden soll. Daß er mich nicht von seinen Problemen ausschließen darf.

Nach und nach änderte sich etwas bei ihm. Schließlich ließ er seinen Schutzpanzer ganz fallen, und nur dadurch wurde es auch möglich, daß wir heirateten. Er begriff, daß ich nicht seine Feindin war und daß er mir vertrauen konnte. Bis dahin hatte er nur zu seinem Vater uneingeschränkt Vertrauen gehabt.

Von Anfang an akzeptierte Cookie, daß das Wichtigste in meinem Leben Basketball war. Sie gehörte selbst zu den Fans, als Mitglied der *Spartan Spirits*, einer Gruppe enthusiastischer Anhänger, die bei unseren Spielen in der Jenison-Halle zusammensaßen und uns mit Sprechchören und Gesängen anfeuerten. Manchmal kam sie auch zum Training. Jud erlaubte es engen Freunden der Spieler, uns zuzuschauen – allerdings nur, wenn sie weit vom Spielfeld entfernt in der oberen Sitzreihe saßen und sich ruhig verhielten. Wenn ich in die Halle kam, schaute ich immer als erstes hoch, ob Cookie da war. Wenn ja, warf ich als Begrüßung einen Ball zu ihr hoch.

In meinem ersten Jahr auf der Michigan State beendeten wir die Saison mit insgesamt fünfundzwanzig Siegen und fünf Niederlagen. Das war eine phantastische Steigerung gegenüber dem Vorjahr. Der wichtigste Grund dafür war wahrscheinlich, daß Greg Kelser und ich sehr schnell zu einem traumhaften Zusammenspiel gefunden hatten. Greg wurde überall nur Special K genannt. Er hatte so eine sagenhafte Sprungkraft, daß es hieß, er habe Sprungfedern in den Beinen. Wir zwei verstanden uns wirklich blind. Ich wußte immer, wie seine nächste Bewegung aussehen und in welchem Bruchteil einer Sekunde er sie ausführen würde. Wir nahmen kurz Blickkontakt auf, dann schnitt er zum Korb und wurde von mir mit einem hohen Lob, einem Alley-Oop, bedient, den er direkt mit einem Dunking verwandelte. Wenn wir zusammen Fast Break liefen, konnte ich ihn auf irgendeine Weise immer anspielen. Und wenn er dann den Ball direkt vor dem Korb erwischte, explodierte er richtig. Die Gegner waren machtlos. Versuchten sie ihn auf einer Seite zuzumachen, zog er auf der anderen vorbei und dunkte ein. Es war das erstemal, daß ich mit einem so guten Basketballer zusammenspielte. Und jeder von uns machte den anderen noch ein bißchen besser. Sicher, ich hatte Greg im Vorjahr öfter gesehen, und daher wußte ich, was in ihm steckte. Aber das mußte ja nicht unbedingt heißen, daß wir ein gutes Gespann abgeben würden. So etwas kann man nie mit Sicherheit sagen, bevor man es nicht auf dem Spielfeld ausprobiert hat. Aber wir verstanden uns bereits beim ersten Training so blendend, als ob wir schon Jahre zusammengespielt hätten.

Nach besonders spektakulären Spielzügen spornten wir uns gegenseitig mit dem High-Five-Handschlag an. Heute klingt das nicht ungewöhnlich, aber damals machte das sonst keiner. In irgendeinem Spiel hielt ich nur die Hand hoch, Greg schlug dagegen, und von da machten wir das in jedem Spiel. Innerhalb kürzester Zeit war der High Five überall im College- und Profibasketball bekannt.

Ich habe immer noch Kontakt zu Greg, der später Fernsehkommentator für die Detroit Pistons wurde. Als Profi hatte ich manchmal sogar das Vergnügen, von ihm interviewt zu werden. Er hat wirklich Klasse und Köpfchen. Egal, was er in Zukunft machen wird, er wird Erfolg haben. Darauf wette ich. In meiner ersten Saison mit Michigan State trennte uns schließlich nur eine Halbzeit vom Erreichen der Final-Four-Turniers. Kentucky war damals zweifellos die Nummer eins im amerikanischen College-Basketball, aber im entscheidenden Spiel gegen sie führten wir zur Halbzeit ganz überraschend mit neun Punkten. Leider haben wir dann einen großen Fehler gemacht. Wir verlangsamten das Spiel, um den Vorsprung zu halten. Wären wir bei unserem aggressiven Fast-Break-Spiel geblieben, hätten wir sie ohne weiteres schlagen können. Aber nachdem wir es ihnen einmal erlaubt hatten, ihr typisches langsames Spiel in der gegnerischen Hälfte aufzuziehen, waren sie nicht mehr zu stoppen.

An jenem Tag haben wir etwas Entscheidendes gelernt: Beschränk dich auf das, was du am besten kannst. Bis dahin hatte Jud immer fehlerlos gecoacht, und deswegen machte ihm auch jetzt keiner einen Vorwurf. Aber im nachhinein war uns allen, einschließlich Jud, vollkommen klar, was falsch gelaufen war. Es wäre etwas anderes gewesen, wenn Kentucky haushoch überlegen gewesen wäre. Aber was die Niederlage so bitter machte, war nicht, daß sie das Spiel gewonnen, sondern daß wir es durch eigene Schuld verloren hatten.

Aber trotzdem, fünfundzwanzig von dreißig Spielen zu gewinnen, war schon unheimlich gut für eine Mannschaft, die zum Saisonbeginn keiner ernstgenommen hatte. Und das war erst der Anfang.

SECHSTES KAPITEL

Die große Saison

Jeder ernsthafte Sportler wird einem bestätigen, daß das höchste Ziel im Mannschaftssport darin besteht, eine Meisterschaft zu gewinnen. Von allen als die unbestrittene Nummer eins angesehen zu werden, besser zu sein als alle anderen in einer langen Saison, ist der Gipfel des Erfolgs. In der High-School-Zeit hatten wir mit der Meisterschaft von Michigan die Spitze erklommen. Aber im College mußten wir uns gegen die Besten aus dem ganzen Land durchsetzen. Das erstemal ist immer am schönsten, und das war die US-Meisterschaft 1979 mit dem Team von Michigan State.

Auch heute noch sprechen mich viele Leute, egal wo ich bin, auf diese unglaubliche Saison an. Ich habe sie auch nicht vergessen. Keiner der vielen Siege und Titel, die ich seitdem errungen habe, kann an diesen Erfolg heranreichen.

Meinem zweiten Jahr auf der Michigan State ging ein ereignisreicher Sommer voraus. Zuerst kam eine Reise in die Sowjetunion mit einer amerikanischen College-Auswahl. Unsere russischen Gegner waren sehr groß und kräftig gebaut und außerdem hervorragende Distanzwerfer. Die Besten, die ich je gesehen habe. Aber sie hatten kein Fast-Break-Spiel, und ihre Bewegungen waren schematisch und ohne Spontaneität. Es war, als wenn man gegen Roboter spielen würde. Kein Wunder, daß die russischen Zuschauer in Begeisterungsstürme ausbrachen, wenn wir Fast Breaks liefen und mit einem Dunking abschlossen.

Für mich als Schwarzer war der Aufenthalt in Rußland schon sehr seltsam. Basketballspieler sind es ja gewohnt, auf Flugplätzen und in Hotelvorhallen von Neugierigen angestarrt zu werden, aber was wir in der Sowjetunion in dieser Beziehung durchzustehen hatten, war einfach zuviel des Guten. Sobald wir das Hotel verließen, fühlten wir uns wie auf dem Präsentierteller. Es war keine Feindseligkeit zu spüren, aber das ständige Gaffen und Mit-dem-Finger-auf-uns-Zeigen war bald nicht mehr auszuhalten. Wir fühlten uns wie Besucher von einem anderen Stern und konnten es gar nicht erwarten, wieder nach Hause zu kommen.

Vom Essen will ich hier ganz schweigen – es gab jeden Tag das gleiche. Ich kann mich nicht erinnern, mich jemals mit solchem Heißhunger auf Hamburger und Pizza gestürzt zu haben wie nach der Reise in die Sowjetunion.

Aber das wichtigste Ereignis in jenem Sommer bahnte sich an, als ich von Coach Heathcote erfuhr, daß die *Sports Illustrated* für ihre alljährliche Vorschau auf die Basketballsaison ein Photo von mir auf der Titelseite bringen wollte. Wahnsinn! Als mir Jud davon erzählte, war ich so aufgeregt, daß ich drei Nächte nicht schlafen konnte. Während meiner Zeit in der High School war einmal ein kleiner Artikel über mich in der Zeitschrift erschienen, und damals dachte ich schon, das sei unheimlich toll. Aber eine Titelgeschichte? Unglaublich.

Einige Photographen kamen zu uns in die Uni-Halle, um das Photo zu schießen. Auf dem Titelbild war ich dann in Aktion zu sehen, wie ich hoch in der Luft mit dem Rücken zum Korb einen Korbleger verwandele. Nur hatte ich anstelle des Trikots einen Smoking an, dazu einen Zylinder, eine weiße Krawatte und blitzende Lederschuhe. Der Schriftzug unter dem Photo lautete: MICHIGAN STATES TOPSPIELER EARVIN JOHNSON.

Der Artikel selbst stellte die zehn besten amerikanischen College-Spieler im zweiten Jahr vor. Darin beschrieb man mich genau so, wie ich mich selbst am liebsten sehe: als Siegertyp. »Seine Gegner haben mittlerweile begriffen, daß sie ihn vielleicht übertreffen können im Laufen, Springen, Ausblocken oder Schießen«, hieß es da. »Aber es ist fast unmöglich, gegen ihn zu gewinnen.«

Als das Titelphoto in der Ausgabe vom 27. November 1978 erschien, war ich so begeistert, daß ich tatsächlich in verschiedene Zeitschriftenläden gegangen bin, nur um zu sehen, wie sich die Titelseite in der Auslage macht. Das Photo kam großartig, und ich glaube heute noch, daß es das beste Titelbild war, das jemals von mir erschienen ist.

Es hat damals mein Leben verändert. Innerhalb weniger Wochen wurde ich über die Grenzen Michigans hinaus im ganzen Land bekannt. Autogrammjäger begannen, mich mit ihren Wünschen zu bombardieren. Allein auf jene Titelseite hin habe ich Tausende Male meinen Schriftzug setzen müssen.

Natürlich habe ich den Ruhm genossen, gleichzeitig machte ich mir aber auch Gedanken darüber, wie meine Teamkameraden damit zurechtkommen würden. Schon während der ersten Saison habe ich oft mit meinen Teamkameraden über das Interesse der Medien an meiner Person gesprochen. Ich habe mich mehr oder weniger bei ihnen dafür entschuldigt. Sie sollten wissen, daß ich die Schlagzeilen nicht gesucht hatte und daß ich kein publicitysüchtiger Neuling war, der es nur darauf anlegte, im Rampenlicht zu erscheinen. Ich mochte meine Mannschaftskameraden und wollte nicht, daß sie irgendwelche Vorbehalte gegen mich aufbauten.

Aber ich hatte keinen Grund, mir Sorgen zu machen. Die anderen aus der Mannschaft verstanden, daß auch sie von meiner Popularität profitierten: Je mehr über mich geschrieben wurde, desto bekannter wurden sie selbst. Ich war froh, daß keiner neidisch oder sauer auf mich war. Und auch darin zeigte sich wieder, wie richtig meine College-Entscheidung war.

An der Michigan State arbeiteten wir alle auf dieselben Ziele hin: zunächst das Erreichen der Final Four und dann den Gewinn der NCAA-Meisterschaft. Die Spartans hatten nur ein einziges Mal, und das war lange her (1957), an den Final Four teilgenommen. Damals verloren sie nach dreimaliger Verlängerung im Halbfinale gegen North Carolina. In meinem ersten Jahr hatte uns nur ein Spiel von den Final Four getrennt. Diesmal wollten wir es unbedingt bis ganz nach vorne schaffen.

Wer wußte, ob die Gelegenheit noch einmal so günstig sein würde. Greg Kelser stand vor seiner letzten College-Saison, und ein Spieler mit seinem Talent läßt sich nicht so leicht ersetzen. Und auch ich selbst dachte daran, nach der Saison zu den Profis überzuwechseln. Nach meinem ersten College-Jahr war ich öfter nach Kansas City zu Gesprächen mit dem Management der Kings (heute Sacramento Kings) geflogen. Es war schön zu wissen, daß man an mir interessiert war, aber im Grunde war mir klar, daß ich sowohl körperlich als auch mental für die NBA noch nicht reif war. Meine Zeit würde kommen, aber im Moment wollte ich noch wenigstens eine Saison mit Michigan State spielen – besonders jetzt, da unsere Aussichten so gut waren.

Die Saison begann vielversprechend. Unsere ersten fünf Spiele haben wir leicht gewonnen, unter anderem mit zwanzig Punkten Differenz gegen Bobby Knights Team Indiana. Es schien wirklich alles glattzulaufen, bis dann Anfang Januar die Mannschaft von Minnesota zu uns kam. Sie spielten sehr stark und lagen in der Halbzeit mit dreizehn Punkten vorn. Das Spiel heute können wir vergessen, dachte ich. Die Jungs sind total heiß, und wir treffen keinen Ball. Wir packen sie das nächste Mal.

Aber unsere Fans dachten da ganz anders, und als das dritte Viertel begann, nahmen sie das Spiel in die Hand. So etwas hatte ich noch nie erlebt. Im Jenison Field House ging's immer laut zu, aber an jenem Abend entfachten die Zuschauer einen nie gehörten Lärm, mit dem sie uns praktisch zu einer Aufholjagd zwangen. In der Halle war ein ständiges Tosen, das lauter und lauter wurde und uns dazu aufforderte, um jeden Ball bis zum letzten zu kämpfen. Mit diesem Publikum im Rükken, das sich mit aller Macht gegen die Niederlage stemmte, konnten wir Minnesota schließlich noch mit sieben Punkten schlagen. Dieser Sieg gehörte unseren Fans. Wenn das Spiel irgendwo anders stattgefunden hätte, wären wir von Minnesota vernichtet worden.

Einige Tage später bezeichnete uns die *Associated Press* sogar als beste College-Mannschaft im Land. Aber anstatt uns davon anspornen zu lassen und nun weiterhin in jeder Partie voll auf Sieg zu setzen, spielten wir von da an viel verhaltener. Eine Woche nach dem Spiel gegen Minnesota verloren wir in Illinois durch einen Schuß kurz vor der Schlußsirene. Zwei Tage später, gegen Purdue, wieder ein Wurf in der Schlußsekunde, wieder eine Niederlage. In der Woche drauf gewannen wir zu Hause gegen Indiana und Iowa. Aber dann im nächsten Spiel gegen Michigan setzte es die dritte Schlappe in zwei Wochen. Und wieder waren die letzten Spielsekunden entscheidend.

Diese Niederlagen waren alle schmerzhaft, aber immerhin hatten wir stets nur knapp und gegen gute Mannschaften verloren. Wer hätte gedacht, daß das erst der Vorgeschmack auf Schlimmeres war. Northwestern war zweifellos das schwächste Team der gesamten Liga, und wir hätten leicht mit zwanzig Punkten gegen sie gewinnen müssen. Aber anstatt sie vom Platz zu fegen, verloren wir mit achtzehn Punkten. Waren die anderen Niederlagen schon schmerzhaft, diese war erniedrigend. Auf der Busfahrt nach Hause fühlten wir uns wie bei einer Beerdigung. All das selbstbewußte Gerede über unsere Teilnahme an den Final Four, das sich so realistisch angehört hatte, schien nun auf einmal ein Hirngespinst zu sein. Wir hatten jetzt vier unserer letzten sechs Spiele verloren. Das sah nicht unbedingt nach der Serie der besten amerikanischen College-Mannschaft aus. Und daß uns Northwestern auseinandergenommen hatte, eine Mannschaft, die in der ganzen Saison gegen keinen der *Big Ten* hatte gewinnen können – einfach unglaublich.

Zwei Monate vorher war ich noch mit dem Titelbild in der *Sports Illustrated* ganz oben gewesen. Jetzt mußte ich mich fragen: Hatte mich das imposante Titelbild vielleicht aus dem Konzept gebracht? War das der Hochmut vor dem Fall? Egal wie, die Presse fiel nun über die Mannschaft her, besonders über mich. Was ging da vor sich mit Michigan State? Was war los mit Magic Johnson?

Zu dem Thema hatte ich so meine eigenen Ansichten. Für mich lag der Fehler darin, daß wir unser schnelles, auf ein hohes Ergebnis angelegtes Spiel aufgegeben hatten zugunsten eines zu schematischen System-Angriffspiels. Seit dem Zeitpunkt, als man uns als Meisterschaftsfavorit zu handeln begann, beschnitt Heathcote unsere Spontaneität und Kreativität. Er verlangsamte den Spielrhythmus und ließ uns nicht mehr nach Herzenslust laufen und schießen.

Nach der Niederlage gegen Northwestern berief Coach Heathcote eine Krisensitzung ein. Vorher sprach er aber mit jedem einzeln. »Das Problem liegt im Angriff«, sagte ich zu ihm. »Sie lassen uns nur noch System spielen, dabei sind wir eine Fast-Break-Mannschaft. Wir müssen uns wieder darauf konzentrieren, was wir am besten können.«

»Nein, daran liegt's nicht«, sagte er.

»Und ob's daran liegt«, sagte ich. »Die anderen aus dem Team denken genauso.« Wir hatten im Kreis der Mannschaft schon öfter darüber gesprochen, aber bis jetzt hatte es noch keiner gewagt, unsere Meinung offen gegenüber dem Coach zu vertreten.

Jud eröffnete dann die Versammlung mit einer eigenwilligen Interpretation meiner Worte. »Earvin meint, daß ich das Problem bin. Er glaubt, daß der Rest der Mannschaft darin mit ihm übereinstimmt. Okay, wenn jemand dazu was sagen will, ist das jetzt der richtige Moment.«

Ach, Coach, wenn Sie es natürlich so rumdrehen... Meine Teamkameraden hatten mir gegenüber wochenlang über Juds neue Taktik geklagt, aber jetzt, da ich sie brauchte, herrschte das große Schweigen. Ich schaute mich ungläubig um. Ja, bin ich denn blöd? Warum kriegt hier keiner den Mund auf?

Schließlich meinte Greg: »Coach, wir spielen schlecht, weil Sie das Spiel verlangsamen. Wir müssen wieder mehr laufen so wie früher.«

Jud wandte sich jetzt an Mike Longaker. Mike war lediglich ein Reservespieler und wurde höchst selten eingesetzt. Aber sein Urteil galt etwas in der Mannschaft, denn er war ein hervorragender Medizinstudent und dazu Rhodes-Stipendiat. »Ich glaube, Earvin und Greg haben recht«, sagte er. »Wir müssen wieder zu unserem schnellen Spiel übers ganze Feld zurückfinden. Aber ich sehe noch ein anderes Problem. Wir spielen nicht mit dem nötigen Einsatz. Dieses Team hat ein enormes Potential, aber wir machen nicht genug daraus.«

Die Sitzung endete damit, daß wir uns geschlossen schworen, uns ab sofort noch stärker ins Zeug zu legen und unsere Fähigkeiten voll auszuschöpfen. Vielleicht war es schon zu spät, aber wenn uns jetzt eine längere Siegesserie gelang, sollte es doch noch dafür reichen, zum NCAA-Turnier eingeladen zu werden.

Jud konnte unglaublich stur sein, aber was ihn zu einem großen Trainer machte, war seine Gabe zuzuhören. Er hatte das Problem dargelegt, und jetzt präsentierte er die Lösung. Er nahm Ron Charles aus der »Ersten Fünf« und ließ Mike Brkovich mit uns auflaufen. Das war ein gewagter Schritt, denn Ron war eindeutig der technisch bessere Spieler. Aber Mike war stärker im Fast Break, und so einen Spieler brauchten wir jetzt, um zu gewinnen.

Unser nächstes Spiel hatten wir zu Hause gegen Ohio State, eine der besten Mannschaften in den Staaten. Sie wiesen acht zu null Siege auf, während wir bei einem mageren vier zu vier steckengeblieben waren.

Wenn wir uns noch Hoffnungen machen wollten, den Spieß umzudrehen, war ein Sieg ein absolutes Muß. Wir hatten einen großartigen Start. Als die erste Halbzeit zu Ende ging, lagen wir mit vierzehn Punkten vorn. Aber dann verstauchte ich mir so schlimm den Knöchel, daß mich zwei Teamkameraden vom Feld tragen mußten. So saß ich dann mit schmerzverzerrtem Gesicht in der Kabine und hörte mir die Live-Übertragung im Radio an. Der Knöchel tat sehr weh, doch noch schlimmer war es, daß Ohio immer stärker aufkam und schließlich ausgleichen konnte.

Unser Mannschaftsarzt hatte mir sofort eine mindestens einwöchige Pause verordnet. Aber als Ohio dann einige Minuten vor Schluß auch noch in Führung ging, mußte ich reagieren. Jetzt oder nie! Wir durften einfach nicht verlieren, nicht nach allem, was wir durchgemacht hatten. »Bandagiert den Knöchel ganz fest«, sagte ich, »ich mach weiter.«

Humpelnd kam ich zurück aufs Spielfeld. Als die Zuschauer mich sahen, kannte ihre Begeisterung keine Grenzen mehr. Greg Kelser hatte eine Zeitlang auf der Bank gesessen und war gerade dabei, sich für einen Wechsel fertigzumachen. Er stand mit dem Rücken zu mir und dachte, der ganze Applaus gelte ihm. Er winkte der Menge zu und dankte ihr für die rauschenden Ovationen.

Die Fans waren so aus dem Häuschen, daß ich meine Schmerzen rasch vergaß. Es war unglaublich. Ein Reporter hat am Tag drauf geschrieben, daß der Moment, als ich wieder aufs Feld kam, wie eine Szene aus einem alten Hollywood-Film gewesen sei. Ich konnte nur schlecht laufen, aber das war egal. Ich schwamm auf einer Woge der Begeisterung. Während sich zehntausend Fans die Lunge aus dem Hals brüllten, erzielte ich neun Punkte in den letzten vier Spielminuten. Das reichte.

Dann war wieder Northwestern an der Reihe, diesmal zu Hause. Sie hatten nicht den Hauch einer Chance, uns noch einmal zu schlagen, aber sie legten trotzdem wieder ein ordentliches Spiel gegen uns hin. Die Woche drauf spielten wir gegen Kansas. Zum erstenmal wurde ein Spiel von uns landesweit im Fernsehen übertragen. Dick Enberg, Al McGuire und Billy Packer kommentierten es für NBC. Von der ersten bis zur letzten Minute dominierten wir die Partie, und Mike Brkovich kam sogar zu einem Dunking. Und das war bestimmt nicht seine Spezialität.

Nun waren wir wieder in der richtigen Spur, spielten unser Fast-Break-Spiel und sammelten Punkte. In den nächsten Spielen revanchierten wir uns an allen Mannschaften, die uns vorher geschlagen hatten. Nachträglich erwies sich die Niederlage gegen Northwestern als Glück im Unglück, denn nach Juds Krisensitzung gelangen uns zehn Siege nacheinander. Nur noch ein Spiel verloren wir dann, und zwar das letzte gegen Wisconsin, als Wes Matthews mit der Sirene einen Verzweiflungsschuß aus gut fünfzehn Metern Entfernung losließ und Glück hatte. Von unseren fünf Niederlagen in der regulären Saison hatten sich vier erst in den letzten Spielsekunden entschieden.

Nun kam die zweite Saisonphase, das NCAA-Turnier. Wir mußten in jedem Spiel in Topform sein, denn jeder Ausrutscher bedeutete das sofortige Ausscheiden. Zuerst hatten wir gegen Lamar, eine kleine Uni in Texas, anzutreten. Obwohl die Mannschaft mit einem deutlichen Sieg gegen die University of Detroit alle überrascht hatte, konnten sie gegen uns nie mithalten, unter anderem auch, weil Special K einunddreißig Punkte erzielte.

Doch vom Spiel gegen Lamar ist den meisten nicht Gregs überragende Vorstellung in Erinnerung geblieben, sondern Jaimie Huffmanns Schuh. Jamie war ein Ersatzspieler, der schon seit der High School in meiner Mannschaft war. Wenige Minuten vor Schluß, als wir schon haushoch führten, kam er ins Spiel. Doch noch bevor er zum erstenmal am Ball war, verlor er seinen linken Schuh. Während das Spiel um ihn herum weiterlief, versuchte der arme Kerl verzweifelt, den Schuh wieder anzuziehen. Als ihm das nicht gelang, schmiß er ihn einfach fort und spielte ohne ihn weiter.

Die Szene war ein gefundenes Fressen für die NBC. Da das Resultat nicht mehr in Frage stand, hielten die Kameras gnadenlos jede Einzelheit von Jamies kleinem Abenteuer fürs Fernsehpublikum fest. Al McGuire kommentierte es genüßlich, und bald war Jamie nur noch »Shoes« Huffmann für ihn. Der Name ist hängengeblieben. Als Jamie seinen Schuh endlich wieder angezogen hatte, machte er auf der Stelle einen Korb. Den ersten in seiner College-Laufbahn.

Als nächstes hatten wir gegen Louisiana State anzutreten. Dabei mußten wir auf Jay Vincent verzichten, der sich im Spiel zuvor eine Fußverletzung zugezogen hatte. Die Jungs von Louisiana waren große Schwätzer. Als einer von ihnen einen Sprungwurf von mir in der Zone abblockte, meinte er: »Mensch, komm mir doch nicht mit so einem erbärmlichen Schüßchen.« Sie hatten einige gute Springer in der Mannschaft, und ich kam an dem Tag mit meinen Schüssen wirklich überhaupt nicht zurecht. Aber meine Teamkameraden machten das wieder wett, und so konnten wir sie schließlich ohne große Probleme nach Hause schicken.

Das Spiel darauf, gegen Notre Dame, wurde vorher als Match des Jahres hochgespielt. Notre Dame und Michigan State verband eine lange, erbitterte Rivalität, nicht nur im Basketball, sondern auch im Football. Sie hatten in beiden Sportarten in den Statistiken gegen uns die Nase vorn, und wir brannten darauf gleichzuziehen. Ihr Coach war der legendäre Digger Phelps, und in der Mannschaft standen so große spätere NBA-Stars wie Kelly Tripucka, Bill Laimbeer und Orlando Wooldridge.

Der Sieger des Spiels würde in die Final Four einziehen. Bis zu diesem Punkt hatten wir es im Vorjahr auch geschafft und waren dann gegen Kentucky ausgeschieden. Wir waren entschlossen, daß uns das nicht wieder passieren würde.

Das Spiel fand in Indianapolis statt. Ich hatte ein gutes Gefühl, als ich die Tausenden von Michigan-State-Fans in unseren Farben Grün-Weiß durch die Market Street ziehen sah. In der Kabine stellte ich dann, wie immer, die Musik an. Gleich würde auch Jud reinkommen, die Aufstellung an die Tafel zeichnen und uns letzte Anweisungen geben.

Als er erschien, stellte ich die Musik ab. Aber er sah mich nur an und sagte: »Laß ruhig an, Earvin.«

»Wieso, wollen Sie denn nicht reden?« fragte ich erstaunt.

»Nein, ist schon okay«, antwortete er, »stell nur wieder an.«

Wir glotzten ihn alle fragend an. Stimmte irgend etwas nicht?

»Ist schon in Ordnung«, wiederholte er noch einmal. »Es gibt nichts zu sagen, was ihr nicht sowieso schon wüßtet. Ihr wißt alle, was ihr zu tun habt. Geht einfach aufs Spielfeld und versohlt ihnen den Arsch.«

Und das taten wir, von Anfang an. In diesem Fall buchstäblich von der ersten Spielsekunde an, denn Jud war während der Analyse des Filmmaterials aufgefallen, daß bei Notre Dame beim Sprungball gewöhnlich niemand hinten absicherte. Greg sprang für uns und tippte den Ball zu mir. Ohne hinzuschauen paßte ich über Kopf zu Mike Brkovich weiter, der sofort durchgestartet war und nun direkt zum Slam Dunk hochgehen konnte. Das Spiel hatte kaum begonnen, und schon lagen wir vorn. Special K war an diesem Tag wieder mal nicht zu stoppen und stellte mit vierunddreißig Punkten, darunter sechs Dunkings, einen Saisonrekord auf. Ich werde nie das Bild vergessen, wie Greg an der Grundlinie durchzieht und gegen drei machtlose Gegenspieler mit links »eindunkt«.

Wir schlugen Notre Dame schließlich mit zwölf Punkten. Bei Spielende lagen wir uns jubelnd in den Armen. Nur wenige Wochen vorher hatte es nach unserer Blamage gegen Northwestern noch so ausgesehen, als wenn die Saison schon gelaufen wäre. Dann hatte die Krisensitzung stattgefunden, in der wir uns schworen, von nun an unser spielerisches Potential immer voll auszuschöpfen. Wir hatten unser Versprechen gehalten.

Auf der Heimfahrt nach Lansing war die Stimmung im Bus ausgelassen wie noch nie. In der Nacht lag ich dann lange wach. Meine Gedanken kreisten unablässig um ein Thema: Ich stand in den Final Four. Jahrelang, schon seit Kindertagen, hatte ich das Turnier im Fernsehen verfolgt. Und nun sollte ich selbst daran teilnehmen. Im Ausblick auf das nächste Wochenende waren wir alle aufgedreht wie Kinder an Karneval. Jeder einzelne Spieler war motiviert wie nie zuvor. Unsere Trainingsstunden wurden jetzt noch intensiver. Die ganze Mannschaft arbeitete so hart und konzentriert, daß wir zum erstenmal Jud ganz leise erlebten. Wir hatten alle das gleiche Ziel vor Augen, und die Vorbereitungen darauf liefen wie am Schnürchen. Drei Stunden trainierten wir täglich, und danach kam es uns jedesmal so vor, als hätten wir gerade erst angefangen.

Der Zeitplan der Final Four sieht vor, daß die Halbfinalspiele Samstag nachmittags ausgetragen werden und dann am Montag die beiden Gewinner vom Samstag um die Meisterschaft spielen. Unser erster Gegner hieß Penn, während Indiana State gegen DePaul anzutreten hatte. Jeder erwartete, daß die Finalgegner Indiana und Michigan State heißen würden. Indiana hatte die ganze Saison über kein einziges Spiel verloren, und zwar dank eines gewissen blonden Superstars namens Larry Bird, der einfach nur »Bird« genannt wurde.

In jenem Jahr wurden die Final Four in Salt Lake City ausgetragen. Wir sollten ursprünglich donnerstags dort hinfliegen, aber Jud setzte schließlich den Abflug schon zwei Tage früher an. Der ganze Staat Michigan stand wie ein Mann hinter uns, und die Spannung war fast unerträglich. Es gab zu viele Ablenkungen für uns, zu viele wohlmeinende Fans, die uns pausenlos erzählten, wie gut wir wären, und unzählige Nachfragen für Tickets und Interviews. All das diente nicht eben der Konzentration auf die eigentliche Aufgabe.

Zur Universität von Michigan State gehört auch eine Hotelfachschule. Und als wir in Salt Lake City ankamen, lud uns ein früherer Student dieser Fachrichtung, der jetzt Chef eines dortigen exklusiven Skihotels war, zum Dinner ein. Vor einem großen Panoramafenster, von wo aus der Blick auf die Skipisten fiel, hatte man an langen Tischen ein kaltes Buffet aufgebaut. Das Essen war wirklich sagenhaft, und wir alle luden uns noch eine zweite Portion auf. Aber was uns schier vom Hocker riß, war der Ausblick. Wir kamen fast alle aus der Stadt, zumeist aus schwarzen Vierteln, und keiner von uns war jemals Ski gefahren. So etwas Berauschendes wie die schneebedeckten Berggipfel, die sich majestätisch vor uns in die Höhe reckten, hatten wir noch nie gesehen.

Was das alles mit Basketball und den Final Four zu tun hat? Genau kann ich das auch nicht sagen, aber ich glaube, daß der Glanz des Ortes irgendwie unsere Grundstimmung während unseres Aufenthalts in Utah bestimmt hat. Möglicherweise haben wir uns davon beflügeln lassen. Jedenfalls werde ich nie das Gefühl vergessen, wie ich vor dem großen

Fenster stand und den Skifahrern zuschaute, die direkt vor uns den Hang runterflitzten. Und als dann die Sonne über den Bergen versank und überall die Lichter angingen, verschlug es einem fast den Atem.

Beim Training am Freitag bereiteten wir uns auf die Partie gegen Penn am Samstag vor. Jud machte sich Sorgen, daß wir sie vielleicht unterschätzen könnten, und trichterte uns unaufhörlich ein, daß sie besser seien, als wir dachten.

»Aber Coach, die sind doch aus einer schwachen Liga. Ivy League, was ist das schon?«

»Das stimmt«, meinte er, »aber sie haben ein paar gute Teams schlagen müssen, um hierherzukommen.«

Als es dann soweit war, erwiesen sich Juds Befürchtungen schnell als grundlos. Penn kam zwar mit unserer Mischung aus Mann- und Raumdeckung besser zurecht als alle anderen Mannschaften zuvor. Aber im Gegensatz zu uns trafen sie einfach nicht. Zur Halbzeit war das Spiel praktisch schon entschieden. Einige unserer Ersatzspieler kamen gegen Penn länger zum Einsatz als in irgendeinem anderen Spiel der Saison. Schließlich gewannen wir mit vierunddreißig Punkten Differenz.

Im vierten Viertel waren unsere Fans schon ganz beim Endspiel gegen Indiana. »*We want the Bird*«, sangen sie, »*we want the Bird.*«

Die Anhänger von Indiana, die noch auf »ihr« Halbfinalspiel warteten, antworteten mit: »*You'll get the Bird! You'll get the Bird!*«

Danach gingen wir auf die Tribüne, um uns das Spiel Indiana gegen DePaul anzusehen. Es war bestimmt ein tolles Spiel, aber leider bekamen wir nicht viel davon mit. Wir wurden so von den Fans belagert, daß wir uns unmöglich konzentrieren konnten. Die Anhänger aus Michigan wollten uns natürlich gratulieren, und alle anderen hatten es zumindest auf ein Autogramm abgesehen. Schließlich wurde es uns zu bunt, denn wir wollten unseren nächsten Gegner, egal wer es sein würde, unbedingt spielen sehen. So fuhren wir also eilig ins Hotel rüber, um den Rest des Spiels im Fernsehen zu verfolgen.

DePaul hatte auf dem Weg zum Halbfinale UCLA ausgeschaltet, und außerdem besaßen sie in Mark Aguirre, der damals College-Neuling war, einen überragenden Mann. Sie waren gut, aber wir hielten alle zu Indiana. Wir brannten darauf, die Mannschaft zu sein, die ihnen die erste Saisonniederlage beibrachte.

Ich selbst hatte mir noch ein anderes Ziel gesetzt: Ich wollte der Spieler sein, der Larry Birds Siegeszug stoppte. Obwohl Bird und ich die bekanntesten College-Spieler in den Staaten waren, hatten unsere Mannschaften bis dahin noch nie gegeneinander gespielt. Und bis zu jenem Samstag hatte ich ihn sogar noch nie spielen sehen. Aber ich muß sagen, dieses eine Mal reichte. Unglaublich war nicht nur, daß er von neunzehn Schüssen sechzehn traf und am Ende mit fünfunddreißig Punkten, sechzehn Rebounds und neun Assists vom Feld ging. Noch viel mehr beeindruckte mich, wie er sich für den Sieg seiner Mannschaft abrackerte. Beim Anschauen seiner unglaublichen Vorstellung fragten wir uns natürlich alle das gleiche: Wie, um alles in der Welt, sollten wir diesen Kerl am Montag abend ausschalten?

»Okay«, meinte Jud beim nächsten Training am Sonntag, »ihr habt alle gesehen, zu was Larry Bird fähig ist. Heute trainieren wir nur gegen ihn.«

Beim Frühstück hatte mich Jud gebeten, während des Trainings in unserer zweiten Mannschaft zu spielen. Nun zeigte er auf mich und meinte: »Schaut her, Leute, das ist Larry Bird. Macht alle Paßwege dicht, wenn er am Ball ist. Doppelt ihn, sobald er den Ball aufsetzt. Egal, was passiert, laßt ihn keinen Moment frei.«

Das Original hatte ich nur einmal gesehen, aber trotzdem gelang mir an jenem Morgen die perfekteste Larry-Bird-Imitation, die man je erlebt hat. Ich spielte die unmöglichsten Pässe und traf aus allen Lagen und von allen Positionen: aus sieben, ja sogar acht Metern Entfernung, egal, der Ball zischte nahtlos durchs Netz. Die anderen machten den Fehler, mich wie Earvin Johnson zu decken, und ließen mir zuviel Platz, da ich sonst nie von so weit außen warf. Larry Bird aber schon – und an jenem Morgen war *ich* Larry Bird. Ich versenkte bestimmt acht, neun solcher Distanzwürfe hintereinander, und Jud kam mit jedem Treffer mehr in Rage: »Verflucht noch mal«, brüllte er, »das ist Larry Bird! Geht doch endlich drauf!« Er war wirklich außer sich, und meine Teamkameraden fühlten sich auch nicht viel besser. Sie konnten nicht glauben, was da vor sich ging, und auch mir selbst war es fast unheimlich. Ich lachte sie aus, verspottete und provozierte sie – auch wenn ich damals noch gar nicht wußte, daß Larry Bird das ganz gerne mit seinen Gegenspielern machte. »Wißt ihr nicht, wer ich bin?« rief ich ihnen zu. »Ich bin Larry Bird, versucht doch mal, mich zu halten.«

Selten hat mir ein Trainingsspiel solchen Spaß gemacht. Bird hatte absolute Narrenfreiheit, und die nahm ich mir jetzt auch. Und an jenem Morgen gelang mir einfach alles. Am Schluß stand eine Sache fest: Egal, wie gut Larry Bird war, er konnte unmöglich besser sein als die Imitation, die wir gerade gesehen hatten.

In Salt Lake City wimmelte es von Reportern, und am Sonntag nachmittag mußten Greg und ich zu einer Pressekonferenz. Jud brachte uns hin. Im Auto bereitete er uns darauf vor, was uns erwartete. »Die kennen nur ein Thema«, sagte er, »Larry Bird und Magic Johnson. Greg, dich werden sie fragen, wer deiner Meinung nach der bessere Basketballer ist. Und von dir, Earvin, werden sie wissen wollen, ob du glaubst, daß du besser bist als Bird. Seid vorsichtig und achtet auf jedes Wort, das ihr sagt. Ihr könnt mir glauben. Egal, was ihr ihnen erzählt, sie werden es auf jeden Fall zu einer Riesensache aufbauschen.«

Für Greg und mich war es beileibe nicht das erstemal, daß wir mit Reportern sprachen, aber so etwas hatten wir noch nicht erlebt. Da saßen bestimmt über dreihundert Leute dicht zusammengedrängt in dem Raum, Journalisten und Sportreporter von fast jeder Zeitung und Fernsehanstalt in den Staaten. Juds Vorhersage erwies sich als absolut zutreffend.

»Greg, wer ist besser, Bird oder Magic?«

»Die beiden kann man unmöglich vergleichen«, sagte Greg. »Auf alle Fälle sind sie die zwei Besten beim Turnier hier.«

»Earvin, was meinst du? Glaubst du, daß du besser bist als Bird?«

»Ich habe Bird gestern gegen DePaul gesehen. Er war wirklich phantastisch. Er ist älter als ich und auch reifer. Von daher glaube ich, daß er tatsächlich besser ist.«

Sicher, das war sehr diplomatisch. Aber es stimmte auch. Das Endspiel gegen Indiana war dann fast eine Enttäuschung. Es gab keine feierlichen Ansprachen in der Kabine oder sonstiges Theater. Wir hatten ganz einfach einen Plan, und jetzt ging es darum, ihn erfolgreich auszuführen. Aber ich kann mich noch an jeden einzelnen Schuß, jede Aktion des Spiels erinnern.

Obwohl uns nur ein Tag zur Verfügung stand, um das Spiel vorzubereiten, hatte sich Jud eine wirksame Strategie gegen Larry Bird einfallen lassen. Anstelle unserer normalen Zonenverteidigung spielten wir eine gemischte Verteidigung, wobei ihm einer von uns ständig wie ein Schatten folgte. Sobald er den Ball hatte, kam ein zweiter Verteidiger hinzu, und wenn er dann zum Dribbeln ansetzte, wurde er richtig gedoppelt. Wir richteten eine Art Kontrollstation für ihn ein, ähnlich wie Funkstreifenwagen auf Verbrecherjagd: »In Ordnung, ich hab ihn. Jay, er kommt zu dir rüber.«

So etwas hatte Bird noch nie erlebt, und es gab nicht viel, was er dagegen tun konnte. Wie entnervt er durch unsere Taktik war, konnte man leicht daran erkennen, wie er ständig seine Mitspieler anbrüllte, ihm endlich den Ball zu geben. Aber auch wenn er ihn mal hatte, war er nicht der Spieler, den wir am Samstag gesehen hatten. Insgesamt traf er nur sieben von einundzwanzig Schüssen, ein Einbruch, den seine Teamkameraden nicht ausgleichen konnten.

Zur Halbzeit lagen wir mit zehn Punkten vorn. Fünf Minuten später waren es schon sechzehn. Aber dann mußte Greg mit vier Fouls auf die Bank, und Indiana kam gefährlich auf. Zehn Minuten vor Schluß waren sie bis auf sechs Punkte herangekommen. Nun wurde der Druck fast übermächtig. Jeder Moment war spannungsgeladen, jeder Spielzug konnte entscheidend sein. Man wußte bei jeder Bewegung, daß das ganze Land einen beobachtete. Später erfuhren wir, daß dieses Spiel die höchsten TV-Einschaltquoten in der College-Geschichte hatte. Als Greg wieder reinkam, konnten wir unseren Vorsprung wieder etwas ausbauen. Und lange bevor die Schlußsirene aufheulte, wußten wir, daß wir gewonnen hatten. Das Spiel endete mit einer perfekten Aktion: Paß übers ganze Feld von mir zu Greg. *Slam Dunk!* 75:64. Wir hatten gewonnen.

Während wir feierten und uns daranmachten, das Korbnetz abzuschneiden, schaute ich zur Bank von Indiana State rüber. Was ich da sah, werde ich nie vergessen. Da saß einsam Larry Bird, während die halbe Halle vor Freude überschäumte, und hatte sein Gesicht in ein Handtuch vergraben. Offensichtlich weinte er, und in dem Moment tat er mir furchtbar leid. So glücklich ich auch sein mochte, eins war mir vollkommen klar: Wenn das Spiel nur ein bißchen anders gelaufen wäre, hätte ich da jetzt gesessen mit dem Gesicht im Handtuch. Ich nehme mir Niederlagen ganz genauso zu Herzen.

Als ich mich wieder unter meine jubelnden Kameraden mischte, wußte ich schon, daß die Geschichte noch nicht zu Ende war. Irgendwann, irgendwo würden Larry Bird und ich uns wiedersehen.

TEIL II

DIE LAKERS-JAHRE

SIEBTES KAPITEL

Das nächste Level

Basketball war immer die reine Freude für mich, aber den meisten Spaß brachte das Spielen im College. Zwar liegt das Spielniveau bei den Profis viel höher, doch die NBA ist auch eine andere, eigene Welt: Big Business mit viel Geld, hohen Einsätzen und jeder Menge Eitelkeiten.

Nach der High School hatte ich mir nach Belieben aussuchen können, für welches College im Land ich spielen wollte, und bei meiner Ankunft in Michigan State schlug mir eine Woge der Begeisterung entgegen. Aber als ich mich entschied, Profi zu werden, war die Situation völlig anders. Obwohl ich ein großer College-Star war und Michigan State den NCAA-Titel gewonnen hatte, war die Entscheidung, für wen ich in der NBA spielen würde, keineswegs meine eigene. Meine Karriere bei den Lakers nahm einen tollen Verlauf, aber der Beginn machte durchaus keinen derart vielversprechenden Eindruck. Ich war nicht überzeugt von den Lakers, und die Lakers waren nicht überzeugt von mir.

Ich landete schließlich in Los Angeles aus zwei Gründen: erstens aufgrund eines Transfers, der bereits zu einer Zeit stattgefunden hatte, da ich noch in der High School war, und zweitens, weil ein Mann namens Larry O'Brien eine Münze warf und »Zahl« gewann.

Larry O'Brien war damals Präsident der NBA. Im Frühjahr 1979, kurz nachdem Michigan State den NCAA-Titel gewonnen hatte, warf er eine Münze, um festzulegen, welches NBA-Team sich vor allen anderen bei den anstehenden College-Drafts einen Spieler würde auswählen dürfen. Larry Bird war bereits an die Celtics gebunden und damit aus dem Rennen. Die meisten Leute erwarteten, daß die erste Wahl in den Drafts auf einen Spieler namens Earvin Johnson von Michigan State fallen würde.

Zwei Mannschaften kamen für dieses Recht der ersten Wahl in Frage. Zum einen die Chicago Bulls, da sie in ihrer Division Letzte geworden waren. Und jetzt wird es ein wenig kompliziert: Das zweite Team hätten die New Orleans Jazz (später Utah Jazz) sein müssen, die ihre Saison mit dem schlechtesten Ergebnis der gesamten NBA abgeschlossen hatten. Aber New Orleans hatte bereits 1976 im Zusammenhang mit der Verpflichtung von Gail Goodrich von den Lakers seine Wahlrechte für die erste Runde der Drafts im Jahre 1979 an die Lakers abgetreten. Deshalb wetteiferten nun die Lakers, mit einem Saisonergebnis von 47 Siegen und 35 Niederlagen, mit Chicago um die erste Wahlmöglichkeit bei den College-Drafts.

Chicago hätte mich sehr gerne verpflichtet. Dieser Wunsch beruhte jedoch durchaus nicht auf Gegenseitigkeit. Hätte die Münze »Kopf« gezeigt, ich wäre womöglich für ein oder auch zwei Jahre nach Michigan State zurückgegangen. Zum einen, weil die Bulls mit Reggie Theus schon einen großen Guard besaßen. Zum anderen konnte man sich fünf Jahre vor Michael Jordan die Bulls nur schwer als Gewinnerteam vorstellen.

Nun ist es zwar richtig, daß ich in der High School und auch im College für Außenseiter-Teams gespielt habe. Aber die NBA ist eine andere Sache. Jeder Basketball-Fan in Amerika kann die Namen hochgehandelter College-Stars runterrasseln, die in die Liga gekommen und sofort wieder verschwunden sind. Ich glaubte, gut genug zu sein, um es bei den Profis zu schaffen. Aber es würde weitaus mehr als ein College-Star dazu gehören, die Bulls wiederzubeleben. So hat es beispielsweise, selbst nachdem Michael Jordan gekommen war, drei Jahre gedauert, bis die Bulls eine Saison mit mehr gewonnenen als verlorenen Spielen abgeschlossen hatten.

Die Lakers dagegen schlugen sich bereits ziemlich gut. Und sie hatten Kareem Abdul-Jabbar, den besten Basketballspieler überhaupt. Wenn er und ich uns auf dem Spielfeld ergänzen würden und ich Kareem mit Bällen bedienen könnte, wie ich es bei Greg Kelser im College getan hatte, dann könnte dies eine sehr interessante Mischung ergeben.

Bei gleichen Bedingungen hätte ich schon lieber im mittleren Westen gespielt, um in der Nähe meiner Familie zu bleiben. Aber die Bedingungen waren nicht gleich. Unter der Voraussetzung, daß ich als erster gewählt werden würde, gab es für mich keine Alternative zu den Lakers. Wenn sie meine finanziellen Erwartungen erfüllten, dann würde ich zu ihnen gehen.

Zu Hause in Lansing waren zahlreiche Leute verärgert über meinen Entschluß, das College bereits nach nur zwei Jahren zu verlassen. Einige Sportreporter waren davon überzeugt, ich würde den größten Fehler meines Lebens begehen. Sie sahen die Sache so: Der Typ kann nicht springen, nicht laufen und taugt nicht viel als Distanzwerfer. Sein Auftreten mag begeistern, aber er ist noch nicht weit genug, um wirklich in der NBA zu spielen. Für ihn wäre es das Beste, weitere ein oder zwei Jahre in der Schule zu bleiben.

Heute will es keiner mehr zugeben, aber die hohen Tiere bei den Lakers hatten ebenfalls Vorbehalte. Sie wußten, daß ich Talent habe, und sie waren zweifellos an mir interessiert. Aber sie tendierten zu Sidney Moncrief, einem Shooting Guard aus der University of Arkansas, und David Greenwood, einem Power Forward von UCLA. Sie befürchteten, ich würde eine Eintagsfliege sein, eine Shownummer aus dem College, ohne Schuß von außen, der bei den Profis nicht bestehen würde. Außerdem erschien ihnen meine Größe komisch. Zu dieser Zeit stimmten alle Experten darin überein, daß ein langer Mann niemals einen brauchbaren Point Guard abgeben könne. Im übrigen hatten die Lakers in Norm Nixon bereits einen ballgewandten Guard.

Ich habe später erfahren, daß die Entscheidung, mich zu wählen, maßgeblich von Dr. Jerry Buss beeinflußt wurde, einem Grundstücksunternehmer, der gerade dabei war, Jack Kent Cooke die Mannschaft abzukaufen. Buss hatte während des letzten NCAA-Wettbewerbs Michigan State im Fernsehen gesehen und war der Meinung, ich könnte bei den Lakers für neuen Schwung sorgen. Er mochte meinen Stil und meinen Enthusiasmus und glaubte, daß meine Verpflichtung Los Angeles dabei helfen würde, Zuschauer anzuziehen.

Aber Jerry Buss gehörte zur Minderheit. Noch unmittelbar bevor er das Team kaufte, teilte ihm Cooke mit, das Lakers-Management habe sich für Sidney Moncrief entschieden.

Auf gar keinen Fall, meinte Buss. Entweder Magic Johnson ist unser Mann, oder der Deal ist geplatzt.

Und auf die Worte des Besitzers hört eine Geschäftsleitung eben sehr genau. Letztlich ist er eben der Boß. Einige Spieler möchten nach Ablauf ihrer aktiven Laufbahn ja gerne Coach werden, ich aber habe stets davon geträumt, Besitzer eines Klubs zu sein.

Jetzt war es an der Zeit für ein offenes Gespräch mit Jack Kent Cooke, und ich flog nach Los Angeles zusammen mit meinem Vater und zwei Beratern, George Andrews, einem Anwalt aus Chicago, und Dr. Charles Tucker, einem Psychologen aus der Schulbehörde in Lansing. Tucker hatte kurzzeitig in der ABA gespielt und beteiligte sich regelmäßig an Freizeitteams in der Stadt. Er hatte mir während meiner Teenagerzeit viel geholfen, indem er mich zu NBA-Spielen mitnahm und mich einigen der Spieler vorstellte. Als ich beschloß, ins Profilager zu wechseln, wurde er mein Agent.

Später ging unser Verhältnis dann, wie es bei Geschäftsverbindungen schon mal vorkommt, in die Brüche. Ich habe mich dann mit Lon Rosen zusammengetan, der mich seitdem vertritt.

Als unsere kleine Gruppe im Forum eintraf, bat uns Cooke zum Mittagessen in einen Raum voller Trophäen. Wir saßen an einem langen Holztisch, und die Wände um uns herum hingen voller Fotos, die Cooke zusammen mit diversen Berühmtheiten zeigten. Er war ein stattlicher

Mann, Mitte Sechzig, und trug einen eleganten, teuren Anzug. Ich bin reich und mächtig, schien er demonstrieren zu wollen, und ich will, daß dies jeder zur Kenntnis nimmt.

»Was möchten Sie gerne essen?« fragte er mich.

Ich war neunzehn und nicht an exklusive Klubrestaurants gewöhnt. Als ich zögerte, sagte er: »Lassen Sie nur, ich werde für uns beide bestellen.«

Er bestellte Goldbutt, von dem ich noch nie gehört hatte. »Der ist exzellent«, meinte er. »Sie werden ihn sehr mögen.«

Als das Essen serviert wurde, drehte er sich zu mir um und fragte: »Nun, Earvin, wie schmeckt Ihnen Ihr Goldbutt?«

Ich mag Fisch nicht besonders, und *diesen* Fisch hier mochte ich schon gar nicht. »Ist ganz gut«, sagte ich aus Höflichkeit.

Plötzlich wurde es still im Raum, ich hatte nicht geahnt, daß Essen für Cooke so viel bedeuten würde. Er sah aus, als sei gerade ein naher Verwandter von ihm gestorben.

»*Ganz gut?*« stieß er hervor. »Er ist *vorzüglich*.«

Das mochte schon sein, aber eben nicht nach meinem Geschmack. »Stört es Sie, wenn ich etwas anderes bestellen würde?« fragte ich.

»Was zum Beispiel?«

»Einen Hamburger? Oder eine Pizza? Oder vielleicht ein Roastbeef-Sandwich?«

Damals mochte ich ein halbes Kind gewesen sein, aber noch heute bevorzuge ich einfaches Essen. Obwohl Cooke gekränkt wirkte, wies er die Küche an, einige Burgers für mich aufzutreiben.

Nach dem Mittagessen kamen wir zum geschäftlichen Teil. Auf die Frage von Cooke nach meinen Erwartungen sagte ich ihm, daß ich an 600 000 Dollar pro Jahr für fünf Jahre gedacht hätte. Wir wußten, daß die Lakers Kareem etwa 650 000 Dollar zahlten. Und ich würde deutlich weniger bekommen, ich rechnete mit einer halben Million Dollar sowie einem Handgeld und einem Auto. Außerdem wollte ich die Möglichkeit zur Fortsetzung meines Studiums gewährleistet sehen. Ich hatte vor, im Sommer weiterhin Kurse in Michigan State zu belegen, und die ersten Jahre habe ich dies auch gemacht.

»Eins sollten wir von vornherein klarstellen«, sagte Cooke. »Ich komme nicht für Ihre Ausbildung auf. Ich habe mich auch allein durch die Schulzeit bringen müssen, und wenn ich das konnte, dann schaffen Sie das *mit Sicherheit*. Also, wir sind bereit, Ihnen 400 000 Dollar anzubieten. Das entspricht zwar nicht Ihren Erwartungen, aber es ist verdammt viel Geld. Und lassen Sie sich daran erinnern, daß die Lakers in den vergangenen neunzehn Jahren die Playoffs siebzehnmal erreicht haben.

Wir würden uns sehr freuen, Sie bei uns zu sehen, Earvin, und ich hoffe, Sie werden hier spielen. Aber das Team hat sich auch ohne Sie gut geschlagen.«

»Ich verstehe«, sagte ich. »Aber in diesem Fall gehe ich wohl wieder zurück auf die Schule.« Ich meinte das ernst. Ich war glücklich in Michigan State und nicht sonderlich erpicht darauf, in eine riesige Stadt so weit von meiner Heimatstadt entfernt zu ziehen. Sollte das Angebot der Lakers nicht gut genug sein, war ich bereit, mit dem Wechsel zu den Profis noch ein oder zwei Jahre zu warten.

Cooke schien überrascht. »Langsam, langsam. Nur nichts überstürzen«, sagte er. »Warum verschieben wir die Entscheidung nicht auf morgen und überschlafen die Sache erst mal?«

Ich sagte, daß wir geplant hätten, am selben Nachmittag zurückzufliegen.

»Bitte, machen Sie das nicht«, erwiderte er. »Ich würde mich freuen, Sie alle über Nacht als meine Gäste betrachten zu dürfen. Ich bin sicher, wir können dies morgen früh zu einem allseits befriedigenden Abschluß bringen.«

Auf dem Weg zurück zum Hotel nahm mich mein Vater ins Gebet. »Mr. Cooke hat dir ein großzügiges Angebot gemacht«, meinte er. »Ich habe mein ganzes Leben in der Fabrik für das Geld gearbeitet, was er dir für ein Jahr geben will! Noch dazu für etwas, was du nur allzu gerne machst! Sei nicht raffgierig, mein Junge.«

Aber ich hatte meine Kinderträume nicht vergessen. Wenn ich schon kein Geschäftsmann sein konnte – zumindest noch nicht –, dann wollte ich wenigstens reich sein. Ich war fest entschlossen, eine halbe Million Dollar pro Jahr zu verlangen.

Am nächsten Morgen erhöhte Cooke sein Angebot auf 460 000 Dollar. Nicht genug, sagte ich ihm. Schließlich legte er ein Vertragspaket vor, das 500 000 Dollar im Jahr entsprach. Jetzt endlich waren wir im Geschäft.

Mittags wurde gefeiert. Diesmal war ich derjenige, der bestellen durfte. Es gab Pizza für alle. Cooke vertraute mir an, daß er noch niemals zuvor Pizza gegessen hätte. Als sie dann kam, meinte er: »Eigentlich ist dieses Zeug ganz gut.«

»Wer weiß?« gab ich zurück. »Vielleicht kann es sich ja durchsetzen.«

An dem Tag, an dem ich Los Angeles verließ, war ich der am höchsten bezahlte Rookie in der Geschichte der NBA – für ungefähr einen Monat. Dann verpflichteten die Celtics Larry Bird für 600 000 Dollar.

Als ich das erstemal zum Forum hinausfuhr, fielen mir sofort die großen, schönen weißen Säulen auf, die das gesamte Gebäude umschließen.

Innen wurde es dann sogar noch besser. Ich hatte bereits NBA-Hallen in zwei oder drei anderen Städten gesehen, aber diese war etwas ganz Besonderes.

Und sauber! Die Leute in Los Angeles schienen sehr um Sauberkeit bemüht zu sein, die Halle wirkte makellos. Die Lichtverhältnisse unten auf dem Feld waren für Basketball ideal. Ich habe es nie gemocht, in riesigen Arenen zu spielen, weil es darin so schwierig ist, den eigenen Wurf abzuschätzen. Aber das Forum ist, ebenso wie der Madison Square Garden und der Boston Garden, ein Paradies für Korbjäger.

Zu Beginn jeder Saison, unmittelbar vor dem Trainingslager, halten die Lakers immer einen Medientag ab, an dem alle Spieler zusammenkommen und sich den Fragen der Presse stellen. Ich war zu früh an diesem Tag da und bat den Trainer, Jack Curran, noch ein wenig für mich allein in den Rängen sitzen zu dürfen. Da saß ich nun, schaute auf das blankpolierte Parkett hinunter, und ein kleiner Film begann in meinem Kopf abzulaufen – eine Dokumentation einiger der Augenblicke in meinem Leben, die mich hierhin gebracht hatten. Ich sah mich, wie ich sonntags mit meinem Vater die Spiele im Fernsehen anschaute. Dann, wie ich als Wilt Chamberlain auf den Basketballfeldern an der Main Street gegen meinen Bruder spielte, der mich den gesamten Angriff lang hautnah deckt. Dann ich zusammen mit Jim Dart in der fünften Klasse und in der Junior High mit meinem ersten Mannschaftstrikot. Und jetzt Everett High School, in der ich den ersten Trainingsanzug mit meiner Namensaufschrift bekommen habe. Dann, wie Reggie und ich nach der Schule Sprungschüsse üben. Jetzt Everett gegen Brother Rice, und wir sind soeben in die Verlängerung gegangen. Dann ich mit Michigan State im Jenison Field House gegen Minnesota im lautesten Spiel der Saison. Jetzt sind wir dabei, Notre Dame zu schlagen, und hier kommt Indiana State mit Larry Bird.

Aber die Vorstellung war an dieser Stelle noch nicht zu Ende. Sie reichte sogar noch bis in die Zukunft hinein. Ich sah mich im Lakers-Trikot das Spielfeld rauf- und runterlaufen. Jetzt gebe ich einen No-Look-Paß auf Kareem, und das Publikum jubelt jedesmal, wenn der Lange einen Skyhook verwandelt.

Schließlich kam Jack nach oben, um mich zu holen. Seit fünf Minuten würde er mich rufen, sagte er. Aber ich hatte nichts gehört – ich amüsierte mich zu gut im Kino.

Er nahm mich mit nach unten in die Umkleidekabine der Lakers. Hier war es sauber und geräumig, aber die Einrichtung war überraschend bescheiden. Es gab nicht die üblichen Schließfächer, sondern lediglich Nischen, um die Kleidung darin aufzuhängen, mit einem kleinen Safe obendrauf für die Wertsachen.

Aber eine dieser Nischen trug meinen Namen. Und darin hing mein nagelneues Lakers-Trikot, Nummer 32, genau wie in der High School. Dieser Anblick ließ mein Lächeln eine Meile breit werden.

»Kann ich es mal anprobieren?«

»Na klar. Nimm dir soviel Zeit, wie du möchtest. Ich komme später noch mal vorbei.«

Ich zog mir das Trikot an, betrachtete die Plätze der anderen und las die Namen: Abdul-Jabbar, Nixon, Wilkes. Und als ich mich, ein Mitglied der Los Angeles Lakers, im Spiegel sah, da schossen mir die Tränen in die Augen. Erst in diesem Moment wurde mir wirklich bewußt, daß ich es geschafft hatte.

Viele Leute haben geglaubt, daß ich es nie soweit bringen würde. Nicht, daß sie es deshalb an Unterstützung hätten fehlen lassen, aber zu Hause in Lansing hing einfach niemand großen Wunschträumen nach. Es gab auch Zeiten, in denen ich meine Zweifel hatte. Aber hier stand ich und trug dieses wunderschöne Trikot. Jetzt würde ich endlich meinen Eltern ein wenig von alldem zurückgeben können, was sie mir gegeben hatten.

Ich war dankbar dafür, in der NBA zu sein, und noch mal doppelt so dankbar, ausgerechnet bei den Lakers spielen zu können. Es passiert nicht oft, daß eine Mannschaft mit positiver Bilanz die erste Wahlmöglichkeit bei den Drafts bekommt. Und wenn ich an die Jahre danach denke, muß ich mich noch glücklicher schätzen. Man erinnere sich nur an die Bulls, als Michael Jordan dazukam. Oder an die Pistons, als sie Isiah Thomas nahmen. Oder Cleveland 1986, als sie Brad Daugherty verpflichteten. Oder die Knicks im Jahre 1985, als Patrick Ewing ihr Rookie war.

Wie Jack Kent Cooke mir gegenüber betont hatte, schafften die Lakers in der Regel die Playoffs. Und dahinten an der Wand hing ihre Meisterschaftsfahne von 1972. Trotz ihrer Erfolge war dies allerdings der einzige Titel geblieben, den die Lakers nach ihrem Umzug von Minneapolis nach Los Angeles 1960 gewonnen hatten. Aber da war noch viel Platz an der Wand, viel Platz für weitere Fahnen.

Am selben Tag wurde im Forum noch eine Pressekonferenz abgehalten. Jemand fragte nach meiner allseits bekannten Begeisterungsfähigkeit. Im College eine derart mitreißende Stimmung zu verbreiten, sei ja recht beeindruckend, aber würde ich jetzt nicht etwas ruhiger werden, da ich nun mit den großen Jungs spielte?

»Nein«, antwortete ich. »Das ist stets meine Art gewesen.«

Wie erwartet gab es einige Fragen danach, ob ich mit Kareem auskommen würde. Einige der Journalisten versuchten, Unvereinbarkeiten zwischen uns zu konstruieren, aber darauf ließ ich mich gar nicht erst ein.

Nach der Pressekonferenz nahmen mich die beiden Fernsehreporter Jim Hall und Stu Nahan beiseite. Beide waren ehemalige Profisportler – Stu spielte Eishockey und Jim Football – und wollten mir einige Ratschläge geben. »Laß dir stets Zeit, bevor du eine Frage beantwortest«, empfahlen sie mir. »Und sei besonders vorsichtig bei den Printmedien, weil es für deren Reporter noch leichter ist, dich verfälscht wiederzugeben.« Sie warnten mich, daß einige ihrer Kollegen womöglich versuchen würden, mich in eine mißliche Situation zu bringen oder meine Aussagen zu verdrehen, um irgendeinen Konflikt aufzubauen.

Das waren gute Tips. Ich merkte schon bald, daß die Medienleute in der Großstadt wesentlich ruppiger zu Werke gingen als die Handvoll Reporter, die ich in Lansing gekannt hatte. Aber ich kam mit allen zurecht und blieb mit Stu und Jim freundschaftlich verbunden. Wenn ich Jim ein Live-Interview gab, fragte er mich häufig: »Magic, irgendwann wird eine Zeit kommen, in der du nicht mehr spielen wirst. Wie sehen deine Vorstellungen vom Leben nach der Basketball-Karriere aus?«

Und ich schaute ihn dann an und sagte: »Eigentlich, Jim, hätte ich gerne *deinen* Job.«

An dem Tag, an dem ich im Sommer 1979 Lansing verließ und nach Los Angeles zog, sah ich meinen Vater zum erstenmal weinen. Mom weinte selbstverständlich auch. Ich war völlig fertig. Es gelang mir noch, meine Tränen zurückzuhalten, um nicht direkt vor meinen Eltern zusammenzuklappen. Aber sobald ich im Flugzeug saß, begannen die Tränen zu laufen.

Obwohl ich begeistert war von der Vorstellung, demnächst für die Lakers zu spielen, wurden die letzten Wochen in Lansing sehr hart für mich. Ich hatte die Stadt zwar schon häufig zu den verschiedensten Inlands- und Auslandsreisen verlassen, aber dieses Mal war nicht wie sonst. Jetzt würde ich von zu Hause fortziehen.

Zwei Jahre zuvor noch war es mir möglich gewesen, diesen schmerzlichen Augenblick zu umgehen, indem ich mich für Michigan State entschied. Aber jetzt bestand keine andere Wahl. Es gibt Kinder, die es kaum erwarten können, von zu Hause wegzugehen und eine eigene Wohnung zu haben. Aber ich war das genaue Gegenteil. Es war schon hart genug, meine Freunde und meine vertraute Umgebung zu verlassen, aber der Gedanke, mich von meiner Familie zu trennen, wollte mich innerlich schier zerreißen.

Als ich in Los Angeles ankam, war ich der einsamste Kerl in der ganzen Stadt. Hier war ich nun, spielte in der NBA und verdiente mehr Geld, als ich mir jemals hätte träumen lassen. Eigentlich sollte ich der glücklichste

Mensch auf der ganzen Welt sein. Aber die ersten Monate fühlte ich mich erbärmlich. Es war nicht so wie im College, wo jeder in der gleichen Situation steckt und sich eine enge, vertraute Gemeinschaft bildet. Die Lakers führten alle ihr eigenes Leben, hatten ihre eigenen Freunde, und einige waren verheiratet. Zudem können sich erfahrene Spieler sowieso nicht so schnell für Rookies erwärmen, denn die meisten Neulinge bleiben nachher ja doch nicht allzu lange.

Die Sonntagabende waren am schlimmsten. Selbst in meiner Collegezeit kam die Familie sonntags stets zum Abendessen zusammen, und es gab gebratenes Hähnchen, große Erbsen, Reis und Pasteten aus Äpfeln und süßen Kartoffeln. Jetzt, wo ich in Kalifornien lebte, vermißte ich diese Abendessen mehr als alles andere. Ich rief jeden Tag zu Hause an, aber am wichtigsten war es mir sonntags abends, weil ich wußte, daß sie dann alle zusammensaßen.

Es gab noch weitere Zugeständnisse, die ich machen mußte. Ich verdiente viel, aber ich konnte mit dem Geld noch nicht richtig umgehen. Ich war an die Preise in Lansing gewöhnt und geschockt über die hohen Lebenshaltungskosten in Los Angeles. Dr. Buss bot mir ein freies Apartment in einem dreigeschossigen Gebäude in Culver City an, das ihm gehörte. Es war nichts Außergewöhnliches, aber mir gefiel es ganz gut. Es gab einen Park auf der anderen Straßenseite und einen Supermarkt an der Ecke, und die einzigen drei Orte, zu denen ich fahren mußte, waren in der Nähe: das Forum, der Flugplatz und die Loyola Marymount University, wo die Lakers trainierten.

Das erste Jahr ging ich sonst nirgendwohin. Die Stadt erschien mir überwältigend, und ich hatte Angst, darin verlorenzugehen. In Lansing gibt es einen Highway und drei Hauptstraßen. Los Angeles hat unvorstellbar viele Autobahnen, und alles liegt meilenweit auseinander. Ich schaute eine Menge Fernsehen in diesem Jahr. Ich hörte Musik, kochte mein Essen selbst und brachte es auf eine horrende Telefonrechnung. Manchmal rief ich dieselben Leute drei- oder viermal am Tag an.

Ging ich aber doch einmal aus, wurde ich häufig auf der Straße erkannt. »Sie sehen aus wie Magic Johnson«, sagten die Leute.

»O ja«, gab ich dann zurück. »Ich wünschte, ich wär's. Der Typ ist schon was.«

Oder ich ging an einer Gruppe von Leuten vorbei und bekam ihre Unterhaltung mit:

»Hey, wer war das?«

»Wer?«

»Der dort drüben. Ich konnte ihn nicht richtig erkennen. Der spielt bestimmt Basketball.«

»Er sieht aus wie Magic Johnson.«
»Nein, das ist nicht Magic Johnson.«
»Sicher ist er das.«

Manchmal, wenn ich im Kino saß und der Saal noch hell war, sah mich ein Fan im Vorbeigehen flüchtig an, sagte »Hi«, und erst einige Sekunden später fiel bei ihm dann der Groschen. Einmal deutete einer, kurz bevor der Film anfing, mit dem Finger auf mich und schrie: »Seht mal, da ist Magic Johnson!« Alles drehte sich neugierig um, und ich bin immer tiefer in meinem Sitz versunken. Aber wenn man so groß ist wie ich, kommt man da nicht weit.

Einer meiner ersten Freunde in Los Angeles wurde der neue Eigentümer der Lakers, Jerry Buss. Wir waren beide wie Kinder, voller Energie und neuer Ideen. Die Leute glaubten, meine Begeisterung würde nachlassen, und dasselbe behaupteten sie von Jerry. Allerdings ist er auch nicht unbedingt das, was man sich gewöhnlich unter dem Besitzer eines Sportklubs vorstellt.

Jerry ist in Wyoming in ärmlichen Verhältnissen aufgewachsen, hat es aber an der USC in Los Angeles bis zum Doktor der Chemie gebracht. Danach machte er sein Glück im Grundstücksgeschäft und hatte 1979 genügend Geld zusammen, um für 67,5 Millionen Dollar ein Paket bestehend aus den Lakers, der Eishockey-Mannschaft der Los Angeles Kings und dem Forum zu kaufen.

Jerry lud mich regelmäßig in sein Haus ein, wo wir Schokoladenkuchen aßen und Poolbillard spielten. Er war geschieden und ging mit den schönsten Frauen der Stadt aus. Manchmal verabredeten wir uns zu viert und gingen essen oder tanzen. Einige Male sind wir nach Las Vegas gefahren, wo er in nur fünf Minuten bis zu fünfzigtausend Dollar gewonnen (oder gelegentlich auch verloren) hat. Der eine oder andere meiner Mitspieler war zwar neidisch auf meine Freundschaft mit dem Besitzer, aber Jerry hatte die Einladung auch an alle anderen Spieler der Mannschaft gerichtet. Ich bin der einzige gewesen, der sie angenommen hat. Dennoch, er behandelte mich tatsächlich besonders zuvorkommend.

Jerry Buss machte aus den Lakers eine richtige Show und beeinflußte damit die gesamte Liga. Man nehme nur die Laker Girls. Andere Teams hatten Cheerleaders, Jerry dagegen stellte eine Gruppe von Mädchen zusammen, die wirklich tanzen konnten. Gut aussehen allein genügte nicht. Dies ist schließlich Los Angeles, wo stets eine Menge gutaussehender Leute im Publikum sitzen. Andere Vereine spielten Musik aus der Konserve, aber Jerry haßte so was. Er engagierte gleich eine komplette Band, weil Live-Musik viel mitreißender wirkt.

Er sah in den Lakers mehr als nur eine Sportmannschaft. Er kannte Los

Angeles und wußte, die Leute würden nicht zum Forum rausfahren, nur um sich ein Spiel anzusehen: sie wollten unterhalten werden.

Der Forum Club, ein Restaurant mit Bar, war bereits vorhanden. Doch Jerry begann, Film- und Fernsehstars einzuladen. Er wollte, daß die Lakers von der Öffentlichkeit mit Glamour und Prestige in Verbindung gebracht werden, und schon bald ging seine Rechnung auf. Er hob die Preise für die Sitzplätze unmittelbar am Spielfeldrand an, inzwischen kosten diese Tickets fünfhundert Dollar das Stück – vorausgesetzt, man bekommt überhaupt eins. Aber er ließ auch nicht die echten Fans im Stich. Bis zum heutigen Tag werden im Forum Tickets für nur acht Dollar fünfzig verkauft. Und dort sitzt Jerry: Für ihn und ungefähr sechzig seiner engsten Freunde wurde oben in den billigen Rängen eine Sky Box installiert.

Als ich anfing, waren die Lakers-Fans dafür bekannt, spät zu kommen und früh zu gehen. Aber wenn du gewinnst, macht das einen entscheidenden Unterschied, und Los Angeles hätte eine Auszeichnung für das Publikum mit den größten Fortschritten verdient. Wir haben die höchsten Eintrittspreise in der Liga genommen, aber sobald das Team besser wurde und wir den Leuten einen Grund gaben, pünktlich zu sein, taten sie es. Schon kurz darauf hatten die Lakers den besten Zuschauerschnitt in der Liga. Im Forum ging die Post ab, und jeder wollte dabeisein.

Aber das ist bereits die Zeit der Showtime, die erst einige Jahre später beginnen sollte. Jetzt mußte Earvin Johnson erst mal mit Kribbeln im Magen seine erste Saison in der Liga der großen Jungs in Angriff nehmen.

ACHTES KAPITEL

Rookie

Als ich in Palm Springs zu meinem ersten Trainingslager bei den Lakers auftauchte, müssen mich meine Mitspieler für verrückt gehalten haben. Obwohl der offizielle Saisonbeginn noch Wochen entfernt war, ging ich sofort mit dem gewohnten Überschwang zur Sache, während einige der Jungs erst in den Playoffs einen Gang höher schalteten.

Ich bemerkte schnell, daß sich die Intensität meines Spiels stark von dem coolen, ruhigen Stil in der NBA unterschied. Vor allem in der Vorbereitungsphase auf die Saison sind die meisten professionellen Sportler darum bemüht, Kraft zu sparen. Meine Mitspieler waren verblüfft, als sie sahen, wie ich in einem bedeutungslosen Training den Bällen nachhechtete, die Hand zum Abklatschen anbot und nach einem kurzen Spielchen bis zehn jeden beglückwünschte.

»Earvin rennt durch die Gegend wie ein junger Bock«, meinte Norm Nixon. Der Name blieb hängen, und den Rest meiner Karriere nannten meine Mitspieler und die Trainer mich »Buck«.

Ich konnte sehen, wie einige der älteren Jungs die Augen verdrehten und nur darauf warteten, wann ich mich anpassen würde. Sie hatten Rookies kommen und gehen sehen, und ich bin sicher, sie rechneten damit, daß meine Hochstimmung in wenigen Wochen verflogen sein würde. Andererseits waren die Lakers der späten siebziger Jahre nicht eben berühmt für ihre Brillanz und Unverwechselbarkeit. Es war schwer, dieses Team überhaupt mitzureißen. Oder wie es der Kolumnist Jim Murray wenige Wochen vor Saisonbeginn in der *Los Angeles Times* formulierte: »Ich habe schon Leute, die einen Sarg tragen, mit glücklicheren Gesichtern gesehen.«

Wir starteten die Saison gegen die Clippers, die ja bis 1984 noch in San Diego zu Hause waren und dann erst zu den Los Angeles Clippers wurden.

Selbstverständlich blieb ich meiner Gewohnheit treu, stets das erste Spiel mit einer neuen Mannschaft zu vermasseln. Allerdings übertraf ich mich diesmal selbst: Es gelang mir doch tatsächlich, mich lächerlich zu machen, bevor das Spiel überhaupt angefangen hatte.

Als der vielversprechende neue Rookie hatte ich die ehrenvolle Aufgabe, die Lakers anzuführen, wenn sie vor dem Spiel zum Aufwärmen auf das Feld laufen. Ich sollte den Ball aufnehmen, zum Korb dribbeln und mit einem Dunking den ersten Korb der neuen Saison erzielen. Das schien nicht schwer, aber ich fühlte mich trotzdem nervös. Immerhin war dies das erste Spiel in meiner Laufbahn als Profi. Mein letztes reguläres Spiel hatte ich im Frühjahr gegen Indiana State bestritten. Das lag zwar nur sieben Monate zurück, aber es gehörte bereits einer anderen Zeitrechnung an.

Es wurde Zeit, für die Lakers einzulaufen, und ich nahm den Ball auf, dribbelte zum Korb und – bumm! – flog voll auf die Schnauze. Ich war über die Hose meines Trainingsanzugs gestolpert. Vor lauter Aufregung hatte ich nicht daran gedacht, sie richtig festzuziehen. Sie rutschte gerade weit genug, um mich zu Boden zu schicken. Meine Mitspieler fanden das zum Brüllen komisch, und das Publikum ebenso. Als ich mich aufrappelte, versuchte ich mein Bestes, ein Lächeln ins Gesicht zu zaubern. Und das hatte seinen Grund: CBS startete seine wöchentlichen landesweiten Übertragungen ausgerechnet mit diesem Spiel.

Von da an konnte es eigentlich nur noch besser werden. Zumindest glaubte ich das. Aber ich spielte im ersten Viertel so schlecht, daß Coach Jack McKinney mich nach ungefähr neun Minuten auswechselte. Später brachte er mich wieder, und diesmal konnte ich mich behaupten und war auch noch in den letzten Minuten dieses sehr spannenden Spiels dabei.

Noch acht Sekunden verblieben auf der Uhr, und die Lakers lagen mit einem Punkt zurück, als McKinney eine Auszeit nahm, um den letzten Wurfversuch abzusprechen. Es gab in dieser Situation nur einen denkbaren Spielzug, und jeder in der Halle wußte genau, welcher das sein würde: gib den Ball dem Langen und laß ihn werfen. Und genau das machten wir. Kareem nahm den Ball an der Freiwurflinie an und setzte einen weiten, eleganten Skyhock an, der mit der Schlußsirene das Spiel entschied.

Als wir vom Feld liefen, bin ich ihm vor Begeisterung in die Arme gesprungen und habe ihn an mich gedrückt. Aber seinem Gesicht konnte ich ansehen, daß er meinen Überschwang ganz und gar nicht teilte. Was soll die Aufregung? – schien er zu fragen. Solche Dinger reinzumachen, ist mein *Job*.

In der Kabine sagte er dann zu mir: »Reg dich ab, Earvin – wir haben noch einundachtzig Spiele vor uns.« Doch ich hatte nicht vor, meinen Stil zu ändern. Ich bin immer mit Leidenschaft bei der Sache gewesen, und meine Mitspieler würden sich schließlich daran gewöhnen müssen.

Einige Tage später lernte ich in Seattle eine weitere Erfahrung auf dem Spielfeld kennen: Angst. Anfang des dritten Viertels gehe ich hoch zum Rebound, irgendwie verhakt sich mein Fuß in den Beinen von Jack Sikma, und ich knalle auf den Boden. Mein Knie schmerzte entsetzlich, und man mußte mich stützen, als ich vom Feld humpelte. In der Umkleidekabine hat mich sofort ein Orthopäde untersucht. »Ich kann nur Vermutungen anstellen«, sagte er, »und Sie müssen auf alle Fälle geröntgt werden. Aber es sieht nicht gut aus. Ich vermute Bänderriß.«

Ich war am Boden zerstört. Dies war erst unser drittes Saisonspiel, und wenn ich am Knie operiert werden müßte, würde ich monatelang ausfallen – vielleicht sogar für den Rest der Saison. Zum Glück hatte ich die Übertragung im Radio nicht mitbekommen. Als ich zu Boden ging, meinte Chick Hearn, der langjährige Reporter aller Lakers-Spiele, zu seinen Hörern, er hoffe, daß dies nicht das Ende von Magic Johnsons Karriere bedeuten würde.

Am nächsten Morgen schickte Jerry Buss sofort eine Privatmaschine, die mich zum Röntgen und zur medizinischen Beobachtung nach L. A. zurückflog. Nach einer langen, sorgfältigen Untersuchung sagte der Arzt: »Tut mir leid, Earvin, aber wir müssen das Bein wohl amputieren.«

Ich blickte auf und sah ihn grinsen. Es stellte sich heraus, daß es nur eine starke Verstauchung war. Eine Woche danach trat ich wieder in Aktion.

Durch die Ereignisse in Seattle wurde ich wachgerüttelt und erkannte, wie körperbetont das Spiel bei den Profis wirklich war. Ich hatte zwar davon gehört, aber es kostete doch einige Gewöhnung. Und für mich gab es da ein noch größeres Problem – die hautnahe Manndeckung in der NBA. Im College hatten wir Zone gespielt, und ich besaß nicht viel Erfahrung darin, einen direkten Gegenspieler zu haben. Jetzt auf einmal sollte ich einige der explosivsten Korbjäger der Liga stoppen.

Das war am Anfang überhaupt nicht lustig. Im ersten Spiel in San Diego erzielte World Free vierzig Punkte gegen mich. Am nächsten Abend traf Paul Westphal auch etwa vierzig Punkte. In dem Seattle-Spiel ist es Dennis Johnson gewesen, der mich fertigmachte. Dann kam George Gervin. Es dauerte nicht lange, und ich fragte mich: Kann ich in dieser Liga überhaupt irgend jemanden halten? Meine Mannschaftskameraden haben sich wahrscheinlich das gleiche gefragt.

Coach McKinney gab mir zu verstehen, daß mein größter Fehler darin liegen würde, jeden Spieler auf die gleiche Weise zu decken. World Free spielte am liebsten »eins-gegen-eins« und benutzte keine Blocks. Er konnte von überall werfen und tat das auch. Ich versuchte, gegen Paul Westphal auf die gleiche Art zu verteidigen, aber Westphal nutzte permanent die Blocks seiner Mitspieler. Er hörte auch ohne Ball nie auf, sich zu bewegen. Ich mußte lernen, mich durch einen Block durchzukämpfen und bei meinem Mann zu bleiben, was gar nicht einfach gewesen ist. Im

College hatte ich mich in der Abwehr immer behaupten können, aber die Spielweise der Profis war eine echte Herausforderung.

Zum Teil löste sich das Problem auch von selbst. In dieser Beziehung ist es ein wenig wie im Baseball, wo der neue Werfer in der Regel so lange einen Vorteil besitzt, bis die Schläger sich an seine Bewegungen gewöhnt haben. Meine ersten Spiele gegen beinahe jedes Team der Liga wurden zu einem echten Kampf. Und zum erstenmal in meiner Laufbahn bekam ich Schwierigkeiten mit der Anzahl meiner Fouls.

Viele dieser Fouls wurden lediglich gepfiffen, weil ich neu in der Liga war. Die Schiedsrichter werden es zwar nie zugeben, aber jeder Rookie muß Lehrgeld bezahlen, ebenso wie bei jedem Star schon mal ein Auge zugedrückt wird. Wenn du einen erfahrenen Spieler hast, der tolle Bewegungen macht und die Fans begeistert, werden die Schiedsrichter ihn nicht allzu sehr belästigen. Schließlich gibt niemand eine Menge Geld aus, nur um zu sehen, wie Michael Jordan oder Larry Bird wegen zu vieler Fouls ausscheiden. In meinem dritten Jahr in der Liga habe ich zuweilen auf genau dieselbe Art verteidigt, die mich als Rookie noch in Schwierigkeiten gebracht hatte, aber jetzt konnte ich es mir erlauben.

Schon durch das Training mit meinen Mannschaftskameraden verbesserte ich mich deutlich. Und je mehr ich spielte, desto besser wurde ich. Ich lernte, wie man an einem Block vorbeikommt, wie man einen Gegenspieler dazu drängt, seine schwächere Hand zu benutzen, wie man einen Typ, der einen guten Sprungwurf hat, unter Druck setzt und wie man gegen jemanden verteidigt, der schneller ist als man selber.

Wer mir wirklich gezeigt hat, was Abwehrarbeit bedeutet, war mein Mitspieler Michael Cooper. Coop war mein erster echter Freund in der Mannschaft und stand mir über all die Jahre hinweg näher als irgend jemand sonst bei den Lakers. Er hatte sich wenige Wochen vor Beginn der letzten Saison einen Bänderriß im Knie zugezogen und das ganze Jahr nur drei Spiele bestritten. Deshalb blieb er, trotz der Tatsache, daß er ein Jahr vor mir gekommen war, eigentlich auch im zweiten Jahr, als ich ihn kennenlernte, noch ein Rockie.

Wir wurden Freunde während des Trainingslagers, in dem Coop um einen Platz in der Mannschaft kämpfte. Ich mochte seinen aggressiven Stil und die Art, wie er sich nie vor jemandem versteckte. Er erinnerte mich ein wenig an Reggie Chastine, und ich wurde sehr schnell sein Fürsprecher. Michael kam nicht nur in das Team, er wurde zudem unser überaus wichtiger »Sechster Mann«, derjenige, der zuerst eingewechselt wird.

»Wie kann ich mehr Spielzeit bekommen?« fragte er Coach McKinney.

»Die Antwort lautet: Verteidigung«, erwiderte McKinney.

»Okay«, meinte Coop. »Dann werde ich eben genau damit meinen Lebensunterhalt verdienen.«

Und er machte es. Es hat in der Liga nur noch einen gegeben, der so gut verteidigen konnte wie er: Dennis Johnson, der uns jedesmal zum Verzweifeln brachte, wenn wir gegen ihn spielten.

Coop erklärte mir, daß der Schlüssel zu einer guten Abwehr in der mentalen Vorbereitung liegt. Nach einem Spiel im Forum fuhr er gewöhnlich nach Hause und sah sich die Videoaufzeichnung an – *zweimal*. Vor einer Begegnung rief er sich das letzte Spiel gegen diese Mannschaft in Erinnerung und überlegte, wie er heute noch effektiver gegen sie sein könnte. Er zog sogar die Schiedsrichter in seine Überlegungen mit ein, da einige von ihnen eine engere Verteidigung zuließen als andere. Aber die meiste Zeit konzentrierte er sich auf den Mann, den er decken würde und der in der Regel der beste Punktesammler der anderen Mannschaft war. Abend für Abend wurde Coop eingewechselt und ließ diesem Typ keine Chance.

Er arbeitete permanent an sich selbst – und dabei nicht allein an seiner Abwehr. Coop kam in die Liga ohne einen besonders guten Distanzschuß, und so ließen ihn unsere Gegner in den ersten Jahren immer ungedeckt. Er arbeitete im Training bis zum Umfallen und hat sich im Laufe der Zeit zu einem der besten Dreipunkteschützen der Liga entwickelt. Er hält noch heute den Rekord für die meisten Dreier während der Playoffs.

Außerdem konnte Coop gut zum Korb ziehen. Wir hatten einen Spielzug, in dem ich Coop den Ball hoch über dem Korb zuwarf und er diesen Paß direkt mit einem Dunking verwertete. Ein klassischer »Alley-Oop«. Nur daß wir ihn »Coop-a-Loop« nannten.

Michael ist immer ein harter Arbeiter gewesen. Früher in der High School hat er sich aus Brettern einen über zwei Meter großen Verteidiger gebaut und den auf dem Spielfeld hin- und hergerückt, so daß er sich stets vorstellen konnte, jemand würde ihn decken.

Ein Grund für meinen Erfolg in der NBA war Coop, der mich in jedem Training deckte und mir keine Ruhepause gönnte. Wenn wir dann am nächsten Abend ein reguläres Spiel bestritten, fühlte ich mich wie ein Gefangener, der soeben aus dem Knast entlassen worden ist. Kein Gegenspieler konnte mich dann schlechter aussehen lassen, als es Coop bereits im Training getan hatte.

Wir spielten uns beide die Seele aus dem Leib in diesen Trainingsspielen, und Coop war unentwegt an mir dran. Er deckte mich eng über das gesamte Spielfeld, schob und traktierte mich mit seinen Ellbogen den ganzen Morgen. Michael war so drahtig und eckig, daß er einem wirklich weh tun konnte. Wenn ich nach Hause ging, um ein Nickerchen zu machen, spürte ich Coop noch den ganzen Nachmittag.

Das war eine andere Sache, an die ich mich als Rookie erst gewöhnen mußte – einen Mittagsschlaf einzulegen, wann immer es möglich war. Denn man schafft es nie, unmittelbar nach den Spielen am Abend einzuschlafen, so daß es meist ziemlich spät wird. Aber morgens wird ständig trainiert, oder man muß früh raus, um den Bus zum Flughafen zu erreichen und weiter in die nächste Stadt zu fliegen. Wer in der NBA bestehen will, muß daher lernen, nachmittags zu schlafen. Und in Flugzeugen. Ich benötigte den größten Teil meines Rookie-Jahres, das hinzubekommen. Schließlich fand ich eine Methode: Ich nahm mir einen Fensterplatz und zwei Kissen. Auf diese Weise fliege ich bis heute.

Eines der härtesten Dinge, an die sich ein Rookie gewöhnen muß, ist die unglaublich lange und anstrengende NBA-Saison. Der Terminplan im College sieht lediglich dreißig Begegnungen vor, die Profis dagegen spielen zweiundachtzigmal, und dabei sind die Vorbereitungsspiele und die Playoffs noch nicht mitgerechnet. Heutzutage kann ein Team nach der regulären Saison noch bis zu sechsundzwanzig Playoff-Spiele haben, und jedes einzelne davon ist nervenaufreibend und strapaziös. Dem Reisen und dem Spielplan muß Tribut gezollt werden, und Mitte Januar sind die meisten Rookies reif für die Sommerferien. Es wirkt entmutigend, wenn man bereits die Anzahl der Spiele einer kompletten College-Saison hinter sich hat, aber noch nicht einmal die erste Hälfte auf dem Weg zu den Playoffs abgeschlossen ist.

Im College gibt es zudem Spiele, in denen man auch mal den Leerlauf einschalten kann, aber in der NBA ist es ein dauernder Kampf. Selbst wenn die gegnerische Mannschaft erst kurze Zeit zur Liga gehört, mußt du dich mit Leuten auseinandersetzen, die mit Basketballspielen ihren Lebensunterhalt bestreiten und die sich anstrengen, ihre Jobs zu behalten. Es ist nicht allein eine Frage des Talents; diese Jungs sind hungrig.

Zum Glück machten mir die Rempeleien nicht viel aus. Ich mußte zwar in diesem ersten Jahr eine Menge Schläge einstecken, aber ich hielt dagegen und versäumte nur fünf Spiele aufgrund von Verletzungen. Ich genoß es, ein Mitglied der Lakers zu sein, und konnte die Spiele kaum abwarten. Hatten wir um halb acht ein Heimspiel und sollten um sechs Uhr in der Halle sein, saß ich immer schon um fünf in der Umkleidekabine.

Man hat es nicht leicht als Rookie: Du verläßt das College als großer Star, und plötzlich bist du wieder ganz unten. Du mußt dich in Bescheidenheit üben. Neben kleinen Handreichungen für die erfahrenen Spieler helfen die Rookies unterwegs die Ausrüstung tragen, zum Beispiel das Netz mit den Bällen oder das Videogerät. Einige Jungs stört das, mich aber nicht. Für mich war es eine weitere Möglichkeit, akzeptiert zu werden.

Während meines Rookie-Jahres lernte ich auf unseren Fahrten quer durch das Land alle Hallen der Liga kennen. Eine Sache, die mir auffiel, war, daß die Netze sich überall ein wenig unterscheiden. Ist das Netz eng, fällt der Ball langsamer hindurch, und es wird schwieriger, den Ball direkt wieder ins Spiel zu bringen und einen Fast Break zu laufen. Das war in New York der Fall, denn über Jahre hinweg hatten die Knicks ein langsameres Tempo bevorzugt. Aber mich hat das nie so gestört, denn die Fans in New York sind einfach toll. Die haben das Spiel wirklich verstanden.

Die Fans in Boston sind genauso. Der Boston Garden, die Halle der Celtics, hat relativ lockere Ringe, so daß selbst ein leicht verzogener Ball nicht unbedingt herausspringt. Deshalb spielen die meisten Teams liebend gerne dort – der Korb meint es immer gut mit einem.

Doch was die Hallen tatsächlich unterscheidet, ist das Publikum. Das Capital Centre in Maryland wirkt düster, und wenn die Fans sich nicht bemerkbar machen, kommt man sich richtig verlassen vor. New Jersey ist ähnlich. An beiden Orten konnte es passieren, daß wir mehr Fans hatten als die gastgebende Mannschaft. Das hört sich wie ein Vorteil an, aber ich mochte es nie. Ich bevorzuge auswärts lautstarke gegnerische Fans, weil sie mich dazu motivieren, noch mehr zu leisten.

Dallas war stets super. Wer immer die Reunion Arena erbaut haben mag, er hat ein wunderbares Werk vollbracht. Uns verband eine besondere Rivalität mit den Mavericks, und es war äußerst schwer, sie in ihrer Halle zu schlagen. Sie haben ein phantastisches Publikum, das wirklich hinter seiner Mannschaft steht.

Chicago Stadium ist ebenfalls eine tolle Halle. Das Gebäude mag beinahe auseinanderfallen, aber es ist für Basketball wie geschaffen. Das Licht ist großartig, und die Fans fallen sofort über dich her. Es ist die lauteste Arena in der Liga. Wenn die Bulls loslegen, spielen die Leute verrückt. Neunzehntausend Fans sind dann so laut wie hunderttausend. Ich liebte Hallen wie diese, weil sie mich so richtig in Fahrt brachten.

Während der ersten Wochen meines Rookie-Jahres hatte ich mich ständig auf den Januar gefreut, weil die Lakers dann ihren alljährlichen Trip nach Detroit machen würden und ich endlich meine Familie und meine Freunde wiedersehen könnte. Leider spielten die Pistons nicht mehr in der Cobo Arena – sie waren in den Silverdome umgezogen, eine gigantische Football-Arena mit über fünfzigtausend Sitzplätzen weit vor der Stadt. Die Halle war so groß, daß sie vor den Basketballspielen einen riesigen blauen

Vorhang herunterließen, um einen Teil der leeren Ränge zu verdecken und um für einen gewissen Hintergrund zu sorgen. Heutzutage spielen die Pistons im Palace in Auburn Hills, einer wunderschönen, hochmodernen Arena mit über zwanzigtausend Plätzen.

Ich hatte mir kurz zuvor eine Oberschenkelzerrung zugezogen, und wenn wir irgendwo anders gespielt hätten, wäre ich nicht mit aufgelaufen. Aber es war mein erster NBA-Auftritt vor heimischem Publikum, und zur Not hätte ich auch im Rollstuhl gespielt. Ich war derart froh darüber, wieder zurück in Michigan zu sein, daß dieser eine kurze Besuch mir die Kraft gab, den Rest der Saison durchzustehen. Es gelang mir sogar, mit dem Hubschrauber einer Fernsehstation schnell einen Abstecher nach Lansing zu machen.

Die Lakers zogen in Detroit schon immer gut, und so kamen achtundzwanzigtausend Fans, um uns zu sehen. Zu diesem Zeitpunkt war das die größte Zuschauerzahl, die die Pistons jemals hatten – was noch bemerkenswerter war, wenn man bedenkt, welch eine fürchterliche Saison das für sie war. Bis zu unserer Ankunft hatte Detroit nur zehn Spiele gewonnen, und sie schlossen das Jahr mit sechzehn Siegen und sechsundsechzig Niederlagen ab. Das kam einer Gewinnquote von 19,5 % gleich und dürfte wenig Spaß bedeutet haben für meine Freunde Greg Kelser und Phil Hubbard, die damals bei den Pistons spielten.

Der Abend ähnelte einer einzigen großen Willkommensfeier. Als die Pistons aufliefen, wurden sie mit Buhs begrüßt, aber als die Lakers erschienen, tobte die ganze Halle. Meine Eltern kamen von Lansing runtergefahren und brachten Abendessen für die gesamte Mannschaft mit. Sie wärmten es in der Küche auf und bauten es nach dem Spiel in der Kabine auf: Hühnchen, Kohlgemüse, Maisbrot, grüner Salat, Nudelsalat, selbstgebackene Brötchen und Mamas Spezialität Süßkartoffel-Pasteten. Sie hatte den ganzen Monat gekocht, und meine Mitspieler ließen es sich schmecken. Seitdem war Mamas hausgemachtes Essen ein fester Bestandteil jedes Besuchs der Lakers in Detroit.

An diesem Abend spielte ich auch zum erstenmal vor »Leon the Barber«, dem witzigsten, bösartigsten und bekanntesten Fan in der gesamten Liga. Ich hatte seine Stimme schon als Kind gehört, und jetzt war ich einer der Spieler, denen er seine Kommentare zubrüllte. Sogar in dieser gigantischen Halle konnten wir ihn laut und deutlich verstehen. Leon war keiner der üblichen Zwischenrufer. Er besaß viel Spielverständnis und beschwerte sich nie über die Schiedsrichter. Aber er ließ es dich immer wissen, wenn du nicht gut warst. Mir gegenüber hielt er sich zurück, es sei denn, die Lakers lagen hinten, was allerdings nicht oft passierte.

Leute, die es nicht besser wußten, glaubten, Leon sei lediglich ein alter Kerl mit einer Marotte. Aber das war nur ein Teil der Geschichte. Nach den Rassenunruhen in den späten Sechzigern hatte er seinen Beruf als Friseur aufgegeben, um an gemeinnützigen Aufgaben mitzuarbeiten. Ihm ist es zu verdanken, daß die Kommune auf unbebauten Grundstücken überall in der Stadt Basketballplätze eingerichtet hat. Und er arbeitete mit Hunderten von Jugendlichen, organisierte Spiele in der Nachbarschaft und betreute junge Sportler.

Kurz vor meiner dritten Saison in der Liga und unmittelbar nachdem ich einen lukrativen neuen Vertrag unterzeichnet hatte, kamen die Lakers zu einem Vorbereitungsspiel nach Detroit. Es war viel darüber geredet worden, daß Kareem nicht allzu glücklich über meinen neuen Vertrag gewesen ist, und während einer Auszeit hat Leon es ihm gegeben: »Ka-reem! Ka-reem! Ich hab dir doch *gesagt*, daß du auf diese Art überhaupt nichts erreichst! Du mußt lächeln! Jetzt hast du's! Schau dir Magic an. Der hat sich soeben den Arsch abgelächelt für fünfundzwanzig Millionen!«

Besonders grob reagierte Leon auf Bob McAdoo, der nach einigen erfolglosen Jahren bei den Pistons in unser Team gekommen war. Vielleicht war das der Grund, warum McAdoo stets verletzt zu sein schien, wenn wir in Detroit spielen sollten.

Leon brüllte auch Pat Riley an, und besonders liebte er es, sich über Pats Frisur lustig zu machen.

Leon ist nicht der lauteste Fan in der Liga gewesen, aber man konnte ihn immer verstehen, da er seine Kommentare während der Auszeiten abgab, wenn die meisten anderen Fans ruhig waren. Er saß ungefähr vier Reihen hinter der Auswechselbank der Gastmannschaft, so daß wir jedes Wort genau mitbekamen. In früheren Zeiten hatte er gewöhnlich hinter der Bank von Detroit Platz genommen, aber sie hatten ihn umgesetzt, nachdem die Trainer der Pistons aus der Halle geworfen wurden aufgrund von Bemerkungen, die eigentlich von Leon kamen.

Auch gegenüber den Heimspielern konnte er unerbittlich sein. Als Cliff Levingston einen Airball warf, also den Ring völlig verfehlte, bekam er es von Leon zu hören: »Nein, Cliff, nein. Du wirst nicht bezahlt zu *werfen*. Rebounds, Cliff. Rebounds! *Dafür* bezahlen sie dich!«

Isiah war sein Liebling. »Tu meinem kleinen Isiah nicht weh. Byron, du kannst ihn doch nicht halten. Niemand in dieser Liga kann Isiah halten. Mach dir nichts draus, Byron. Dir geht's nicht alleine so. Isiah macht das mit *jedem*.«

Es gab Zeiten, in denen uns Leon so stark zum Lachen brachte, daß wir uns kaum noch halten konnten. Er erinnerte uns stets daran, daß Basketball doch immer ein *Spiel* blieb. Und wer dabei nicht für seinen Spaß sorgte, der würde einiges versäumen.

Die Lakers gewannen in meiner Rookie-Saison sechzig Begegnungen. Man kann sich kaum mehr wünschen. Die Celtics mit ihrem allgemein bekannten Neuzugang gewannen zwar einundsechzig Spiele, aber wer nimmt's schon so genau? Außerdem verlor Boston in den Finalspielen der Eastern Conference gegen Philadelphia. Wir gewannen unsere Playoff-Serie gegen Phoenix und Seattle, so daß die Lakers und die Philadelphia 76ers um die Meisterschaft spielten.

Wenn meine ersten Minuten bei den Lakers eine totale Katastrophe gewesen waren, so machte das letzte Spiel meines Rookie-Jahres dies mehr als wett. Genau gesagt, bot ich im letzten Playoff-Spiel gegen Philadelphia die womöglich beste Vorstellung meines Lebens. Es war mit Sicherheit die dramatischste.

Kareem zeigte in den Playoffs gewöhnlich seine beste Leistung, und in dieser Serie dominierte er über alle Maßen. In den ersten fünf Spielen erzielte er mehr als dreiunddreißig Punkte im Schnitt, und sein Auftritt in der fünften Begegnung war einfach unglaublich. Beide Mannschaften hatten zweimal gewonnen. In Spiel Fünf mußte Kareem mit einem stark verstauchten Fuß ausgewechselt werden. Einige Minuten später feierte er eine aufsehenerregende Rückkehr, und im Schlußviertel verhalfen uns seine vierzehn Punkte zum Sieg. Damit führten wir drei zu zwei in der Serie. Spiel Sechs wurde für Freitag in Philadelphia angesetzt. Die siebte Begegnung sollte, falls nötig, am Sonntag im Forum stattfinden.

Unmittelbar bevor wir das Flugzeug nach Philadelphia bestiegen, teilte uns Jack Curran mit, daß »Cap« – wie Kareem genannt wurde – nicht mitfliegen würde. Sein Knöchel war in einem üblen Zustand. Er konnte ihn nicht belasten. Es bestand die Hoffnung, daß, wenn Cap sich zu Hause ausruhen würde, er in Spiel Sieben wieder dabeisein könnte. Während Jack Curran die Bordkarten ausgab, nahm mich Coach Paul Westhead, der das Team in der Anfangsphase der Saison von dem verletzten McKinney übernommen hatte, beiseite. »Wir brauchen dich als Center«, sagte er.

»Mit Vergnügen«, sagte ich. »Ich habe ein wenig Center in der High School gespielt.«

Der Coach verlangte nicht von mir, Kareems Führungsrolle zu übernehmen, doch ich rutschte ganz von selbst hinein. Ich war zwar noch immer ein Rookie, aber ich fühlte mich nicht mehr wie einer.

Im Flugzeug nahm ich unverzüglich Kareems Stammplatz ein – erste Reihe links, zum Gang hin, der etwas herausragende Schutzsitz mit der größten Beinfreiheit. Dann drehte ich mich um und verkündete der Mannschaft: »Fürchtet euch nicht, denn E. J. ist bei euch.« Alles lachte, aber ich hatte das nicht nur einfach so dahingesagt.

Sobald wir in Philadelphia gelandet waren, begannen sich die Reporter bereits nach Spiel Sieben in Los Angeles zu erkundigen. Niemand glaubte daran, daß wir ohne Kareem auch nur die geringste Chance im sechsten Spiel haben würden.

Am selben Abend hielten wir im Hotel eine Mannschaftsbesprechung ab. Nachdem wir uns eine Videoaufzeichnung der fünften Begegnung angesehen hatten, meldete sich jeder zu Wort. »Ich verteidige gegen Dawkins«, sagte unser zweiter Center Jim Chones. »Und ich werde die Mitte dichtmachen. Darauf könnt ihr euch alle verlassen.«

Das war ein ziemlich großes Versprechen. Darryl Dawkins, bekannt unter dem Namen »Chocolate Thunder«, war einer der druckvollsten und spektakulärsten Spieler im Basketball überhaupt. Er war berühmt für seine explosiven Dunks und hatte so viele in seinem Repertoire, daß er ihnen sogar Namen gab: Earthquake Shaker, Go-Rilla, In Your Face Disgrace und Rim Wrecker. Und dann war da natürlich noch der Dunking, von dem er bescheiden sprach als Chocolate Thunder Flying, Robinzine Crying, Teeth Shaking, Glass Breaking, Rump Roasting, Bun Toasting, Wham Bam, Glass Breaker I am Jam.

Wenn Jim seine Sache gegen Dawkins gut machen würde, wären wir schon ein großes Stück weiter.

»Philadelphia glaubt, daß dieses Spiel schon vorbei ist«, sagte ich meinen Mitspielern. »Doch darin könnte unser Vorteil liegen. Wir können sie schlagen, weil sie Schwierigkeiten bekommen werden, die richtigen Verteidiger für jeden von uns zu finden. Das setzt allerdings voraus, daß wir in die Begegnung mit dem Bewußtsein gehen, gewinnen zu können.«

Philadelphia war daran gewöhnt, sich auf Kareem in der tiefen Centerposition zu konzentrieren. Aber jetzt hatten wir mit Michael Cooper eine kleinere, schnellere Besetzung auf dem Feld. Philadelphia mochte einen enormen Größenvorteil haben, aber wir waren schnell genug, um einfach an ihnen vorbeizurasen.

Bis zum Spielbeginn erwartete die halbe Einwohnerschaft von Philadelphia immer noch, daß Kareem auftauchen würde. Die Leute waren überzeugt davon, daß all dieses Gerede über seine Knöchelverletzung lediglich ein sorgfältig eingefädeltes Täuschungsmanöver sei. Sie dachten, der Lange würde in der letzten Minute plötzlich erscheinen, um sie völlig durcheinanderzubringen.

Am Spieltag wollte man Kareem überall in Philadelphia erkannt haben.

Ein Taxifahrer erzählte im Radio, er habe Kareem am Flughafen abgeholt. Eine Frau berichtete, sie habe ihn im Kunstmuseum von Philadelphia gesehen. Obwohl Kareem bei unserem morgendlichen Einwerfen gefehlt hatte, glaubten die Leute weiterhin an seinen dramatischen Auftritt in letzter Minute. Wir streuten solche Geschichten zwar nicht aus, aber als sie erst einmal kursierten, taten wir andererseits auch nichts, um sie zu entkräften. Laß die Leute ruhig rätseln.

Am Abend vor dem Spiel rief ich meinen Vater in Lansing an. »Kareem konnte nicht mitkommen«, erzählte ich ihm. »Sie haben mich darum gebeten, Center zu spielen.«

»Das schaffst du bestimmt«, sagte er. »Du mußt nur so spielen, wie du es in der High School getan hast.« Damals in Everett bin ich der Punktesammler gewesen und habe aus allen Lagen geworfen. Kaum zu glauben, aber das alles lag nur drei Jahre zurück.

Als ich am Freitag abend zum Sprungball in den Mittelkreis trat, grinste ich über beide Ohren. Ich ging mit einem guten Gefühl in das Spiel. Vielleicht lag das daran, daß jeder eine Abfuhr erwartete und wir nichts zu verlieren hatten. Vor der Begegnung sagten die Leute ständig: »Bis zum siebten Spiel in L. A.« Sie wollten uns damit nicht mal demoralisieren; es erschien ihnen lediglich unzweifelhaft.

Ich lächelte, als ich das hörte. Aber in meinem Hinterkopf dachte ich: No way. Heute abend wird alles entschieden sein. Ich wußte, daß wir einen phantastischen Trumpf im Ärmel hatten, weil sich die 76ers nicht auf uns einstellen konnten. Wir würden diesen Ball so schnell herumjagen, daß sie überhaupt nicht mehr wissen würden, wie ihnen geschah. Ohne Kareem konnten wir es uns nicht mehr leisten, den Spielaufbau zu verlangsamen und auf eine gute Abwehrleistung zu setzen. Heute abend würden wir ständig Druck machen und auch mal etwas riskieren müssen.

Ich verlor den Sprungball gegen Caldwell Jones, aber das war keine Überraschung. Immerhin ist der 2,11 Meter groß mit unglaublich langen Armen. Ich hatte mir bereits vorher überlegt, zu Anfang nur kurz hochzuspringen und mich dann völlig auf mein Spiel zu konzentrieren.

Wir begannen wie die Feuerwehr und lagen schnell mit 7:0 in Führung. Im zweiten Viertel zog dann Philadelphia mit acht Punkten davon. Und zur Halbzeit stand es unentschieden, 60:60. In Anbetracht der Voraussagen war dies schon jetzt ein großer psychologischer Erfolg. Ich schoß die Lichter aus, und Philadelphia konnte mich einfach nicht stoppen. Sie wußten nicht, ob sie besser einen großen Mann oder einen kleineren Guard auf mich ansetzen sollten. Keiner ihrer Versuche schien zu funktionieren. Caldwell Jones deckte mich, aber es gelang mir, jeden der Distanzwürfe, die er mir anbot, zu treffen.

Aber nicht ich allein war es, Kareems Abwesenheit verwirrte die 76ers, und sie fanden nie die richtige Besetzung, um unsere Jungs zu decken.

Die gesamte Saison lang hatten wir die gegnerischen Mannschaften im dritten Viertel beherrscht, und dieses Spiel bildete darin keine Ausnahme. Doch bevor den 76ers klarwurde, was eigentlich passierte, waren wir bereits mit vierzehn Punkten davongejagt. Schließlich brach Bobby Jones mit einem Tip-In den Bann. Aber in dieser Phase nahmen wir Philadelphia schon auseinander und bekamen die meisten Rebounds. Unsere Vorstellung ließ ihre Fans verstummen – und wie ernsthaft Philadelphia in Schwierigkeiten steckte, wurde offenkundig, als das Publikum nach sieben Fehlwürfen in Folge sogar zu buhen begann.

Am Ende des dritten Viertels lagen wir mit zehn Punkten vorne. Jetzt schien die Meisterschaft zum Greifen nahe.

Wir wußten, Philadelphia würde im Schlußviertel ein Comeback versuchen, und das taten sie dann auch. Doch jedesmal, wenn sie herankamen, drückten wir auf das Tempo und zogen weg. Dreimal näherten sie sich bis auf zwei Punkte. Aber ungeachtet des unermüdlichen Einsatzes von »Dr. J.« Julius Erving hielten wir die Maschine auf Touren und ließen die 76ers hinter uns. Das Endergebnis lautete 123:107. Zum erstenmal nach 1972 gewannen die Los Angeles Lakers die Meisterschaft und wurden World Champions.

Ich hatte das Spiel meines Lebens gemacht. Ich war siebenundvierzig Minuten von achtundvierzig möglichen auf dem Feld und kam auf zweiundvierzig Punkte, fünfzehn Rebounds und sieben Assists. Ich schoß vierzehn Freiwürfe und traf jeden einzelnen. »Er hat in diesem Spiel Center, Forward und Guard gespielt«, sagte Brent Musberger im CBS. »Und anschließend wird er auch noch die Trikots zusammenpacken.«

Ich tat viel, aber ich schaffte es keineswegs allein. Kaum jemand bemerkte, daß Jamaal Wilkes siebenunddreißig Punkte erzielte, mehr, als er nach der High School je erreicht hatte und zehn mehr als Dr. J. Cooper, der von der Auswechselbank kommend, sechzehn Punkte sammelte. Norm Nixon beendete die Partie zwar nur mit vier Punkten, aber er hatte neun Assists, mehr als jeder andere in der Begegnung.

Jim Jones kam auf zehn Rebounds und erfüllte sein Versprechen, indem er Darryl Dawkins bei vierzehn Punkten und vier Rebounds hielt. Dawkins sparte seine Kraft für Cooper. Im letzten Viertel riß er Cooper derart hart zu Boden, daß wir ihn quasi vom Parkett abkratzen mußten.

»Michael, weißt du, wo du bist?« fragte ihn der Trainer.

»Zu Hause, richtig?« antwortete Cooper.

Nicht ganz, Coop. Irgendwie stolperte Michael zur Freiwurflinie und traf beide Würfe.

Gewöhnlich spielten sich in der Umkleidekabine des siegreichen Teams wilde Szenen ab, und überall spritzte Champagner herum. Aber in unserer Kabine blieb es merkwürdig ruhig, und sogar ich hielt mich zurück. Wir waren völlig erschöpft. Zwei Minuten vor Schluß hatte ich eine Auszeit genommen, nur um ein wenig durchzuatmen. So etwas hatte ich noch nie in meiner Laufbahn gemacht. Außerdem waren wir verblüfft. Niemand hatte von uns erwartet, dieses Spiel zu gewinnen. Wir wußten, daß wir es schaffen konnten, und gingen mit Zuversicht in die Begegnung. Doch es ohne den besten Spieler der Liga tatsächlich erreicht zu haben – das war schwer zu begreifen. Vor allem aber schien es nicht richtig, den Sieg ohne Kareem zu feiern. Ja, ja, wir hatten dieses Spiel zwar ohne ihn gewonnen, aber er war noch immer unser Anführer, und jeder wußte, daß er derjenige gewesen war, der uns hierhin gebracht hatte.

Mir war klar, daß er das Spiel im Fernsehen verfolgt hatte. »Langer!« rief ich ihm in einem Interview nach der Partie zu. »Das habe ich für dich gemacht.«

Kareem hatte sich das Spiel zu Hause angesehen, den verstauchten linken Fuß auf einem Couchtisch. Es war derart frustrierend für ihn, nicht bei uns sein zu können, daß er den Ton abdrehte und in ein Kissen biß. Als Wilkes im Schlußviertel zum Dunking durchzog und uns damit einen Zwölfpunktevorsprung gab, humpelte Kareem in den Hof raus und begann zu schreien.

Sobald wir zurück im Hotel waren, fiel ich völlig ausgelaugt ins Bett und rief meinen Vater an. Auf der Arbeit hatte man ihn früher gehen lassen, damit er sich das Spiel ansehen konnte, das in den meisten Landesteilen als Aufzeichnung gesendet wurde. Zum Zeitpunkt meines Anrufs kannte er bereits das Ergebnis, aber er sah sich das Spiel immer noch an.

Ich habe mir dieses Spiel womöglich tausendmal auf Video angesehen, und in irgendeinem Recorder in meinem Haus steckt es immer. In aller Regel beurteile ich meine Leistungen sehr kritisch. Aber an diesem unglaublichen Abend in Philadelphia habe ich wenig auszusetzen.

Das größte Kompliment kam von Lionel Hollins, einem Guard der 76ers, nach dem Spiel. »Magic«, sagte er und schüttelte dabei seinen Kopf, »das ist er tatsächlich.«

Neuntes Kapitel

Der Lange

Das Aufregendste bei meinem Wechsel zu den Lakers war die Vorstellung, mit Kareem Abdul-Jabbar gemeinsam in einer Mannschaft zu spielen. Die ersten Wochen kam ich einfach nicht darüber hinweg: Ich, Earvin Johnson, zwanzig Jahre alt, aus Lansing, Michigan, spielte wirklich in derselben Mannschaft wie Kareem. Er gehörte zu den großen, legendären Persönlichkeiten in diesem Sport, und er hatte dazu gehört, solange ich zurückdenken konnte. Eine phantastische Karriere in der NBA lag bereits hinter ihm. Aber als ich dazukam, konnte sich beim besten Willen niemand vorstellen, daß diese Karriere noch ein weiteres Jahrzehnt dauern würde.

Kareem, das *waren* die Lakers. Außerdem stellte er die beherrschende Figur im professionellen Basketball insgesamt dar. Er war so wichtig für das Team, für die Sportart und ganz bestimmt für mich, daß ich hier alles, was ich von ihm weiß, erzählen möchte. Doch das wird nicht leicht sein. Denn er ist nicht nur der intelligenteste Sportler, den ich jemals kennengelernt habe, er ist gleichzeitig auch der geheimnisvollste. Ich habe Kareem nie völlig verstanden, und ich glaube, das werde ich auch niemals. Aber das ist vielleicht nichts Überraschendes bei einem Kerl, der die ersten fünf Jahre, die ich im Team war, kaum einmal mit mir gesprochen hat.

Immerhin war ich nicht der einzige, dem es so erging. Als ich das erste Mal zu den Lakers kam, war Kareem derart unzugänglich, distanziert und im Vergleich zu den anderen Spielern so vollkommen verschieden, daß einige der Jungs ihn den »Bruder von einem anderen Planeten« nannten. Und das sagten die eigenen Mannschaftskameraden! Als Neuling konntest du genausogut nicht existieren. Selbst wenn du unmittelbar vor ihm standest, nahm er dich nicht einmal wahr. Wenn ich mit ihm zusammen war, fühlte ich mich immer wie Kasimir, das freundliche Gespenst.

Jeder Rookie bekommt die Aufgabe, einem der erfahrenen Spieler zur Hand zu gehen. Als ich im Trainingslager eintraf, wurde ich Kareem zugeteilt. Ich hatte darauf zu achten, daß die *Times* und der *Herald-Examiner* morgens um sieben vor seiner Tür lagen. Während jeder Trainingspause mußte ich ihm etwas zu trinken bringen. Benötigte Kareem irgend etwas aus dem Laden, wurde von mir erwartet, es herbeizuschaffen.

Wir beide – das war eine fürchterliche Zusammenstellung –, vor allem

für Kareem. Ich war fast noch ein Teenager und schleppte bei meiner Ankunft im Camp einen Kassettenrecorder von der Größe eines Volkswagens an. Dieser Apparat besaß genügend Knöpfe und technischen Schnickschnack, um ein Raumschiff damit zu bedienen. Kareem sah das Ding und meinte: »Laß mich raten – ich wette, du kannst damit feststellen, wie das Wetter auf dem Mars ist. Aber das ist schon in Ordnung. Wenn die Saison anfängt, trägst du es sowieso nicht mehr mit dir herum.«
»Warum nicht?« fragte ich.
»Weil deine Arme zu müde sein werden.«
Womit er recht behalten sollte. Einige Monate später klagte einer unserer Mitspieler über mysteriöse Schulterbeschwerden. Die Ärzte wußten keine Erklärung, aber es wurde mit dem Gewicht seiner Boom Box in Verbindung gebracht. Unmittelbar nach unserem ersten Auswärtsspiel beschloß ich, auf ein kleineres Modell umzusteigen. Eins zu null für den Captain.

Wirklich verrückt machte Kareem die Kassette einer Acid-Funk-Gruppe namens P-Funk oder Parliament-Funkadelic, die ich pausenlos spielte. Kareem haßte sie ganz einfach. Er war ein echter Jazz-Fan und fand keinen Geschmack an Disco, Rhythm and Blues oder Hard Rock. Jedesmal, wenn er meine Boom Box sah oder aus dem Nebenraum hörte, zog er eine Grimasse. Doch falls er darauf gewartet haben sollte, daß ich diese Art von Musik hinter mir lassen würde, muß ich ihn wohl sehr enttäuscht haben.

Im Camp mußten alle Rookies früh genug aufstehen, um sich vor den älteren Spielern die Knöchel bandagieren zu lassen. Eines Morgens kam ich auf meinem Weg zum Verbinden an Kareems Tür vorbei. Plötzlich stürzte er heraus und schrie: »Earvin! Mach das verdammte Ding leiser!« Na ja, immerhin kannte er meinen Namen! Aber seitdem habe ich, sobald ich an Kareems Tür vorbeiging, die Musik stets so lange ausgestellt, bis ich mit Sicherheit wieder außer Hörweite war.

Ich blieb die ganze erste Saison Kareems Rookie. Wann immer wir auf dem Flughafen waren, schickte er mich einen Hot Dog und Nachos holen. Ich mußte darauf achten, daß der Hot Dog nur aus Rindfleisch bestand, denn Kareem ist ein gläubiger Moslem und würde niemals Schweinefleisch essen. Wenn man ein Rookie ist, führt schnell ein Auftrag zum nächsten. Die anderen Jungs sehen, wie man zur Hot-Dog-Bude geht, und schon kann man den Kugelschreiber auspacken und Bestellungen aufnehmen.

Ich wußte schon vorher, daß Kareem nicht der Typ war, mit dem ich sofort Freundschaft schließen würde. Als ich damals nach Los Angeles gekommen bin, hat mich jeder davor gewarnt, daß er niemals lächeln würde. Außerdem hatte es in der Presse Spekulationen gegeben, Kareem werde sich über diesen aufsehenerregenden jungen Rookie noch früh genug ärgern. L. A. war lange Zeit Kareems Stadt gewesen, und jetzt tauchte dort plötzlich ein neuer Cowboy auf.

Aber das ist nie zu einem Problem geworden. Er erkannte, daß es mir nicht darum ging, die Stadt zu erobern. Mir ging es nur darum zu gewinnen. Und selbst in den frühen Jahren, in denen wir überhaupt keine Beziehung zueinander fanden, habe ich nie irgendwelche Zeichen der Mißgunst verspürt. Unsere Eigenarten ergänzten sich, und die Zusammenarbeit funktionierte von Beginn an. Anders als viele Superstars wollte Kareem nie wie eine Primadonna behandelt werden. Er wollte nur seine Ruhe haben.

Die Kluft zwischen uns hatte nichts Persönliches, weil Kareem sich jedem gegenüber distanziert verhielt. Die Öffentlichkeit sah die Maske, die er auf dem Feld aufsetzte – die Schutzbrille, die sein Markenzeichen werden sollte. Aber hinter dieser Brille verbarg sich eine weitere Maske – sein Gesicht, das nur selten irgendeine Emotion verriet. In dieser Hinsicht hätten wir beide nicht verschiedener sein können.

Zudem war da noch der Altersunterschied. Ich war erst zehn, als Kareem in die NBA kam. Und er war bereits in seiner College-Zeit, ja sogar während der High School berühmt gewesen. Ich wuchs auf mit Fernsehübertragungen seiner Spiele, die ich zusammen mit meinem Vater ansah. Ich hielt ihn für einen der Götter da oben, direkt neben Wilt Chamberlain, Oscar Robertson und Bill Russell. Er war ein legendärer Spieler aus einer anderen Ära. Und jetzt war er außerdem mein Mannschaftskamerad.

Ich fühlte mich eingeschüchtert von ihm. Aber andererseits ging es Leuten, die bereits jahrelang in der Liga waren, genauso.

Bis zu dem Zeitpunkt, als ich in Kareems Team mitspielte, hatte ich nie einschätzen können, was für ein überragender Sportler er wirklich war. Jeder wußte, wie beeindruckend er damals im College gespielt hatte und wie die NCAA sogar für einige Jahre Dunkings verbot, nur weil Kareem die Szenerie zu sehr beherrschte. Doch was ich nicht mitbekommen hatte, war, daß diese Reglementierung letztlich das Gegenteil bewirkte. Statt Kareem zu behindern, machte sie ihn nur noch besser. Sie zwang ihn dazu, an seinen anderen Fertigkeiten zu arbeiten – wie etwa an seinem übermächtigen Hook Shot.

Es gab niemanden wie Kareem – wenn er spielen wollte. Er konnte eine Begegnung beinahe nach Belieben beherrschen. Und wenn das passierte, konnte sich der Rest von uns beruhigt zurückhalten und die Show genießen. Hook Shots, abgeblockte Würfe, Rebounds – er machte alles.

Eine Menge Leute haben behauptet, ich hätte ihm das Leben ein wenig erleichtert. Das ist sicher wahr, und er ist der erste, der anerkennt, daß ich es ihm ermöglicht habe, viel länger weiterzuspielen, als er geplant hatte. Statt sich die Bälle draußen holen zu müssen, konnte er am Brett bleiben, wo er sicher sein konnte, daß ich ihn für einen unkomplizierten Korberfolg anpassen würde. Und solange wir beide unserem Spiel treu blieben, gewannen die Lakers.

Aber häufig wird übersehen, daß Kareem es auch mir einfacher gemacht hat. Und nicht nur mir, sondern allen Lakers. Er war so gefährlich in der Mitte, daß unsere Gegner ihn mit zwei Mann decken mußten, wodurch natürlich einer von uns ungedeckt zum Wurf kommen konnte. Und er spielte uns ausgezeichnet die Bälle zu. Kareem erzielte so viele Punkte, daß die Leute gar nicht bemerkten, daß er zu den besten Paßgebern gehörte. Sollte selbst das nicht funktionieren, zwang er die Verteidigung dazu, so weit in die Zone abzusinken, daß einer von unseren Jungs auf dem Flügel an ihnen vorbeiziehen konnte.

Zu Anfang habe ich auf dem Spielfeld nicht mit Kareem gesprochen, aber nach ein oder zwei Jahren warf ich ihm, wenn die Begegnung eng wurde, einen Blick zu, der sagte: Okay, Langer, hör auf herumzumurksen. Noch fünf Minuten zu spielen und du bist derjenige, der die Sache jetzt in die Hand nehmen muß.

Selbst nachdem Kareem mich als Spieler akzeptiert hatte, blieben wir außerhalb des Spielfeldes praktisch Fremde. Während meiner ersten Jahre bei den Lakers stand er sogar meinen Eltern näher als mir. Ich wußte das damals nicht, aber sobald ich nach Los Angeles gezogen war, hatte meine Mutter ihn dazu auserkoren, mich im Auge zu behalten. Es dauerte nicht lange, bis er und Mama sich mehr oder weniger gegenseitig adoptiert hatten und häufig miteinander telefonierten.

Er war ein großer Verehrer ihrer Kochkünste, vor allem ihrer Süßkartoffel-Pasteten. Da Mom zu den Adventisten der letzten sieben Tage gehörte, konnte Kareem sicher sein, daß sie niemals mit Schweinefleisch kochen oder backen würde. Das bedeutete ihm viel, und als er einen Koch anstellen wollte, fragte er bei Mama telefonisch um Rat. Schon bald begann auch Kareem, unseren alljährlichen Trip nach Michigan herbeizusehnen.

Im Sommer 1984 schließlich erlaubte er mir den Zugang zu seiner Welt. Die Celtics hatten uns gerade geschlagen und die Meisterschaft gewonnen, und mir wurde in den Medien die Hölle heiß gemacht wegen einiger Fehler, die mir während der Serie unterlaufen waren. Kareem rief mich an, um sich zu erkundigen, wie es mir ginge. Ich war dankbar für sein Mitgefühl, aber gleichzeitig schockiert, von ihm zu hören. Kareem rief mich an! Meine Überraschung wuchs noch, als er mich in sein Haus nach Bel Air einlud. Wir fingen einfach zu reden an – nicht nur über Basketball, sondern auch über unsere Familien. Von da an war alles anders.

Kareem ist kein Mann der vielen Worte. Selbst wenn du sein Freund bist, spricht er womöglich nicht jeden Tag mit dir. Aber wenn einmal dieses Band geknüpft ist, bleibst du sein Freund ein Leben lang.

Als ich zu den Lakers kam, kannte ich die Gepflogenheiten der Mannschaft noch nicht richtig. Wenn einige von uns essen gehen wollten, sagte ich etwa: »Komm schon, Cap. Warum gehst du nicht einfach mit?« In der Regel lehnte er ab, aber manchmal kam er auch mit. Auf jeden Fall schätzte er es sehr, gefragt zu werden. Er war ein Einzelgänger, und im Laufe der Jahre hatten die anderen Jungs aufgehört, ihn einzuladen. Jetzt, nachdem einige von uns das zu ändern versucht hatten, ging er ab und an sogar mit tanzen. Wir mußten ihm zwar erst gut zureden, aber dann kam er mit.

Im Zusammensein mit Menschen, die er kannte und denen er vertraute, sprach er sogar manchmal über sich selbst. Als sein Sohn Amir geboren wurde, brachte er das Baby mit in die Kabine. Ich hatte ihn noch nie zuvor so freudestrahlend gesehen. Er kicherte und lachte tatsächlich und ließ das gesamte Team Anteil an seinem Glück haben.

Ich lernte schon eine Menge von ihm, nur weil ich sein Mannschaftskamerad war. Mehr als jeder andere Spieler brachte Kareem mir bei, was es heißt, ein Profi zu sein. Indem ich ihn beobachtete, lernte ich, wie man sich auf eine Begegnung konzentriert, wie man sich mental vorbereitet.

Er hatte dabei seine eigene, unverwechselbare Methode. Die meisten Jungs hörten sich in der Umkleidekabine Musik an oder studierten Videos der Mannschaft, gegen die wir spielen würden. Kareem saß in seiner Unterwäsche da und las. Er besaß die unglaubliche Fähigkeit, sich gegenüber all der Musik und dem bedeutungslosen Lärm um ihn herum abzuschotten und sich völlig zu konzentrieren. In der Kabine, im Bus, im Flugzeug oder in der Lobby eines Hotels – wir sahen ihn kaum jemals ohne Buch. Er las so ungefähr alles, von der Geschichte der Schwarzen bis zu Biographien, von asiatischer Geschichte bis zu den Romanen von Raymond Chandler und Dashiell Hammett. Zudem schrieb er noch selbst zwei Bücher: »Giant Steps«, eine Autobiographie, und »Kareem«, ein Tagebuch seiner letzten Saison.

Selbst wenn er nicht las, gelang es ihm, alles abzublocken, was nicht zum Spiel gehörte. Er saß lediglich da und konzentrierte sich. Dann vermochte niemand seine Kreise zu stören. Sprach man ihn in diesem Moment an, war keiner zu Hause. Rief man seinen Namen, antwortete er nicht. Er war weit weg in seiner eigenen Welt und bereitete sich darauf vor, Basketball zu spielen.

Einmal bekam er mit, daß ich bis zu dem Zeitpunkt, da die Presseleute vor Spielbeginn die Kabine verlassen mußten, Interviews gab. »Das solltest du nicht machen«, meinte er zu mir. »Du brauchst mehr Vorbereitungszeit. Wenn du so kurz vor Spielbeginn noch mit diesen Kerlen redest, wirst du deine Konzentration verlieren.« Er hatte recht, und ich ließ es bleiben.

Doch am meisten lernte ich durch sein Vorbild. Während unserer gemeinsamen Jahre erlitt Kareem zweimal schwerwiegende persönliche Rückschläge. Und trotzdem reagierte er seine Frustrationen nie an uns Mitspielern ab. Und er ließ sich von seinen Problemen nie auf dem Spielfeld beeinflussen. Anfang 1983 spielten wir auswärts, als die Nachricht eintraf, Kareems Haus sei bis auf die Grundmauern abgebrannt. Er hatte alles verloren – seine Kleidung, seine Photomappen, seine Trophäen, seine orientalischen Teppiche und seine enorme Sammlung von Jazzplatten. Er zeigte uns nie den Schmerz, den er empfunden haben muß, aber wir alle wußten, er war da. Auch sein Spiel wurde nicht beeinträchtigt.

Einige Jahre später wachte er eines Morgens auf und entdeckte, daß praktisch all sein Geld weg war. Es gab damals große Probleme mit seinem Finanzmanager, und die Situation war so schlimm, daß es aussah, als ob er bankrott gehen würde. Kareem war unser Anführer und wußte zweifellos auf sich aufzupassen. Deshalb waren wir erstaunt, daß ausgerechnet ihm so etwas widerfahren konnte.

Dieser Vorfall hatte eine große Wirkung auf mich. Später, als wir uns darüber unterhielten, zeigte er kaum Anzeichen von Wut oder Bitternis. Statt dessen versuchte er, sicherzustellen, daß uns etwas Derartiges niemals passieren würde. Kareems Lage war ein Alarmsignal. Das war der Augenblick, in dem ich Lon Rosen als meinen Finanzberater engagierte.

Jeder professionelle Sportler hätte aus Kareems Desaster lernen sollen, aber viele haben es ignoriert. Zahlreiche Spieler stehen kurz vor der Pleite, wenn sie ihre aktive Laufbahn beenden. Einige von ihnen haben sich nie die Mühe gemacht, ihre Finanzen zu ordnen, andere wollten es lieber erst gar nicht wissen.

Als ich beschloß, an meinem Hook Shot zu arbeiten, ging ich geradewegs zu Kareem. Er war der Beste auf diesem Gebiet. Er benutzte den Skyhook bereits so lange, daß einige Leute tatsächlich davon überzeugt waren, er habe ihn erfunden. Es war unmöglich, diesen Wurf von ihm abzublocken, und viele witzelten, das einzige Gegenmittel sei, richtig nahe heranzugehen und auf seine Brillengläser zu hauchen.

Soweit irgend jemand zurückdenken konnte, war der Hook Shot die wichtigste Waffe in Kareems Arsenal gewesen, inzwischen war er ein Teil seiner Persönlichkeit. Er hatte ihn in der Mannschaft von UCLA während der sechziger Jahre perfektioniert, als ihn Coach John Wooden täglich viele hundert Male diesen Wurf üben ließ. Der Hook Shot war auch einer der Gründe, weshalb Kareem so lange in der Liga spielen konnte. Normalerweise muß jeder, der so nahe am Korb spielt, ständig Schläge einstecken, sobald er den Ball hochnimmt. Der Skyhook jedoch macht es möglich, diesen Kontakt zu vermeiden. Und aufgrund seiner Beweglichkeit konnte sich Kareem von den beiden Verteidigern, gegen die er zumeist spielen mußte, lösen.

Als ich ihn darum bat, mir bei dem Hook zu helfen, schien er zuerst ein wenig überrascht. Kein Wunder. Seit ungefähr fünfzehn Jahren spielte er in der Liga, und in all dieser Zeit war noch nie jemand mit einer solchen Bitte an ihn herangetreten. Aber er freute sich darüber, einen Schüler zu haben, und wir begannen, nach dem täglichen Training zusammen zu üben. Das sah so aus, daß Kareem einen Wurf vorlegte und ich es ihm anschließend nachmachen mußte. Er zeigte mir, daß der Schlüssel zum Hook Shot in jenem Moment liegt, in dem der Ball die Hand verläßt und das Handgelenk durchgedrückt wird. Dieser Bewegungsablauf mußte bei jedem Wurf der gleiche sein.

Mit Kareem zu arbeiten bedeutete, vom Meister selbst zu lernen. Es dauerte ein wenig, aber schließlich entwickelte ich einen brauchbaren eigenen Hook Shot. Ich nannte ihn »Junior«, »Junior Skyhook«.

Wenn Kareem mir geholfen hat, besser zu spielen, so habe ich ihm geholfen, sein Spiel stärker zu genießen. Während seines ersten Jahrzehnts in der Liga schien er auf dem Spielfeld nie sonderlich glücklich zu sein. Es war nicht leicht, aber letzten Endes gelang es mir, ihm zu zeigen, daß Basketball Spaß machte und daß er es ein wenig entspannter angehen lassen konnte.

Während meiner ersten Jahre bei den Lakers wollte er überhaupt nichts mit dem Hände-Abklatschen, den High Fives, zu tun haben. Diese reservierte Haltung, die er nach dem spielentscheidenden Wurf in San Diego demonstriert hatte, war typisch für ihn. Doch mit Hilfe von Coop und mir erkannte er schließlich, daß er seine Gefühle zeigen konnte, ohne damit in Verlegenheit gebracht zu werden. Nach einigen Jahren kam es so weit, daß seine Hände bereits ausgestreckt waren, sobald er eine gelungene Aktion gemacht hatte, so als wollte er sagen: Hey, Jungs, wo bleibt ihr denn?

Zu den größten Augenblicken überhaupt zählte die Situation, als er den berühmten Dreier schoß. Wir spielten in Phoenix, und die letzte Minute der ersten Halbzeit lief. Coop verfehlte einen Sprungwurf, und der Rebound landete unmittelbar vor unserer Auswechselbank. Kareem bekam den Ball als erster zu fassen. Larry Nance, der ihn deckte, hielt einigen Abstand, da jeder in der NBA darauf gewettet hätte, daß Kareem Abdul-Jabbar niemals aus dieser Distanz werfen würde. Ich legte gerade eine Verschnaufpause auf der Bank ein, und ein paar von uns begannen zu rufen: »Schieß doch, Cap! Drück ab!« Kareem schaute auf den Korb, überlegte für einen Moment, richtete sich dann wieder auf und ließ ihn fliegen. Der Ball sauste glatt durchs Netz zum einzigen Dreipunktewurf in Kareems gesamter Laufbahn.

In dem Augenblick, da sein Schuß traf, verwandelte sich Kareem von einem ernsthaften Erwachsenen in ein kleines Kind. Er lachte, jubelte und streckte seine Hände in die Höhe. Plötzlich wurde für einen flüchtigen Moment das Kind in ihm sichtbar, das wir immer einmal kennenlernen wollten. Die Jungs auf der Bank gerieten so in Begeisterung, daß wir aufstanden und zu tanzen begannen. Wir sahen, wie glücklich er war, und das machte uns glücklich. Im Training hatte Kareem zwar manchmal aus Spaß zu einem weiten Sprungwurf angesetzt, aber er hatte so etwas noch nie im Spiel versucht. Ich wette, es war ein langgehegter Traum von ihm, wenigstens einmal da rauszugehen und eines dieser Langstreckengeschosse zu versenken.

Aber so war Kareem. Sobald man zumindest ein wenig zu wissen glaubte, woran man mit ihm war, tat er etwas völlig Überraschendes. Im Frühjahr 1985 standen wir gegen Denver in den Finalspielen der Western Conference. Wir hatten die Eröffnungspartie gewonnen, aber in der zweiten Begegnung bezogen wir eine empfindliche Schlappe. Wir lagen im Schlußviertel mit ungefähr zwanzig Punkten zurück, als ich zu einem Korbleger durchzog. Ich traf, doch Danny Schayes schlug mir mit dem Ellbogen auf den Kopf. Denver hatte uns das gesamte Spiel überhart zugesetzt, und ich war sauer. »Mach das nicht noch einmal!« schrie ich ihn an. Er schnauzte irgendwas zurück, und schon brüllten wir uns gegenseitig an. Plötzlich tauchte Kareem aus dem Nichts auf, nahm Danny in den Schwitzkasten und rang ihn zu Boden. »Noch ein Wort«, warnte ihn Kareem, »und ich reiß dir die Augen aus.«

Danny weinte sich bei der Presse aus, und als die Finalserie in Denver fortgesetzt wurde, buhten die Fans, sobald Kareem in Ballbesitz kam. Doch je mehr sie buhten, desto engagierter spielte Kareem. Ich hatte schon häufig miterlebt, wie er Spiele dominierte, aber das war etwas anderes. Er traf mit der linken Hand, mit der rechten, Hook Shots,

Sprungwürfe und Dunks. Er blockte Schüsse ab. Und jedesmal, wenn er loslegte, schrie er ins Publikum: »Ihr buht mich aus, hä? Dann nehmt *das*.« Und nachdem er gepunktet hatte: »Wo bleibt euer Buhen *jetzt?*« Er zog eine wahnsinnige Schau ab. All dies schien gar nicht zu ihm zu passen, aber so ist Kareem.

Nachdem wir Freunde geworden waren, konnten wir über alles miteinander sprechen. Ich erzählte ihm sogar davon, wie ich ihn damals in der Cobo Arena als Kind um ein Autogramm gebeten hatte und wie er an mir vorbeigestürmt war, ohne mich auch nur eines Blickes zu würdigen. Nach all diesen Jahren ging er noch immer so mit den Leuten um.

»Weißt du«, sagte ich ihm, »du könntest sehr viel freundlicher zu den Fans sein. Das würde dich nichts kosten. Selbst wenn man nicht jedes Autogramm geben kann, ist es doch möglich, den Leuten ein wenig Aufmerksamkeit zu schenken.«

Ich gebe zwar auch nicht jedem, der mich darum bittet, ein Autogramm, vor allem im Urlaub nicht. Aber immer, wenn ich nein sage, versuche ich es freundlich zu tun. Ein Lächeln, eine Bemerkung, ein High Five – solche kleinen Dinge verleihen den Leuten ein gutes Gefühl.

Ich empfahl Kareem außerdem, den Menschen, die er jeden Abend im Forum traf, etwas mehr Beachtung zu schenken – nicht allein den Fans, sondern den Balljungen, Platzanweisern und Verkäufern. »Keiner verlangt von dir, ihr bester Freund zu werden«, sagte ich. »Doch den Namen von jemandem zu wissen und ihn zur Kenntnis zu nehmen – das ist alles, was die meisten Leute wollen.«

Die Menschen ändern sich nicht über Nacht, doch Kareem wurde immerhin ein wenig umgänglicher. Und sicherlich versetzte er die Fans durch seinen Auftritt in dem Film »Die unglaubliche Reise in einem verrückten Flugzeug« in Erstaunen. Es gibt darin eine Szene, in der Kareem einen Kopiloten spielt. Ein kleiner Junge kommt ins Cockpit, erkennt ihn und legt sofort los: »Mein Papi sagt, daß du in der Verteidigung nicht hart genug arbeitest, und er sagt, daß du häufig nicht einmal zurückläufst und daß du dich gar nicht richtig anstrengst außer in den Playoffs.« Darauf reißt Kareem im Film der Geduldsfaden. Er schnappt sich den Kleinen am Kragen und sagt: »Verdammt noch mal. Jetzt paß mal gut auf, Kleiner, ich muß mir diesen Mist seit meiner Zeit bei UCLA anhören: Ich bin jeden Abend da draußen und reiße mir den Arsch auf. Sag deinem Alten, er soll sich doch einmal mit Walton oder Lanier achtundvierzig Minuten lang das Spielfeld rauf und runter abquälen!«

Eine Menge Leute haben diesen Film gesehen, und es hat bestimmt Kareems Image nicht geschadet, daß er in solch einer schrägen Komödie aufgetreten ist – und Gefühle gezeigt hat.

Aber wenn ich sah, wie er mit den Medien umging, konnte ich mich nur kopfschüttelnd abwenden. Damals in New York hatte ihn sein High-School-Coach von der Presse ferngehalten. Genauso wie es John Wooden bei UCLA später tat. Kareem sah in Reportern, je nach seiner Stimmung, entweder lästige Fliegen oder gierige Raubvögel. Er bemühte sich, ihre Gesellschaft soweit wie möglich zu vermeiden. Hatte ein Journalist ihn verärgert, sprach er nie wieder mit ihm. Doch das kann man eigentlich nicht als schwere Strafe bezeichnen, denn im Grunde redete er mit den meisten Presseleuten sowieso nicht.

Coop und ich saßen in der Umkleidekabine gewöhnlich Kareem gegenüber, wenn einer dieser jungen, unerfahrenen Journalisten aus einer anderen Stadt auf ihn zuging. Cap war in der Regel in ein Buch vertieft.

Coop und ich warfen uns einen Blick zu.

»Was meinst du?« fragte dann einer von uns den anderen. »Eins oder keins?« Wir wetteten, wie viele Wörter Kareem für den Typ erübrigen würde.

»Entschuldigen Sie, Kareem, könnte ich ein Interview mit Ihnen machen?« fragte der Reporter.

Kareem würde nicht einmal den Kopf heben.

Einige Reporter versuchten in dieser Phase auch, Kareem die Hand zu geben. Ganz falsch. Kareem würde aufsehen, und sein Blick ging glatt durch den Typen hindurch. Als nächstes konnte man dann sehen, wie der Reporter ängstlich zurückwich.

Es gab andere Zeiten, in denen Kareem von geradezu überschwenglicher Freundlichkeit war. Dann würde er den Mann ansehen und tatsächlich antworten: »Nein.« Das hing alles von seiner Stimmung ab.

Wenn er keine andere Wahl hatte und ein Interview geben mußte, trieb er die beteiligten Rundfunk- und Fernsehleute in den Wahnsinn: Die stellten ihm eine Fülle von Fragen, und er gab ihnen darauf ebenso viele einsilbige Antworten. Noch mehr haßten sie es aber, wenn sie Kareem einige Minuten später sahen, wie er sich gegenüber einem Fernsehteam aus Jugoslawien groß und breit über seine Kindheit, seine religiöse Entwicklung und seine Basketball-Philosophie auslassen würde.

Als sie ihn einmal zu einem Radio-Interview zwangen, befestigte der Tontechniker ein kleines Mikrofon an Kareems Hemd. Wieder ganz falsch. Während der gesamten Unterhaltung blätterte Kareem in einer Zeitung und letztlich blieb das einzige, was man hören konnte, das laute Rascheln von Papier.

Im Kreis der Mannschaft ergriff er nicht besonders häufig das Wort. Aber wenn er es tat, folgte ich ihm stets aufmerksam. Er war geistreich, weltoffen und stets über die neuesten Nachrichten informiert. Stritten sich zwei Leute über irgendein politisches Ereignis, das bereits zwanzig Jahre zurücklag, wußte Kareem immer genau, wer was wann gesagt hatte und was das alles zu bedeuten hatte.

Er besaß ein ausgeprägtes Geschichtsbewußtsein, sprach andererseits aber nur ungern über seine eigene militante Vergangenheit. Die Jüngeren, die allein seine letzten Jahre als Spieler verfolgt hatten, mögen noch nicht einmal gewußt haben, wie umstritten er, vor allem nach seinem Übertritt zum Islam und seinem Namenswechsel, gewesen war. Doch seine Vergangenheit ging niemanden etwas an. Er kam nur selten auf sie zu sprechen.

Kareem war als Einzelkind in New York aufgewachsen und hielt noch immer engen Kontakt zu seinen Eltern. Aber er fiel bereits als Jugendlicher so sehr durch seine Größe auf, daß er nie seine Ruhe haben konnte. Vielleicht lag ihm als Erwachsener deshalb soviel an einem geschützten Privatleben.

Die Öffentlichkeit kannte Kareem als mürrisch, verschlossen und unnahbar, und in der Regel war er das auch. Es mag sich daher unglaublich anhören, daß er gleichzeitig der größte Spaßvogel bei den Lakers war –, obwohl einige seiner Streiche nicht besonders lustig ausfielen.

Als Larry Spriggs und Mike McGee eines Abends das gleiche blaue Seidenhemd anhatten, schlich sich Kareem während des Aufwärmens in die Umkleidekabine zurück und vertauschte sie. Im Vergleich zu Mike war Larry wesentlich größer, und Kareem lachte sich kaputt, als er sah, wie Larry das falsche Hemd anziehen wollte. Manchmal versteckte er auch Schuhe, was enorm nervtötend sein konnte. Oder er kam vor allen anderen aus der Dusche und vertauschte die Unterwäsche der Leute.

Seine gemeinsten Tricks aber hatte er bei den Reisen drauf. Schliefst du im Flugzeug und dein Mund stand offen, stopfte Kareem ihn dir mit Papier. Ein Journalist trug einen Pferdeschwanz – bis Kareem im Bus eines Tages hinging und ihn abschnitt. Ein andermal war er auf Coop sauer, nahm etwas Enthaarungsmittel und schmierte es Michael auf den Kopf. Die kahle Stelle sieht man heute noch. Coop wurde fuchsteufelswild und plante, es Kareem heimzuzahlen, indem er ihm chinesische Tusche über die Glatze schütten wollte – bis ihn einige von uns davon überzeugen konnten, daß dies eigentlich auch keine besonders tolle Idee war.

Kareem konnte von den Lippen ablesen. Außerdem war er ein begnadeter Taschendieb. Er hatte ein bevorzugtes Opfer: Byron Scott. Byron kleidete sich betont elegant und trug gewöhnlich ein Einstecktuch. Aber Kareem klaute so viele, daß Byron damit aufhörte. Ein anderes Mal erwischte Kareem die Schlüssel von Byrons Hotelzimmer, stahl dessen

Hosen und legte sie in den Bus direkt neben Byrons Stammplatz. Wir benutzten keine Brieftaschen, sondern solche für das Handgelenk, und Kareem liebte es, diese Handtaschen einzustecken und zu beobachten, wie man ins Schwitzen kam. Wir wollten eben auf irgendeinem Flughafen in den Bus steigen, als der arme Mike McGee den ganzen Weg zum Flugzeug zurücklaufen mußte, weil er davon überzeugt war, seine Handtasche dort vergessen zu haben. Dabei hatte Kareem sie die ganze Zeit.

Brad Holland war noch ein Rookie, als ihm beim morgendlichen Einwerfen ein Damenslip aus einem Hosenbein seines Trainingsanzuges rutschte. Seine Frau hatte tags zuvor gewaschen, und dabei war ihre Unterwäsche in seine Hosen geraten. Kareem sah den Slip auf dem Boden liegen, und dieser irre Ausdruck trat in seinen Blick. »Hey, woher kommt denn das hier?« fragte er laut. Brad wurde völlig verlegen, doch als er nach dem Slip greifen wollte, zog Kareem diesen weg. Dann spannte Cap sich den Slip wie einen Gesichtsschutz über den Kopf und fuhr mit dem Training fort. Der arme Brad vergrub sein Gesicht in die Hände. Er war ein argloser, wohlerzogener Junge, der eben erst UCLA verlassen hatte. Kareem war gewöhnlich freundlich zu ihm, aber an diesem Morgen amüsierte sich Cap großartig. »Es riecht gut, Brad«, sagte Kareem, während er über das Feld tanzte. Das ging dann noch mindestens fünf Minuten so weiter, und keiner, der bei diesem Training war, wird es jemals vergessen.

Am Tag seiner Verabschiedung, dem 24. April 1989, haben wir uns schließlich an Kareem revanchiert. Es war unser letztes Spiel in der regulären Saison, und Kareem sagte den Fans im Forum auf Wiedersehen. Seine Eltern wurden vorgestellt, sein Sohn Amir sang die Nationalhymne, und jeder im Laker-Team trug beim Einlaufen die gleiche Brille, wie er sie besaß. Zwei Minuten vor Ende der Partie erzielte Kareem seine letzten beiden Punkte, als er einen Paß von mir annahm und den Ball eindunkte.

Kareem erhielt an diesem Tag diverse Geschenke, unter anderem einen wunderschönen weißen Rolls-Royce von seinen Mitspielern und Trainern. So etwas war bis dahin noch nie vorgekommen. Allerdings hatte es zuvor auch noch nie einen mit Kareem vergleichbaren Spieler gegeben. Das Auto war Pat Rileys Idee gewesen, und jeder im Team leistete einen großzügigen Beitrag. »Da du *uns* so viele Jahre auf deinen Schultern mittragen mußtest«, sagte ich ihm bei der Zeremonie, »haben wir uns entschieden, dir etwas zu schenken, das von nun an dich tragen wird.« Es war nicht billig gewesen, aber wir wußten alle, was wir Kareem zu verdanken hatten. Außerdem war uns klar, wie viele Prämien wir seinetwegen für all die Playoff-Siege kassieren durften.

Nach dem ganzen Trubel kam Kareem als letzter aus der Dusche. In der

Zwischenzeit hatte Gary Vitti, einer unserer Trainer, zwölf Scheren gebracht, mit denen wir Kareems Hose bearbeiten konnten. Er war mit seinen Lieblingsjeans, einer alten Hose aus den frühen Siebzigern mit weitem Schlag, im Forum eingetroffen. Diese Jeans war reif zum Ausrangieren, aber vor allen Dingen war es Zeit, Kareem all die Streiche heimzuzahlen, die er uns gespielt hatte.

Es ist bezeichnend für die geheimnisvolle Aura, die Kareem umgab, daß einige der Jungs Angst davor hatten, die Scheren einzusetzen. Doch dies machte nur als gemeinschaftliche Aktion einen Sinn. »Alle müssen mitmachen«, verkündete ich. »Wer nicht mithilft, bekommt keinen Anteil an den Playoff-Prämien.« Dann schnitten wir diese ollen Jeans in Streifen.

Es gibt Leute, die besser austeilen als einstecken können. Kareem sah, was mit seiner Jeans passiert war, und wurde richtig wütend. Er bemühte sich zwar, darüber zu lachen, aber man konnte sehen, wie er innerlich kochte. Vergessen war, daß wir ihm einen neuen Rolls-Royce gekauft und dafür tief in die eigenen Taschen gegriffen hatten. Kareem war stinksauer und mußte in seinem Trainingsanzug nach Hause gehen.

Nahezu überall, wo wir in jener Saison 1988/89 spielten, wurde eine eigene Verabschiedung für Kareem veranstaltet. Die Zeremonie in New York geriet besonders bewegend, da Kareem dort aufgewachsen war. Sieben Mitspieler aus seinen High-School-Tagen bei Power Memorial in Manhattan traten auf und übergaben Kareem das Original einer statistischen Auswertung eines ihrer gemeinsamen Spiele aus Zeiten, da er noch Lew Alcindor hieß.

Dann begann die Partie gegen New York. Die Knicks machten es uns schwer an diesem Abend, aber nach einer derart anrührenden Feier konnten wir uns unmöglich erlauben, Kareem die Begegnung verlieren zu lassen. Wir lagen zu Anfang des Schlußviertels mit einem Punkt zurück. Die Menge forderte im Chor: »Schlagt L. A.« Dann sagte Coop zu mir: »Okay, Buck. Es wird Zeit, an die Arbeit zu gehen.« Ich erzielte einige Körbe und initiierte ein paar weitere. Das genügte, um doch noch mit einem Sieg davonzukommen. Ich erreichte zweistellige Ergebnisse in drei Kategorien – Punkte, Rebounds und Assists. Es war mein erstes Triple-Double der Saison.

Ich habe weitgehend Kareem das Vergnügen zu verdanken, in einer der großen Gewinner-Mannschaften in der Geschichte des Basketballs gespielt zu haben. Ich war zwar bereits aus meiner Zeit vor der NBA mit dem Gewinnen vertraut. Aber ich war gleichzeitig daran gewöhnt, dabei der entscheidende Mann zu sein. Und auch diese Veränderung kostete etwas Eingewöhnung.

Bei meiner Ankunft bestanden die Lakers aus Kareem und elf anderen Jungs. Ich habe das akzeptiert und zu keiner Zeit den Aufstand geprobt. Andererseits konnte ich Kareems wegen auf dem Spielfeld nie völlig befreit loslegen. Ich war stets davon überzeugt, daß ich zu mehr fähig war, und manchmal frustrierte es mich, weil ich wußte, daß ich ein besserer Spieler war, als ich es zeigen konnte. Das ging so weit, daß einige Leute glaubten, ich könne weder punkten noch werfen. Natürlich konnte ich beides. Aber bei den Lakers gehörte das Werfen und Punkten nicht zu meinen Aufgaben.

Wir waren erfolgreich, weil jeder von uns seine Rolle im Team kannte und akzeptierte. Meine bestand darin, die anderen Werfer zu bedienen – allen voran Kareem, aber auch Jamaal Wilkes, Norm Nixon und später James Worthy. Damit alles zusammenpaßte, mußte ich auf dem Rücksitz Platz nehmen und auf einem Niveau spielen, das geringfügig unter meinen Möglichkeiten lag.

Ich fühlte mich nicht ungerecht behandelt – überhaupt nicht. Ich wurde ständig ins All-Star-Team gewählt, und im ganzen Land sangen die Fans Lobeshymnen auf mich. Mein Selbstverständnis erfuhr auf die bestmögliche Weise Bestätigung – durchs Gewinnen. Wo immer wir auftauchten, sagten die Leute: Hier kommen die Lakers. Sie sind die Champs. Und ich liebte es, so etwas zu hören.

Dennoch spielte ich nicht auf die Art, wie ich es zum Beispiel in dieser Meisterschaftspartie gegen Philadelphia, in der Kareem verletzt aussetzen mußte, getan hatte. Die Fans und die Sportjournalisten kannten nicht die ganze Geschichte. Sie hatten mich noch nicht in Bestform erlebt. »Wartet nur«, sagte ich immer, »eines Tages werdet ihr den *wirklichen* Magic Johnson zu Gesicht bekommen.«

Wenn ich so etwas sagte, reagierten die Leute stets mit einem Lächeln. Es wird viel herumgeprahlt in der NBA, und alle dachten wohl, ich würde mich nur ein wenig an diesem Gerede beteiligen. Aber ich wußte immer, daß meine Zeit noch kommen würde, und ich nahm einfach an, dies könne erst sein, nachdem Kareem seine Laufbahn beendet hat.

Wie sich zeigen sollte, mußte ich nicht ganz so lange warten.

1986 hatten die Lakers die reguläre Spielzeit mit einer Bilanz von zweiundsechzig Siegen zu zwanzig Niederlagen abgeschlossen. Das war zwar ein toller Start, aber wir hatten uns bis dahin ja erst aufgewärmt. Wie immer gingen wir mit großen Hoffnungen und Erwartungen in die Playoffs. In den letzten sechs Jahren hatten wir es fünfmal bis in die Finalserie geschafft. 1980 und auch 1982 waren wir jeweils gegen Philadelphia als Sieger aus dem Kampf um den Titel hervorgegangen. 1984 hatten wir gegen Boston verloren, uns dann aber im darauffolgenden Jahr revanchiert und Boston besiegt. Jetzt freuten wir uns, als Titelverteidiger, auf eine weitere Finalserie gegen die Celtics.

Den allgemeinen Erwartungen entsprechend, ließen wir San Antonio und Dallas in den ersten beiden Runden keine Chance. Dann ging es gegen Houston. Der Gewinner dieser Serie würde in die Finalrunde einziehen.

Wir gewannen die Eröffnungspartie im Forum. Aber zu unserem größten Entsetzen behielt Houston in den nächsten vier Begegnungen die Oberhand und zog in die letzte Runde ein. Wir fanden gegen die Rockets mit ihren »Twin Towers«, Ralph Samson (2,24 Meter) und Akeem Olajuwon (2,14 Meter), einfach kein Mittel. Die beiden machten die Mitte für Kareem und James Worthy dicht, und unser Spiel über die Flügel war nicht stark genug, um sie zu schlagen.

Wir erkannten, daß unser Angriff für den Gegner zu berechenbar geworden war und daß es Umstellungen würde geben müssen. In der Sommerpause erreichte mich ein Brief von Coach Riley, in dem er schrieb, daß er mich in Zukunft gerne verstärkt als Punktesammler einsetzen würde, um unseren Angriff gefährlicher zu machen. Als ich diese Sätze las, sprang ich vor Freude beinahe aus dem Fenster. Na endlich! Jetzt würde ich *mein* Spiel aufziehen können. Doch bevor ich in allzu große Euphorie ausbrechen konnte, fragte ich mich bereits, wie Kareem auf diese Wende wohl reagieren würde.

Kareem hatte soeben seine siebzehnte Saison in der NBA beendet. In jedem dieser Jahre war der Angriff seiner Mannschaft speziell auf ihn zugeschnitten worden. Ja, das galt sogar bereits für seine Zeit im College und in der High School. In der gesamten Geschichte des Basketball hatte noch nie ein Spieler so lange die Szene beherrscht.

Im Herbst erzählte mir Riley zu Beginn des Trainingslagers erneut von seinen Vorstellungen eines gleichmäßiger gewichteten Angriffs, der auf allen fünf Spielern aufbauen würde. Und er wiederholte, daß er mir darin eine besondere Rolle zugedacht hatte. »Es wird Zeit, daß die Lakers deine Mannschaft werden«, meinte er. »Wir brauchen dich nun verstärkt als Korbjäger.«

»Von mir aus kann's losgehen, Coach«, erwiderte ich. »Aber hast du mit dem Langen darüber gesprochen?«

»Noch nicht«, sagte er. »Aber ich werde es machen.«

»Gut, dann laß uns bis dahin noch warten«, sagte ich. »Denn ich möchte keinerlei Schwierigkeiten.«

Es war zwar nicht so, daß Kareem ein ungewöhnlich großes Geltungsbedürfnis besaß oder daß ich mit seinem Einspruch rechnen würde. Aber alle Spitzensportler zeichnen sich durch eine gehörige Portion Stolz aus. Ich wollte vermeiden, daß meine Beziehung zu Kareem oder der Zusammenhalt in unserem Team irgendeinen Schaden erleiden würde. Wir hatten eine phantastische Saison nach der anderen, und diese Erfolgsserie wollte ich auf keinen Fall gefährden.

Ich machte mir nicht allein um Kareem Gedanken. Sieben Jahre lang war ich der Regisseur gewesen, hatte die Bälle an die anderen Spieler verteilt, so daß diese punkten konnten. Wenn sich meine Rolle ändern würde, hätte das für jeden im Team Auswirkungen.

Am nächsten Tag teilte mir Riley mit, daß sowohl Kareem als auch James Worthy dem neuen System zugestimmt hätten. Wirklich beruhigt fühlte ich mich allerdings erst, als Kareem zu mir rüberkam und sagte: »Okay, Buck. Jetzt gehört dir alles.« Danach konnte ich befreit auflaufen und so spielen, wie ich es immer gewollt hatte.

Aber es fällt schwer, alte Gewohnheiten abzulegen, und es gelang nicht auf einen Schlag. Ich hielt mich auch weiterhin noch ein wenig zurück, bis Kareem Ende Dezember gezwungen war, drei Spiele zu pausieren. Da legte ich los. Ich erzielte vierunddreißig Punkte gegen Dallas, achtunddreißig gegen Houston und sechsundvierzig, eine persönliche Bestleistung, gegen Sacramento. In meinen ersten sieben Spieljahren hatte ich lediglich zweimal vierzig Punkte oder mehr erzielt. Doch 1986/87 erreichte ich diese Marke in drei Spielen. Ich traf nicht nur häufiger von außen, ich zog auch mehr denn je zum Korb.

Diese Saison war die beste in meiner gesamten Laufbahn als Profi. Außerdem hat es mir in der NBA zu keiner andern Zeit so viel Spaß gemacht. Ich sammelte pro Spiel im Schnitt fast vierundzwanzig Punkte und lag damit um fünf Punkte über meinem bisherigen Durchschnitt. Es fiel zwar schwer, sich daran zu gewöhnen, die eigenen Wurfmöglichkeiten zu suchen und sie nicht lediglich als letzte Chance zu betrachten. Doch nach sieben Jahren erfolgreichen Wurftrainings war ich optimal vorbereitet. Es gelang mir zudem, die Zahl meiner Assists, Rebounds, Steals und die der abgeblockten Würfe zu verbessern.

Ohne Kareems Unterstützung hätte ich dies niemals erreichen können. Er war sehr angetan von dem neuen Stil der Mannschaft. Und er mag darüber erleichtert gewesen sein, daß wir nicht länger alle von ihm abhingen. Er dominierte das Spiel weniger, aber er band noch immer zwei Verteidiger in der Mitte, was uns nun mehr denn je zugute kam. Es gibt große Typen, die sich nicht dazu durchringen können, den Ball wieder nach außen zurück zu passen, doch Kareem gelang dies häufig und offensichtlich problemlos. Jetzt, da der Druck auf ihn nachgelassen hatte, begann er sogar, mehr Spaß an der Sache zu entwickeln. Und dadurch agierten alle entspannter.

Über meine neue Funktion als Punktesammler hinaus übernahm ich immer stärker eine Führungsrolle in der Mannschaft. Ich begann, auf dem Feld mehr zu reden, munterte auf oder schrie die Leute an, wenn es angebracht schien. Auch diese Aufgabe empfand ich als eine Selbstverständlichkeit, der ich jedoch nicht hatte nachkommen können, solange Kareem für die Show zuständig gewesen war.

Am Ende der Spielzeit 1986/87 erhielt ich die eine Auszeichnung, die mir vorher stets entgangen war – den MVP, den Preis für den wertvollsten Spieler der gesamten Saison. Diese Ehrung war eine enorme Bestätigung für mich, weil ich, nach all diesen Jahren, endlich meine ganzen Möglichkeiten hatte vorführen können. Jetzt wußten alle, was für eine Art von Spieler ich war und was ich unter anderen Umständen ebenfalls zu leisten in der Lage gewesen wäre.

Und auch die Lakers schlugen sich nicht schlecht. Das Team war ausgeglichener und unberechenbarer als je zuvor. Wir beendeten die Saison mit fünfundsechzig Siegen. Und wir gewannen in sechs Spielen gegen Boston einen weiteren Titel.

Kareem hatte seinen eigenen Kopf, und er war nicht immer mit Pat Rileys Art zu coachen einverstanden. Oberflächlich betrachtet kamen die beiden zwar gut miteinander aus, aber man konnte die Spannung zwischen ihnen spüren. Ich hatte stets das Gefühl, daß Kareem Pat während der kurzen Phase, in der die beiden Mitte der siebziger Jahre Mannschaftskameraden gewesen waren, nicht sonderlich geschätzt hatte. Aber die Ursachen des Problems mögen noch weiter zurückliegen, denn Riley gefiel es, Kareem daran zu erinnern, wie dessen Mannschaft in der High School von seinem Team besiegt worden war.

Jedenfalls verhandelte Riley mit Kareem stets getrennt vom Rest der Mannschaft. Und Cap ließ keinen Zweifel daran, daß er mit Rileys Motivationstechniken wenig anzufangen wußte. Bei den meisten von uns waren Rileys Methoden sehr effektiv, aber Kareem empfand es stets als Manipulation. Er lehnte die gesamte Idee der Motivierung durch Außenstehende ab, da er sich selbst motivierte. Wenn er es wollte. Er entschied, wann es an der Zeit war zu spielen und wann nicht.

Das Leben Kareems bestand nie allein aus Basketball, wie es bei den meisten anderen von uns der Fall war. Für ihn war es ein Job; er besaß vielfältige andere Interessen, darunter Literatur, Musik, Politik, Kunst und Religion. Wenn er nach Hause ging, ließ er den Basketballsport hinter sich. Wollte er seine Überlegenheit beweisen, dann gelang ihm dies in der Regel. Aber wenn er sich müde oder gelangweilt fühlte oder wenn er keine Lust hatte, sich anzustrengen, dann mußten seine Mitspieler den Karren weiterziehen.

Es war deprimierend, seine Kräfte schwinden zu sehen. Er hatte eine solch lange Karriere hinter sich und war für so viele Jahre ganz oben gestanden. Er ist ein stolzer Mensch, und am Ende gründete genau darin sein Spiel – Stolz. Kam ein neuer Center in die Liga, ließ ihn Kareem in der ihm eigenen stillen Art spüren, wer hier noch immer König der Riesen war. Selbst als Kareem seinen Zenit bereits weit überschritten hatte, schoß er noch jeden neuen Revolverhelden ab, der seinen Fuß in die Stadt setzte. Er prahlte nie herum, aber er konnte dich auf andere Weise wissen lassen, daß er der Chef war.

Als er schließlich seinen Rücktritt erklärte, ging fraglos eine Ära zu Ende. Heute braucht eine Mannschaft keine überragenden Center mehr. Leute wie Larry Bird, Michael Jordan und ich haben das Aussehen dieses Sports verändert. Heutzutage ist es möglich, von allen Positionen auf dem Feld aus das Spiel zu kontrollieren.

Am Ende glich Kareem einem alten Löwen. Er legte zwar eine Menge Pausen ein, aber ab und zu zeigte er für einen kurzen Augenblick noch einmal sein altes Gesicht. Und ließ man ihn nicht in Ruhe, wenn er seine Ruhe haben wollte, bekam man seine Pranke zu spüren.

Obwohl der Höhepunkt seiner Leistungsfähigkeit weit hinter ihm lag, blieb Kareem dennoch einer der wichtigsten Männer im Team. Mit dem Rücktritt von Elvin Hayes 1984 war Kareem der älteste Spieler in der Liga geworden. Zu der Zeit, als Kareem sich dann 1989 zurückzog, war er nicht mehr für jeden unserer Siege ausschlaggebend. Wir vermochten in der Regel auch ohne ihn zu gewinnen. Aber es wäre unmöglich gewesen, *Meisterschaften* ohne ihn zu erringen. Während der letzten fünf Jahre von Kareem in der NBA gewannen die Lakers drei Meisterschaften, darunter zwei Titel in Folge. Er war ein Genie, wenn es um eine effektive Einteilung der Kräfte ging und darum, sein Spiel im Frühjahr, wenn es darauf ankam, um ein oder zwei Stufen anzuheben.

In einer Sportart, in der sich die meisten Spieler allenfalls ein paar Jahre halten können, ist es eine besondere Leistung, solange wie Kareem dabeigewesen zu sein und dabei sogar in 787 Spielen hintereinander stets eine zweistellige Punktzahl erzielt zu haben. Im Frühjahr 1984 näherte sich Kareem dem bestehenden Rekord von 31 419 Punkten, den Wilt Chamberlain seit 1973 innehatte. Er brach ihn schließlich in einem Spiel gegen Utah Jazz. Wir trafen auf sie in Las Vegas, wo die Jazz einige ihrer Heimspiele austrugen. Ich hatte den Jungs bereits klargemacht, daß ich derjenige sein würde, von dem Kareem den Paß für den entscheidenden Korb bekommen würde. »Haben das alle kapiert?« sagte ich. »*Ich* und kein anderer spielt ihm diesen Ball zu.«

Die Spannung wuchs. Jedes Mal, wenn Kareem traf, schrie die Menge auf. Endlich fehlte nur noch ein Korb. Während einer Auszeit zeichnete Coach Riley einen Spielzug für den Langen auf. Ich führte den Ball auf dem Flügel und paßte ihn zu Kareem in die Centerposition genau so, wie er es mochte. Kareem täuschte einige Male, drehte sich dann um die eigene Achse und setzte aus gut viereinhalb Meter einen Skyhook an. Als der Wurf traf, stand die gesamte Halle auf dem Kopf. Die Schiedsrichter unterbrachen die Begegnung und überreichten Kareem den Spielball. Seine Eltern kamen aufs Feld. Wir freuten uns alle ungeheuer für ihn – vor allem, da der grauenhafte Brand uns noch frisch in Erinnerung war und wegen all der Dinge, die wir gemeinsam durchgemacht hatten. Nach dem Spiel ging die gesamte Mannschaft aus und veranstaltete eine Party ihm zu Ehren. Ich weiß allerdings nicht, wie Kareem feierte oder ob er überhaupt feierte – denn wie gewöhnlich blieb er im Hotel.

Jahre später entdeckte irgend jemand, daß der Korb, mit dem Kareem den Rekord gebrochen hatte, nicht hundertprozentig korrekt gewesen war. Wie es scheint, hatte der Typ, der ihm diesen Paß gab, vor lauter Aufregung vergessen, seine kurz zuvor erfolgte Einwechslung beim Kampfgericht anzumelden. Ich kann verstehen, warum.

ZEHNTES KAPITEL

Sophomore Blues
oder das verflixte zweite Jahr

Meine zweite Saison bei den Lakers war das schlimmste Basketballjahr, das ich je hatte. Und die ersten Monate der darauffolgenden Spielzeit waren sogar noch fürchterlicher. Alles begann damit, daß ich mir zu Anfang meines zweiten Jahres eine Verletzung zuzog. Dies sollte sich als ebenso großes psychisches wie physisches Problem erweisen. Als ich dann im Februar zurückkehrte, herrschten in der Mannschaft Spannungen. Und um das Maß voll zu machen, befand ich mich zu Beginn meiner dritten Saison mitten in einer riesigen öffentlichen Kontroverse, bei der ich in aller Augen als der Bösewicht dastand. Für einen jungen Spieler war dies eine Menge Gepäck, das er mit sich herumschleppen mußte, und es gab Zeiten, in denen ich mich fragte, wie lange ich wohl in der NBA durchhalten würde.

Als die Lakers in meinem Rookie-Jahr die Meisterschaft gewonnen hatten, stand unser nächstes Ziel fest: es noch einmal zu machen. Wir gewannen zwar den zweiten Titel, aber es sollte ein Jahr länger dauern als geplant. Und besonders für mich wurde der Weg zu diesem nächsten Titel sehr, sehr schwer.

Verletzt hatte ich mich im November. Wir spielten in Atlanta, und Tom Burleson, der 2,19 Meter große Center der Hawks, landete auf mir, als wir beide einem freien Ball hinterhersprangen. Burleson trug eine große Kniestütze aus Metall, die auf mein linkes Knie knallte. Es schmerzte zwar heftig, als ich aufstand, aber ansonsten schien alles in Ordnung, so daß ich weiterspielte.

Einige Abende später kollidierte ich mit Tom La Garde von den Dallas Mavaricks, und am nächsten Tag war mein linkes Knie steif. Der Teamarzt Dr. Kerlan sah es sich an und konnte keine Beschädigung erkennen. Aber als wir am darauffolgenden Abend gegen Kansas City spielten, hörte ich etwas reißen. Diesmal konnte ich schon nicht mehr aufstehen und mußte aus dem Spiel genommen werden. Ich wußte nicht, was es war, aber es tat entsetzlich weh. Ich betete darum, es möge nur eine Verstauchung sein, wie ich sie zu Beginn meines Rookie-Jahres erlitten hatte. Aber das Röntgenkontrastbild zeigte einen Knorpelabriß (heute würde man in solchen Fällen eine Kernspintomographie durchführen). Um das Knie wiederherzustellen, war sofort eine Operation fällig.

Ich war am Boden zerstört. »Aber es hätte auch schlimmer kommen können«, meinte Dr. Kerlan. »Wenigstens ist kein Band gerissen. Ich bin sicher, wir haben Sie rechtzeitig zu den Playoffs wieder fit.«

Zu den *Playoffs*. Wir hatten doch erst November!

Ich durchlebte meinen schrecklichsten Alptraum. Ich hatte mein ganzes Leben Basketball gespielt. Doch ich war vorher noch nie ernsthaft verletzt gewesen. Wenn ich so darüber nachdenke, klingt es erstaunlich, aber ich hatte bis zu meinem Eintritt in die NBA nicht ein einziges Spiel aus Verletzungsgründen versäumt – selbst damals im Jenison Field House nicht, als ich mir gegen Ohio State den Knöchel verstauchte. Bis ich zu den Lakers kam, setzte ich lediglich die eine Partie aus, nachdem ich in der fünften Klasse mit Mrs. Dart aneinandergeraten war.

Meine Eltern flogen her, um mir im Krankenhaus beizustehen und mir nach der Operation zu helfen. Sobald alles vorbei war, wollten die Ärzte, daß ich aufstehen und herumgehen sollte, damit die Durchblutung im Bein wieder angeregt würde. Ich setzte mein rechtes Bein ab und begann dann langsam, mein linkes Bein, das in einem enormen Gipsverband steckte, zu bewegen. Als ich aufstand, schwitzte ich bereits wie verrückt. Dann wurde ich bewußtlos. Sie legten mich ins Bett zurück, und wir versuchten es am nächsten Tag erneut. Es dauerte drei Tage, bis es mir schließlich gelang aufzustehen.

Den Gips behielt ich ungefähr drei Wochen, und so lange humpelte ich auf Krücken herum. Ich ging zu unseren Heimspielen ins Forum, doch auf Auswärtsfahrten konnte ich das Team nicht begleiten, da ich mich im Krankenhaus zweimal täglich, sechsmal in der Woche, einer Physiotherapie unterziehen mußte. Noch bevor der Gips abgenommen wurde, machte ich spezielle Übungen mit den Zehen, um die Durchblutung zu fördern. Alle diese Übungen waren schmerzhaft, und die Verletzung hatte mich so runtergebracht, daß ich mich oft nur schwer motivieren konnte.

Als sie endlich den Gips abnahmen, war mein linkes Bein ganz verkümmert und schwach. Die Muskeln hatten sich zurückgebildet, und ich mußte unglaublich hart arbeiten, um meine frühere Kraft wiederaufzubauen.

Am schlimmsten war das Alleinsein. Es hatte zwar einige Zeit gedauert, aber ich hatte schließlich doch begonnen, mich bei den Jungs heimisch zu fühlen. Und jetzt plötzlich war das alles fort. Ich fühlte mich nicht länger als Teil der Mannschaft. Wenn ich die Lakers im Forum sah oder ihre Spiele im Fernsehen verfolgte, zerriß es mich schier, daß ich nicht da draußen auf dem Feld sein konnte. Ich sah einen freien Ball und dachte, den hätte ich bekommen können! Oder es gab eine unbedrängte Wurfmöglichkeit, und ich dachte, die hätte ich genutzt.

Wenn man gesund ist, betrachtet man so viele Dinge als Selbstverständlichkeit. Und wenn man in der NBA spielt, wird einem nicht einmal bewußt, wie beschäftigt man ist. Der Grund hierfür liegt womöglich darin, daß der Tagesablauf zum Großteil vorgegeben ist. Man weiß fast in jedem Augenblick, wo man gerade sein sollte: im Training, bei der Spielvorbereitung, beim Mittagsschlaf, im Bus, im Flugzeug, im Hotel.

Jetzt hatte ich all die Freizeit, die ich überhaupt nicht haben wollte. Und sie verging so *langsam*. Ich wußte nicht, wohin ich gehen und wie ich meinen Frust abreagieren sollte. Ich konnte Krafttraining machen, aber das war so ungefähr alles. Kein Laufen, kein Werfen und schon gar keine Spiele.

Jeder erzählte mir, ich sollte mir keine Sorgen machen, doch die machte ich mir trotzdem. Ich erwartete schon, daß mein Bein mit der Zeit besser werden würde. Aber wie sollte ich wissen, ob es völlig ausheilen würde? Und wenn ich endlich zurückkehren dürfte, würde ich jemals wieder so gut werden, wie ich es gewesen war? Bis zu der Verletzung hatte die Saison für mich toll begonnen. Ich erzielte im Durchschnitt 21,4 Punkte pro Spiel. Gar nicht so schlecht für einen Point Guard, dessen Hauptaufgabe im Passen bestand und der es in seinem Rookie-Jahr auf 18 Punkte gebracht hatte. Außerdem führte ich die Liga an mit den meisten Assists und Steals und bekam darüber hinaus mehr Rebounds als jeder andere Guard.

In den finstersten Momenten fragte ich mich, was passieren würde, wenn ich überhaupt nicht mehr zurückkommen könnte. Wenn sich herausstellen würde, daß ich einer dieser Typen wäre, die nur eine Saison in der NBA durchhalten konnten? In diesem Fall sollte ich eigentlich dankbar sein dafür, daß mein Rookie-Jahr mit einem solchen Höhepunkt zu Ende gegangen war. Aber ich fühlte keine Dankbarkeit. Ich fühlte mich übers Ohr gehauen. Und ich fühlte eine Riesenwut.

Das war meine größte Angst – daß ich nie wieder spielen würde. Nachdem ich einige Wochen den ganzen Tag zu Hause hatte verbringen müssen, begann ich mich schon ganz prächtig selbst zu bemitleiden. Coop besuchte mich, und er erinnerte mich daran, daß er zwei Jahre zuvor die gleiche Sache durchzustehen hatte. Das half ein wenig.

Zumindest durfte ich reisen, und so verbrachte ich einen Großteil meiner Rekonvaleszenz bei meinen Eltern in Lansing. Aber mir läuft noch heute ein Schauer über den Rücken, wenn ich an diesen schrecklichen Winter denke. Damals erreichte ich meinen absoluten Tiefpunkt.

Diese Erfahrung, verletzt zu sein, hat mir wirklich die Augen geöffnet. Zum erstenmal fühlte ich mich jetzt verwundbar. Ich begann zu erkennen, daß all die angenehmen Dinge, die mir über den Weg gelaufen waren, ebenso schnell wieder verschwinden konnten. Eben war man noch das begehrteste Objekt auf dem Markt, und in der nächsten Minute trägt man bereits Gips und sitzt den ganzen Tag vor dem Fernseher. Obwohl ich erst neu in die NBA gekommen war, wurde mir bewußt, daß früher oder später der Tag kommen würde, an dem ich nicht mehr spielen könnte. In der Folgezeit meiner Karriere rief ich mir, egal, wie stark ich mich auch fühlte, stets in Erinnerung, daß ich nur eine Knieverletzung vom Rücktritt entfernt war.

Sobald ich wieder trainieren durfte, schuftete ich bis zum Umfallen. Pat Riley, damals noch unser Assistenzcoach, erklärte sich bereit, mir bei meinem Aufbauprogramm zu helfen. Er arbeitete hart mit mir unter den verschiedensten Aspekten – Sprints in Intervallen mit unterschiedlicher Belastung, Übungen in Verteidigungshaltung, Rebounds, Dunks. Es gab Zeiten, in denen ich seine Hartnäckigkeit haßte, aber ich arbeitete weiter.

Dr. Kelan sagte, ich könnte am 20. Februar wieder anfangen zu spielen. Das war früher, als ich erwartet hatte, und allein die Vorstellung versetzte mich bereits in Erregung. Aber Jerry Buss befürchtete, meine Rückkehr käme zu früh, und er war so besorgt um mich, daß er sich sogar noch vorsichtiger als die Ärzte gab. »Überzeugt mich«, meinte er. »Demonstriert mir ohne den Schatten eines Zweifels, daß Earvin soweit ist, dann will ich es mir überlegen.« Sie einigten sich auf einen Kompromiß – ich kehrte eine Woche später als geplant zurück.

Die Eingewöhnung fiel nicht leicht. Ich hatte fünfundvierzig Spiele hintereinander verpaßt; das entspricht anderthalb Collegejahren. Und während meiner Abwesenheit hatten alle viel Zeit gehabt, mit der neuen Zusammenstellung der Mannschaft vertraut zu werden. Meine Mitspieler kamen prima ohne mich zurecht, gewannen die meisten Begegnungen. Nach meiner Rückkehr würden nun einige von ihnen weniger spielen und kleinere Rollen einnehmen müssen. Am einschneidensten traf dies Norm Nixon, der während meiner Verletzungspause als erster Point Guard eingesetzt worden war. Er hatte eine gute Saison und sah nicht ein, warum er Platz machen sollte, nur weil ich wieder gesund war.

Die Medien veranstalteten einen riesigen Rummel um meine Person, und das nahmen einige der Jungs anscheinend ebenfalls übel. Kein Wunder: Mir und meiner Verletzung wurde mehr Aufmerksamkeit entgegengebracht als meinen Mitspielern für ihre Siegesserie. Zehn Spiele vor dem prognostizierten Wiedereinsatz starteten die Lakers einen großen Countdown für mein Comeback. An dem Abend, an dem ich endlich spielte, fand eine riesige Wiedersehensfeier mit einer Unzahl von Medienvertretern und einem gewaltigen Schwarm von Photographen statt. Es gab T-Shirts und Buttons mit der Aufschrift THE MAGIC IS BACK. Und überall in der Stadt begegnete man meinem Gesicht, das von den Reklameflächen für 7UP herunterblickte. Ich war derart mit meinem Neubeginn beschäftigt, daß ich überhaupt nicht bemerkte, was meine Mitspieler angesichts all dieser abgefahrenen Aktionen empfanden.

Vor dem Spiel nahm Coach Westhead mich beiseite und sagte: »Es gibt einen spanischen Ausdruck, der für dein Auftreten heute abend gelten soll. *Suave, suave.* Geschmeidig, sanft. Immer mit der Ruhe heute abend, okay?«

Na klar, Coach. Aber ich hatte meinen für Eröffnungsspiele üblichen Tatterich. Schon bei meiner ersten Ballberührung gab ich einen tollen Paß – direkt zu Maurice Lucas von New Jersey. Dann verfehlte ich meine ersten beiden Würfe. Im zweiten Viertel entwickelten sich die Dinge ein wenig zum Besseren. Ich hielt mich recht anständig, und, was viel wichtiger war, mein Knie fühlte sich gut an.

Aber ich hatte während der ausgedehnten Pause eine Menge an Selbstvertrauen verloren. Und noch lange nach meiner Wiederkehr in das Team hielt ich mich zu sehr zurück. Ich verfolgte nicht meinen gewohnt aggressiven *Stil*, hatte Angst davor, zum Korb durchzustarten. Alles, woran ich denken konnte, war: Wie schütze ich mein Knie vor einer erneuten Verletzung? Wir erreichten die Playoffs und spielten in der ersten Runde eine Miniserie nach dem Prinzip Best-of-Three gegen Houston. Aber weiter kamen wir überhaupt nicht. Obwohl wir die erste Partie gewannen, blieb Houston in den folgenden beiden siegreich. Moses Malone war in Bestform und machte Kareem am Brett einfach fertig.

Ich spielte schrecklich, vor allem in der entscheidenden Begegnung. Fünfzehn Sekunden vor Schluß führte Houston mit einem Punkt. Ich brachte den Ball. Wie man sich denken konnte, sollte der Spielzug darauf hinauslaufen, Kareem eine Wurfmöglichkeit zu eröffnen. Aber ich sah keine Anspielmöglichkeit und begann statt dessen, zum Korb zu ziehen. Im nächsten Augenblick stieß ich mit Malone zusammen. Ich setzte zum Wurf an, der das Spiel hätte für uns entscheiden können. Er ging daneben. Verfehlte alles. Airball. Malone fing den Ball, Houston erzielte einen Korb, und wir verloren mit drei Punkten. Ende der Saison. Nur ein Jahr nachdem wir Philadelphia im Titelkampf besiegt hatten, schickte uns Houston ungewohnt frühzeitig in die Sommerferien.

Das war möglicherweise das schlechteste Spiel meiner Laufbahn. Ich hatte lediglich dreizehn Würfe, und davon verfehlten elf. Aber das schlimmste von allem blieb dieser letzte Schuß. Ich hatte versucht, der Held zu sein, und stand schließlich als Sündenbock da.

Die Rockets hingegen, welche die Saison mit einer mäßigen Bilanz von vierzig Siegen zu zweiundvierzig Niederlagen abgeschlossen hatten, hörten an diesem Punkt nicht auf. Sie gewannen in der nächsten Runde gegen San Antonio in sieben Spielen und danach gegen Kansas City in fünf. Aber selbst Moses gelang es nicht, seine Gefolgsleute ins Gelobte Land zu führen. Boston holte sich 1981 den Titel in sechs Spielen.

Inzwischen war der Unmut unter meinen Mannschaftskameraden weiter gewachsen. Zu Beginn der Playoffs trugen Norm Nixon und ich unseren Streit in den Zeitungen aus. Vieles davon war meine Schuld. Die Leute murrten, aber ich hätte darauf nicht über die Presse reagieren sollen. Journalisten lieben Fehden, und ihre Geschichten sorgten dafür, daß der Ärger weiterging. Ich hätte meine Ansichten für mich behalten oder sie ausschließlich Norm mitteilen sollen.

Schließlich waren wir Freunde, und ich verdankte ihm eine Menge. Während meines ersten Jahres hatte Norm mich unter seine Fittiche genommen. Wenn wir auswärts spielten, saß ich häufig in meinem Hotelzimmer und wußte nicht, wo man denn in Cleveland oder San Antonio oder Portland hingehen konnte. Dann hatte Norm gewöhnlich an meine Tür geklopft und gesagt: »Komm mit, Buck. Zeit zum Abendessen.« Er war ein Freund zu einer Zeit, als ich einen brauchte.

In meinem Rookie-Jahr besetzten Norm und ich die beiden Guardpositionen in den »Ersten Fünf«. Wir legten gar nicht richtig fest, wer von uns den Point Guard spielte, weil der Angriff unseres Teams immer auf denjenigen abgestimmt war, der gerade den Ball führte. Bis zu meiner Verletzung hatte das alles gut funktioniert.

Aber als Norm wieder die Regie übernahm, hatte er das Gefühl, nicht die verdiente Anerkennung zu erhalten. Das öffentliche Interesse konzentrierte sich völlig auf Kareem, Jamaal Wilkes und mich. Und wenn Michael eingewechselt wurde, begann die Menge zu grölen: »Coop, Coop, Coop!« Norm vermißte es, der Hauptdarsteller zu sein, der er gewesen war, bevor ich kam.

»Ich gehöre nicht zum auserwählten Volk«, zitierten ihn die Zeitungen nach meiner Rückkehr. »Ich dachte, Magic würde in die Mannschaft kommen und sich unserem Spiel anpassen, aber wir mußten uns in seines einfügen.«

Ich hätte es wegstecken sollen. Doch während der Playoffs erzählte ich Rich Levin vom *Herald-Examiner*, daß einige meiner Mitspieler undankbar wären und daß sie mir meine zusätzlichen Einnahmen aus der Werbung neideten. Vielleicht traf dies auch zu, aber deshalb war es noch lange nicht richtig von mir, es zu sagen.

Sobald die Saison vorüber war, lud mich Jerry Buss dazu ein, ihn nach Palm Springs zu begleiten. Er war über die Medien verärgert, die sich vor allem mit den Spannungen zwischen Norm und mir beschäftigten, und wollte meine Ansicht über die Situation kennenlernen. »Was ist los mit dir und Norm?« fragte er. »Ist es etwas, das ihr beiden unter euch klären könnt, oder sollen wir über einen Wechsel nachdenken?«

»Ich weiß, daß wir miteinander auskommen können«, antwortete ich. »Wir müssen uns nur aussprechen.«

In der darauffolgenden Woche traf Jerry uns beide in Las Vegas. Normalerweise kümmert sich ein Klubbesitzer nicht um solche Dinge, aber Jerry legte stets besonderen Wert auf Harmonie in der Mannschaft. Es kam mir vor, als ob Norm und ich Brüder wären, die gerade eine schlechte Zeit durchmachten, und Jerry wäre unser Vater.

Ich erzählte den beiden genau, was ich dachte: daß Norm und ich die schlagkräftigste Kombination von Guards in der Liga bildeten, daß wir unsere Probleme untereinander regeln könnten und daß es für die Mannschaft das beste wäre, wenn Jerry uns beide behielte. Das machte er denn auch, und im nächsten Jahr spielten Norm und ich sogar zusammen in der All-Star-Auswahl. Norm blieb noch zwei weitere Jahre bei den Lakers. Dann wurde er an die San Diego Clippers abgegeben, bei denen er seine Karriere beendete.

Norm und ich blieben Freunde, selbst nach den Unstimmigkeiten zwischen uns. Aber es funktionierte nie wieder genauso reibungslos wie in meiner Zeit als Rookie.

Erst im Sommer bekam ich endlich das Gefühl, wieder ganz der alte zu sein. Wie üblich ging ich nach Lansing zurück, wo ich mich an einigen Spielen im Jenison Field House beteiligte, um fit zu bleiben. In einem dieser Spiele dribbelte ich auf den Korb zu, als mein Gegenspieler mir einen Weg aufmachte und mich durch seinen Blick herausforderte, doch in die Zone zu kommen. Ich ziehe also durch zum Korb, springe mit meinem linken Bein ab und dunke den Ball direkt gegen den Mann.

Yes! Das war der lang ersehnte Augenblick. Plötzlich *wußte* ich einfach, ich war wieder völlig in Ordnung. Ich wünschte mir nur, das wäre schon einen Monat früher passiert.

Seit dem Ende meines Rookie-Jahres war Jerry Buss an einer Verlängerung meines Vertrages interessiert. Er hatte mit einigen anderen Spielern bereits erneut abgeschlossen und verhandelte nun während meiner gesamten Verletzungspause mit meinem Agenten, um zu einer neuen Abmachung zu kommen. Im Sommer 1981 bot er mir den bis dahin langfristigsten und lukrativsten Kontrakt in der Geschichte des Sports an: 25 Jahre, 25 Millionen Dollar.

Ganz offensichtlich reichte dieser Vertrag weit über meine aktive

Laufbahn hinaus. Jerry erklärte, daß er mir auch nach meiner Verabschiedung ein gutes Einkommen sichern wolle. Außerdem wollte er mir einen Job bei den Lakers garantieren. Es war ein sehr großzügiger Kontrakt, obwohl er seitdem mehr als einmal neu verhandelt wurde.

Die genauen Konditionen der Übereinkunft sickerten durch, wie es bei solchen Dingen stets der Fall ist, und einige meiner Mitspieler zeigten sich unzufrieden. Niemand, nicht einmal Kareem, hatte jemals einen Vertrag über fünfundzwanzig Jahre bekommen. Also, was sollte das bedeuten? Gehörte ich nun dem Management an?

Kareem bat Jerry um eine Unterredung. Ich habe immer vermutet, daß er wissen wollte, ob ich jetzt mehr Geld verdienen würde als er. Er konnte unbesorgt sein. Jedem war klar, daß Kareem, solange er dabeisein würde, der bestverdienende Spieler im Team bliebe. Tatsächlich hatte die Aufbesserung von Kareems Vertrag zu den ersten Maßnahmen des neuen Eigentümers Jerry Buss gezählt.

Das größte Problem in Verbindung mit meinem Vertrag waren jedoch nicht meine Mitspieler, sondern die häßliche Auseinandersetzung der folgenden Saison, in deren Zentrum ich geriet. Die Medien und weite Teile der Öffentlichkeit gaben mir die Schuld und stellten einen Zusammenhang mit diesen langfristigen, millionenschweren Abmachungen her.

Vorab ein wenig zum Hintergrund: Als ich 1979 zu den Lakers kam, hieß unser Coach Jack McKinney. Ich mochte Jack und lernte eine Menge von ihm, insbesondere die Umstellung auf die in der NBA ausschließlich gespielte Mannverteidigung. Außerdem arbeitete er mit mir an der Verbesserung meiner Pässe. Vorher im College hatte ich manchmal recht lasche Pässe gegeben, aber damit konnte man in der NBA nicht bestehen. McKinney brachte mir bei, die Bälle mit mehr Druck zu spielen, so daß es schwieriger wurde, sie abzufangen.

Meine Rookie-Saison war gerade dreizehn Spiele alt, als ich zu Hause im Fernsehen die aktuelle Meldung hörte, daß Coach McKinney bei einem Fahrradunfall schwer verletzt worden war. Auf dem Weg zum Tennisspielen mit Paul Westhead, seinem Assistenten, ging an einer abschüssigen Strecke irgend etwas an seinem Rad kaputt. Während eines lockeren Wurftrainings am nächsten Tag wurde uns dann mitgeteilt, daß Westhead die Aufgaben des Coachs übernehmen würde.

Zu *seinem* Assistenten wählte Westhead wiederum Pat Riley, den glänzenden Kommentator des Radio- und Fernsehsenders der Lakers. Riley war sich zwar nicht sicher, ob er für das Coachen geschaffen sei, aber er beschloß, es auf einen Versuch ankommen zu lassen. Sollte es nicht funktionieren, konnte er ja immer noch zum Fernsehen zurückgehen.

In seinem ersten Jahr als Coach beließ es Westhead im wesentlichen dabei, uns den Ball hinzuwerfen und zu sagen: »Spielt.« Er hielt an McKinneys System fest, in dessen Zentrum viel Bewegung und eine sehr gute, flexible Angriffsarbeit stand. Wir liefen Fast Breaks, allerdings nicht so viele wie später unter Pat Riley. Immerhin spielten wir das Jahr unter Westhead gut genug, um den Titel zu gewinnen.

Zahlreiche Coaches in der NBA sind ehemalige Spieler, weshalb es ihnen leichter fällt, den Aktiven gegenüber den richtigen Ton anzuschlagen. Paul Westhead war ein ehemaliger Englisch-Professor mit dem Spezialgebiet Shakespeare. Bevor er zu den Lakers kam, hatte er am La Salle College gecoached, besaß jedoch nicht viel Erfahrung bei den Profis. Er bemühte sich zwar, uns anzuspornen, aber er konnte seine Absichten nicht besonders gut vermitteln – er sprach derart kompliziert, daß zuweilen keiner wirklich verstand, wovon gerade die Rede war.

Während Westheads erster Saison bei den Lakers gab es eine Situation, in der wir wenige Sekunden vor Schluß eines Spiels mit einem Punkt zurücklagen. In der Auszeit blickte Westhead mich an und zitierte eine Zeile aus *Macbeth*: »Wär's abgetan, so wie's getan ist, dann wär's gut. / Man tät' es eilig.«

Was jetzt? Da wir die Situation ja nicht zum erstenmal erlebten, wagte ich einen gebildeten Vorschlag: »Coach, wollen Sie damit sagen, ich soll den Ball zu unserem Langen runterpassen?«

Er nickte. Wenn Westhead auch für gewöhnlich nicht herumlief und Shakespeare zitierte, so geschah es doch häufig, daß wir keinerlei Ahnung hatten, was er eigentlich sagen wollte.

Aber das Problem war nicht Paul Westheads Sprache. Das Problem war, daß er gegen eine der Grundregeln verstieß, die für den Sport, die Politik, das Geschäftsleben, ja für mehr oder weniger alle Bereiche gültig ist: Man soll nichts reparieren, was noch gar nicht kaputt ist.

Zwei Spielzeiten lang ließ Westhead uns frei aufspielen, ließ uns improvisieren. Aber als wir vor der Saison 1981/82 ins Trainingslager kamen, führte Westhead ein vollkommen neues System ein. Anstatt uns laufen zu lassen, plazierte er uns in einer durchstrukturierten, wohlüberlegten Angriffsaufstellung, die sich immer erst formieren mußte. Unser gesamtes Spiel war nunmehr darauf ausgerichtet, den Ball zu Kareem zu bekommen, während die vier anderen Leute in bestimmten Bereichen des Spielfeldes verbleiben sollten. Als System war das überhaupt nicht so schlecht. Aber es war nicht der Basketball der Lakers, und es schöpfte sicherlich nicht das Potential unserer Mannschaft aus. Statt Showtime wollte Westhead uns Slowtime beibringen.

Vorher unter Coach McKinney war Kareem mehr als ein Korbjäger gewesen; er hatte darüber hinaus auch erfolgreich den Lockvogel gespielt. Wurde er von der Verteidigung, wie in den meisten Fällen, gedoppelt, konnten wir andere Angriffsmöglichkeiten finden. Zuerst versuchten wir dann, Jamaal Wilkes einen Sprungwurf machen zu lassen. War Silk zu eng gedeckt, blockten wir Norm Nixon frei. Und wenn das nicht funktionierte, konnten wir den Ball immer noch zu Kareem ans Brett passen.

Westhead dagegen wollte, daß wir zuerst über Kareem spielen sollten. Aber wenn man damit anfängt, dauert es nicht lange, bis jeder in der Halle weiß, was als nächstes kommt. Unter Westhead wurden wir berechenbar.

Der Schlüssel zum Erfolg liegt im Basketball darin, *nicht* berechenbar zu sein. Der Trick ist, einfache Körbe zu erzielen, wann immer sich die Gelegenheit dazu bietet. Die Trefferquote beim Korbleger ist extrem hoch, und der Fast Break macht ihn möglich. Manchmal mag ein ruhiger Spielaufbau, das langsame Umschalten von Abwehr auf Angriff, notwendig sein, vor allem, wenn man keine schnelle Mannschaft hat. Aber in der Regel sollte dies nicht die erste Wahl sein. Es kann schon bald zu einem mechanischen Spiel führen, das nicht sonderlich effektiv ist – und wenig Spaß macht.

Westheads System hatte wesentliche Auswirkungen auf die Stimmung im Team. Jetzt gab es seltener High Fives und weniger Kameradschaft. Vorher waren wir fünf Typen gewesen, die über das gesamte Spielfeld wirbelten. Jetzt waren wir nur noch vier Typen, die versuchten, den Ball zu dem fünften zu spielen. Der Ball blieb in Bewegung, aber die Körper nicht.

Viele von uns waren verärgert, aber keiner wollte sich beklagen. Kareem stand auf der Seite Westheads und konnte kein Problem sehen; er bekam den Ball und dominierte in den Spielen mehr als je zuvor.

Wir besaßen eine Menge Potential, doch wir deklassierten unsere Gegner nicht. Und wir spielten zweifellos unsere Stärken nicht aus.

Sogar mein Vater war aufgebracht. Er verfolgte alle Spiele der Lakers über eine in Lansing installierte Satellitenschüssel, und er rief mich an, um sich zu beschweren. »Aus welchem Grund lauft ihr Jungs nicht?« fragte er. »Das ist nicht die Mannschaft, die ich in Erinnerung habe.«

Als Westhead sein neues System einführte, legten die Lakers einen fürchterlichen Saisonstart hin. Wir verloren vier der ersten sechs Begegnungen, darunter eine riesige Abfuhr gegen San Antonio. Bei den meisten Mannschaften bedeutet eine Bilanz von 2:4 lediglich, daß man einen schlechten Anfang hatte. Aber wenn die Lakers so beginnen, dann muß etwas nicht in Ordnung sein.

Ich versuchte, Westhead zu erklären, daß er meiner Meinung nach den falschen Weg beschreiten würde. Aber er wollte nichts davon hören. Als er mir vorwarf, ich würde nicht genügend Rebounds bekommen, fragte ich ihn, wie er das denn auch erwarten könnte, wenn er mich zehn Meter vom Korb entfernt spielen ließe.

Die Situation spitzte sich am 18. November in Utah zu. Wir standen während einer Auszeit im Kreis, als ich um Wasser bat.

»Earvin, halt die Klappe!« sagte er. »Schieb deinen Arsch zurück in den Kreis und hör zu!«

»Ich *höre* zu«, erwiderte ich.

»Du solltest *mich* dabei ansehen«, meinte er.

Ich zügelte meine Wut.

Unmittelbar nach dem Spiel zog er mich in einen kleinen Geräteraum am Ende des Kabinenganges. Wir waren beide stinksauer.

»Ich hab genug von deiner beschissenen Einstellung«, sagte er, »und ich werde sie mir nicht länger gefallen lassen. Entweder fängst du an, auf mich zu hören, oder du wirst nicht mehr spielen.«

»Ich hab auch genug«, sagte ich. »Deshalb solltest du mich vielleicht am besten überhaupt nicht mehr einsetzen. Ich mach sowieso nicht viel, also warum schickst du mich nicht gleich woandershin?«

Das war das erstemal, daß wir uns derart gestritten hatten. Aber er hatte mich angegriffen, und wenn das passiert, dann gebe ich keinen Deut nach.

Als ich in die Kabine zurückkam, sagte ich: »Ich muß gehen. Es ist toll gewesen, Jungs, aber ich werde den Chef bitten, mich den Verein wechseln zu lassen.«

Meine Mitspieler reagierten nicht. Sie teilten zwar meine Enttäuschung, aber sie glaubten nicht, daß ich ernsthaft an einem Wechsel interessiert sein würde. Schließlich war ich nicht unbedingt der erste Spieler, der in der Kabine meckerte und jammerte.

Die Reporter kamen dazu und wußten bereits, daß etwas im Schwange war. Sie stürzten sich sofort auf mich, und ich äußerte mich völlig unverblümt. »Ich kann hier nicht mehr spielen«, teilte ich ihnen mit. »Ich muß weg. Ich würde gerne verkauft werden.« Sie waren verblüfft. Meinte ich das wirklich? War es mir tatsächlich ernst? »Ganz bestimmt«, sagte ich. »Ich bin die gesamte Saison nicht glücklich gewesen. Es hat nichts mit den Jungs zu tun. Ich liebe sie und alle anderen. Aber ich bin nicht glücklich. Ich bin lediglich anwesend. Ich spiele zwar so engagiert wie möglich, aber es macht mir keinen Spaß.«

Am nächsten Morgen titelte die *Los Angeles Times* auf der ersten Seite: MAGIC'S BOMBEN-MELDUNG: ER WILL WECHSELN. LAKER STAR SAGT, ER UND WESTHEAD »KOMMEN NICHT AUF EINEN NENNER«.

Sobald wir zurück in Los Angeles waren, traf ich mit Jerry Buss und

Jerry West, dem General Manager, zusammen. Beide sagten mir das gleiche: daß ich zuerst zu ihnen hätte kommen sollen, bevor ich mit meiner Quatscherei loslegte. Und beide hatten sie recht.

Paul Westhead wurde am nächsten Tag gefeuert.

War ich dafür verantwortlich? Nein. Aber ich war auch nicht ganz unschuldig daran. Jerry Buss hatte sich bereits vorher dazu entschlossen, Westheads Vertrag zu kündigen. Doch zu dieser Zeit wußte niemand von uns davon. Und meine Bemerkungen hatten die Sache sicherlich nicht einfacher gemacht.

Hatte ich mit Absicht auf seine Entlassung hingearbeitet?

Nicht im geringsten. Ich war jung und naiv, und mir war wirklich nicht bewußt, wieviel Einfluß ich besaß. Als ich der Presse meinen Wunsch nach einem Vereinswechsel mitteilte, versuchte ich damit nicht eine Botschaft über den Coach loszuwerden. Ich meinte es so, wie ich es sagte: Ich war der Meinung, ich würde bei einer anderen Mannschaft glücklicher sein. Bei dem Stand-Basketball, den Paul Westhead bevorzugte, fühlte ich mich fehl am Platz. Was ich da zu tun hatte, konnte jeder andere genausogut. Und es gab viel Mißstimmung in der Mannschaft. (Selbstverständlich ist nie alles völlig schwarz oder völlig weiß: Wir *waren* erfolgreich. Als Westhead gefeuert wurde, hatten die Lakers nach fünf Siegen in Folge eine Bilanz von 7:4.)

Andere sahen es nicht so. Ganz Los Angeles und beinahe jeder Sportinteressierte im Land waren überzeugt davon, Magic Johnson habe soeben seinen Coach gefeuert. Meine Bemerkungen in der Presse über den Wunsch zu wechseln wurden als Ultimatum ausgelegt. Rückblickend kann ich das heute gut verstehen. Aber ich hatte sie bestimmt nicht so gemeint.

Nach einer vorübergehenden Unschlüssigkeit in der Chefetage übernahm Pat Riley die Aufgaben des Coachs. Einige Jahre später wurde Paul Westhead, nach kurzzeitiger Verpflichtung bei den Chicago Bulls, Coach der College-Mannschaft von Loyola Marymount, in deren Halle auch die Lakers trainieren. Eine Zeitlang war dies unangenehm, da Loyola unmittelbar nach uns begann. Konnten Paul und ich ein Zusammentreffen nicht umgehen, grüßten wir uns beiläufig. Es sollte noch einige Jahre dauern, bis wir uns miteinander unterhalten konnten, aber schließlich verrauchte der Zorn. Im Lauf der Jahre stieg meine Achtung vor Paul Westhead. Er wurde ein besserer Coach. Und ich wurde hoffentlich ein verantwortungsvollerer Mensch.

Aber damals war ich eben der Bösewicht. Das war eine neue Rolle für mich, und ich haßte sie. Überall in der Liga begannen die Fans, mich auszubuhen. Ich war zwar auch schon früher ausgebuht worden, aber nur, weil ich zu den Stars in der Gastmannschaft gehörte; ein solches Buhen ist eine Auszeichnung. Jetzt buhten sie den Menschen aus, der ich ihrer Meinung nach war. In Seattle überschüttete mich die Menge bei jeder Ballberührung mit höhnischen Bemerkungen. Ich würde ja gerne behaupten, daß meine Leistung auf dem Spielfeld dadurch nicht beeinflußt wurde, aber das würde nicht der Wahrheit entsprechen. Im Kingdome waren damals mehr als zwanzigtausend Zuschauer versammelt. Glauben Sie mir, das ergeben eine Menge Buhs. Es war ein harter Abend, einer der schlimmsten in meinem Leben.

Das Publikum stand auch in anderen Städten gegen mich, aber Seattle war aus irgendeinem Grund am unerbittlichsten. Im Forum buhten sie mich nur ein einziges Mal aus – im ersten Spiel nach Westheads Entlassung. Obwohl ich damit gerechnet hatte, war es doch eine schreckliche Erfahrung, von den eigenen Fans ausgebuht zu werden. Ich mußte die Zähne zusammenbeißen, um gegen die Tränen anzukämpfen.

Ich war mir sicher, daß die Buhs im Forum nicht lange zu hören sein würden. Sobald die Fans sähen, daß wir zu unserem schnellen Angriffsspiel, zu dieser Run-and-gun-Offense, zurückkehrten, so dachte ich, würde alles verziehen sein. Genau das war der Fall. Im zweiten Viertel dieses ersten Spiels jubelten sie uns schon wieder zu.

Aber es dauerte eine ganze Weile, bis sich die Dinge auch auswärts wieder normalisierten. Und bis es soweit war, ging es mir wirklich schlecht. Ich litt an Schlafstörungen. Ich verlor meinen Appetit. Ich sprach jeden Tag mit meinem Vater, der mir riet, einen coolen Kopf zu bewahren und weiterzumachen. Einige Wochen lang ging ich allen aus dem Weg und gab keinerlei Interviews. Aber in meinem tiefsten Inneren wußte ich, daß ich nichts Verwerfliches getan hatte.

Zu meiner größten Enttäuschung traten meine Mitspieler nicht zu meiner Verteidigung an. Ich weiß, daß sie mit mir übereinstimmten, denn wir alle hatten uns untereinander über Westheads System beklagt. Ich sprach auch in ihrem Sinn, als ich gegenüber der Presse plapperte, und sie wußten das. Aber sie sahen, wie es mir erging und entschlossen sich daraufhin, still zu bleiben. Sobald Westhead gefeuert wurde, rannten die Journalisten zu Kareem und Norm. Doch die waren viel zu clever und erfahren, um sich in diese Geschichte einzumischen.

Den richtigen Zeitpunkt zu finden ist alles. Ein Grund dafür, daß die Leute so wütend auf mich wurden, lag in meinem neuen Vertrag, dessen Abschluß kurz vor der Entlassung Westheads bekanntgeworden war. Immer und immer wieder wurde ich als verwöhnt, überbezahlt, rücksichtslos und selbstsüchtig dargestellt.

Jim Murray meinte in der *Los Angeles Times* schonungslos: »Der Mann, von dem sie dachten, ihm gebühre als ausgestopftes Spielzeug ein Platz auf dem Wandregal unmittelbar neben Yogi-Bär und Bambi, erwies sich als Kerl, der sogar für Mickymaus eine Falle aufstellen würde.« Und: »Jetzt wissen wir, weshalb man ihn Magic nennt. Er ließ den Boß verschwinden.« Und weiter: »Jeder, der gedacht haben sollte, Magic Johnson habe sich einen Wechsel nach Milwaukee oder Indianapolis oder Detroit gewünscht, ab in die Ecke. Magic möchte keine Werbung für Sauerkraut machen müssen. Er wollte lediglich den Boß mit einer Täuschung aus dem Spiel fliegen lassen – bis nach draußen in die Popcorn-Maschine. Jerry Buss fiel auf den Trick herein, und – slam, dunk! – dahin geht Westhead.«

Auch die Fans waren verärgert. Die *Times* erhielt so viele Briefe, daß sie eine spezielle Rubrik einrichten mußte, um all die Kritik zu publizieren. Magic Johnson ist eine Heulsuse. Er ist kein All Star. Er ist ein verzogener Fratz. Seinen nächsten Vertrag sollte er mit Gerbers Babynahrung abschließen. Jemand sollte dem Kleinen den Hintern versohlen. »Such Dir einen neuen Spitznamen«, schrieb ein Fan. »Deiner paßt nicht mehr.«

Einige Leute waren auch auf den Eigentümer sauer. »Wenn es einer verhätschelten Primadonna gelingt, daß ein qualifizierter Coach gefeuert wird, dann sollten die wahren Geldgeber, die Fans, die Sache selbst in die Hand nehmen. Boykottiert die Spiele, bis Jerry Buss, der wahre Übeltäter, das Team verkauft.« Und: »Jerry Buss hat den Glauben und das Vertrauen von Tausenden zerstört. Er gab sich einer der größten Heulsusen geschlagen, die der Sport jemals gesehen hat: Johnson, dem goldenen Vielfraß.« Und: »Ich kann es nicht glauben. Ein Erfolgscoach wird gefeuert, weil ein Überbezahlter, entsetzlich verwöhnter Superstar ein aufbrausendes Naturell besitzt.«

Bin ich nur empfindlich, oder läßt sich hier nicht ein immer gleiches Strickmuster erkennen?

Man kann nicht mit so viel Engagement, mit so viel Siegeswillen bei der Sache sein, wie ich es bin, und den Punkt nicht kennen, an dem man überkocht. Manchmal glauben die Leute, nur weil ich schnell lächle, könne ich niemals wütend werden. Aber ich werde es. Wenn dir die Intensität des Sports so viel bedeutet, wirst du auch deine Gefühle nicht auf Dauer verheimlichen können. Ich bin nie wieder so explodiert wie in der Auseinandersetzung mit Westhead. Aber die Fans sollten nicht unterschätzen, in welch hohe Spannung man gerät, wenn man sich Abend für Abend die Seele aus dem Leib spielt und es dann trotzdem nicht funktioniert.

Wenn ich gewußt hätte, daß Westhead tatsächlich kurz vor dem Rausschmiß stand, hätte ich kein Wort gesagt. Statt dessen brachte ich offen meine Empfindungen zum Ausdruck und mußte dafür den Preis zahlen. Ich hätte erkennen müssen, daß ich nicht verkauft werden würde, aber das war mir nicht bewußt. Und ich war auf alle Fälle zu einem Wechsel bereit.

Es wurde dann kein Wechsel von mir, sondern ein Wechsel zu Pat Riley als neuem Coach. Er behielt zwar Teile von Westheads System bei, aber er war froh, uns laufen zu sehen. Unter Westhead war jeder dazu angehalten, auf seinen vorgeschriebenen Platz zu gehen, sobald wir den Defensiv-Rebound bekommen hatten. Damit machte Riley Schluß. Wie jeder andere Coach postierte er Kareem tief an der Zone. Wir ließen die gleichen Spielzüge für Kareem ablaufen wie gewöhnlich, doch wir ergänzten sie mit neuen Wurfalternativen für alle anderen.

Zuerst war Riley vorsichtig, ja sogar ein wenig verschüchtert. Wer wäre das nicht gewesen? Wir waren ein gutes, erfahrenes Team mitten in einer Siegesserie, so daß er nur wenig gewinnen, aber alles verlieren konnte. Außerdem waren zwölf Augenpaare auf ihn gerichtet, die sehen wollten, ob er sich Respekt verschaffen würde. Es gelang ihm. Er profilierte sich während des ersten Jahres zwar noch nicht allzusehr, aber es gab keine Zweifel daran, wer für die Show verantwortlich war. Und er muß schon einiges richtig gemacht haben, denn unsere Bilanz unter Riley wies 50 Siege und nur 21 Niederlagen auf. Danach warfen wir Phoenix und San Antonio aus den Playoffs, ohne ein einziges Spiel abzugeben.

Wieder einmal standen sich in der Finalrunde Los Angeles und Philadelphia gegenüber. Und wie 1980 schlugen wir die 76ers auch 1982 in sechs Spielen und gewannen die Meisterschaft. Trotz all der Vorkommnisse waren wir wieder die Lakers. Und unter Riley wurden wir nur noch besser.

Zu all den Schwierigkeiten, mit denen ich in dieser Zeit konfrontiert war, kam noch eine weitere dazu, der ich mich stellen mußte. Doch die hatte nichts mit Basketball zu tun. Sie war privater Natur, und einige Jahre lang wußte nur eine Handvoll von Leuten davon.

Während einer Zeit, in der Cookie und ich uns getrennt hatten, war ich mit Melissa Mitchell zusammen, einer Freundin aus der High School. Im Sommer 1980 rief mich Melissa aus Lansing an und erzählte mir, daß sie schwanger war. Das waren keine guten Neuigkeiten. Ich war einundzwanzig Jahre alt und den Aufgaben eines Vaters noch nicht gewachsen.

Das Baby wurde am 20. Februar 1981 geboren, und ich flog am darauffolgenden Tag nach Lansing, um es zu sehen. Im Krankenhaus gab es eine peinliche Szene, denn hier lag der hübsche kleine Junge, der mein Sohn war –, nur, daß wir nicht wirklich zur selben Familie gehörten. Damals sahen Melissa und ihre Familie in mir den Schurken, und es sah so aus, als würde es böses Blut geben.

Aber jeden Sommer, wenn ich nach Lansing zurückkehrte, besuchte ich Andre, und dann hatten wir Zeit füreinander. Als er alt genug war, begann ich mit ihm Ausflüge zu machen – in den Zirkus, ins Kino oder auch nur zum Friseur –, und er verbrachte eine Menge Zeit bei mir und meinen Eltern. Es war für uns alle schwer – für Andre, für Melissa und für mich. Ich war noch sehr jung und wußte nicht, wie ich der Vater sein könnte, der ich sein wollte.

Selbst wenn Melissa und ich uns stritten – und das taten wir häufig, als Andre noch klein war –, blieb er stets ein fröhliches Kind. Als er älter wurde, begann er zu fragen, warum seine Mama und ich nicht heirateten. Die ehrliche Antwort auf diese Frage wäre gewesen, daß wir einander nicht liebten, aber das wollte ich ihm nicht sagen. Deshalb erzählte ich ihm eine andere Wahrheit – daß seine Mama in Lansing lebte und ich weit entfernt in Kalifornien.

Als Andre fünf Jahre alt war, gelang es Melissa und mir, die Spannungen aus der Vergangenheit zu überwinden, und seitdem haben wir uns regelmäßig über Andres Entwicklung und seine Fortschritte in der Schule unterhalten. Es ist nicht einfach, eine alleinerziehende Mutter zu sein, und Melissa hat diese Aufgabe hervorragend bewältigt.

Sobald Andre alt genug war zu reisen, begann er, mich während seiner Ferien in Los Angeles zu besuchen. Manchmal machen wir Ausflüge, zum Beispiel nach Disneyland. Und manchmal bleiben wir einfach zu Hause. So oder so, wir verbringen immer eine tolle Zeit. Ich habe versucht, nicht allein sein Vater, sondern auch sein Freund zu sein, genauso wie es mein Vater für mich gewesen ist. Und ich habe den Eindruck, das ist mir gelungen.

ELFTES KAPITEL

Die Jungs im Bus

Während meines dritten Jahres bei den Lakers und nachdem Pat Riley Coach geworden war, begannen die Lakers zu dem überragenden Team der achtziger Jahre zusammenzuwachsen. Gemeinsam mit den Celtics beherrschten wir die Liga. In diesen Jahren machte ich auch meine grundlegenden NBA-Erfahrungen. Ich war jetzt ein Routinier in einer Meistermannschaft. Wir besaßen einen Coach mit Stehvermögen und waren der großartigste Haufen von Mannschaftskameraden, den man sich überhaupt vorstellen konnte. Diese Jungs hatten das, worauf es ankommt: Talent und Persönlichkeit. Sie waren Siegertypen.

Von all den Spielern, die dazugehörten, als Pat Riley 1981 seinen Job begann, waren nur noch Michael Cooper und ich übriggeblieben, als Riley 1990 wieder aufhörte. Kareem hatte ein Jahr zuvor seinen Rücktritt erklärt. Kurt Rambis wechselte 1988 zu einem anderen Verein. James Worthy kam 1982 nach Los Angeles, so daß er immerhin fast die gesamte Riley-Ära miterlebte. Byron Scott stieß 1983 zu den Lakers. Andere kamen und gingen, aber der Charakter der Mannschaft blieb immer der gleiche: hart arbeitend, zielbewußt und fest zusammenhaltend.

In manchen Teams hat man zwölf Spieler, die nach der Landung am Flughafen in zwölf verschiedene Taxen steigen. Bei uns dagegen war es bald so, daß man elf Leute fragen mußte, was sie zum Mittagessen mitgebracht haben wollten, bevor man sich auch nur ein Sandwich holen konnte. Dieses gute Verhältnis untereinander war völlig ungezwungen. Es zeigte sich zum Beispiel darin, daß bei einer Mannschaftsfeier stets alle mitmachten. Konnte man nicht lange bleiben, war das okay – Hauptsache man kam vorbei. Viele waren verheiratet, und Riley achtete darauf, daß auch die Ehefrauen mit einbezogen wurden.

Dieser starke Zusammenhalt war für die Liga ein wenig ungewöhnlich, und alle Spieler, die zu uns wechselten, erklärten, in keinem ihrer früheren Teams hätten so viel Gemeinschaftsgeist und so enge persönliche Beziehungen bestanden wie bei den Lakers.

Innerhalb der Mannschaft gab es noch einige kleinere Gruppierungen. Coop und ich hingen immer zusammen, und ich glaube, seit ich erwachsen bin, habe ich mit keinem anderen Menschen soviel Zeit verbracht. Egal ob wir im Bus unterwegs waren, im Flugzeug saßen oder auch nur einen Flur hinuntergingen, wir schienen unzertrennlich. Wir waren uns gegenseitig immer eine Hilfe – beim Verarbeiten tragischer Niederlagen genauso wie beim Feiern unserer Meisterschaften.

Bei Auswärtsfahrten tat sich in der Regel noch Norm Nixon mit uns zusammen. Und nach Norms Vereinswechsel 1983 nahm Byron Scott dann sofort seinen Platz ein. Coop, Byron und ich nannten uns die Drei Musketiere. In anderen Städten gingen wir meist gemeinsam zum Essen aus oder ins Kino.

Kurt Rambis und Mitch Kupchak standen sich nah. James Worthy und Mike McGee hingen zusammen, und manchmal schloß Kareem sich ihnen an. Wir alle hatten unsere persönlichen Freundschaften. Aber von dem Augenblick an, da wir auf dem Parkett erschienen, waren wir ein geschlossenes Team.

Es gab zudem kaum Neid. Brauchte Kareem einen trainingsfreien Tag, dann mochten wir ihn deshalb aufziehen. Aber niemand erhob ernsthaft Einwände. Wenn ein wenig Ruhe dem langen Kerl half, besser zu spielen, so waren wir alle dafür.

Ein Grund für diese Harmonie in der Mannschaft lag in dem Erfolg, den wir hatten. Aber vielleicht verhielt es sich auch genau andersherum.

Außerdem war es von Vorteil, daß unsere Auswechselspieler ihre Rolle innerhalb der Mannschaft akzeptierten. Ich bin niemals in ihrer Situation gewesen, so daß ich nur ahnen kann, wie frustrierend dies sein muß. Da verbringst du Jahre mit dem Versuch, in die NBA reinzukommen. Und wenn du es endlich geschafft hast, erhältst du nur dann Gelegenheit zu spielen, wenn die Begegnung bereits entschieden ist und die Fans sich schon auf dem Weg zum Parkplatz befinden. Selbst die Auswechselspieler waren in der High School und im College Stars gewesen, deshalb ist dieser Statusverlust oft dramatisch. Ich bewundere ehrlich jeden, der seine positive Einstellung behält, auch wenn er nur selten zum Einsatz kommt.

Manchmal haben die Fans den Eindruck, die Auswechselspieler würden nicht besonders hart arbeiten müssen für ihr Geld. Doch das stimmt ganz und gar nicht. Sie erledigen lediglich ihre Hauptarbeit während des Trainings, wenn außer ihren Mitspielern und den Coachs niemand dabei ist, der sie sehen könnte. Ich kann zwar nicht für andere Teams sprechen, aber die Auswechselspieler bei den Lakers arbeiteten extrem hart. Für sie war jedes Training wie ein richtiges Spiel. Diese Jungs kämpften permanent um etwas mehr Spielzeit oder um einen Platz unter den »Ersten Fünf«. Und manchmal kämpften sie sogar um ihre Jobs.

Wenn so ein Reservist dreimal die Woche morgens mit voller Kraft auf dich losgeht, dann bereitet einen das bestens auf die regulären Partien vor. Der dauernde Druck, den die Auswechselspieler ausüben, hält die Hauptakteure in Spannung.

Die Verkörperung eines hervorragenden Auswechselspielers war für mich Wes Matthews. Wes war nur zwei Spielzeiten bei uns, aber er hat sich ohne Zweifel die richtigen beiden ausgesucht. Während dieser Jahre, 1986–1988, gewannen wir zwei Meisterschaften in Folge. Wes engagierte sich im Training immer bis zum Umfallen, und während der Spiele feuerte er uns pausenlos an. Die Fans kannten ihn kaum, aber die Jungs in der Mannschaft wußten alle um seinen Beitrag an unserem Erfolg. Wenn er verärgert oder frustriert darüber war, nicht eingesetzt worden zu sein, ließ er es sich jedenfalls nicht anmerken.

Ich habe Teams gesehen, in die der elfte oder zwölfte Mann große Unruhe brachte, weil er permanent jammerte, er würde keine faire Chance erhalten und hätte zu wenig Spielzeit. Nach meiner Meinung hat die Vereinsführung in solchen Fällen keine andere Möglichkeit, als diese Typen rauszuschmeißen. Es spielt für mich keine Rolle, wie talentiert sie sind. Ein oder zwei Spieler mit einer miesen Einstellung können sehr schnell ein paar andere damit anstecken, und bevor man sich versieht, sitzen drei oder vier Nörgler auf der Bank. Schon ein schlechtgelaunter Typ ist zu viel, aber mehr als einer kommt einer Katastrophe gleich. Wenn Spieler beginnen, sich mehr mit dem Gewinsel als mit dem Gewinnen zu beschäftigen, ist alles vorbei.

Jemand fragte einmal Jerry Buss, ob es wahr wäre, daß er bei der Spielersuche für die Lakers ebensoviel Wert auf die Persönlichkeit der Kandidaten legen würde wie auf ihr Talent.

»Beinahe«, sagte Buss. »In Wahrheit gibt es so viele Talente da draußen, so daß wir in *erster Linie* auf Persönlichkeit achten.«

Zu Hause herrschte in der Mannschaft eine ganz andere Stimmung als unterwegs. Wenn wir im Forum spielten, ging jeder im Anschluß an die Partie nach Hause und lebte sein eigenes Leben. Unterwegs waren wir eine viel stärkere Gemeinschaft. Ich liebte die Reaktion der Leute in anderen Städten auf unser Erscheinen. Schon auf dem Flughafen konnten wir stets hören, wie sie einander zuraunten: »Da kommen die Lakers!« In der Regel sagten sie das mit einer gewissen Erregung. Selbst dem, der kein besonders großer Basketballfan war, war Showtime ein Begriff. Und er wußte auch, daß die Lakers Champions waren.

Wir gaben gewöhnlich einige Autogramme auf dem Flughafen, vor allem, wenn einer von uns sich noch aufhielt, um Eis oder Popcorn zu kaufen. Aber der wahre Menschenauflauf kam meist erst zustande, wenn wir ein oder zwei Tage später wieder zum Flughafen zurückkamen und im Terminal auf unseren Abflug warteten. Dann hieß es Autogramme geben, für Photos posieren, all solche Sachen. Selbst wenn wir am vorangegangenen Abend die Heimmannschaft geschlagen hatten, verhielten sich die Fans immer freundlich zu uns.

Aber diese Zeiten sind jetzt mehr oder weniger vorbei. Heute benutzen die meisten Teams gecharterte Maschinen. Die Lakers praktizierten dies als eine der ersten Mannschaften, und wir lernten den Unterschied wirklich schätzen. Es ist zwar wesentlich teurer, aber auch sehr viel angenehmer, wenn man unmittelbar nach dem Spiel abfliegen kann. Die meisten von uns schliefen sowieso nicht vor zwei, drei Uhr morgens ein, und dann machte es überhaupt keinen Spaß, wenn man am nächsten Tag früh aufstehen mußte, um einen Linienflug zu bekommen. Die Chartermaschine und die verschiedenen Zeitzonen erlaubten es uns, aus Orten wie Utah, Denver, Houston, Dallas und San Antonio nach Hause zu fliegen und immer noch zu einer halbwegs annehmbaren Uhrzeit in den eigenen Betten zu liegen.

Egal, wohin es ging, wir hatten alle unsere angestammten Sitzplätze. Kareem saß immer auf 1B. Hinter ihm waren Cooper und ich. Hinter uns dann Byron Scott und Mychal Thompson. Neben Kareem, auf der anderen Seite des Ganges, saß James Worthy, der auf diesem Platz sein linkes Bein ausstrecken konnte. Bevor Worthy zur Mannschaft kam, hatte Mitch Kupchak diesen Sitz aus dem gleichen Grund bevorzugt.

Im Flugzeug versuchten die meisten von uns zu schlafen; ganz anders dagegen im Bus. Hier hatte auch jeder seinen festen Platz. Riley saß immer ganz vorne auf dem ersten Sitz der rechten Seite, und die anderen Coachs unmittelbar hinter ihm. Riley gegenüber auf der anderen Gangseite saß unser Trainer Gary Vitti, der dafür verantwortlich war, daß wir hin fanden, wo wir hin wollten, und der deshalb direkt hinter dem Fahrer seinen Platz hatte. Und hinter Gary saß Chick Hearn, der Radio- und Fernsehsprecher der Lakers. Er war stets der erste im Bus.

Dann folgten die Reporter. Versuchte einer von denen, zu uns Spielern nach hinten durchzurutschen, schickten wir ihn gleich wieder retour. Die hintere Hälfte des Busses war ausschließlich für die Spieler reserviert. Wenn jemand sich aussprechen oder sich über Riley beschweren wollte oder einfach nur Dampf ablassen mußte, hier hinten konnte er dies frei und in vertraulicher Runde tun.

Die schwarzen Spieler saßen immer ganz hinten. Wir hatten eine Menge Spaß dahinten, sangen, hörten Musik und alberten herum. E.J., der D.J., fungierte als Master of Ceremonies: »Guten Morgen, hier ist E.J., der D.J. aus Lansing, Michigan, dem kleinen L.A. Heute sprechen wir zu Ihnen von den Rücksitzen des Busses aus San Antonio. Der

Himmel ist blau, die Temperatur liegt bei fünfundzwanzig Grad, und die Lakers-Show befindet sich auf dem Weg nach Indianapolis. Mein Spezi Cooper hatte einen tollen Abend. Und Pat Riley, alias Michael Douglas, ist in seinem feinen italienischen Anzug der Mann der Stunde. Aber Norm Nixon traf fünf Sprungwürfe hintereinander, und deshalb spielen wir den nächsten Song für Stormin' Norman, Mr. Savoir Faire.«

Manchmal saß Kareem vor uns, aber in der Regel bevorzugte er die durchgehende Rückbank hinter uns. Gelegentlich beteiligte er sich an unseren Spielchen, die meiste Zeit jedoch schloß er uns aus, indem er sich Kopfhörer aufsetzte und seine Art von Musik hörte.

Es wurde eine Menge gelacht im Bus und ebensoviel gefrotzelt. Waren deine Würfe zwei- oder dreimal abgeblockt worden oder hatte jemand direkt gegen dich gedunkt, so würde dir das mit Sicherheit unter die Nase gerieben werden – manchmal tagelang. Aber es blieb stets im Rahmen. Wir konnten uns glücklich schätzen, so angenehme Leute im Team zu haben und so einen festen Zusammenhalt.

In der NBA entwickelte sich eine große Zahl von Freundschaften zwischen Schwarzen und Weißen. Aber die engsten Freundschaften entstehen doch gewöhnlich zwischen Menschen derselben Hautfarbe. Niemand überraschte es zum Beispiel, daß Kurt Rambis und Mitch Kupchak zusammenhingen, obwohl beide auch schwarze Freunde hatten. Es gab selten Probleme, solange nicht ein weißer Spieler versuchte, sich wie ein schwarzer zu benehmen, oder ein schwarzer Spieler bemüht war, wie ein weißer aufzutreten.

Nur einmal geschah so etwas in unserer Mannschaft, und das war mit Mychal Thompson. Er bestand immer darauf, nicht wirklich schwarz zu sein, da er von den Bahamas stammte. Das entsprach nicht ganz unserer Meinung, und wir ließen ihn stets merken, daß er im Unrecht war. »Mann«, sagten wir zu ihm, »sobald du nicht mehr auf dem Spielfeld stehst, wird es Situationen geben, in denen es auch für dich absolut keinen Zweifel daran geben wird, daß du schwarz bist.«

Es dauerte nicht allzu lange. Eines Tages wurde er in Portland beschuldigt, ein paar Golfbälle von einem Golfplatz mitgenommen zu haben. Er bekam einige Schwierigkeiten, ich glaube, er wurde sogar verhaftet. »Siehst du«, sagte ich ihm. »Genau davon haben wir gesprochen. Wenn so etwas Kurt oder Mitch passiert wäre, denkst du wirklich, dann wären die Bullen gerufen worden?« Aber Mychal kapierte es immer noch nicht. Er blieb weiterhin in einem gewissen Abstand zu dem Rest von uns und bemühte sich, gebildeter zu wirken. Wir zogen ihn immer auf. »Hey, Mychal, warum gehst du nicht zu dem Bullen dahinten und erzählst *ihm*, daß du nicht schwarz bist?«

Untereinander wurde ständig von den eigenen Fähigkeiten im Tischtennis, Tennis oder in anderen Sportarten geprahlt, und wir führten eine Menge harmloser Streitereien, wer denn nun besser in dieser oder jener Disziplin wäre. Und hier gab es ein Gebiet, auf dem Mychal von niemandem widersprochen wurde: Er hatte zweifellos die meisten Haie getötet.

Waren wir mehrere Tage unterwegs und hatten einen Abend spielfrei, nahm ich mir als erstes die lokale Zeitung zur Hand und informierte mich über das Kinoprogramm. Coopy und ich gingen in anderen Städten immer ins Kino, und manchmal begleiteten uns noch ein paar Jungs. Sogar Kareem ging ein- oder zweimal mit. Wir sahen uns ausschließlich Action- und Abenteuerfilme an, die uns für das bevorstehende Spiel in Stimmung bringen sollten. Komödien und Liebesgeschichten waren dazu nicht brauchbar.

Doch in den meisten Städten kann man nicht wie in L.A. oder New York unter Dutzenden von Möglichkeiten auswählen. Jede Stadt, in die wir kamen, zeigte die gleichen Filme, und die sahen wir schließlich immer und immer wieder. Wurde ein Streifen, den wir sehen wollten, in einem komfortablen Kino gespielt, war es uns gleichgültig, wie weit wir fahren mußten. Zuweilen landeten wir in einem Einkaufszentrum in der Vorstadt, meilenweit von unserem Hotel entfernt. Coop organisierte das Taxi, und sobald der Film zu Ende war, wartete jedesmal eins für die Rückfahrt auf uns.

Gewöhnlich gingen wir in die Nachmittagsvorstellung. Aber in einigen kleineren Städten konnte man um diese Uhrzeit noch kein entsprechendes Programm finden. Oft blieben wir in den Kinos auch die einzigen Zuschauer. Gelegentlich wurden wir erkannt und um ein Autogramm gebeten. Wenn wir allerdings während der Vorstellung gefragt wurden, was auch vorkam, dann mußten die Leute warten, bis der Film vorbei war.

Zu Hause besuchten Coop und ich Comedy Clubs. Unser Lieblingsladen war das *Regency West*, ein Club in South-Central Los Angeles, in dem eine Reihe vorzüglicher schwarzer Entertainer angefangen haben. Der Conférencier war ein sehr lustiger Mann namens Robin Harris, der 1990 mit sechsunddreißig Jahren einem Herzinfarkt starb. Er hatte in verschiedenen Filmen mitgewirkt, so in Spike Lees *Do the Right Thing*, und stand kurz davor, ein Star zu werden. Sobald Coop und ich in dem Club erschienen, nahm Robin uns aufs Korn. Er sagte etwa: »Coop, lach doch mal, damit wir dich sehen können.« (Coop hat eine derart dunkle Hautfarbe, daß sein Spitzname im Team »Dark Gable« lautete.)

»Hey, da ist ja auch Magic. Schön, dich zu sehen, Mann. Wissen Sie, Magic hat mir Karten für das Heimspiel der Lakers gestern abend besorgt.

Mein Platz war so weit oben, daß es ein Echo gab, wenn ich nach dem Mann mit den Erdnüssen rief!« Und dann machte er sich über meine Art zu laufen lustig.

Coop und seine Frau Wanda waren das soziale und emotionale Herzstück der Lakers. Es war beeindruckend zu beobachten, wie sie miteinander umgingen. Jedesmal wenn Michael einen wichtigen Korb erzielte, sah er zu Wanda in die Ränge und deutete auf sie.

Wanda begrüßte die neuen Spieler und deren Familie bei ihrer Ankunft. Sie und Michael luden stets die neuen Spieler und Rookies zum Abendessen ein und halfen ihnen dabei, sich einzuleben.

Zweimal im Jahr bewirteten die Coopers das gesamte Team mit einem kreolischen Essen. Und wenn die Lakers auswärts spielten, kamen die Frauen häufig zu Wanda herüber, um die Begegnung im Fernsehen zu verfolgen. Sie zeichnete alle Spiele der Lakers auf Video auf und saß dann gewöhnlich mit der Fernbedienung in der Hand vor dem Apparat, um die Werbung herauszuschneiden.

Michael besaß zwar vielerlei Talente, aber sein Selbstvertrauen war nicht besonders stark ausgeprägt. Als professioneller Sportler benötigt man eine dicke Haut, aber Coop las die Zeitungen manchmal ein wenig zu genau. Selbst wenn der Artikel insgesamt positiv ausfiel, konnte er sich über eine kritische Anmerkung oder eine negative Wendung aufregen. Hatte er ein schlechtes Spiel gemacht, wäre er am liebsten für immer unter der Dusche geblieben, um die Schlagzeilen nicht sehen zu müssen.

Es war wundervoll mitzuerleben, wie er von Spielzeit zu Spielzeit besser wurde. In den ersten Jahren brachten ihn unsere Gegner regelmäßig in Verlegenheit, indem sie ihn aus der Distanz demonstrativ ungedeckt zum Wurf kommen ließen. Coop mochte das überhaupt nicht. Beinahe jeden Tag vor dem Training übten er, Byron und ich zusammen Dreipunktewürfe. Manchmal machten wir ganz verrückte Würfe, etwa von jenseits der Bank der Gastmannschaft. Oft trafen wir sie auch. Solche Dinge stärken das Selbstvertrauen. Wenn man einen derartigen Wurf trifft, sieht ein normaler Dreier schon viel einfacher aus.

Coop beherrschte auch einige gute Bewegungen zum Brett. Am besten gefiel mir der Korbleger, bei dem er den Ball wie auf einer Baggerschaufel unter den ausgestreckten Armen des Verteidigers hindurchführte und dann einlegte. Diesen Move nannte ich »*Coopers Scooper Looper to the Hooper*«.

Coop und ich hatten außerdem noch einen gemeinsamen Spielzug in der Verteidigung. Sobald ein Gegenspieler auf uns zudribbelte, stellte ich mich auf, als ob ich ein Offensivfoul erwarten würde. Coop stand derweil unmittelbar hinter mir. Sobald der Typ abbremste und zum Sprungschuß hochging, kam Coop völlig überraschend wie aus dem Nichts und blockte den Wurf ab. Hatte alles funktioniert, nahm ich den Ball auf und startete den Fast Break.

In beinahe jeder anderen Mannschaft wäre James Worthy ein Superstar gewesen. So gut war er. Aber da er für die Lakers spielte, blieb er immer im Schatten von Kareem und mir.

Ich glaube, so war es James auch lieber. Er ist ein eher stiller Mensch und ließ gerne seine Leistung für sich sprechen. Im allgemeinen mied er Gesellschaft und gehörte nie wirklich unserer Gang an. Selbst nach so vielen Jahren kann ich nicht behaupten, ihn besonders gut zu kennen.

Aber ganz bestimmt kenne ich die Art, wie er sich bewegt. Es war immer ein ästhetischer Genuß, eine Augenweide, ihn auf dem Spielfeld zu beobachten. Ohne ihn kann ich mir unseren berühmten Fast Break überhaupt nicht vorstellen. Ich sorgte für das »Break«, doch James besorgte das »Fast«. Es gab niemanden, der wie er bei einem schnellen Gegenangriff die besten Laufwege ausnutzte und über die Flügel kommend zuschlug. Er hatte atemberaubende Bewegungen, eine brillante Beinarbeit, ein großartiges Ballgefühl und einige der besten Täuschungen, die ich jemals gesehen habe. Wenn ich ihm den Ball zuspielte, explodierte er regelrecht zum Korb. James Worthy *war* Showtime.

Ich ergänzte mich mit ihm auf dem Spielfeld ebenso vorzüglich wie damals zusammen mit Greg Kelser im College. Und ich liebe es noch immer, ihm zuzuschauen. Er verfügt über den besten »Ersten Schritt« im Basketball überhaupt, und sein Dunking in der Pose der Freiheitsstatue ist sehenswert. Aber James hat noch zahlreiche andere aufregende Moves in seinem Repertoire. Ich bevorzuge einen, den ich den *»Dipsy Doo 360 Clutch Skin an In«* nannte. Dabei vollführt James mitten in der Flugphase eine komplette Körperdrehung, bevor er den Ball ins Netz legt. Bis Michael Jordan auftauchte, war James derjenige gewesen, der in diesen Regionen spielte. Das Faszinierende an ihm ist, daß er zu den wenigen Spielern zählt, die beides besitzen: die physischen Voraussetzungen *und* die stilvolle Technik.

Er kam auf die gleiche Art zu den Lakers wie ich: Ein längst abgewickelter Spielertransfer hatte den Lakers eine günstige Option für einen College-Draft eingebracht. Auch Dominique Wilkins wäre in diesem Jahr zu haben gewesen, aber Jerry West glaubte, Worthy würde besser in unser Team passen. Die Dunks von Dominique waren zwar spektakulär, aber James stellte den perfekten Mannschaftsspieler dar.

Er fing als Auswechselspieler an, aber schon bald ersetzte er Jamaal

Wilkes in den »Ersten Fünf«. Und während der Playoffs steigerte er sein Spiel noch um einen weiteren Grad. Ohne James hätten wir 1985 gewiß nicht Boston im Titelkampf besiegt. Er schien überall auf dem Spielfeld gleichzeitig zu sein und machte die Celtics einfach fertig. In diesen sechs Spielen erzielte er hundertzweiundvierzig Punkte und traf sechzig Prozent seiner Würfe. Aber die Auszeichnung für den wertvollsten Spieler in dieser Meisterschaftsrunde ging an Kareem – solche Dinge passierten James immer wieder.

Ich hatte mich so für ihn gefreut in dieser Serie. Ein Jahr zuvor, als die Celtics uns schlugen, gehörte er noch zu den Sündenböcken. (Ich kann mich gut daran erinnern, denn ich war der andere.) Wir hatten das erste Spiel im Boston Garden gewonnen und waren soeben dabei, auch das zweite für uns zu entscheiden, als James einen weiten, langsamen Paß über das ganze Feld zu Byron Scott gab. Jeder Celtics-Fan weiß, was dann geschah: Gerald Henderson fing den Ball ab, erzielte den Korb und erzwang damit eine Verlängerung. Boston gewann schließlich die Partie und am Ende auch die gesamte Serie. Ohne Worthys fürchterlichen Paß und einige dämliche Aktionen meinerseits hätten wir in jenem Jahr den Titel geholt.

Es gibt Leute, die lieben Los Angeles auf Anhieb. Dann gibt es andere, wie mich, die mit der Zeit beginnen, es zu lieben. Aber James mochte Los Angeles nie. Er stammt aus Gastonia, North Carolina, wo sein Vater Pfarrer der Baptistengemeinde ist. James trinkt nicht, geht nicht in Clubs, macht keine Fernsehwerbung und scheint an Publicity nicht interessiert. Er hat noch kein einziges Mal ein Spiel wegen zu vieler Fouls vorzeitig beenden müssen.

Wenn man in ihr bescheidenes Haus in Westchester kommt, bitten James und seine Frau Angela darum, sich, wie es in den Südstaaten Brauch ist, in ein Gästebuch einzutragen. Und in einer Stadt, in der die meisten Spieler schicke und teure Wagen fahren, benutzt James einen alten Toyota – oder das Fahrrad.

Das Magazin *Los Angeles* veröffentlichte einmal eine Story über James Worthy. Sie nannten ihn treffend »den unsichtbaren Mann«. Mit seinem Bart und seiner Brille ist er zwar sicherlich schwer zu übersehen. Aber redet man von unterbewerteten, zu selten gewürdigten Spielern, dann steht dieser Mann ganz oben auf meiner Liste.

Als Byron Scott 1983 zu den Lakers kam, konnten die meisten von uns ihn nicht leiden. Was wir allerdings in Wahrheit nicht leiden mochten, war die Tatsache, daß Norm Nixon verkauft worden war. Byron nahm Norms Platz ein, und dafür hielten wir uns an ihm schadlos.

Er hatte es schwer am Anfang. Norm war auch bei den Fans sehr beliebt gewesen, und es dauerte eine Zeitlang, bis sie den Neuling akzeptierten. Zudem spielte Byron die ersten paar Wochen sehr schlecht, was den Prozeß auch nicht gerade beschleunigte. Ein Rookie hat es bei den Lakers niemals leicht, seinen Platz zu finden, doch Byron behielt den Kopf oben und wurde damit fertig.

Mit der Zeit hingen Coop und ich immer häufiger mit ihm zusammen. Bald bildeten wir drei eine verschworene Gemeinschaft und waren stolz darauf, die Guards der anderen Teams abzumelden. Byron stand Coop näher als mir. Aber Coop war verheiratet, und deshalb gingen Byron und ich, beide Singles, nach Auswärtsspielen oft zusammen weg.

Bereits in seinem Rookie-Jahr stellte ich fest, daß Byron eine wichtige Rolle in unserer Mannschaft übernehmen könnte, aber er benötigte, ebenso wie es bei mir der Fall gewesen war, Hilfe, um mit der Umstellung zum Profi-Basketball zurechtzukommen. Unsere Gegner versuchten, ihn mit allen möglichen psychologischen Tricks zu verunsichern. Ich arbeitete mit ihm daran, diese Schwierigkeiten zu überwinden.

Byron war in Inglewood aufgewachsen, nur wenige Meilen vom Forum entfernt. Als Kind hat er sich immer in die Halle geschlichen, um die Lakers zu sehen. Er hatte ein Riesenglück, denn den wenigsten Spielern gelingt es, später in der Mannschaft ihrer Heimatstadt zu spielen. Doch zu Beginn war auch das eher eine weitere Belastung für ihn, da die Erwartungen der Nachbarschaft so hoch lagen.

Wie Norm übernahm Byron eine wichtige Rolle als Unterhalter auf unseren Busfahrten. Er kopierte gerne komische Nummern von Leuten wie Eddie Murphy oder Richard Pryor und wiederholte ganze Teile aus deren Programm. Er konnte das wirklich gut und brachte den Laden regelmäßig in Schwung.

Kurz nachdem Pat Riley unser Coach geworden war, begann Mitch Kupchak, der neue Power Forward, auf Touren zu kommen. Am 20. November traf er in einem Spiel gegen San Antonio von elf Wurfversuchen alle elf.

Kupchak wechselte nach Ablauf seines Vertrages von den Washington Bullets zu uns. Er war ein Star im College von North Carolina gewesen und hatte bei den Olympischen Spielen 1976 als Center des U.S.-Teams Gold gewonnen. Als er im Sommer 1981 zu den Lakers stieß, waren wir alle begeistert, ihn mit an Bord zu haben. Aber nur einen Monat nach diesem Abend ohne Fehlversuch erlitt er eine schreckliche Knieverletzung, die ihn für beinahe zwei Jahre außer Gefecht setzte.

Nach dem Ausfall von Kupchak brauchten wir einen weiteren Spieler.

Und zwar schnellstens. An Heiligabend nahmen die Lakers Bob McAdoo unter Vertrag.

Zu der Zeit, als er nach L.A. wechselte, war McAdoo schon ganz schön rumgekommen. Er hatte seine Karriere 1972 in Buffalo begonnen, wo er diverse Male als Korbjäger ausgezeichnet wurde. Außerdem hatte er für die New York Knicks, die Boston Celtics, die Detroit Pistons und die New Jersey Nets gespielt. In seinen ersten Jahren in der Liga war McAdoo ein echter Superstar gewesen. Er wurde 1975 zum Spieler des Jahres gewählt und errang, bevor er Buffalo verließ, dreimal hintereinander den Titel des besten Korbjägers in der Liga.

Riley war überzeugt davon, daß McAdoo die Lakers verstärken würde. Doch eine Menge Leute hegten in dieser Hinsicht große Zweifel. Zum einen lagen McAdoos beste Tage schon weit hinter ihm. Zum anderen stand er im Ruf, Ärger zu verursachen und sich nicht immer voll einzusetzen – vor allem in Detroit, wo er von »Leon the Barber« zu hören bekam: »McAdoo, McAdon't, McAwill, McAwon't.« Die Pistons hatten ihn von den Celtics übernommen und dafür M. L. Carr und zwei Draft-Möglichkeiten abgegeben.

Die Leute hielten McAdoo für einen komischen Kauz. Sie meinten, er wäre faul und ein Verlierertyp. Aber Riley bestand darauf, ihm eine Chance zu geben, und er wurde darin von Kareem unterstützt.

Ich gehörte zu den Skeptikern, doch Riley und Kareem lagen richtig. Ich weiß nicht, was im Zusammenhang mit McAdoo in den anderen Mannschaften vorgefallen war, aber als er zu uns kam, erwies er sich als das genaue Gegenteil von dem, was alle über ihn erzählt hatten. Er war eine starke Persönlichkeit, ein guter Spieler und ein großer Spaßvogel. Von Beginn an war ihm klar, daß er bei uns nicht die Hauptfigur sein würde. Wie wir gehofft hatten, gelang es ihm, von der Bank zu kommen und für Punkte zu sorgen. Und vor allem erwies sich Bob McAdoo als Gewinner.

Ich habe nie jemanden getroffen, der so versessen darauf war, seine Kräfte zu messen. McAdoo wollte dich stets besiegen, und wenn er es schaffte, dann würde er darüber sicherlich kein Stillschweigen bewahren. Er liebte es, nach dem Training kleine Wettkämpfe auszutragen, und sein Distanzschuß war so gut, daß er fast jeden Tag einigen von uns zehn oder zwanzig Dollar abknöpfte. Niemand traf von außen so sicher wie er.

McAdoo prahlte gerne damit, wie gut er doch sei. Aber seine Art der Aufschneiderei wirkte nicht ärgerlich, sondern eher lustig und harmlos. Und wir genossen es alle, ihn aufzuziehen. Einmal saßen wir im Bus, und Norm begann ihn damit zu sticheln, wie haushoch doch die Lakers in Norms Rookie-Jahr Buffalo stets geschlagen hatten.

»Kann schon sein«, sagte McAdoo, »aber ich bin nie zu kurz gekommen. Und in der Regel habe ich vierzig Punkte gegen Kareem gemacht. War es nicht so, Cap?«

Doch Kareem saß nur regungslos auf der Rückbank des Busses. Er hatte sehr wohl verstanden, aber er sagte kein Wort.

McAdoo suchte immer nach Anerkennung. In einer Saison Mitte der Siebziger hatte Kareem den MVP – die Auszeichnung als wertvollster Spieler – gewonnen, obwohl McAdoo mehr Punkte erzielt hatte. Das ließ McAdoo einfach keine Ruhe. »Kareem«, sagte er häufig, »bewahrst du eigentlich noch immer meinen MVP-Pokal bei dir zu Hause auf?«

Aber wir gaben es ihm auch sofort zurück. »Du solltest uns dankbar sein«, meinte ich einmal im Bus zu ihm, als er noch mehr als sonst prahlte. »Denn bevor du zu uns kamst, bist du doch noch nie landesweit im Fernsehen gewesen. Du wußtest ja nicht mal, daß es überhaupt landesweite Fernsehübertragungen gibt. Die Mannschaften, für die du gespielt hast, wurden doch nur im Regionalfernsehen gezeigt.«

Doo lachte nur. Er wußte, daß es stimmte.

Er und Norm Nixon stritten sich laufend, aber es geschah im allgemeinen mehr aus Spaß. »Doo«, sagte Norm zum Beispiel, »du magst ja eine ganze Menge Punkte im Laufe deiner NBA-Karriere erzielt haben, aber du hast keine einzige Meisterschaft gewonnen.«

So etwas hörte Doo gar nicht gerne. Er konterte sofort: »Norm, du hast doch den leichtesten Job der Welt. Alles, was du machst, ist, den Ball zu Kareem zu spielen, der wird gedoppelt, paßt ihn wieder zurück, du bist völlig frei und kannst ganz selbstverständlich punkten. Aber wenn du von den Lakers zu einem anderen Team wechseln würdest, wärst du weg vom Fenster. Wie kannst du dich überhaupt mit mir vergleichen? Ich war ein guter Spieler in einem schlechten Team. Doch müßtest *du* in einer schlechten Mannschaft spielen, würdest du einfach darin untergehen. Unter Garantie.«

Kurz danach wurde Norm an die San Diego Clippers verkauft, eines der schwächsten Teams in der Liga. Bei unserem nächsten Aufeinandertreffen konnte es McAdoo kaum erwarten, sich mit Norm anzulegen. Wir waren gerade dabei, uns vor der Partie warm zu laufen, als Bob schrie: »Halt! Alle aufhören und mitkommen!« Wir folgten ihm alle zur Spielfeldmitte.

Bob stand da und rief Norm zu: »Mr. Big! Mr. Big!« (Norm hatte diverse Spitznamen. Manchmal nannten wir ihn »Mr. Big«, weil er der Kleinste in der Mannschaft war.)

Norm machte auf der anderen Seite zusammen mit seinen neuen Mitspielern Korbleger. Er sah zu McAdoo hin und winkte.

»Mr. Big!« schrie McAdoo ihm zu. »Ich hab dir doch gesagt, daß keiner mehr etwas von dir hören wird, wenn du jemals die Lakers verläßt! Und ich hatte recht, oder?«

Es war ein äußerst komischer Moment, und wir wunderten uns alle, daß McAdoo sich noch an solche Dinge erinnern konnte. Aber wenn sein Stolz berührt wurde, vergaß Doo nichts.

In Denver setzten die Nuggets eines Abends, als McAdoo ins Spiel kam, einen Typ namens Bill Hanzlik auf ihn an. Hanzlik war einige Zentimeter kleiner und etwa vierzig Pfund leichter als Doo. McAdoo drehte völlig durch. Er regte sich ungeheuer auf. »Buck!« schrie er die ganze Zeit. »Gib mir den Ball. Dieser Junge hier kann mich nicht halten.«

Das rief er mitten im Spiel, so daß es jeder hören mußte. Ich paßte ihm den Ball zu, und ungefähr viermal hintereinander ging McAdoo ans Brett und punktete. Nach jedem Korb sah Doo zu Doug Moe, dem Coach der Nuggets, hin und meinte: »Nimm ihn besser weg von mir und versuch es mit einem anderen.«

Danach standen wir zusammen, und er sagte: »Mann, ist so was zu glauben? Da war ich der beste Punktesammler in der Liga, und sie lassen mich von so einem Typen verteidigen.« Die meisten Spieler wären nur allzu froh gewesen, dieses Problem zu haben, aber McAdoo fühlte sich richtiggehend beleidigt.

Er war ein ziemlich guter Sportler, aber nicht im entferntesten so gut, wie er selber den Eindruck hatte. Und es nahm kein Ende mit seinen Prahlereien. Es wurde so schlimm, daß es zur Redensart wurde zu sagen: »Tust du es, tut Doo es. Aber Doo tut es besser.«

Eines Morgens im Bus unterhielten sich Norm, Coop und ich über Tennis. Doo nahm nicht am Gespräch teil. Aber er muß wohl zugehört haben, denn plötzlich drehte er sich um und meinte: »Mann, ich schlage euch alle im Tennis. Ich bin der beste Tennisspieler in der NBA.«

»Du redest immer viel«, sagte Norm.

»Aber nur, weil ich das alles drauf habe. Sag, was ich machen soll, und ich mach's.«

»Wie wär's mit Baseball?« fragte Norm.

»Na, wie schon?« antwortete Doo. »Ich hab die beste Fanghand, und darüber hinaus kann ich auch schlagen.«

»Und Schwimmen?« sagte Norm.

»Ist niemand besser.«

»Wie steht's mit Laufen?« sagte Norm.

»Schlag ich dich«, meinte Doo, was völlig absurd klang, da Norm zu den schnellsten Spielern der Liga zählte.

»Ich will dir mal was sagen«, sagte Norm. »Ich geb dir in einem

Hundertmeterlauf zehn Meter Vorsprung und schlag dich immer noch.«

»Die Wette gilt«, antwortete Doo darauf. »Der Gewinner erhält eine Million Dollar in bar.«

»Wie steht's mit Bowling?« wollte jemand wissen.

Lange Pause.

»Nun?« sagte Coop schließlich.

»Bowling hab ich noch nicht gespielt«, meinte Doo.

Inzwischen beteiligte sich der gesamte Bus an dem Disput. Drei oder vier der Jungs riefen gleichzeitig wie im Chor: »Doo kann nicht bowlen?«

Wir lachten noch immer, als Doo sagte: »Nein. Aber gebt mir eine Woche und ich bowle dreihundert.«

Wenn die Lakers in Cleveland spielten, stiegen wir gewöhnlich im Holiday Inn in Richfield, Ohio ab. Da das Hotel einen Freizeitraum mit einer Tischtennisplatte hatte, kam Doo natürlich sofort an und begann uns zu erzählen, wie toll er doch dieses Spiel beherrsche.

Später, auf der Rückfahrt zum Flughafen, erwähnte ein Sportjournalist im Bus allerdings, daß er McAdoo im Tischtennis geschlagen habe. Das war eine Riesenneuigkeit, und wir legten alle richtig los. »Was? Du hast Doo besiegt? Nein, das ist unmöglich. Das muß eine Lüge sein. Wie solltest du den größten Tischtennisspieler aller Zeiten geschlagen haben? Hey, Doo, warum sagst du nichts? Dieser Kerl behauptet, er habe dich *geschlagen*. Das kann doch nicht wahr sein, oder? Komm schon, Doo, erzählt er die Wahrheit?«

Es war die Wahrheit, aber Doo konnte es erklären. Wenn Doo bei irgend etwas verlor, dann konnte er es immer erklären. In diesem Fall war sein Schläger kaputt. Und hatte keiner bemerkt, daß die Tischtennisplatte auf seiner Seite ein wenig verzogen war?

Doch Doo wußte, er hatte verloren. So eine Niederlage brachte ihn dermaßen auf, daß er schwor, sich zu revanchieren. Er übte das ganze Jahr. Als wir in der nächsten Saison wieder in demselben Holiday Inn abstiegen, arrangierte Doo ein Rückspiel, und dieses Mal gewann er. Es würde mich nicht wundern, wenn er noch heute davon erzählt.

McAdoo gefiel es bei den Lakers, und wir hatten ihn gerne bei uns. Er beendete seine NBA-Karriere in Philadelphia, nachdem ihn die Lakers im Anschluß an die Saison 1985 hatten gehen lassen. Kurz nach seinem Wechsel zu den 76ers kam er mit seinem neuen Team nach Los Angeles. Bei seiner Ankunft im Forum begegneten wir uns. Wir umarmten uns, und er begann sich auszuheulen. »Weißt du«, sagte er, »ich habe nie gewußt, wie gut es mir gegangen ist, bis ich fort mußte. Während meiner Zeit hier ist mir wirklich bewußt geworden, was eine Mannschaft ausmacht. Philadelphia ist schon okay, aber einfach kein Vergleich. Es gibt keinen solchen Zusammenhalt untereinander.«

So etwas gab es nur in wenigen Teams. Da Doo in der Liga herumgekommen war, wußte er diesen Unterschied zu würdigen.

Doo fiel häufig verletzt aus. Aber uns blieb immer unklar, welche Verletzungen echt waren und welche lediglich zu einem günstigen Zeitpunkt auftraten, beispielsweise unmittelbar vor dem Trainingslager oder an Tagen, an denen wir gegen Detroit spielen mußten. Wir sprechen hier über jemanden, der einmal mehrere Spiele aussetzte, weil er – und ich erfinde nichts – an einer »Erkältung im Handgelenk« litt.

Ich habe mich bislang auf McAdoos lustige Seite konzentriert, und ich bin ihm wegen all dem gemeinsamen Spaß, den wir hatten, herzlich zugetan. Aber dieser Mann besaß noch ein völlig anderes Gesicht, das mich tief berührte. Von allen meinen Mitspielern war Bob McAdoo am stärksten von dem Bewußtsein erfüllt, ein Schwarzer zu sein. Ich hatte angenommen, dies würde ähnlich auch für Kareem gelten. Aber zu der Zeit, als ich dazukam, war Kareem zu diesem Thema bereits ziemlich zurückhaltend geworden. Doo andererseits konnte bei keinem Thema zurückhaltend sein.

Er war lange genug dabei, um eine Menge Veränderungen erlebt zu haben, und er berichtete mir häufig von seinen Erfahrungen. Er ist aufgewachsen in Greensboro, North Carolina, wo in seiner Jugendzeit noch immer die Rassentrennung galt. Es gab Restaurants, in denen er nicht essen, und Trinkbrunnen, die er nicht benutzen durfte. Meine Eltern hatten mir bereits viel vom alten Süden erzählt. Aber die gleichen Geschichten von einem meiner Mitspieler zu hören, ließ sie wesentlich präsenter wirken.

Im College mußte er sich ebenfalls mit Rassismus auseinandersetzen. Schwarze Spieler hatten es in jenen Tage schwerer, ein Sportstipendium zu erhalten. Und einige Schulen weigerten sich, gleichzeitig fünf schwarze Spieler auf das Spielfeld zu schicken. Als McAdoo ein Jahr vor seinem Abschluß Profi wurde, kritisierte man ihn in der Presse dafür, seine Ausbildung nicht zu Ende geführt zu haben. Es ärgerte ihn, daß niemand Einwände erhob, wenn ein Tennis- oder Eishockeyspieler vorzeitig das College verließ oder es völlig schmiß. »Hör mal zu«, sagte er dann, »was veranlaßt die Leute überhaupt, aufs College zu gehen? Die meisten gehen dahin, um später einen guten Job zu bekommen. Also wenn dir ein guter Job angeboten wird, *bevor* du dein Examen abgeschlossen hast, warum solltest du ihn dann nicht nehmen?«

Doo kam 1972 in die NBA. Er hat mich oft daran erinnert, daß die Liga in jenen Tagen noch ganz anders aussah. Die Unterstützung durch die weißen Fans, die unbedingt weiße Superstars sehen wollten, war gering. Für sie gab es »Pistol Pete« Maravich und später Bill Walton. Aber keiner der beiden war bedeutend genug oder besaß das nötige Charisma. Das sollte sich erst ändern, als Larry Bird 1979 auftauchte.

McAdoo war es auch, der mich darauf aufmerksam machte, daß weiße Spieler gewöhnlich besser als schwarze bezahlt wurden. Schwarze Superstars verdienten gut, aber alle übrigen bekamen die herrschende Doppelmoral zu spüren. Und bis vor sehr kurzer Zeit noch setzten sich die meisten Teams ein paar weiße Spieler auf die Bank, nur um damit die Fans bei Laune zu halten.

McAdoo hatte einen ausgeprägten Sinn für geschichtliche Prozesse, und er half mir zu verstehen, daß sich nichts in einem Vakuum entwickelt. »Die Dinge verändern sich nicht von alleine«, sagte er immer. »Jede Generation von schwarzen Spielern ebnet der darauffolgenden den Weg. Leute wie Bill Russell und Wilt Chamberlain haben es den Bob McAdoos und den Julius Ervings leichter gemacht. Und ebenso wie wir die Voraussetzungen für die Magics verbessert haben, wirst du sie für Michael Jordan verbessern. Buck«, sagte er dann oft, »du mußt dir klarmachen, ich war der Magic Johnson meiner Zeit. Aber keiner hat von mir gewußt. Denk dran, wir kannten die umfassenden TV-Berichterstattungen und das enorme öffentliche Interesse, das die NBA inzwischen besitzt, nicht. Aber der Kampf ist noch nicht vorbei. Diese Runde ging an uns, und jemand wie du kann heute Beachtung und Anerkennung finden. Nun müssen wir die nächste Stufe nehmen. Wir brauchen mehr Schwarze als Coaches, Manager und Eigentümer. Es wird Zeit das nächste Level zu erreichen.«

Er drängte mich dazu, eine führende Rolle einzunehmen, mich entsprechend zu verhalten und so zu einer Vorbildfigur für andere schwarze Athleten zu werden. »Schmeiß dein Geld nicht aus dem Fenster heraus, wie andere das machen«, sagte er. »Du hast die Möglichkeit, Dinge zu verändern, etwas Konstruktives zu leisten, also versuch es gefälligst.« Schwarze hatten in der Geschäftswelt noch immer keinen ernst zu nehmenden Durchbruch geschafft, aber McAdoo hoffte, daß dieser Tag kommen würde. Als ich eine Vertriebsgesellschaft für Pepsi erwarb, war er darüber so erfreut und so stolz, daß er mich anrief, um mir zu gratulieren.

1986, nach seiner Zeit in Philadelphia, ging McAdoo nach Italien, wo er seitdem spielt. Wir halten weiterhin Kontakt, und er bedeutet mir noch immer besonders viel.

Man benötigt die verschiedensten Spielertypen, um ein Team zu bilden. Ich war in erster Linie der Ballverteiler. Kareem operierte tief am Brett wie kein anderer. James Worthy war ein atemberaubender Tänzer. Cooper konnte jeden Gegenspieler abmelden. McAdoo besaß einen ausgezeichneten Wurf von außen.

Kurt Rambis machte nichts von alldem. Sieht man sich seine Zahlen in den unterschiedlichen Bewertungskategorien an, könnte man meinen, er habe nur einen kleinen oder überhaupt keinen Beitrag zum Erfolg der Lakers geleistet. Aber das liegt ausschließlich daran, daß es noch niemandem gelungen ist, eine Kategorie zu entwickeln, in der Leidenschaftlichkeit und Einsatzfreude gemessen werden können.

Kurt war ein Power Forward, der im Schnitt weniger als acht Punkte pro Spiel erzielte. Aber dafür brauchten wir ihn auch nicht. Er sorgte für Rebounds und für Abschreckung. Ob er nach freien Bällen hechtete, sich um Rebounds rangelte oder seine Mitspieler absicherte, niemand arbeitete härter.

Er war enorm beliebt bei den Fans im Forum. (Sie jubeln ihm sogar heute noch zu, wenn er mit seiner derzeitigen Mannschaft, den Phoenix Suns, zurückkehrt.) Sie liebten seinen Einsatz und seinen Kampfgeist, und für einige war es sicher so, daß er einer von ihnen war. Er liebte das Spiel heiß und innig. Er war von der Natur nicht mit besonderen Talenten gesegnet, keine seiner Bewegungen ließ die Menge in Ehrfurcht erstarren, aber er spielte mit einer enormen Leidenschaft, und in seinem Fall reichte Leidenschaft aus.

Er war der einzige Laker, der einen eigenen Fanblock hatte. Einige Teenager erschienen im Forum regelmäßig mit Hornbrillen, wie er eine trug, und in Trikots mit seiner Nummer. Sie nannten sich die Rambis-Jugend.

Kurz nachdem Kurts Fan-Club gegründet wurde, wollten einige der Mitglieder zusammen mit ihrem Idol essen gehen. Lon Rosen hat dann ein Treffen mit Kurt nach dem Training im Forum Club organisiert. Vier Mitglieder der Gruppe erschienen in ihren »Rambis-Jugend«-T-Shirts und mit ihren Brillen, die exakt das gleiche Gummiband und den gleichen weißen Klebestreifen um den Nasensteg aufwiesen. Doch als alle zusammensaßen, hatte niemand etwas zu sagen. So wie Lon die Geschichte erzählt, blickten sich alle nur gegenseitig an, bis Kurt schließlich das Schweigen brach.

»Hi, Jungs«, sagte er. »Hübsche Brillen.«

Die meisten Spieler halten sich für besser, als sie in Wirklichkeit sind. Und nur wenige verstehen und akzeptieren tatsächlich die Grenzen ihres Könnens. Die meisten möchten unbedingt ein Star sein. Doch zu denen zählte Kurt nie. Er wollte lediglich seinen Job machen. Und er war bereit, sich bei der Erfüllung dieser Aufgabe den Arsch aufzureißen.

Kurt stieß im Herbst 1981 zu unserer Mannschaft, einige Monate nachdem wir gegen Houston in den Playoffs eine schwere Packung bezogen hatten. Moses Malone war am Brett derart übermächtig gewesen, daß die Geschäftsleitung der Lakers einen großen, kräftigen Typ verpflichten wollte, der sich im Kampf um die Rebounds behaupten konnte.

Als Kurt ins Trainingslager eingeladen wurde, erwartete er nicht, einen Platz im Kader zu bekommen. Es gelang ihm zwar, doch er spielte in den ersten Begegnungen so wenig, daß er vom Publikum stets einen Sonderapplaus erhielt, wenn der Coach ihn mal einsetzte. Er warf nie viel. Aber das war vielleicht auch besser so: Kurts Sprungschuß dürfte zu den häßlichsten Dingen zählen, die man jemals gesehen hat. Erinnerte Worthy die Leute an einen aufsteigenden Adler, so ähnelte Rambis mehr einem Nashorn.

Womöglich wäre er nie häufiger zum Einsatz gekommen, wenn sich nicht Mitch Kupchak im Dezember verletzt hätte. Zuerst versuchte es Riley mit Jim Brewer an Mitchs Stelle. Als das nicht funktionierte, gab er Mark Landsberger eine Chance. Erst seine dritte Wahl, Kurt Rambis, bekam den Job und behielt ihn auch aufgrund seines hervorragenden Engagements und seiner Bereitschaft, all die anfallenden Drecksarbeiten zu erledigen. Es gibt Leute, die punkten müssen, da sie sich nach Beachtung sehnen. Kurt konnte ein tolles Spiel liefern, ohne einen einzigen Wurf am Abend zu machen.

Kurt ist immer ein lustiger Zeitgenosse gewesen, mit dem das Zusammensein Spaß gemacht hat, und wir beide sind heute noch befreundet. Deshalb wird er es mir auch bestimmt nicht verübeln, wenn ich ihn ein wenig aufziehe. Er besitzt einige großartige Eigenschaften, aber er ist zugleich der geizigste Typ, den die Erde je gesehen hat. Er trug seit seiner Zeit in der High School dieselben Schuhe. Und seine Jeans war das schlimmste Exemplar, das ich jemals gesehen habe – schlimmer noch als jene mit dem breiten Schlag, die wir zusammen mit Kareem in den Ruhestand geschickt haben. Es lag nicht nur dran, daß Kurt sich nicht zu kleiden gewußt hätte, obschon sein Geschmack in dieser Richtung wirklich unvorstellbar schlecht war. Ich glaube, Kurt beabsichtigte ganz einfach, diese Jeans bis zu ihrem bitteren Ende abzutragen, bis alle Löcher in einem riesigen Loch verschwunden und der ursprüngliche Stoff nicht mehr zu erkennen sein würde.

Er lief herum wie ein alternder Hippie. Während seines ersten Jahres in der Mannschaft trug er eigentlich nur Sandalen. Fünf Jahre lang erschien er zu jedem Heimspiel in demselben Hemd. Und zum Training kam er in einem schmutzigen Trikot. Wir mußten unsere Sachen selber waschen, aber Kurt war darin so schlecht, daß die Farben immer blasser wurden.

Ihm war das gleichgültig. An den meisten Tagen vergaß er sogar, sich die Haare zu kämmen. Er erschien zum Training und sah aus, als sei er soeben aus dem Bett gekrochen.

Es ist verblüffend, daß Kurt und Pat Riley es so viele Jahre miteinander in derselben Mannschaft ausgehalten haben. Riley war der bestgekleidete Mann der Liga. Seiner Meinung nach sollten die Lakers auch nach außen die Profis und Gewinner darstellen, die sie waren. Aber Kurt sah so übel aus, daß Riley ein Machtwort sprechen mußte und bei Auswärtsfahrten auf bestimmten Kleidervorschriften bestand. Von da an hatten wir auf Reisen alle ein Jackett und ein ordentliches Hemd zu tragen. Kurt wählte ein Kordjackett mit Flicken auf den Ellbogen. Ich wette, er trägt es noch heute.

Doch seine Kleidungsgewohnheiten stellten nur die Spitze seiner Sparsamkeit dar. Wenn einige von uns im Hotel frühstückten oder eine Kleinigkeit zu Mittag aßen, übernahm in der Regel einfach einer die Rechnung. Oder wir teilten sie, und jeder warf eben fünf oder zehn Dollar dazu. Aber nicht Kurt. Er war derjenige, der immer sagte: »Einen Moment. Du hattest Kaffee und ich nicht.« Manchmal versicherte er sich tatsächlich mit dem Taschenrechner, daß er nicht einen Nickel zuviel zu zahlen hatte. Und Gott behüte, das Trinkgeld lag über zehn Prozent. Es konnte passieren, daß er der Kellnerin die Rechnung zur Kontrolle aus der Hand riß. Oder er winkte sie heran und sagte: »Entschuldigen Sie, wie hoch ist der Steuersatz in dieser Stadt?« Und danach berechnete er den exakten Rechnungsbetrag und zählte ihn auf den Penny genau ab.

Gab es irgendwo etwas umsonst, konnte man sicher sein, daß Kurt davon wußte. Aus jedem Hotel, in dem wir abstiegen, nahm Kurt Seife und Shampoo mit nach Hause. Das tun viele. Aber Kurt ging in die Badezimmer der anderen und ließ auch dort Seife und Shampoo mitgehen. Einmal schleppte er eine Bademutte aus dem Radisson Hotel nach Hause, nur weil ein großes »R« aufgedruckt war.

In unserer Umkleidekabine im Forum stand eine Kühlbox voller Bier, Säfte und Soft Drinks. Nach jedem Spiel füllte Kurt seine Sporttasche auf und ging damit heim. Wenn man bei ihm zu Hause eingeladen war, kam einem jedes Getränk, das er anbot, vertraut vor. Aber was ich damals nicht wußte und erst später erfahren habe: Kurt praktizierte das auch bei Auswärtsspielen. Er packte die Soft Drinks aus der Kabine der Gastmannschaft ein, nahm sie mit ins Hotel und transportierte sie dann den ganzen Weg bis nach Kalifornien.

Jeder Spieler in der NBA erhielt einen täglichen Spesensatz in Form eines Gutscheins. Zu der Zeit, als Kurt zur Mannschaft gehörte, bekamen wir etwas vierzig Dollar pro Tag. Allerdings reichte dieses Geld bei niemandem für drei Mahlzeiten aus, wenn wir unterwegs waren. Außer bei Kurt. Er kannte die Fast-Food-Läden jeder Stadt. Er war der einzige Typ in der Liga, der mit diesem Essensgeld tatsächlich noch auf seinen Schnitt kam.

Er fuhr einen alten Mercury Lynx, der für jemanden mit seinen Maßen viel zu klein war. Aber der Wagen kostete wenig. Und statt zum Friseur zu gehen, ließ er sein Haar von einer der Sekretärinnen im Forum schneiden. Freilich nicht besonders häufig.

Viele sparsame Leute sind bösartig und unangenehm. Kurt jedoch ist offen und warmherzig. Er hat nie mit seiner Zeit gegeizt und leistete eine Menge Wohltätigkeitsarbeit. Außerdem halfen er und seine Frau Linda stets Kindern, die in Schwierigkeiten geraten waren.

Bevor Linda Kurt heiratete, arbeitete sie für Jerry Buss und vermarktete Volleyball- und Tennisveranstaltungen im Forum. Sie und ich waren befreundet. Eines Tages erwähnte sie, daß sie gerne diesen neuen Spieler namens Kurt kennenlernen würde.

Während ich mir überlegte, wie ich sie miteinander bekannt machen könnte, bat Linda ihren Kollegen Steve Chase herauszufinden, ob Kurt bereits liiert war.

Steve ging nach dem Training runter in die Kabine. Er traf Kurt im Whirlpool an.

»Bist du verheiratet oder anders gebunden?« fragte Steve ihn.

Aber die Maschine lief, und das Wasser rauschte. Kurt konnte ihn nicht richtig verstehen. Er glaubte, Steve habe gefragt: »Bist du verheiratet oder andersherum?«

Oh-oh, dachte Kurt, da fängt's schon an. Kurt stammt aus einer Kleinstadt, und irgend jemand hatte ihm erzählt, daß in Los Angeles viele Schwule leben würden. Jetzt glaubte er, Steve habe es auf ihn abgesehen. Und Kurt fühlte sich, nackt im Whirlpool sitzend, ein klein wenig ungeschützt.

»Nein!« schrie er zurück. »Bin ich nicht!«

Schließlich klärten sie die Sache auf.

Am nächsten Tag fragte mich Kurt, ob ich Linda kennen würde. Ich ermunterte ihn, sie doch einmal zu treffen, aber er gab sich zögerlich. Er verstand sie als Teil der Geschäftsführung und hatte irgendwie die Idee, er könnte rausgeschmissen werden, wenn man sie zusammen sehen würde.

Als wir endlich auch diesen Punkt geklärt hatten, begannen die beiden gemeinsam auszugehen. Es zündete sofort zwischen ihnen. Einige Jahre später haben sie in Las Vegas geheiratet, während andernorts das All-Star-Wochenende stattfand.

Leute, die bei der Hochzeit gewesen waren, erzählten mir, daß Kurt zu der Feierlichkeit in einem schicken Anzug erschienen ist. Sie meinten, der Anzug hätte ausgezeichnet mit seiner Krawatte aus Plastik harmoniert.

ZWÖLFTES KAPITEL

Ein Mann unter Hochspannung

Es gibt eine Menge guter Coachs in der NBA, aber Pat Riley ist eine Klasse für sich. Er war neun Spielzeiten lang unser Coach, und in diesen Jahren erreichten wir siebenmal die Finalrunde und gewannen vier Meisterschaften. Trotz dieser Erfolge wurde ihm von zahlreichen Leuten die verdiente Anerkennung verweigert.

Daran änderte sich im Grunde nichts, bis Riley mit den New York Knicks 1992 in der ersten Runde der Playoffs Detroit schlug und danach Chicago in einer Serie über volle sieben Spiele an den Rand einer Niederlage brachte. Erst da erkannte der Rest des Landes, was die Fans in L.A. schon seit Jahren gewußt hatten: Pat Riley ist der Beste.

Während der achtziger Jahre wurde viel Unsinn über ihn geredet, daß er einfach nur Glück habe; daß er sich lediglich gut herausputzen und gut in Szene setzen könne; daß er nicht besonders hart arbeiten würde. Daß die Lakers zu gut wären, um überhaupt einen Coach zu brauchen; daß Rileys Job kinderleicht sei, weil er nichts weiter zu tun habe, als den Ball hinzuwerfen und zu sagen: »Okay, Jungs, an die Arbeit.«

Falsch! Die Lakers waren erfolgreich, weil es Coach Riley gelang, aus jedem Spieler die optimale Leistung herauszuholen. Alles, was in uns steckte, brachte er zum Vorschein.

Vielleicht liegt es daran, daß ein Großteil der überregionalen Presse in New York konzentriert ist, denn während dieser Jahre sagten die Leute alle so ziemlich das gleiche über die Lakers. Wir wären zu durchgestylt, zu egozentrisch, zu sehr Hollywood, nicht bissig und nicht hart genug. Man prophezeite uns, daß wir schlappmachen würden, wenn wir unter Druck gerieten, da wir keine gute Auswechselbank besäßen. Mit anderen Worten: Man warf uns vor, daß wir nicht die kernigen Boston Celtics wären. Jeder sah in den Celtics die Definition wahrer Größe.

Die Celtics waren in der Tat eine großartige Mannschaft, aber die Lakers gewannen immerhin fünf Meisterschaften während der Achtziger, die Celtics nur drei. Beide Mannschaften hatten überragende Könner, und die Celtics besaßen das beste Trio aus Center und Forwards in der Geschichte des Basketball.

Aber wir hatten Pat Riley.

Er war der geborene Coach. Die Leute achteten nur auf sein gutes

Aussehen, seine eleganten Anzüge, seine maßgeschneiderten Hemden und sein nach hinten gestriegeltes Haar, aber das war lediglich die Oberfläche. Dahinter verbarg sich ein feuriger, hart arbeitender, engagierter Coach, der diese Einstellung auch von seinen Spielern verlangte und der Niederlagen nur schwer verdaute.

Die Öffentlichkeit sah niemals die zeitraubenden Vorbereitungen und die strapaziösen, dreistündigen Trainingseinheiten. Gleichgültig wie gut eine Mannschaft auch sein mag, niemand erringt die großen Erfolge ohne enorm harte Arbeit und exzellentes Coaching.

Riley ist in Schenectady, New York aufgewachsen, wo sein Vater als Baseball-Manager einer Zweitligamannschaft arbeitete. Pat war in der High School ein Football-Star und muß ziemlich gut gewesen sein, da Bear Bryant ihn als Quarterback für die Universität in Alabama gewinnen wollte. Aber Riley entschied sich statt dessen für Basketball und ging zu Adolph Rupp an die University of Kentucky. Nach dem College gelangte er über die Drafts nach San Diego und spielte später für die Lakers und für Phoenix. Es wurde keine herausragende Karriere, aber er war immerhin gut genug, um acht Jahre in der NBA mithalten zu können.

Der Mann, der im Herbst 1981 unser Coach wurde, war ein anderer Pat Riley als der, den heute jeder kennt. Das Hollywood-Image und die italienischen Schuhe kamen erst später, nachdem sein Selbstvertrauen zugenommen hatte. Aber von Anfang an sorgte er für eine neue Stimmung in der Mannschaft. Er verstand die Lakers als Familie und versuchte alles, auch uns dieses Gefühl zu vermitteln. Bevor er kam, waren wir eine Anzahl guter Spieler. Pat Riley machte aus uns ein Team.

Er übernahm die Aufgabe unmittelbar nach dem Sturz Westheads, und er wollte sicherstellen, daß so etwas niemals wieder geschehen könne. Rileys oberstes Gesetz lautete daher: Niemand spricht über ihn oder über andere Mitspieler in den Medien. »Ich verlange nicht viel von euch«, sagte er. »Aber niemand in dieser Mannschaft wird einen anderen in der Presse angreifen. Fallt mir nicht in den Rücken, und ich werde euch nicht in den Rücken fallen. Jede Familie hat ihre Probleme, und ich bin mir sicher, die werden wir auch haben. Doch wenn Schwierigkeiten auftauchen, bleiben die unter uns und werden gemeinsam gelöst.«

Einer der Schlüssel zu unserem Erfolg unter Pat Riley war also das Teamwork, ein anderer war die Art, wie wir trainierten. Verfolgt man NBA-Basketball im Fernsehen, ist das sportliche Niveau oftmals so hoch, daß alles spielerisch einfach wirkt. Man könnte denken, die Spieler bekommen die Rebounds und treffen ihre Würfe, ohne sich dabei sonderlich anzustrengen. Aber die Fans sehen nie, wie hart dieselben Spieler im Training arbeiten müssen. Sie sehen nicht, wie Larry Bird Hunderte von

Drei-Punkte-Würfen absolviert. Sie sehen nicht, wie Michael Jordan immer und immer wieder zum Korb hochsteigt oder an seinem Distanzschuß arbeitet. Talent allein genügt nie. Mit wenigen Ausnahmen sind die besten Spieler auch die härtesten Arbeiter.

Jeder Coach behauptet, im Training würde der Schlüssel zum Gewinn liegen. Pat Riley glaubte wirklich daran. Unsere Trainingsspiele sollten doppelt so hart sein wie die regulären Partien. Wenn das Schlußviertel anbrach oder die Zeit der Playoffs begann, wollte er die Lakers bestens vorbereitet und voller Selbstvertrauen sehen.

Spielten wir am selben Abend, fand morgens nur ein leichtes Training statt. Andernfalls begann unsere tägliche Einheit um halb zehn. Am Anfang arbeiteten wir alleine oder zu zweit an Dingen, die besonders verbessert werden mußten. Dies konnte irgend etwas sein vom Reboundverhalten über Freiwürfe bis zum Passen. Um zehn versammelte uns Riley zu einer fünfminütigen Lagebesprechung. Er beschrieb den genauen Tagesablauf. Jedes Training hatte ein spezielles Ziel, und jede Minute war verplant. Er wußte immer ganz genau, wo er uns hinhaben wollte.

Dann kamen zwanzig Minuten Stretching, gefolgt von weiteren Übungen. In der Regel arbeiteten wir an unserem schnellen Umschalten von Verteidigung auf Angriff und an unserer Kondition mit dem Schwerpunkt auf dem Lauftraining. Den Abschluß bildete ein harter Vergleich untereinander. Riley ließ uns stets bis zur völligen Erschöpfung trainieren, da viele Spiele in der NBA entschieden werden, wenn beide Mannschaften schon auf Reserve laufen. Es genügt nicht, einen Sprungschuß zu treffen, wenn man frisch ist. Das kann jeder. Die wirkliche Herausforderung besteht darin, den gleichen Wurf zu treffen, wenn man ausgepumpt ist.

Mir hat das Training immer Spaß gemacht. Was nicht heißen soll, daß ich es auf die leichte Schulter genommen hätte. Das tat niemand. »Basketball ist Business«, sagte Riley in solchen Fällen. »Wer sich vergnügen will, soll in einen Freizeitklub gehen.«

Unter Riley beobachteten wir uns gegenseitig sehr genau. Begann irgend jemand nachlässig zu werden, kümmerte sich der Rest von uns sofort darum.

Obwohl die Lakers eigentlich als technisch brillante Mannschaft bekannt waren, trugen wir unsere Trainingsspiele mit großer physischer Härte aus. Da keine Schiedsrichter die Fouls ahndeten, nahm die Heftigkeit der Auseinandersetzung im Training immer weiter zu. Riley wollte, daß wir uns schon auf die Auswärtsspiele einstellten, bei denen die Schiedsrichter häufig der Heimmannnschaft erlauben, etwas härter zur

Sache zu gehen. Das erinnerte mich an meinen Vater, der mir auf den Freiplätzen zu Hause in Lansing beigebracht hatte, Fouls zu ignorieren und einfach weiterzuspielen.

Der wahre Schlüssel zu unserer Showtime war eine gute Abwehr. Während der gesamten Jahre unter Riley standen die Lakers im Ruf, sich auf den Angriff zu konzentrieren. Das ist lächerlich. Der einzige Weg zu punkten, vor allem wenn man den Fast Break bevorzugt, liegt darin, den Gegner zu stoppen. Doch unser Fast Break war so dynamisch und beeindruckend, daß die meisten Leute darüber hinaus nichts mehr wahrnahmen. Dieser Fast Break war aber nur so effektiv, weil wir die gegnerischen Mannschaften pausenlos dazu zwangen, schlecht zu werfen. Schlechte Würfe führen zu Rebounds, und Rebounds erlaubten uns zu laufen. Ohne harte Abwehrarbeit kann ein Fast Break eben gar nicht erst beginnen.

Ein Freund und ehemaliger Mitspieler von Bob McAdoo, der einmal an unserem Training teilnahm, war verblüfft über die Härte, die bei uns herrschte. Als wir schließlich fertig waren, meinte er: »Bei all dem Geld auf dem Spielfeld kann ich gar nicht glauben, wie verbissen ihr Jungs hier trainiert.« Ihn schockte, daß unser Management, um uns in Bestform zu halten, offensichtlich auch die Gefahr von Verletzungen einging. In den meisten Mannschaften wird im Training eher Zurückhaltung erwartet, um den letzten Einsatz und die volle Energie für das Spiel aufzusparen. Aber Riley hielt nichts von dieser Auffassung.

In unseren Trainingsspielen traten in der Regel die »Ersten Fünf« gegen die Auswechselspieler an. Doch diese Reservisten kannten all unsere Tricks und waren daran gewöhnt, gegen uns zu verteidigen. Außerdem kämpften sie um ihre Jobs, so daß sie mit riesigem Engagement zu Werke gingen und diese Duelle meist knapp gestalten konnten. Manchmal kündigte Riley an, daß die Verlierermannschaft zusätzliche Intervall-Sprints absolvieren müsse. Da frage noch einer nach unserer Motivation!

War man Rileys Ansprüchen nicht gewachsen – und ein paar Spieler waren dies nicht –, dann blieb man nicht besonders lange bei den Lakers.

Das Fernbleiben vom Training bedeutete für Riley beinahe ein Sakrileg. Einmal wurden Kareem, James und ich zu einer gerichtlichen Anhörung geladen, nachdem ein Fan von einer Brüstung heruntergefallen war und sich verletzt hatte. Wir hatten überhaupt nichts gesehen, aber wir mußten erscheinen. Als Riley erfuhr, daß wir wegen unseres Gerichtstermins das morgendliche Training verpassen würden, setzte er das nächste Training bereits für sieben Uhr an, damit alle mitmachen konnten.

Es erwies sich als großer Vorteil, daß jedes Training einem bestimmten Zweck diente. Bereiteten wir uns auf eine Begegnung gegen ein Team wie

Denver vor, das den Ball hervorragend herumlaufen ließ, so ordnete Riley Übungen an, in denen die Auswechselspieler ein schnelles Angriffsspiel aufzogen, ohne dabei jedoch zu werfen. Auf diese Weise mußten wir die gesamten vierundzwanzig Sekunden, die ein Angriff dauern darf, intensiv verteidigen.

Er versuchte ständig, Spielsituationen vorwegzunehmen. »Ihr müßt euch auf euren Instinkt verlassen«, ermahnte er uns. »Wenn ihr anfangt nachzudenken, ist es bereits zu spät. Ihr müßt *wissen*, ob das euer Wurf ist oder welche Bewegung jetzt paßt.« Und dieses instinktive Wissen ließ sich nur erlangen, indem man die gleiche Situation schon im Training durchspielte. »Der Schlüssel zum Erfolg liegt nicht im Talent«, sagte er immer. »Erfolg gründet im Lernen, wie man etwas richtig macht, um es dann jedesmal richtig zu machen.«

Wir waren zwar bereits eine schnell spielende Mannschaft, aber Riley wollte, daß unser Fast Break noch schneller wurde. Aus diesem Grund engagierte er einen Lauftrainer, einen Sprinter der Olympia-Auswahl namens Henry Hines. Neben anderen Dingen erklärte uns Henry, wie wir den Armschwung effektiver ausnützen konnten. Genau wie es Riley beabsichtigt hatte, wurde unser Konterspiel um einen weiteren Grad besser.

Ich mochte unser hartes Training. Kareem dagegen haßte es und stand damit nicht allein. Riley war sich darüber im klaren, daß er hohe Anforderungen stellte. Und zu seinen Fähigkeiten als Teamchef zählte auch, daß er wußte, wann eine eher lockere Gangart angebracht war.

An manchen Morgen, wenn er sehen konnte, wie müde wir waren, begann er das Training, indem er alle an der Mittellinie aufreihte. Dann wurde jedem Spieler ein Wurf zugestanden. Traf irgend jemand, war das Training damit vorbei. Wir hatten einige gute Distanzschützen, und ab und zu war einer von uns der Glückliche. Als Riley das zum erstenmal ankündigte, glaubten wir nicht, daß er es ernst meinte. Byron Scott warf als erster, und der Ball flog wie an einer Schnur gezogen. Während er noch in der Luft war, liefen bereits alle zum Ausgang. Und als er schließlich traf, saßen wir schon in unseren Autos.

Gelegentlich schlug Riley kleine Geschäfte vor: Triff zehn Freiwürfe hintereinander, und du mußt heute nicht laufen. Mitten in ein hartes Training konnte er einen kleinen Wurfwettbewerb um Geld einbauen. Er liebte das Aufregende. War es in der Halle zu ruhig, sagte er: »Hey, wo bleibt das Gequatsche? Wo bleiben die High Fives?«

Manchmal verlangte er zuviel von uns, aber in der Regel wußte er, wann Schluß war. Nach einem Tag, an dem er uns völlig fertiggemacht hatte, konnte ein Anruf kommen, mit dem das Training am nächsten Tag abgesagt wurde. Er hatte aber auch Ideen, auf die andere Coachs überhaupt nicht kommen würden. Ich mußte lachen, als ich hörte, daß Riley 1992 vor dem Beginn der Playoffs mit seinen Knicks in den Film »Weiße Jungens bringen's nicht« gegangen war.

Ich werde Showtime immer mit Riley in Verbindung bringen, weil er im Training so hart daran arbeitete, daß es im Spiel funkte. Wenn die Lakers auf Touren kamen, verbreiteten sie eine Begeisterung, die kein anderes Team bieten konnte. Die Fans gingen immer mit der Erinnerung an drei oder vier Spielzüge nach Hause, die einfach unglaublich schienen. Abend für Abend war das Forum ausverkauft. Wenn man eines unserer Spiele versäumte, hatte man wirklich etwas verpaßt.

Vielleicht war es James Worthy, wie er den Flügel entlangraste und von mir einen No-Look-Paß erhielt. Oder Coop, der über zwei Typen sprang, um einen Wurf abzublocken. Oder der Ball ging runter zu unserem Langen, der den schönsten Wurf im Basketball besaß – den Skyhook. Oder Kurt Rambis hechtete einem freien Ball nach, hinterließ eine sechs Meter lange Schweißspur auf dem Parkett, brachte aber doch irgendwie einen Paß zu Byron zustande, so daß wir erneut losjagen konnten.

Wenn wir den Fast Break liefen, befand ich mich in einer anderen Welt. Es war das tollste Gefühl, das ich jemals gekannt habe. Meine Augen leuchteten auf, und ich fühlte es kribbeln bis in die Fußspitzen. Wenn Verteidiger zurückblieben und ich einen Mitspieler auf jeder Seite hatte, die die richtigen Laufwege nahmen, dann wußte ich genau, daß es jetzt an der Zeit war zu punkten.

Meine Aufgabe war es, alles ins Laufen zu bringen. Selbst wenn ich nicht unmittelbar am Korberfolg beteiligt war, holte ich doch den Defensiv-Rebound und machte diesen entscheidenden, öffnenden Paß. Ich achtete als erstes darauf, ob jemand seinem Gegenspieler schon enteilt war. Meist war James schon auf und davon. War niemand ungedeckt, dribbelte ich mit dem Ball, so weit ich kam, bis die Verteidigung schließlich reagierte und ich eine neue Möglichkeit für jemanden sah.

Manchmal war ich dieser Jemand selbst. Aber es gab ebenso Fast-Break-Situationen, in denen ich zurückbleiben konnte und voller Stolz, ein Teil dieser unglaublichen Show zu sein, den Angriff bewunderte.

Riley war ein strenger Antreiber, aber er war kein Diktator. Wie die meisten großen Leitfiguren wußte er auch zu folgen. Er hörte seinen Spielern zu und schenkte ihren Ideen Beachtung. Er verstand unsere Gefühle. Wenn ein Coach niemals selbst in der NBA gespielt hat, ist es unter Umständen schwer für ihn, die Empfindungen der Spieler nachzuvollziehen. Doch Riley hatte das alles selbst hinter sich. Er wußte, wie man sich als Auswechselspieler fühlt oder nach einer Verletzung oder in einem Formtief.

Unter Rileys Anleitung wurden gute Spieler besser und durchschnittliche Spieler gut. Die stärkste Wirkung erzielte er bei Leuten, die bereit waren, hart zu arbeiten, was erklären mag, weshalb er bei Coop und mir so erfolgreich gewesen ist. Aber er erkannte auch Worthys Talente sofort, und wir erarbeiteten spezielle Spielzüge, die seine besonderen Fähigkeiten zur Geltung brachten.

Für Pat Riley spielte es keine Rolle, wie gut man in der abgelaufenen Saison gewesen war, er setzte alles daran, seine Spieler weiterzubringen. In jedem Sommer schickte er allen einen langen, detaillierten Brief, in welchem er ausführlich die einzelnen Leistungen beurteilte und seine Erwartungen für die nächste Saison formulierte. Aus diesen Briefen sprach eine Menge gründliche Überlegung, und wir nahmen sie entsprechend ernst. Sie endeten immer mit der Erinnerung, daß man am besten schon mit guter Form ins Trainingslager kommt. Wer das nicht beherzigte, verschwand äußerst schnell von der Bildfläche.

Riley half mir dabei, effizienter zu spielen. Statt den aufsehenerregenden Paß machen zu wollen, lernte ich, stärker nach dem *guten* Paß zu suchen. In meinen ersten paar Jahren neigte ich teilweise dazu, Wildwest zu spielen, und meine spektakulären Aktionen endeten gelegentlich mit Ballverlusten. Riley hatte zwar nichts gegen kleine Showeinlagen, aber er brachte mich dazu, die verrückten Sachen auf die richtigen Momente im Spiel zu begrenzen. Ich lernte, die Situationen abzuschätzen. Kam ein Ballverlust zu kostspielig, ging ich das Risiko nicht mehr ein.

Außerdem drängte mich Riley dazu, mehr zu punkten. Als ich in der Liga anfing, besagten die Spielauswertungen, daß ich von außen nicht treffen würde. Aber ich arbeitete an meinem Distanzschuß, bis ich aus etwa sechs Metern wirklich präzise warf. Die gegnerischen Teams erwarteten, daß ich zum Korb ziehen würde und ließen mir deshalb Platz. Aber sobald meine Sprungwürfe trafen, mußten sie enger gegen mich verteidigen. Das eröffnete mir dann die Möglichkeit, erneut nach innen zu gehen.

Später ermunterte mich Riley, meine Freiwurfquote zu verbessern. Das ist eher ein mentales als ein physisches Problem. In den ersten drei Vierteln tendieren die Spieler dazu, ihre Freiwürfe zu treffen, aber gegen Ende des Spiels, wenn die Konzentration nachläßt, werfen sie daneben. Das passierte mir oft – besonders während der Finalrunde gegen Boston 1984, in der ich am Schluß einige wichtige Chancen nicht nutzen konnte.

Ich bin eigentlich immer ziemlich gut von der Freiwurflinie gewesen. Während meiner ersten fünf Spielzeiten lag meine Trefferquote bei

78,8 Prozent. Aber ich wußte, daß es noch Raum für Verbesserung gab, und beschloß, härter zu arbeiten. Larry Bird lag im Bereich von 90 Prozent, also wurde dies mein Ziel.

Ich begann, vor und besonders auch nach dem Training, wenn ich ausgepumpt war, Freiwürfe zu üben. Es dauerte nicht lange, bis man den Unterschied sah. Ich mußte keinerlei physische Zugeständnisse machen. Es ist allein eine Frage der Übung und der Einstellung. Hat man den Dreh erst mal raus, dann trifft man einen Freiwurf auch mit geschlossenen Augen.

Wenn ich auf der Linie stehe, bin ich stets der festen Überzeugung, mein Wurf wird sitzen. Man muß sich konzentrieren – aber nicht zu sehr. Denkt man zuviel beim Freiwurf, ist es schon zu spät.

In meinen letzten sieben Spielzeiten lag meine Trefferquote von der Linie bei 87,5 Prozent, was eine enorme Steigerung bedeutete. Etwa ein halbes Dutzend Spiele vor Ende der Saison 1988/89 war ich zweitbester Freiwurfschütze der Liga, dicht hinter Jack Sikma aus Milwaukee, der ungefähr 90 Prozent traf. (Larry Bird spielte in jenem Jahr aufgrund einer Verletzung nicht.) Dann fiel Jack aus und verpaßte die letzten paar Spiele. Der Druck lastete nun noch stärker auf mir. Aber inzwischen hatte ich eine ganze Menge Selbstvertrauen. In der letzten Woche der Saison verwandelte ich so etwa zweiunddreißig Freiwürfe hintereinander. Dann verfehlte ich zwar einen, aber es gelang mir, den Faden wieder aufzunehmen und alle restlichen zu treffen. Ich beendete diese Spielzeit mit einer Freiwurfquote von 91,1 Prozent an der Spitze der gesamten NBA. Jack Sikma wurde Zweiter mit 90,5 Prozent. Bird hatte die Liga in dieser Kategorie dreimal angeführt, dabei aber nie mehr als 91 Prozent erzielt. Ich nehme an, Larry beobachtete mich ebenso aufmerksam wie ich ihn. Denn – man kann es sich schon denken – im darauffolgenden Jahr führte er nach seiner Rückkehr die Liga mit unglaublichen 93 Prozent an. Ich wurde zweiter mit 91,7 Prozent – mein bestes Ergebnis.

In seinem ersten Jahr als Coach bat Riley Kareem, ihn in seinem Haus zu besuchen. »Du arbeitest nicht hart genug in der Abwehr«, meinte Riley zu ihm und spielte Kareem anschließend eine Videoaufzeichnung vor, die seine Abwehrfehler dokumentierte.

»Das ist alles sehr interessant«, sagte Kareem. »Aber bei unserm nächsten Treffen wäre es mir lieb, du könntest etwas Objektiveres vorführen.«

Es zeigte sich, daß Riley, obwohl er die mentalen Aspekte des Spiels für entscheidend hielt, eine Menge Zeit in die Aufstellung detaillierter Statistiken steckte. Jedes Team führt Statistiken über seine Spieler, aber Riley fügte den üblichen Kategorien weitere hinzu. Er ließ nicht allein erfolgreich abgeschlossene Versuche notieren, sondern auch den individuellen Einsatz. Er wußte, wie oft man um freie Bälle oder um Rebounds gekämpft hatte – selbst wenn man erfolglos geblieben war. Er wollte wissen, wie jeder arbeitet. Die Zahlen logen nicht, und Riley konnte schwache Punkte bei jedem Spieler entdecken, von denen dieser selbst bis dahin keine Ahnung gehabt hatte.

Die NBA besaß ihr eigenes Bewertungssystem, das die verschiedensten Kriterien enthielt – Korberfolge vom Feld, Freiwürfe, Rebounds, Assists, abgeblockte Würfe, Steals und noch ein oder zwei Dinge, die ich nicht einmal kenne. Die beiden einzigen Spieler, die in dieser Tabelle konstant über 700 Punkten lagen, waren Larry Bird und ich. (Dies galt, bevor Michael Jordan eine echte Macht in der Liga wurde.) Riley hielt mir diese Zahlen stets vor, und sobald sie ein wenig sanken, ließ er es mich wissen.

Im Unterschied zu anderen Coachs war Riley kein großer Schreihals. Machte man etwas falsch, dann zeigte er es lieber an, als daß er jemanden angeschrien hätte. Während eines Spiels würde er niemals herumbrüllen. Aber er konnte sehr ungemütlich werden, wenn er mit dem Team alleine war.

»Buck«, sagte er dann zum Beispiel. »Ich lese immer wieder, was für ein toller Spieler du bist. Aber du bleibst unter deinen Möglichkeiten. Sieh deine Leistungen an! Du bekommst weniger Rebounds, gibst weniger Assists und wirst einfach nicht deiner Aufgabe gerecht.« Dann nahm er sich den nächsten Typ vor, und so kam einer nach dem anderen an die Reihe. Er sagte jedem ohne Zögern seine Meinung offen ins Gesicht und klärte ihn über seine Fehler auf. War er fertig, gingen wir raus und trainierten wie die Verrückten.

Manchmal wurde er auch nach einem Sieg wütend. »Bildet euch ja nichts auf eure Leistung ein, nur weil ihr gewonnen habt«, sagte er etwa. »Diese Jungs sind nicht besonders gut, aber ihr wart lausig.« Da wir Talent und eine gute Arbeitseinstellung besaßen, erwartete er von uns jeden Abend eine hervorragende Leistung.

Im Herbst 1987 explodierte er einmal, nachdem wir ein Spiel vermasselt hatten. »Ihr nennt euch Gewinner? Ihr seid Nullen!« Er brachte uns so in Rage, daß wir zum Zeitpunkt des nächsten Spiels unsere Gegner regelrecht vernichten wollten. Wir wollten sie mit vierzig Punkten Unterschied schlagen, nur um es Riley zu zeigen. Manchmal verlieren die Lakers. Das ist unvermeidlich. Aber wir haben nur selten zwei Spiele hintereinander verloren.

Die denkwürdigste Mannschaftsbesprechung mit Riley hielten wir 1985 während der Finalrunde gegen Boston ab. Die Celtics hatten uns im

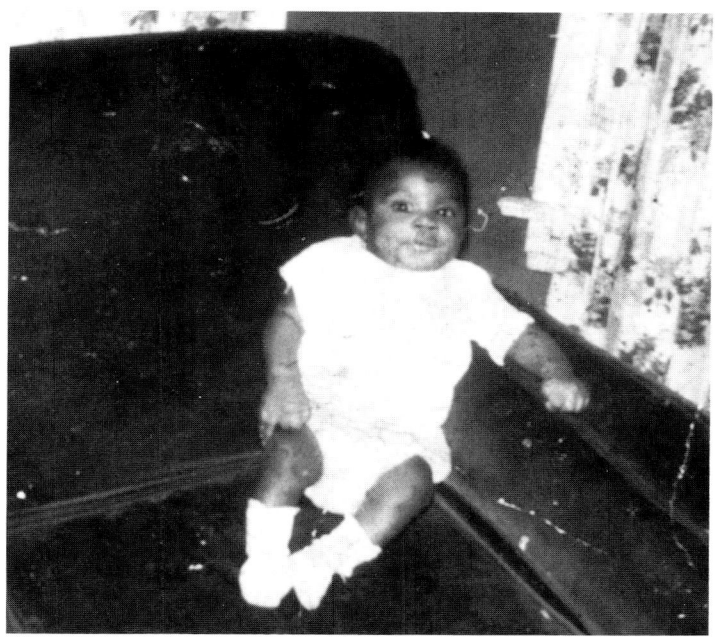

Das bin ich mit drei Monaten.

Mein Klassenfoto aus dem zweiten Schuljahr. Ich bin der mit der Zahnlücke, letzte Reihe rechts.

Oben:
In der Küche bei uns zu Hause während meiner ausgesprochen kurzen Football-Karriere.

Rechts:
Und so sah ich in der Junior High School aus.

Ich war ein harter Bursche in meinem letzten Jahr auf der Everett High School.

Oben:
Grund zum Jubeln: zusammen mit
Coach Fox nach einem großen
Spiel.

Rechts:
Unwiderstehlicher Drang zum Korb beim
State-Halbfinale 1976.

Die Meistermannschaft der Everett Vikings! Ich stehe in der Mitte und Reggie Chastine ganz links.

Oben:
Zeit der Entscheidung: Zusammen mit meinem Vater und Coach Fox werden die Weichen für die Zukunft gestellt.

Rechts:
Mit meiner Urkunde für die Berufung ins All-America-Team in meinem zweiten Michigan-State-Jahr.

Beim Interview mit Billy Packard und Bryant Gumbel während des NCAA-Turniers 1979. Der Spieler neben mir ist Greg Kelser.

In voller Aktion beim Finale 1979 gegen Larry Bird und seine Mannschaft von Indiana State. Für viele war es das beste College-Finale aller Zeiten.

Schulfeier nach dem Titelgewinn.

Der öffnende Paß zum Fast Break – und schon kann die Showtime beginnen.

Oben:
Immer auf der Suche nach dem freien Mann.

Rechts:
Im Clinch mit Larry Bird.

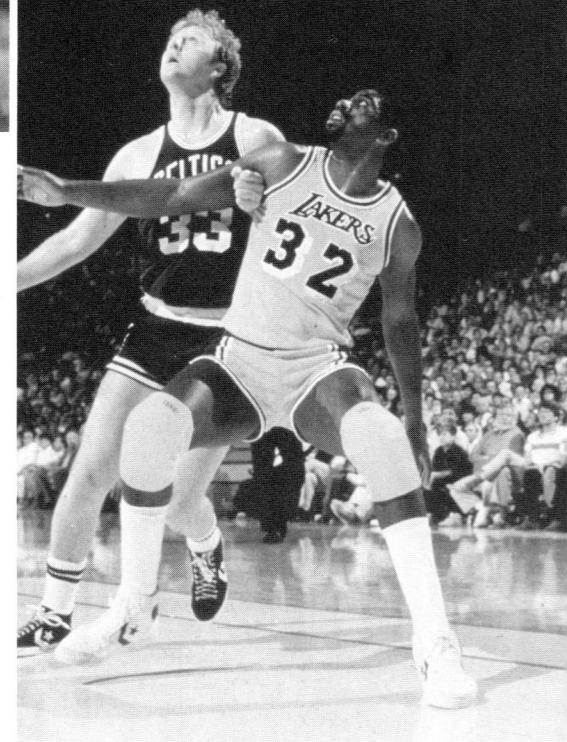

Kleines Gerangel mit Michael Jordan.

Einer der glücklichsten Tage meines Lebens: Cookie und ich, frisch vermählt, auf dem Weg aus der Kirche.

Einer der traurigsten Tage meines Lebens: der 7. November 1991, als ich öffentlich meine HIV-Infizierung bekanntgab.

Oben:
Siegen ist Leben: das Glücksgefühl des Gewinners mit der Goldmedaille bei den Olympischen Spielen 1992 in Barcelona.

Links:
Die Treffsicherheit beim Freiwurf ist eine Grundlage des Erfolges, auch wenn wir in Barcelona nicht unbedingt darauf angewiesen waren.

Ob als Spieler auf dem Feld oder als Assistenzcoach auf der Bank: Zurückhaltung gehört nicht zu meinen herausragenden Fähigkeiten.

Ein neues Leben: zu Hause mit dem kleinen Earvin Johnson.

vergangenen Jahr geschlagen, und wir dachten den ganzen Sommer und den Großteil der nächsten Saison nur daran, uns zu revanchieren.

Wir waren alle völlig aufgedreht, als wir wieder Boston in der Finalrunde gegenüberstanden, weil es diesmal einfach unser Jahr werden mußte. Aber die Celtics brachten uns sehr schnell auf den Boden der Tatsachen zurück. Das erste Spiel dieser Serie fand am Volkstrauertag statt und entwickelte sich zu einem wahren Schlachtfest. Die Celtics bekamen mehr Rebounds, gewannen mehr Zweikämpfe und spielten uns von Beginn an schwindlig. Am Schluß hatten sie hundertachtundvierzig Punkte erzielt, ein Rekord für ein Finalspiel. Wir brachten vierunddreißig Punkte weniger zustande. Die Begegnung wurde bekannt als das »Massaker vom Volkstrauertag«.

Nun, man muß kein Prophet sein, um vorhersagen zu können, daß das Training am Dienstag etwas ungemütlich werden würde. Als wir ankamen, ließ uns Riley alle vor dem Videorecorder Platz nehmen. Er sagte lediglich: »Seht genau hin!« Im Raum herrschte Totenstille, während wir uns die Demütigung vom Vortag im Boston Garden ansahen. Wir waren alle schlecht gewesen, aber Kareem hatte einen der schwärzesten Tage seiner Laufbahn erwischt. Robert Parish hatte mit ihm gemacht, was er wollte.

Während das Video lief, fing Riley an, Cap zu bearbeiten. Jedesmal, wenn Parish Kareem davonrannte, spulte Riley zurück und wiederholte die Sequenz. »Was ist los, Cap? Kannst du nicht mehr spielen? Sieh dir das an. Robert läuft einfach an dir vorbei!«

Kareem nahm gewöhnlich in der hinteren Reihe Platz, aber er wußte, was an diesem Morgen anstehen würde, und er wußte auch, daß er es verdient hatte. Und so saß er unmittelbar vor dem Bildschirm und nahm jede Bemerkung von Riley in sich auf. Als Riley schließlich fertig war, meinte Cap: »Stimmt alles. Aber es wird nie wieder passieren.«

Für Kareem mag es am schlimmsten gewesen sein, aber jedem von uns fiel es schwer, diese Bilder zu ertragen. Riley machte uns derart heiß, daß wir uns anschließend im Training untereinander prügelten. Kareem ließ Mitch seine Ellbogen spüren, und Coop traktierte mich noch schlimmer als gewöhnlich. Zwei Tage lang schleppten wir die Erniedrigung diese ersten Spiels mit uns herum. Dann stand die zweite Partie an, und wir waren bereit.

Als wir an diesem Nachmittag das Hotel verließen, um zum Boston Garden zu fahren, fragte Kareem Riley, ob sein Vater uns im Bus begleiten dürfe. Noch nie war dies jemand gestattet worden, doch Riley wußte, daß an diesem Tag eine Ausnahmesituation vorlag und daß Kareem heute einen Weg finden mußte, sich zu rehabilitieren. Wie er die beiden, Vater und Sohn, da sitzen sah, mußte Riley an seinen eigenen Vater denken. Und als wir in die Umkleidekabine kamen, entschloß er sich, uns von Lee Riley zu erzählen.

Seinen Vater hatte Pat Riley das letzte Mal 1970 bei seiner Hochzeit getroffen. Und in der Kabine, unmittelbar vor dem Anpfiff des zweiten Spiels gegen die Celtics, berichtete er uns, was ihm sein Vater an diesem Tag gesagt hatte: »Denk daran, was ich dir erzählt habe, als du noch klein warst, mein Junge. Irgendwo und irgendwann wirst du dich bei passender Gelegenheit fest hinstellen, deine Haltung deutlich machen und jemanden in den Arsch treten müssen.«

Mehr brauchte er nicht zu sagen. Wir wußten, dies war die Zeit und der Ort. Sie machten es uns zwar nicht leicht, aber wir schlugen die Celtics im Boston Garden. Und ein langer Glatzkopf mit Brille legte dafür den Grundstein mit dreißig Punkten, siebzehn Rebounds, acht Assists und drei abgeblockten Würfen.

Riley schrieb ein Buch mit dem Titel »Showtime«, das mit den Worten beginnt: »Es gibt zwei Alternativen in der NBA. Gewinnen oder vor die Hunde gehen.« Niemand war stärker als Riley von dem Wunsch beherrscht zu gewinnen. Und niemanden wollte er so unbedingt schlagen wie die Celtics.

Riley war ein Mitglied der alten Lakers gewesen, die von den Boston Celtics Jahr für Jahr überrollt wurden. Er konnte die Celtics einfach nicht ausstehen und rechnete stets mit dem Schlimmsten. Trainierten wir im Boston Garden, verdächtigte er die Putzkolonne, daß sie uns ausspionieren würde. Einmal ließen die Celtics einen Kanister mit Trinkwasser für uns zurück, und unser Trainer Gary Vitti mußte ihn auf Geheiß von Riley ausschütten und neu auffüllen. Man konnte ja nie wissen. Vielleicht versuchte Red Auerbach, die graue Eminenz der Celtics, uns zu vergiften.

Riley erzählte uns häufig stimulierende Geschichten aus seiner Kindheit oder über Adolph Rupp, seinen Coach im College. Die besten sparte er sich allerdings gewöhnlich für unsere Begegnungen mit Boston oder Philadelphia auf. Immer wenn uns der nötige Auftrieb fehlte, kannte er die passende Anekdote. Er war ein Meister im Erzählen von Geschichten. Man konnte sich sehr gut vorstellen, ihm an einem Winterabend vor dem Kamin zuzuhören.

Seine Ansprachen vor den Spielen waren stets genau ausgearbeitet. Riley schrieb sie mit blauem Filzstift auf blauen Karteikarten vor. Ständig las er Bücher und suchte nach Zitaten, die zu unserer Motivation beitragen könnten. Er liebte knappe Aussagen und eingängige Bilder: »Was erhält man, wenn man eine Orange auspreßt? Orangensaft. Erst wenn man etwas großem Druck aussetzt, erfährt man, was wirklich in ihm steckt.«

Sprüche dieser Art benutzte er besonders gerne, wenn die Zeit der Playoffs nahte. Dann standen Geld und Ansehen auf dem Spiel, und Pat Riley geriet in höchste Anspannung. »Sag deinen Freunden und deiner Familie, sie sollen dich gefälligst in Ruhe lassen«, meinte er in solchen Momenten. »Sag Ihnen, du seist die nächsten Wochen unabkömmlich. Du mußt dich völlig auf diese Spiele konzentrieren. Wenn du die Meisterschaft willst, mußt du Opfer bringen.« In der Zeit der Playoffs gab es keinerlei Musik in der Kabine. Riley stöpselte sogar das Telefon im Unterrichtszimmer aus.

Er versuchte alles auszuschließen, was uns von unserem Ziel ablenken könnte. Sorgen bereiteten ihm vor allem die – wie er sie nannte – »peripheren Gegner«, zu denen er jeden zählte, der die Kraft und Konzentration vom Basketball ablenkte. Dazu gehörten Freunde, die Eintrittskarten haben wollten, Agenten, die Werbeverträge anboten, und besonders die Medien, die Interviews wünschten.

Ein weiterer peripherer Gegner waren die Schiedsrichter – aber nur, wenn wir es zuließen. Riley wollte, daß niemand von uns mit den Schiedsrichtern stritt, weil man dadurch vom Wesentlichen abgelenkt würde. Wenn eine Mannschaft damit beginnt, sich über deren Entscheidung zu beklagen, ist das in aller Regel ein deutliches Signal, daß sie ihre Konzentration und ihren Siegeswillen verloren hat.

Aber Riley mag ein wenig zu weit gegangen sein, als er auch Ehefrauen und Freundinnen der Rubrik »peripherer Gegner« zurechnete. Während der Playoffs verbot er ihnen, das Team auf Auswärtsfahrten zu begleiten. Es gab eine Reihe von Beschwerden deshalb, doch Riley hielt daran fest. Seiner Meinung nach hatten wir einen Auftrag zu erfüllen, der unsere gesamte Aufmerksamkeit erforderte. Er sagte immer: »Keine Ehefrauen – und kein Übergepäck.« »Übergepäck« war seine Bezeichnung für Freundinnen.

Die Spielerfrauen kamen normalerweise gut mit Riley aus. Doch über seine Playoff-Regelungen zeigten sich Wanda Cooper und Anita Scott verstimmt. Ihre Ehemänner wollten, daß sie mitkamen, und sie erschienen bei einigen Spielen auch trotz aller Verbote. Sie konnten nicht mit der Mannschaft reisen und nicht in unserem Hotel wohnen, aber selbst Riley konnte ihnen nicht verwehren, die Spiele zu besuchen. Er wußte stets, daß sie da waren, denn die Plätze für Inhaber von Freikarten lagen alle in demselben Block.

In der laufenden Saison schlossen sich die Ehefrauen gelegentlich unseren Auswärtsfahrten an. Das ging in Ordnung, solange man Riley vorher darüber informierte. Gewöhnlich war die Tour für eine Vergnügungsreise allerdings viel zu hektisch. Drei Städte in vier Tagen entsprachen wohl kaum den landläufigen Vorstellungen von einer amüsanten Reise. Unter anderem waren die Playoffs auch deshalb so attraktiv, weil sie die Möglichkeit boten, drei oder vier Tage in derselben Stadt zu bleiben.

Wanda Cooper reiste häufig heimlich in die Städte, in die wir fuhren. Aber sie stieg niemals in unserem Hotel ab, und Michael bat die Balljungen in der Halle stets, ihr einen Platz außerhalb des Freikartenblocks zu geben, so daß Riley nichts merkte. Spät nachts verließ Michael dann manchmal unser Hotel und nahm ein Taxi, um seine Frau zu besuchen. Vor dem Morgengrauen war er stets zurück, und Riley bekam von alldem nichts mit.

»Kannst du dir vorstellen, wie aufregend das unsere Ehe macht?« sagte Wanda immer. »Es ist großartig. Michael und ich sind schon zehn Jahre verheiratet, und da schleiche ich ihm noch derart hinterher.«

Vielleicht um seine strengen Vorschriften hinsichtlich der Ehefrauen auszugleichen, kümmerte sich Riley während der Playoffs immer besonders aufmerksam um uns. Als wir 1988 und auch 1989 jeweils eine Woche in Detroit verbrachten, mieteten die Lakers das gesamte Obergeschoß des Guest Quarters Hotels in Troy, Michigan. Dazu gehörte eine riesige Suite, die Riley zu einem Erholungsraum mit einem Großbildschirm, Poolbillard und Videospielen umfunktionierte.

Er ließ in jedes Zimmer einen Videorecorder installieren, so daß es möglich war, Spielaufzeichnungen zu studieren. Man konnte aber auch in einer örtlichen Videothek Filme bestellen. Auf diese Weise geriet man nicht so leicht in Versuchung, das Hotel zu verlassen. Es gab eine Sicherheitskontrolle unmittelbar am Aufzug, so daß wir ungestört blieben. Und Riley schickte tatsächlich einen seiner Assistenten los, um für alle Badezimmer bunte Handtücher zu kaufen – damit die Zimmer weniger als Hotel und mehr als unser persönliches Zuhause wirkten.

Gleich im Anschluß an die Playoffs 1987 gegen Boston tat Riley etwas, das die gesamte Sportwelt in Erstaunen versetzte. Ungefähr fünf Minuten nachdem wir die Celtics in deren eigener Halle geschlagen hatten und während noch der Champagner in unserer Umkleidekabine floß, stellte ein Reporter ihm die unvermeidliche Frage: »Werden Sie diesen Erfolg nächstes Jahr wiederholen können?«

Darauf kann jeder NBA-Coach im Schlaf antworten. Das hört sich ungefähr so an: »Nun, John, es hat einen langen, harten Kampf gekostet, diesen Punkt hier zu erreichen. Jetzt werden wir uns amüsieren und ein paar Tage ausspannen. Aber wenn die nächste Saison beginnt, verspreche ich Ihnen, Sie werden eine Mannschaft erleben, die genauso schlagkräftig sein wird wie jene, die Sie heute abend gesehen haben.« Mit anderen Worten: Belästige mich jetzt nicht und laß uns in Ruhe feiern.

Doch als Pat Riley gefragt wurde »Können Sie es wiederholen?«, sagte er: »Ich garantiere dafür.«

Einige von uns nahmen an, Pat habe zuviel Champagner getrunken. Aber er verriet uns später, daß er sich diesen Satz schon eine Woche zuvor überlegt hatte. Er hatte darauf gewartet, daß irgend jemand die Frage stellen würde und er seine Antwort anbringen konnte.

»Ich garantiere, wir werden es wiederholen.« Er sagte dies bei jeder sich bietenden Gelegenheit, bis alle Fans es gehört und alle Reporter es notiert hatten. Als Erklärung dafür gab er uns gegenüber an, daß wir während des gesamten Sommers über einen weiteren Titel nachdenken sollten, um so im Herbst startklar zu sein.

Unsere Reaktion war: Oh, nein! Gönn uns eine Pause. Laß uns doch einfach nur unseren Urlaub genießen. Wir haben so hart gearbeitet dieses Jahr!

Wir waren nicht wirklich wütend auf ihn, denn es fällt schwer, sich zu ärgern, wenn man soeben den Titel gewonnen hat. Wir wußten, wie hart es gewesen war, überhaupt einmal zu gewinnen. Viele überragende Spieler haben nie zu einer Meister-Mannschaft gezählt. Eine ganze Reihe hat sogar niemals in einer Finalrunde gestanden. Und dieser Typ garantiert einfach eine Wiederholung? Noch dazu, ohne uns zu fragen?

Aber wenn Riley beabsichtigt hatte, uns den Gedanken an einen weiteren Titel in den Kopf zu setzen, dann hatte er es genau richtig gemacht. Wo ich in diesem Sommer auch hinkam, überall stellten die Leute die gleiche Frage: »Pat Riley hat gesagt, ihr würdet es wieder schaffen. Stimmt das wirklich?«

Wie soll man solch eine Frage beantworten können? Das einzige, was man in dieser Situation machen konnte, war dem Coach beizupflichten. »Klar, wir schaffen es noch mal.«

Doch das ist kein Versprechen, das sich so einfach halten läßt. Titelverteidigungen waren in der NBA selten geworden. Als Riley 1987 seine Absichtserklärung abgab, war es seit den Celtics achtzehn Jahre zuvor keinem Team mehr gelungen, zwei Meisterschaften hintereinander zu gewinnen. Kaum vorstellbar, aber in den frühen sechziger Jahren hatten die Celtics sogar achtmal in Folge den Titel gewonnen. Vier dieser acht Siege kamen gegen die Lakers zustande. Auch deshalb war es eine so großartige Sache, sie schließlich 1985 zu schlagen.

Warum ist es so schwer für eine Mannschaft, zweimal hintereinander den Titel zu erringen? Vor allem, weil jedes andere Team gerade gegen den Champion einen Zahn zulegt. In meinen Anfangsjahren in der Liga hatten wir es eigentlich einzig darauf angelegt, die Celtics zu schlagen. Und jedesmal, wenn wir eine Meisterschaft gewannen, interessierten sich die Celtics alleine dafür, uns zu schlagen. Jeder will gewinnen, und der Weg zum Erfolg führt nur über den Titelverteidiger.

In der Saison nach dem Titelgewinn wird jedes Spiel zum harten Brocken. Für den Titelverteidiger ist es zwar nur ein Spiel von vielen, aber für die Gegner ist es *das* Ereignis, die Partie, auf die sie seit Wochen gewartet haben. Das gilt besonders für Auswärtsspiele. Jede dieser Begegnungen bietet der anderen Mannschaft die Chance, vor eigenem Publikum den amtierenden Meister fertigzumachen.

Und tritt man gegen eine Mannschaft aus der Eastern Conference an, ist das für die Leute dort die einzige Gelegenheit, den Titelverteidiger zu sehen. Darauf haben sie die gesamte Saison gewartet, und sowohl die Spieler als auch die Fans sind hochmotiviert. Sie aktivieren die letzten Reserven für dieses Spiel. Wenn sie dich schlagen, macht es ihnen wenig aus, sollten sie ihre nächsten drei Partien verlieren. Und genau das passierte in der Regel: Eine Mannschaft schlug die Lakers und geriet anschließend in eine Serie von Niederlagen. Sobald das Riesenspiel vorbei war, ließen sie ganz einfach nach.

Das Dasein eines Titelverteidigers kann zermürbend sein. Aber es kann dich gleichzeitig in Schwung bringen. Wenn jeder Gegner sein Bestes gegen dich gibt, hält dich das in Form. Geht es dann in die Playoffs, kann dich nichts mehr überraschen; du hast jedes Team bereits auf Hochtouren erlebt.

Als wir im Trainingslager zusammenkamen, sprach Riley immer wieder aus, was er wollte: »Ein Stück Geschichte schreiben. Das ist mehr als gewinnen oder verlieren.«

Es mag schwülstig klingen, aber seine Sprüche motivierten uns. Daß wir die beste Mannschaft in der Liga waren, wußten wir bereits. Und rückblickend glaube ich, wir waren womöglich das beste Lakers-Team aller Zeiten. Unsere »Ersten Fünf« waren stets gefährlich. Zudem besaßen wir mit Coop, Rambis und Mychal Thompson auf der Bank zahlreiche Alternativen. Und jetzt lag ein noch größeres Ziel vor uns.

In jenem Jahr traf jeder voll konzentriert und spielbereit im Trainingslager ein. Wir mußten nicht völlig von vorn anfangen. Wir waren geistig hellwach und in jeder Beziehung startklar. Als die Saison begann, gab es Abende, an denen uns vor lauter Tatendrang der Schaum vor dem Mund stand. Während einer fünftägigen spielfreien Phase gingen wir im Training derart hart zur Sache, daß Riley früher abbrechen mußte, damit wir uns nicht gegenseitig umbrachten.

Wir schafften es in diesem Jahr erneut, aber es wurde die schwerste

Meisterschaft von allen. Nachdem wir die reguläre Saison mit einer Bilanz von 62:20 abgeschlossen und San Antonio in der ersten Runde in einer Miniserie nach dem Prinzip Best-of-Five geschlagen hatten, benötigten wir weitere einundzwanzig Spiele, um unser Ziel zu erreichen: Utah, Dallas und schließlich Detroit, jedes dieser Teams verlangte uns sieben Spiele ab, bevor wir endlich Rileys Versprechen einlösen konnten.

Als wir nach dem letzten Spiel in die Umkleidekabine kamen, stopfte Kareem Riley ein Handtuch in den Mund. Aber selbst für Riley war *eine* derartige Wiederholungsgarantie genug.

Ein Grund für unsere Bereitschaft, unter Pat Riley so hart zu arbeiten, lag darin, daß er selber unglaublich schuftete. Es gab Zeiten, in denen man ihm ansah, daß er seit Tagen nicht geschlafen hatte. Er schaltete nie ab. Es verging kaum ein Moment, ohne daß er über Basketball nachdachte oder für das nächste Spiel plante.

Aber trotz aller Anstrengung machte er immer einen blendenden Eindruck. Er ist ein gutaussehender Mann und legte stets besonderen Wert auf seine Kleidung. Ach ja, und auf sein Haar natürlich. Laufend überprüfte er im Spiegel, ob auch jede Strähne richtig sitzt.

Zusätzlich zu all unseren Trainingseinheiten verbrachte er selbst Stunden damit, Videobänder für die Mannschaft vorzubereiten. Riley hatte eine große Vorliebe für Videoaufzeichnungen und besaß zu Hause einen eigenen Schneideraum.

Er stellte über jeden unserer Gegner spezielle Bänder zusammen. Ein Band konzentrierte sich beispielsweise auf Offensiv-Spielzüge des Gegners, ein anderes auf deren Verteidigung. Er ließ seinen Assistenten sogar individuelle Studien von jedem Spieler in der gegnerischen Mannschaft vorbereiten. Diese verteilte er dann in unserem Team an diejenigen, die diese Spieler zu decken haben würden.

»Captain Video« führte uns aber auch die eigene Leistung vor Augen. Spielten wir schlecht, zeigte er eine »Zusammenfassung der Tiefpunkte«, die aus unseren schlimmsten Aktionen und Fehlern bestand. Hatten wir zu wenig Rebounds bekommen, zwang er uns, eine halbe Stunde lang entsprechende Szenen anzuschauen. Hatten wir zu oft den Ball verloren, mußten wir uns vierzig oder fünfzig Ballverluste hintereinander ansehen. Richtig schlechte Paßversuche wiederholte er vier- oder fünfmal. »Wie konnte dir das passieren?« fragte er dann. »Der Mann war nicht einmal frei.«

Wenn ein Training in der Umkleidekabine begann, wußten wir bereits, es war Videozeit. Zu klären blieb lediglich die Frage, wer das Opfer diesmal sein würde. Er führte eine halbe Stunde lang die Schnitzer eines

Spielers vor, und jeder konnte genau sehen, wie er fünfzig oder hundert Bälle vermasselt hatte. Riley hätte dies auch in einem privateren Rahmen über die Bühne bringen können, aber er behandelte beinahe jedes Problem als ein Problem der Mannschaft.

Er benutzte auch positivere Dokumentationen, um uns zu motivieren. Er liebte es, Videos aus unseren schönsten Spielzügen zusammenzustellen und diese mit aufregender Musik zu unterlegen. Vor dem sechsten Spiel in der Finalrunde 1987 – wir lagen mit drei zu zwei Siegen gegenüber Boston vorne – sagte Riley in der Umkleidekabine kein einziges Wort. Er legte nur ein Band ein, das einige unsere besten Aktionen aus dieser Serie zeigte, darunter Dunkings, abgeblockte Würfe, tolle Pässe und gute Abwehrarbeit.

Die Botschaft war klar: Das alles habt ihr gegen die Celtics bereits zustande gebracht – jetzt geht da hinaus und macht es noch einmal. Es funktionierte.

Ein Team kann nur ein bestimmtes Maß an Anspannung aushalten, und am Ende verausgabte sich Riley sinnlos. Jahr für Jahr drängte er weiter und weiter. Doch ab einem bestimmten Moment blieb die Wirkung aus. Kein Coach kann bis in alle Ewigkeiten dieselbe Mannschaft betreuen. Letzten Endes sprechen die Spieler nicht mehr auf seine Motivationstechniken an, da sie diese schon zu lange gehört und gesehen haben. Der Abstand zwischen Riley und den Spielern wuchs, und Riley begann, stärker zu kontrollieren. Er mischte sich in Kleinigkeiten ein, zum Beispiel, wer wo im Flugzeug sitzen sollte oder wann die Musikgruppe im Forum einzusetzen habe.

Einige der Spieler entfremdeten sich von ihm. Zwei oder drei fingen sogar an, ihn richtiggehend abzulehnen. Es wurde für alle Seiten entnervend, und die Lakers hatten nicht mehr viel Spaß gemeinsam.

Nur sehr wenige Coachs sind so lange bei einem Team gewesen oder haben so viel Erfolg gehabt. Kein anderer Coach hat 73,3 Prozent seiner Spiele gewonnen – was einen erstaunlichen Rekord darstellt. Und außer Red Auerbach hat auch kein anderer Coach mehr als 100 Playoffbegegnungen gewonnen.

Rileys letzte Saison, 1989/90, beendeten wir mit einer Bilanz von 63:19 auf dem ersten Platz. Doch unsere Niederlage gegen Phoenix in der zweiten Playoff-Runde ließ offensichtlich werden, daß sich etwas verändert hatte. Detroit gelang es in diesem Jahr, die zweite Meisterschaft in Folge zu gewinnen.

Riley hatte immer gesagt, wenn er einmal das Gefühl bekommen sollte, uns nicht mehr länger motivieren zu können, dann würde er gehen. Nach der Saison 1990 machte er diese Worte wahr.

Vor der öffentlichen Bekanntgabe kam er zu mir nach Hause, um mir seine Entscheidung persönlich mitzuteilen. Wir saßen draußen auf der Terrasse, kurz nachdem es geregnet hatte. Er weinte, als er es mir erzählte, und ich weinte auch. Es war der richtige Entschluß, aber ich hatte ihn nicht erwartet, und es traf mich völlig unvorbereitet. Es fiel schwer, sich die Lakers ohne ihn vorzustellen.

Riley blieb in Los Angeles und begann, als Basketballspezialist für die Sportredaktion der NBC zu arbeiten. Ich traf ihn im folgenden Jahr einige Male, aber es war ein merkwürdiges Gefühl, von ihm interviewt zu werden. Während unseres ersten Gesprächs für NBC nannte er mich weiterhin »Buck«. Doch irgend jemand muß ihm was über den Kopfhörer zugeflüstert haben, denn plötzlich wechselte er zu »Earvin«. »Earvin« mag sich im Fernsehen korrekt angehört haben, aber in meinen Ohren klang es nicht richtig. Wir sind zu lang »Buck« und »Riles« gewesen, und wir werden es immer bleiben.

Ich habe mich sehr für ihn gefreut, als er ein Jahr danach als Coach zu den Knicks gegangen ist. Das war der ideale Job für diesen Mann und der ideale Mann für diesen Job. Es gab für Pat Riley im ganzen Land nur zwei Orte, an denen er Pat Riley sein konnte, und die Jahre in Los Angeles waren vorbei. Er versteht sich selbst als Star und konnte der Vorstellung, in New York zu coachen, wohl nicht widerstehen. Die Leute sehen in ihm bereits jetzt einen großartigen Coach, aber das wird sich noch steigern, wenn er derjenige werden kann, dem es gelingt, die frühere Größe der Knicks wiederherzustellen.

Sein erstes Jahr in New York wurde ein phantastischer Erfolg. Er brachte die Knicks dazu, an sich selbst zu glauben und als Mannschaft zusammenzuspielen. Doch »Riles« ist intelligent genug zu wissen, daß von einer positiven Saisonbilanz zu einer Meisterschaft noch ein weiter Weg zu bewältigen bleibt. Es braucht Zeit, ein großes Team zu formen und alle richtigen Bestandteile zusammenzubringen.

Aber eines Tages werden die Knicks alles gewinnen. Weil Pat Riley keine Ruhe geben wird, bis sie es geschafft haben.

DREIZEHNTES KAPITEL

Die Celtics

Kein anderes Team putschte mich so sehr auf wie die Boston Celtics. Wenn wir gegen Boston spielten, versetzte mich das in eine Erregung, wie sie höher nicht hätte sein können. Wir spielten lediglich zweimal während einer regulären Saison gegen die Celtics, einmal im Boston Garden und einmal im Forum. Doch in diesen beiden Begegnungen lag so viel Brisanz, daß sie stets zu den absoluten Highlights des Jahres zählten.

Es mag andere große Rivalitäten im Sport gegeben haben, aber ich glaube, keine davon kam dieser gleich – vor allem nicht für die Fans. Dabei spielte es weniger eine Rolle, welchem Team die Sympathien gehörten oder wer gewann, hier konnte man einfach den besten Basketball erleben: die besten Werfer, das beste Paßspiel, die beste Verteidigung, den besten Fast Break, einfach das Beste von allem.

Aber nicht nur für die Fans waren diese Zusammentreffen etwas besonderes. Stellen Sie sich vor, wie die Spieler bei den großen Begegnungen von dieser Atmosphäre voller Energie und Spannung ergriffen wurden. Wäre es möglich, dieses Fluidum in Flaschen abzufüllen, es würde Millionen einbringen. Man müßte einfach nur eine Flasche aufschrauben, und schon würde man in höchste Euphorie versetzt.

Wenn wir das Flugzeug nach Boston bestiegen, wußten wir jedesmal, daß uns harte Arbeit bevorstand. Doch es war auch ein tolles Gefühl, in der Zeit der Playoffs auf dem Logan Airport zu landen und den Respekt der Menschen zu spüren. Man konnte geradezu fühlen, wie sich die gesamte Stadt vorbereitete und kurz vor dem Dichtmachen stand, damit sich die Fans ganz auf das Spiel konzentrieren konnten.

Es scheint so, als stünde nicht nur jeder in Boston, sondern im ganzen Bundesstaat New England hinter den Celtics. Los Angeles ist da indifferenter. Wir haben viele Lakers-Fans, aber man trifft ebenso auf Knicks- und Celtics-Fans. Viele Menschen, die aus anderen Gegenden nach Kalifornien kamen, sind ihren alten Heimmannschaften treu geblieben. New England ist wesentlich homogener. Kommt man nach Boston, hat man das Gefühl, als wäre dort jeder bereits seit neunhundert Jahren ansässig – und sei mindestens die Hälfte dieser Zeit Celtic-Fan gewesen. Wo wir in Boston auch hingingen, ob wir uns ein Sandwich holten oder für einen Film anstanden, überall redeten die Leute von den Celtics.

Und was für ein Team die Celtics hatten! Das überragende Trio – Bird, Parish und McHale – war in der Mitte der achtziger Jahre auf dem Höhepunkt seiner Karriere. Wohlgemerkt, hier ist die Rede von der besten Angriffsreihe in der Geschichte des Basketballs.

Larry Bird ist ein Fall für sich, und Sie werden später noch mehr über ihn hören. Doch zuerst möchte ich über Robert Parish und Kevin McHale sprechen.

Es ist schwer zu glauben, aber Robert Parish ist mit jedem Jahr besser geworden. Er kam 1976 in die Liga und spielte vier Jahre bei den Golden State Warriors. In vollem Glanz erstrahlte sein Licht allerdings erst, nachdem er 1980 zu Boston gewechselt war. Als Kareem 1989 seinen Rücktritt erklärte, wurde Parish zum ältesten Spieler der NBA.

In all den Jahren, die ich Robert kenne, habe ich niemals erlebt, daß er seinen Gesichtsausdruck verändert hätte. Ich war immer der Meinung, Kareem habe eine steinerne Miene, aber im Vergleich zu Parish wirkte Kareem wie mein Grimassen schneidender Freund Arsenio. Die Boston-Fans nennen ihn den »Chief«, weil sein ehemaliger Mitspieler Cedric Maxwell der Meinung war, Parish sähe aus wie der stumme Indianerhäuptling in dem Film »Einer flog über das Kuckucksnest«.

Wenn die Lakers auf die Celtics trafen, spielte Parish stets gegen Cap. Beide bekämpften sich nach allen Regeln der Kunst. Kareem war gewohnt, die meisten gegnerischen Center zu beherrschen, aber Robert machte ihm das Leben sehr schwer, vor allem wenn er seinen wunderschönen Bogenlampen-Sprungwurf traf. Kareem respektiert Robert, und ich bin sicher, dieses Gefühl beruht auf Gegenseitigkeit. Sie lieferten sich zwar harte Auseinandersetzungen, aber sie blieben sich gleichzeitig immer freundschaftlich verbunden. Nach den Spielen gingen die beiden bisweilen gemeinsam zu Abend essen. Das kann jedoch nicht sonderlich überraschen, denn die Großen bleiben ja generell am liebsten unter sich.

Robert hat uns insbesondere beim Umschalten von Angriff auf Abwehr Schwierigkeiten bereitet. Für einen Mann seiner Größe überquerte er das Feld ungewöhnlich schnell. Er erreichte den Korb des Gegners meist vor allen anderen und wartete dort einfach so lange, bis Larry ihm den Ball zuspielte. Ähnlich wie James Worthy verrichtet er seine Arbeit in aller Stille und zählt Jahr für Jahr zu den Top-Centern der Liga.

Kevin McHale ist einer der besten Post-up-Spieler in der Geschichte der Sportart. Entscheidend sind im Basketball die Spielerkonstellationen, die sich aus der Manndeckung ergeben. Und selbst ein Larry Bird kann gestoppt werden – wenigstens manchmal. Aber bisher hat noch kein Team einen Weg gefunden, um McHale vollständig unschädlich zu machen. Der einzige Spieler, von dem ich gesehen habe, daß er ihn in den

Griff bekam, war sein ehemaliger Teamkollege aus Minnesota Mychal Thompson. Übrigens war es auch Mychal, der McHale den Spitznamen Herman Munster, nach dem überproportionierten Mitglied der Addams Family, verpaßte.

Jedem fallen diese breiten Schultern und langen Arme auf. Aber was McHale wirklich von anderen abhebt, ist seine unglaubliche Beinarbeit. Er und James Worthy haben die beste Beinarbeit in der Liga. Ich genieße es jedesmal, ihnen dabei zuzuschauen – rechts, links, über Kreuz, unter dem Gegenspieler durchgetaucht; sie tanzen geradezu um den Korb herum, ohne einen Schrittfehler zu begehen. Genau in dem Moment, wenn die Gegenspieler glauben, sie hätten ihn zu zweit gestoppt, macht McHale auch schon einen Schritt an ihnen vorbei. Plötzlich, keiner weiß wie, hat er sich aus der Umklammerung gelöst. Außerdem ist er ein ausgezeichneter Schütze, insbesondere mit seinem tödlichen Sprungwurf im Rückwärtsfallen.

Ich habe Kevin kennengelernt, als er ein Freshman an der University of Minnesota war und seine Schule mich anzuwerben versuchte. Ich mag ihn sehr. Er ist freundlich, witzig und ein toller Familienvater. Die meisten langen Spieler, wie Kareem, Parish und Ewing, wirken eher introvertiert. Sie stehen so sehr unter der Wirkung ihrer Körpergröße, daß sie dazu neigen, sich von anderen abzusondern. McHale dagegen ist ein überaus umgänglicher und kontaktfreudiger Mensch.

Von allen Celtics stand mir Dennis Johnson am nächsten. Er lebte früher hier in Los Angeles, und wir zwei waren echte Freunde. Dennis hat mich immer gedeckt, und keiner konnte das besser. Er ist groß und kräftig, darüber hinaus aber auch sehr schnell. Eine solche Kombination findet man selten, und sie machte es für mich schwer, an ihm vorbeizukommen. Man mußte bei ihm immer sehr vorsichtig mit dem Dribbeln sein, denn er besitzt äußerst flinke Hände. Er hatte den Ball geklaut, bevor man überhaupt wußte, daß man ihn verloren hatte. Ich habe natürlich meine Punkte gegen ihn erzielt, doch ich mußte für jeden einzelnen hart arbeiten.

Dennis und ich respektierten einander, und wir haben einige phantastische Zweikämpfe ausgefochten. Es gibt ein ungeschriebenes Gesetz in der NBA: Helfe keinem deiner Gegenspieler auf die Beine, den du zuvor auf die Bretter geschickt hast – das sollen gefälligst seine Mitspieler besorgen. Doch wenn Dennis und ich uns gegenseitig zu Boden rissen, sammelten wir anschließend auch gemeinsam unsere Einzelteile wieder ein.

Danny Ainge habe ich als Rivalen respektiert, ohne ihn allerdings persönlich gut zu kennen. Er kam mir oft wie ein ungezogener Balg vor.

Es mußte alles nach seinem Willen gehen, und tat es das nicht, war er stets der erste, der sich bei den Schiedsrichtern beschwerte. Ich denke, er war durch die Zeit bei den Celtics etwas verwöhnt. Nachdem er an Sacramento abgegeben worden war, habe ich ihn in einem Spiel einige Male gefoult, ohne daß ein Pfiff ertönte. Als er begann, deshalb bei den Schiedsrichtern zu jammern, ging ich zu ihm hin und sagte: »Hey, Danny, du mußt dir eins merken: Du trägst kein grün-weißes Trikot mehr, und aus diesem Grund wirst du in solchen Situationen auch keinen Pfiff mehr hören.« Er lachte, weil er wußte, daß ich recht hatte.

Es gibt keinen Zweifel daran, daß die Celtics und die Lakers beide von den Schiedsrichtern bevorzugt behandelt wurden. Erfolgreiche Teams bekommen ebenso wie erfolgreiche Spieler stets einen großzügigen Anteil an günstigen Schiedsrichterentscheidungen. Ist ein Spieler schon einige Jahre in der Liga und ist er gut, dann kennen die Schiedsrichter seine Bewegungen und Fähigkeiten. Wenn Larry Bird einen Korbleger verfehlte und dabei eng gedeckt wurde, nahm man in den meisten Fällen eben an, der Verteidiger habe ein Foul begangen.

Nicht allein ihre Besetzung machte die Celtics zu einer herausragenden Mannschaft. Dazu trugen ebenso ihr Stolz und ihre ruhmreiche Geschichte bei. Kein Team hat jemals in irgendeiner professionellen Sportart so sehr dominiert wie die Celtics der sechziger Jahre im Basketball – nicht die New York Yankees im Baseball, nicht die Green Bay Packers im Football und auch nicht die Montreal Canadiens im Eishockey. Kein anderes Team hat jemals acht Meisterschaften hintereinander gewonnen.

Wenn man gegen die Celtics anzutreten hatte, spielte man nicht nur gegen Larry Bird, Robert Parish, Kevin McHale, Dennis Johnson und die anderen, sondern auch gegen die legendären Celtics mit Bob Cousy, Bill Russell, Tommy Heinsohn, Dave Cowens und John Havlicek. Man ist mit diesen Namen aufgewachsen, und plötzlich blickt man zu den Meisterschaftsfahnen unter der Hallendecke auf und erkennt sich als ein Teil dieser uralten Rivalität. Dabei waren diese Größen nicht bloß Geister. Einige dieser Legenden tauchten regelmäßig zu unseren Spielen auf, was alles noch spannender werden ließ.

Und die Celtic-Fans passen so recht in diese Geschichte. Sobald wir auf dem Flughafen landeten, ging es schon los mit den Erinnerungen an all die Begegnungen, in denen die Lakers von den Celtics geschlagen wurden. Der Busfahrer, der uns ins Hotel brachte, gab Kommentare ab wie: »Viel Glück, Jungs, ihr werdet es brauchen.« Und an seinem Rückspiegel baumelte eins der Maskottchen der Celtics, der mysteriöse kleine Kobold.

Als ich den Boston Garden das erstemal sah, war ich schockiert, wie alt und dreckig er ist. Die Umkleidekabine für die Gästemannschaft ist so klein, daß kaum die gesamte Mannschaft, geschweige denn die Ausrüstung hineinpaßt. Es gab lediglich zwei intakte Duschen. Ich weiß noch, wie ich bei meinem Debüt als Rookie den Eindruck hatte, daß jede Arena, in der Michigan State angetreten war, über eine bessere Ausstattung verfügt hatte als dieses Loch.

Aber als wir an diesem Abend dann das Parkett betraten, wurde klar, daß der Boston Garden für Basketball ideale Bedingungen bietet. Die Lichtverhältnisse sind perfekt, und hinter den Korbanlagen wird es angenehm dunkel. Alles ist somit für Distanzwerfer maßgeschneidert, und ich wußte nun, warum Larry Bird diesem Ort noch den letzten Glanz verleihen konnte.

Und die Fans sind großartig. In Boston und New York trifft man auf die Zuschauer mit dem größten Fachwissen in der Liga. Sie wissen in der Tat gute Spielzüge zu schätzen, selbst wenn sie vom Gästeteam kommen. Wir mußten uns ihren Respekt redlich verdienen, doch als wir dies schließlich geschafft hatten, waren sie unglaublich freigebig.

Kareem pflegte zu sagen, daß ein Spiel in Boston Garden vergleichbar wäre mit einem Auftritt in der Mailänder Scala. Die Fans hätten ganz einfach Niveau.

Allerdings mußte man auf dem Parkettboden mit all seinen losen Brettern und toten Stellen höllisch aufpassen. Ich habe schon auf Parkplätzen gespielt, die ebener waren als der Boston Garden.

Ich verlange nicht viel von einem Hallenboden. Alles, was ich erwarte, ist, daß der Ball hoch und runter springt, wenn ich dribbele. Die Abwärtsbewegung stellt auch in Boston kein Problem dar. Allerdings bleibt er dann manchmal ganz einfach dort unten.

Du dribbelst über das Feld, und plötzlich passiert's. Hey, wo ist der Ball? Diese toten Stellen liegen vor allem in den Ecken, in denen man deshalb besonders vorsichtig sein muß. Und die Celtics warteten nur auf den richtigen Moment. Dachte man nicht stets daran, wurde man bis in diese Ecken hinein gejagt, und damit war der Ball auch schon weg.

Larry Bird und ich spielten bereits seit fünf Jahren in der Liga, als unsere Teams zum erstenmal in einem Meisterschaftsfinale gegeneinander antraten. 1984 kam es endlich dazu, und das öffentliche Interesse für diese Serie war enorm. Jeder hatte dieses Aufeinandertreffen herbeigesehnt – die Presse, die Fans, CBS wegen ihrer Übertragungsrechte und vor allem die Spieler.

Fünfzehn Jahre waren vergangen, seit sich die Lakers und die Celtics zuletzt in einem Finale gegenübergestanden hatten. Insgesamt siebenmal hatten sie bis zu diesem Zeitpunkt die Meisterschaft unter sich ausgemacht. Und in all diesen Jahren waren die Lakers nie als Gewinner vom Platz gegangen!

Beide Vereine besaßen 1984 eine ausgezeichnete Mannschaft, setzten aber unterschiedliche Schwerpunkte. Boston bevorzugte ein körperbetontes Spiel, wohingegen wir auf den Fast Break bauten. Darin lagen in der Tat gewisse Differenzen, die jedoch von den Medien völlig überzogen dargestellt wurden. Sie versuchten diese Auseinandersetzung mit allen erdenklichen Gegensätzen zu dramatisieren: nicht allein mit »Bird gegen Magic«, sondern auch mit »Ost gegen West«, »Worktime gegen Showtime« und sogar »Blut, Schweiß und Tränen gegen Glitzer und Gold«.

Eine solche Charakterisierung der Gegensätze brachte Pat Riley regelmäßig auf die Palme. Die Celtics galten stets als »hart arbeitend« und »entschlossen«, während bei den Lakers immer ein Bild des oberflächlichen Schillerns und Funkelns gezeichnet wurde. Riley leitete unser Training und wußte, wie hart wir arbeiteten. Er fühlte sich von der Annahme beleidigt, die Laker-Show sei nichts weiter als Blendwerk. Für ihn zählte dieses Gerede auch zu den sogenannten »peripheren Gegnern«, ganz besonders als es in den Meisterschaftsserien 1985 und 1987 erneut aufgewärmt wurde.

»Es sind nicht allein die Celtics, gegen die wir spielen«, sagte er. »Es sind diese verdammten, immer gleichen Ansichten, die einfach nicht verstummen wollen.«

Wir wußten zwar, daß kein Team härter als wir arbeitete. Aber es ist auch eine Tatsache, daß die Celtics und die Teams im Osten generell stärker dazu neigten, sich mit allen physischen Mitteln durchzukämpfen. Die Schiedsrichter in der Eastern Conference griffen nicht so schnell zu ihrer Pfeife, so daß sich die Mannschaften dort einen etwas brutaleren Stil angewöhnten.

In den Finalspielen 1984 zwischen den Celtics und den Lakers hatten sich die Schiedsrichter wohl dafür entschieden, die Begegnungen nach Ostküstenstil zu leiten. Wir waren darauf nicht vorbereitet und wurden grün und blau geschlagen wie nie zuvor. Während der regulären Saison zogen sich unsere Gegner meist nach einem Wurfversuch sofort zurück, um sich so vor unserem Fast Break zu schützen. Aber die Celtics gingen nach einer anderen Methode vor. Sie wußten: ohne Ball kein Break – und so stürzten sich Bird, Parish und McHale voll ins Getümmel und kämpften um jeden Rebound. Wo andere Gegner zurückgewichen wären, rannten die Celtics unmittelbar an unserer Seite und bearbeiteten uns dabei permanent.

Wir begannen die Finalrunde stark. In der ersten Begegnung im Boston

Garden führten wir im Anfangsviertel mit nicht weniger als achtzehn Punkten. Den Celtics gelang es zwar noch dagegenzuhalten, aber wir schlugen sie trotzdem am Ende mit unserem schnellen Angriffsspiel leicht und locker 115:109.

Die nächste Partie hätten wir ebenfalls gewinnen müssen. Fünfzehn Sekunden vor Schluß führten wir mit zwei Punkten. McHale hatte die Chance zum Ausgleich, als ihm zwei Freiwürfe zuerkannt wurden. Aber er machte uns das Geschenk und verfehlte beide. War das Spiel damit vorbei? Fast. Wir mußten lediglich den Ball ins Spiel bringen und warten, bis uns jemand, um die Zeit anzuhalten, foulen würde.

Mein Einwurf landete bei James Worthy. Und dies ist nun die Szene, in der James den legendären Paß über das ganze Feld zu Byron gab. Mit dem kleinen Schönheitsfehler, daß dieser Paß Byron nie erreichte. Wir hörten nur noch, wie Johnny Most, der Radiosprecher der Celtics schrie: »Henderson hat den Ball abgefangen! Henderson hat den Ball abgefangen!«

Das war wie ein Schlag ins Gesicht. Eben schwebte man noch in den höchsten Höhen, und dann ist alle Luft heraus.

Henderson zog durch zu einem Korbleger, der für den Ausgleich sorgte. Aber noch war nichts verloren. Wir besaßen den Ball, es blieben uns noch dreizehn Sekunden, und damit hatten wir weiterhin eine exzellente Chance, das Spiel zu gewinnen. Wir mußten bloß die Uhr ablaufen lassen und den Ball kurz vor der Schlußsirene im Korb der Celtics versenken. Gelänge uns dies, würden wir mit einer 2:0 Führung im Gepäck zurück nach Los Angeles fliegen. Dann folgten zwei Heimspiele, wodurch wir gute Chancen hätten, den Sack frühzeitig zuzumachen. Selbst wenn es die Celtics schaffen würden, ein Spiel im Forum zu gewinnen, lägen wir immer noch mit 3:1 in Führung.

Wir sprachen den gleichen Spielzug ab, für den wir uns in derartigen Situationen stets entschieden: Ich würde den Ball zu Kareem spielen und er dann den Rest besorgen. Aber es fiel den Celtics natürlich nicht allzu schwer, sich diese Variante auszurechnen, und so deckten sie Kareem hauteng. Ich fand keinerlei Anspielmöglichkeit. Zudem klebte Dennis Johnson so sehr an mir, daß ich die Anzeigetafel mit der Spieluhr aus den Augen verlor. Ich hielt noch immer nach Kareem Ausschau, als die Schlußsirene die reguläre Spielzeit beendete.

Es ging in die Verlängerung, und die Celtics gewannen 124:121.

Wir gewannen Spiel Drei und zeigten Showtime in Vollendung. Doch die Celtics schlugen in der vierten Begegnung zurück. Sie siegten in einem Spiel, das nur allzusehr dem zweiten ähnelte, nach Verlängerung mit 129:125. Wir führten noch in der Schlußminute mit fünf Punkten, doch die Celtics rappelten sich auf und schafften den Ausgleich. Sechzehn

Sekunden vor dem Ende hatte ich den Ball. Das Desaster der zweiten Partie noch deutlich vor Augen, agierte ich besonders vorsichtig. Kareem war bereits wegen zu vieler Fouls ausgeschieden, so daß Riley einen Spielzug für James und mich ansagte. Ich sollte ihm entweder den Ball zupassen oder selbst zum Korb ziehen.

Doch ich war zu vorsichtig. Als ich James endlich den Ball zuspielte, schlug Robert Parish ihn weg. Wieder einmal ging es in die Verlängerung. 35 Sekunden vor deren Ende stand es erneut unentschieden, 123:123, und ich wurde gefoult: Zwei Freiwürfe – ich verfehlte sie beide. Anschließend punktete Bird, uns unterlief ein weiterer Fehlpaß, und die Finalrunde war damit beim Stande von 2:2 wieder offen.

Boston hat uns in diesem Spiel wirklich reingelegt. In der Verlängerung drohten die Celtics, uns mit allen Mitteln kaltzustellen und der Druck, den sie ausübten, zeigte bei uns seine Wirkung. Dies war auch die Partie, in der Kevin McHale Kurt Rambis zu Boden schmetterte. Kurt hatte völlig freie Bahn zum Korb und wurde durch dieses Foul, das eines der übelsten und brutalsten war, die wir je gesehen hatten, gestoppt. Die Spieler beider Mannschaften stürmten auf das Feld, und es hätte beinahe eine Schlägerei gegeben.

Die Aktion von McHale brachte uns völlig aus dem Rhythmus. Heute ist mir klar, daß an diesem Punkt der Kampf um die Meisterschaft eine Wende nahm. Von da an haben sich einige von uns wahrscheinlich ein klein wenig zurückgehalten, wenn sie zu einem Korbleger durchzogen. Ich führe dies keineswegs als Entschuldigung an, denn wir hätten entschlossen und hart genug sein müssen, um die Runde auch so zu gewinnen. Gut genug waren wir dafür allemal. Aber nachdem uns die Celtics mit ihrem körperbetonten Spiel eingeschüchtert hatten, wendeten wir uns einfach verängstigt ab.

Cedric Maxwell brachte es nach dem Spiel auf den Punkt. Vor McHales Foul an Rambis, meinte er, seien die Lakers stets einfach über die Straße gerannt, wenn ihnen danach war. Jetzt hingegen nähmen wir uns die Zeit, an der Straßenecke anzuhalten, den Knopf zu drücken, das grüne Ampelsignal abzuwarten und uns nach beiden Seiten umzusehen. Das alles ergibt nicht unbedingt die Formel für einen effektiven Fast Break.

Spiel Fünf war wieder in Boston. Als wir eintrafen, erlebte die Stadt gerade den Höhepunkt einer fürchterlichen Hitzewelle. Das allein hätte eigentlich noch kein Problem dargestellt, wäre der Garden nicht schon 1928 erbaut worden und demzufolge ohne Klimaanlage. Fenster müßte es zwar damals bereits gegeben haben, aber wirklich sicher kann man sich da offensichtlich nie sein. Zu Spielbeginn lag die Außentemperatur bei 36 Grad. Und in der Halle war es sicherlich noch heißer. Die Zuschauer erschienen in T-Shirts und Shorts.

Die Celtics waren schon immer bekannt dafür, ihre Gegner auch außerhalb des Spielfeldes nicht zur Ruhe kommen zu lassen. Und gelegentlich unterstützten ihre Fans sie darin. So kamen sie etwa nachts in unser Hotel, klopften an die Türen, lösten Feueralarm aus und ließen uns keinen Schlaf finden. Im Grunde genommen spielte das alles jedoch keine große Rolle, da man ohnehin nicht schlafen kann, wenn man gegen Boston anzutreten hat.

Allerdings stellte es eine echte Novität dar, daß die Celtics in diesem Jahr selbst mit dem Wetter ihr Spielchen trieben. Jeder wußte, kein anderer als Red Auerbach hatte für diese Hitzewelle gesorgt. Aber bis zum heutigen Tag ist es niemandem gelungen, herauszufinden, wie er das nun wieder geschafft hat.

Natürlich mußten auch die Celtics mit diesem Wetter zurechtkommen. Doch sie traten in eigener Halle an und besaßen damit einen großen psychologischen Vorteil. Sie hatten diese Situation im Boston Garden bereits erlebt. Wir hingegen kamen aus Los Angeles und waren Air-Conditioning gewöhnt.

Die Hitze machte vor allem Kareem zu schaffen, der sich auf der Auswechselbank mit einer Sauerstoffmaske erfrischen mußte. Als ihn ein Reporter fragte, wie er sich gefühlt habe, meinte Kareem: »Ich schlage vor, Sie gehen in das örtliche Dampfbad, machen hundert Liegestütze in voller Montur und versuchen dann, achtundvierzig Minuten lang hin und her zu rennen. Es fühlte sich an, als würden wir im Schlamm laufen.«

Wir probierten es mit allen erdenklichen Tricks. Wir stellten riesige Ventilatoren und Entlüfter in die Umkleidekabine und saßen dort mit feuchten Handtüchern auf dem Kopf. Aber nichts half wirklich. Larry Bird nahm das Spiel in die Hand und traf von zwanzig Würfen fünfzehn. Die Celtics schlugen uns problemlos.

Zurück im Forum konnten wir im sechsten Spiel die Meisterschaftsserie wieder ausgleichen. Hier war es James Worthy der Cedric Maxwell einen anständigen Stoß versetzte. Nach dem McHale-Rambis-Zwischenfall herrschte eine äußerst gespannte Atmosphäre, und es war nur eine Frage der Zeit, bevor sich einer der Celtics auf dem Hallenboden wiederfinden würde. Das Spiel endete knapp, aber wir behielten die Nase vorne.

Jetzt mußte die siebte Begegnung in Boston entscheiden. Die Fans waren dermaßen außer sich, daß wir eine Polizeieskorte benötigten, um vom Hotel zum Boston Garden zu fahren. Als wir endlich dort ankamen, betrat M. L. Carr das Spielfeld mit einer Schutzbrille, wie sie Kareem trug, um sich über ihn lustig zu machen.

Die Celtics führten mit bis zu vierzehn Punkten. Doch im Schlußviertel starteten wir eine Aufholjagd. Bei einer verbleibenden Spielzeit von gut einer Minute war ihre Führung auf drei Punkte geschmolzen. Ich hatte den Ball, und mir bot sich eine wundervolle Aussicht: James Worthy völlig ungedeckt unter dem Korb. Ich wollte James gerade anpassen, als mir Cedric Maxwell den Ball aus den Händen schlug. Dennis Johnson nahm ihn auf, wurde gefoult und verwandelte beide Freiwürfe. Wir waren nahe herangekommen, aber nicht nahe genug. Die Celtics gewannen das siebte Spiel und damit den Titel.

Noch Jahre später konnte ich bei geschlossenen Augen James Worthy ungedeckt unter dem Korb sehen.

Als wir an diesem Abend den Boston Garden verließen, gab es einige häßliche Szenen. Obwohl ihr Team doch die Meisterschaft gewonnen hatte, waren die Celtic-Fans wütend auf uns. Einige hundert Leute umstellten den Bus und warfen mit Flaschen und Steinen. Die Situation wurde ziemlich brenzlig, als sie begannen, den Bus ins Schaukeln zu bringen. Wir saßen alle geduckt, Hände über dem Kopf für den Fall, daß eine Fensterscheibe zu Bruch gehen würde. Die Polizei brachte uns schnell in Sicherheit, bevor Schlimmeres passieren konnte.

Ich bin ganz sicher, wir dachten alle dasselbe: Was hätten diese Leute wohl getan, wenn wir gewonnen hätten? Worüber waren sie so verärgert? Ich kann es mir auch heute noch nicht erklären. Wir waren schließlich diejenigen, die den Titel geradezu verschenkt hatten!

In dieser Nacht habe ich keine Minute geschlafen. Meine Freunde Isiah Thomas und Mark Aguirre waren zu dem Spiel nach Boston gekommen, und wir drei saßen in meinem Hotelzimmer zusammen bis Sonnenaufgang. Wir redeten über Musik, Autos, Frauen; wir redeten praktisch über alles, nur nicht über Basketball.

In Wahrheit unterhielten sich Mark und Isiah die meiste Zeit, weil ich mit meinen Gedanken noch in irgendeiner anderen Welt war. Ich liebe es, unter großem Erwartungsdruck zu spielen, doch dieses Mal hatte ich meine Teamkameraden im Stich gelassen. Diesmal hatte das bessere Team nicht gesiegt. Den Celtics war es gelungen, uns im vierten Spiel aus dem Rhythmus zu bringen, und wir hatten wegen ein paar dummer Fehler verloren.

Und die meisten davon waren mir unterlaufen.

Zurück in Los Angeles, schloß ich mich in mein Apartment ein und blieb dort die nächsten drei Tage. Die Meldungen in der Presse waren eklig. Über Wochen hinweg erschienen täglich neue Artikel, die begründeten, warum wir verloren hatten. Unsere Fans nahm es schwer mit. Sie hatten es satt, von den Celtics geschlagen zu werden, und konnten das

Gerede über das überragende Unternehmen Boston nicht mehr ertragen. Nach fünfzehn Jahren hatten wir endlich eine großartige Mannschaft und die Gelegenheit, uns für all das zu revanchieren, was in der Vergangenheit geschehen war.

Und wir hatten es verpatzt.

Ich verstand ihren Ärger, weil wir hätten gewinnen müssen. Doch als alles vorbei war, habe ich mich zurückgelehnt und gedacht: Mann, haben wir etwa nicht gerade in einer der besten Playoff-Runden aller Zeiten verloren? Basketball konnte nicht mehr viel besser gespielt werden als dort, und alles, was man zu lesen bekam, war, wie schlecht ich gewesen sein soll.

Die Wahrheit war weniger simpel. Ich hatte einige gute Vorstellungen abgeliefert während dieser Serie. Ein Durchschnitt von 18 Punkten pro Spiel und ein neuer Rekord für die meisten Assists – 95 – innerhalb der Playoff-Spiele sprechen für sich. Doch wenn ein Spiel im Schlußviertel auf der Kippe stand, hatte ich versagt. In drei Schlüsselsituationen konnte ich mich nicht durchsetzen. Die Presse hatte einen neuen Spitznamen für mich: »Tragic Johnson«. Und einige Leute nannten uns die L.A. Fakers.

In jenem Sommer wurde ich wirklich depressiv. Ich hatte ganz einfach die Hosen voll. Es dauerte ungefähr einen Monat, bis ich über das Schlimmste hinweg war. Aber es macht mir noch heute zu schaffen, daß wir damals verloren haben. Wir hätten sie in vier Spielen schlagen müssen. Es ist die einzige Meisterschaft, die wir hätten erringen müssen, aber nicht gewannen.

Für mich war dies noch schmerzhafter als die Affäre um Westhead. In jenen Tagen wußte ich zumindest, daß ich mich korrekt verhalten hatte. Außerdem konnte ich meine Frustrationen auf dem Spielfeld abreagieren. Doch nach der Finalrunde 1984 blieb mir nichts anderes übrig, als auf die nächste Saison zu warten.

Es gibt Fehler, die sind so schwerwiegend, daß du genau weißt, sie werden dir kein zweites Mal unterlaufen. Meine Schnitzer in dieser Titelserie waren mentaler Natur – die Spieluhr nicht beachtet, an D.J. den Ball verloren und diese zwei wichtigen Freiwürfe in der Verlängerung verfehlt. Und wir alle lernten daraus, daß man, was immer auch die gegnerische Mannschaft macht, entschlossen bleiben und sein eigenes Spiel durchziehen muß. Niemals darf es dem Gegner gelingen, dich von deinem Weg abzubringen.

Aber den Celtics war es gelungen, und zwar nicht allein durch physische Härte, sondern auch mit verbalen Mitteln. M.L. Carr verhöhnte uns bei Freiwürfen und sagte Dinge wie: »Dir fehlt einfach der nötige Mumm, um beide zu treffen.« Cedric Maxwell deutete an, daß es uns jetzt an den

Kragen gehen würde. Larry redete während der Serie eine Menge Trash ebenso wie Kevin. »Ich erinnere mich noch gut daran, wie du ein Freshman warst«, meinte Kevin mitten im Spiel zu mir. Das war nicht besonders fies, doch sein Kommentar bewirkte genau das, was Kevin damit bezweckt haben mußte: Er störte meine Konzentration.

Das Problem lag nicht darin, daß die Celtics solche Dinge sagten. Boston spielte zwar hart, aber keineswegs unfair. Sie praktizierten nicht den Stil von Detroit Ende der achtziger Jahre. McHales Foul war durchaus untypisch für ihn, und ich weiß, daß er nicht beabsichtigt hatte, jemanden zu verletzen. Nein, das Problem waren wir selbst. Wir ließen es zu, daß uns diese Dinge beeinflußten und uns aus der Bahn warfen.

Aber dies war ja nun bereits Geschichte, und wir konnten nichts mehr daran ändern. Im nächsten Jahr würden wir mit aller Kraft versuchen, wieder das Finale zu erreichen. Wir würden aus unseren Fehlern lernen und Boston schlagen.

Wir hatten als Mannschaft eine Mission zu erfüllen. Mit dem Start des Trainingslagers im Herbst begannen wir, uns auf die Celtics vorzubereiten, indem wir einen körperbetonteren Stil einübten. Riley führte sogar die Regel ein, daß jeder, der durch die Mitte kam und zu einem Korbleger ansetzte, auch im Training geschoben und gestoßen wurde. Es dauerte zwar einige Wochen, aber schließlich hatten sich die Schiedsrichter an unser aggressiveres Spiel gewöhnt, und auch in der Western Conference etablierte sich ein physischerer Basketballstil. Diese neue Dimension ließ unseren Fast Break sogar noch gefährlicher werden. Denn wir nötigten die Gegner zu mehr Fehlwürfen. Mehr Fehlwürfe bedeuteten mehr Rebounds, und diese führten zu mehr Fast Breaks.

Die gesamte Saison feuerten wir insgeheim die Celtics an, ihre Spiele zu gewinnen, damit wir im Finale erneut auf sie treffen könnten. Sie waren das einzige Team, das wir uns als Gegner wünschten. Wir hatten bereits zwei Titel gewonnen, und ein dritter allein war nicht genug; er mußte durch einen Sieg über Boston errungen werden.

Genau wie wir gehofft hatten, ging es im Finale wieder gegen die Celtics. Wir fuhren mit dem Kopf voller Rachegedanken nach Boston, doch die Celtics erwiesen sich in der ersten Begegnung als unschlagbar – es kam zu dem berüchtigten »Massaker am Volkstrauertag«. An diesem Tag war einfach nichts zu machen. Boston hätte ebensogut mit verbundenen Augen antreten können. Scott Wedman traf jeden seiner elf Würfe, und Danny Ainge erzielte allein im ersten Viertel fünfzehn Punkte.

Wir waren wie benommen. Auf unserem Weg in die Finalrunde hatten wir die anderen Teams mit einer Leichtigkeit auseinandergenommen, als schneide man mit einem Messer durch Butter. In den drei Playoff-Serien, die den Einzug ins Endspiel bedeuteten, haben wir alles in allem nur zwei Spiele abgegeben. Und jetzt diese Pleite. Sie stellte eine der schlimmsten Niederlagen in der Geschichte der Lakers dar.

Nach Rileys dramatischer Kabinen-Ansprache mit der Erinnerung an seinen Vater gingen wir mit Feuereifer zur Sache und konnten die zweite Begegnung für uns entscheiden. Wir haben sie zwar nicht beherrscht, aber wir agierten immerhin sehr überlegt, und gerade solche Spiele gewinnt Boston zu Hause sonst in der Regel. Kareem war ganz der alte, rannte das Feld rauf und runter, schnappte sich die Rebounds und versenkte seine Skyhooks. Nach der Schlußsirene liefen wir befreit und aufgekratzt zurück in die Kabine. Die Arbeit war noch nicht getan, doch wenigstens waren wir auf dem richtigen Weg.

In jenem Jahr wurden die Spiele der Best-of-Seven-Serie in der Finalrunde nach dem Modus 2-3-2 ausgetragen, d.h. erst zwei Heimspiele für die Mannschaft mit der besseren Saisonbilanz, dann tritt diese dreimal auswärts an und – falls nötig – genießt sie in den letzten beiden Begegnungen wieder Heimrecht. Dadurch sollten die Reisestrapazen etwas gelindert werden. Nachdem in der ersten Runde in Boston jedem Team ein Sieg gelungen war, konnten wir zwei der drei Begegnungen im Forum für uns entscheiden, so daß wir vor unserem zweiten Trip an die Ostküste mit 3:2 vorne lagen.

Theoretisch besaßen wir demnach zweimal die Gelegenheit, um wenigstens ein Spiel zu gewinnen. Aber in Wirklichkeit, das wußten wir genau, mußten wir Boston sofort schlagen. Denn sollten die Celtics Spiel Sechs für sich entscheiden, dann würde auch die siebte Partie an Boston gehen.

Doch jetzt waren die Celtics müde, und wir ließen sie nicht zur Ruhe kommen. McHale lieferte ein großartiges Spiel, aber das allein genügte nicht. Das schönste Geräusch, das ich je in meinem Leben gehört habe, war die absolute Stille im Boston Garden, nachdem wir in dieser sechsten Partie der Finalrunde 1985 eine beruhigende Führung herausgeholt hatten. Es gab Zeiten, in denen war der Krach in der Halle so groß, daß wir sogar die Worte von Pat Riley in den Auszeiten nicht verstehen konnten, obwohl wir einen engen Kreis bildeten. Aber in der Schlußphase dieses sechsten Spieles herrschte im gesamten Garden eine gespenstische Stille.

Die Fans schienen völlig verblüfft. Sie waren unfähig zu glauben, daß so etwas wirklich hatte geschehen können. Noch nie zuvor in der Geschichte der Celtics hatte Boston den Titel in eigener Halle verloren.

Und jetzt begann dasselbe Publikum, das sich ein Jahr zuvor uns gegenüber noch so häßlich benommen hatte, den Lakers zu applaudieren. Endlich bekundeten sie uns ihren Respekt. Wenn schon jemand ihre

Celtics schlagen würde, dann – so schien ihr Beifall zu bedeuten – gebühre diese Ehre allein den Lakers.

Nach dem Spiel blieben Coop und ich noch lange unter der Dusche. »Coop«, sagte ich, »der NCAA-Titel war ein tolles Ding. Und Philadelphia 1980 zu schlagen, war auch großartig. Aber das hier – das ist das Nonplusultra.«

Später hat Kareem einmal gesagt, unser Sieg über Boston 1985 sei der Höhepunkt seiner Karriere gewesen. Das kann ich nur unterschreiben.

Was war das für eine wahnsinnige Serie! Das Niveau des Spiels lag, verglichen mit der vorangegangenen Meisterschaft, sogar noch höher, und die Atmosphäre war wesentlich besser. Vielleicht kam dies daher, daß Larry und ich uns im Sommer 1984 angefreundet hatten. Oder aber es lag daran, daß die Lakers jetzt mit dem physischen Stil zurechtkamen. Jedenfalls gab es weder zweideutige Äußerungen noch unnötige Härten. Geboten wurde einfach Basketball vom Feinsten.

Inzwischen ähnelten sich die Celtics und die Lakers fast wie Spiegelbilder: Larry und ich haben etwa die gleiche Größe und spielten vergleichbare Rollen; die beiden Center Kareem und Parish, jeder mit einem einzigartigen und tödlichen Wurf ausgestattet; Kurt Rambis und Kevin McHale, die unermüdlichen Arbeiter; Byron Scott und Danny Ainge, die Distanzwerfer vom Dienst; Dennis Johnson und Michael Cooper, die Verteidigungskünstler, die darüber hinaus auch zu punkten verstanden; und Wes Matthews und Larry Spriggs, die designierten Handtuchschwenker und Stimmungskanonen auf der Bank.

Nach dem Gewinn des Titels wurden wir ins Weiße Haus eingeladen. Wir flogen nach Washington zu einem Empfang im Rosengarten, und anschließend ging es sofort wieder zum Flughafen, von wo aus wir unsere Heimreise nach Los Angeles antraten. Als wir landeten, warteten dort Tausende von Fans, um uns zu begrüßen und uns zu danken. Wir hatten unsere Revanche bekommen, und nach all den Jahren konnten die Laker-Fans endlich jenen Sieg genießen, von dem sie so lange geträumt hatten.

Zwei Jahre später, 1987, trafen wir ein drittes und letztes Mal in den Achtzigern auf die Celtics. Wir hatten die Vergleiche gegen Denver, Golden State und Seattle mit nur einer Niederlage überstanden. Die Celtics hingegen hatten einen beschwerlicheren Weg hinter sich. Sie schlugen die Bulls zwar noch glatt, aber gegen Milwaukee und Detroit mußten sie über die volle Distanz von sieben Begegnungen gehen.

Das Lakers-Team traf sich am Tag des entscheidenden Spiels zwischen Boston und Detroit zu einem Brunch, um sich die Partie auf einem Großbildschirm anzusehen. Detroit lag noch im Schlußabschnitt in Führung, doch dann nahmen Bird und Ainge die Sache in die Hand, und Boston setzte sich durch. Es mag sich merkwürdig anhören, aber wir jubelten alle für Boston.

Obwohl wir auch in dieser Finalrunde letztlich sechs Spiele benötigten, verlief sie keineswegs knapp. Die Celtics waren zwar gut, doch rückblickend glaube ich, *keine* Mannschaft hätte die Lakers des Jahres 1987 aufhalten können. Wir waren verdammt schnell. Wir konnten schießen. Wir konnten rebounden. Wir konnten am Brett zum Erfolg kommen. Wir trafen unsere Dreipunktewürfe – einfach alles. Normalerweise muß man sich immer darum bemühen, irgendwelche Schwächen und Fehler zu kaschieren. Aber diese Mannschaft besaß ausschließlich Stärken.

Im ersten Spiel schlugen wir Boston im Forum vernichtend, obwohl Bird in einer Phase elf Treffer hintereinander erzielte. Und wir fegten sie zwei Tage später erneut vom Platz, als Coop mit sechs seiner sieben Dreipunktewürfe erfolgreich war.

In Boston angekommen, waren es die Celtics, die Spiel Drei zu ihren Gunsten entschieden. In dieser Begegnung gelang es Greg Kite, ihrem Ersatzcenter, Kareem abzumelden und die Rebounds zu kontrollieren. Soweit ich zurückdenken kann, ist das das einzige Mal gewesen, daß ein Akteur zum Helden aufstieg, obwohl er selbst nicht einen einzigen Punkt erzielt hatte.

Die vierte Partie wird mir stets in Erinnerung bleiben, denn hier habe ich den wichtigsten Korb meines Lebens gemacht.

Es sind noch neunundzwanzig Sekunden im Schlußviertel zu spielen, und wir liegen mit einem Punkt zurück.

Coop stellt mir einen Block gegen D.J., ich dribble rechts an ihm vorbei und gebe Kareem eine Vorlage für einen wundervollen Alley-Oop. Nun führen die Lakers mit einem Punkt.

Bird dreht ohne Zögern den Spieß um und trifft einen Dreier. Jetzt ist Boston wieder zwei vor, und es bleiben noch zwölf Sekunden auf der Uhr.

Wir spielen den Ball zu Kareem. Ein Hook Shot. Er verfehlt, aber McHale foult ihn dabei. Noch sieben Sekunden. Kareem versenkt den ersten Freiwurf. Boston hat einen Punkt Vorsprung.

Sein zweiter Freiwurf springt gegen den Ring. McHale bekommt den Rebound, verliert ihn jedoch wieder, und der Ball rollt ins Aus.

Noch fünf Sekunden. Ein Punkt für Boston. Die Lakers im Ballbesitz.

Im folgenden Spielzug ist vorgesehen, daß ich den Ball zu Kareem ans Brett passe. Würde ich daran gehindert werden, sollte ich werfen. Daß ich zwei Spiele hier im Boston Garden in ganz ähnlichen Situationen vermasselt hatte, lag zwar drei Jahre zurück, doch natürlich mußte ich die ganze Zeit daran denken.

Cooper macht den Einwurf. Ich komme in Ballbesitz auf der linken Spielfeldseite. McHale übernimmt meine Deckung. Ich täusche an in Richtung Grundlinie und ziehe in die Mitte. Ich weiß, ich kann an Kevin vorbeikommen. Parish ist so eng an Kareem dran, daß ein Paß zu riskant wäre. Plötzlich stürzen sich auch Bird und Parish auf mich. Jetzt habe ich es mit all ihren großen Leuten zu tun.

In so einer Situation gibt es nur einen Ausweg – den Hook Shot. Ich muß ihn etwas höher als gewöhnlich ansetzen, denn Parish ist unmittelbar über mir. Der Abwurf fühlt sich gut an, und der Ball sitzt – direkt über das legendäre Trio der Celtics hinweg. Was für ein Gefühl!

Als der Ball durch das Netz fliegt, kann man lediglich den Aufschrei von unserer Spielerbank hören. Ansonsten herrscht im Boston Garden Totenstille.

Aber noch ist es nicht vorbei. Wir führen mit einem Punkt, und es verbleiben weitere zwei Sekunden. Und schließlich ist ein Mann namens Larry Bird auf dem Feld. Der läßt mit der Schlußsirene einen Verzweiflungswurf fliegen, und für ein oder zwei Momente sieht der Versuch ganz gut aus. Wir halten alle unseren Atem an.

»Geh nicht rein!« schreit Wes Matthews auf der Bank. Bird, der von der Ecke aus geworfen hatte, steht direkt vor ihm. Der Ball hört auf Wes. Birds Schuß trifft den Ring und springt weg.

»Man kann sich schon vorstellen, durch einen Skyhook zu verlieren«, sagte Bird später. »Aber keiner rechnet damit, daß er von Magic kommt.«

Vierzehntes Kapitel

Larry Bird

Während meiner Karriere in der NBA habe ich gegen Hunderte, vielleicht sogar Tausende von Spielern antreten müssen. Viele waren gut. Ein paar waren sehr gut. Eine kleine Handvoll konnte man sogar als hervorragend bezeichnen. Doch keiner war besser als Larry Bird.

Michael Jordan beherrscht unglaubliche Sachen, darunter einige Bewegungen, die ich noch nie zuvor gesehen habe. Aber Larry bleibt der einzige Spieler, den ich jemals gefürchtet habe. Ich war stets überzeugt davon, daß die Lakers jedes Team in der Liga schlagen können, und in der Regel gelang uns das ja auch. Spielten wir jedoch gegen die Celtics, war keine Führung beruhigend, solange Bird auf dem Feld stand. Deshalb erfüllten mich die Siege in der Meisterschaft gegen Boston 1985 und 1987 mit besonderer Befriedigung. Wenn man Bird geschlagen hatte, hatte man die absolute Spitze besiegt.

Larry und ich kamen zur selben Zeit in die NBA, unmittelbar nach jenem College-Endspiel 1979. Seit diesem Zeitpunkt haben uns die Leute immer miteinander verglichen – wir sind »untrennbar miteinander verbunden«, wie es die Journalisten mit Vorliebe formulierten –, obwohl wir in völlig entgegengesetzten Teilen des Landes spielten. Aber es stimmt schon: stets hat ein besonderes Band zwischen uns existiert, auch während der Jahre, in denen sich dies keiner von uns eingestehen mochte.

Es hat einige Zeit gebraucht, bis wir Freunde wurden. Da wir nur zweimal in der regulären Saison gegeneinander spielten, lief während unserer ersten fünf Jahre in der NBA der Kontakt im wesentlichen über Dritte – in aller Regel über Journalisten, die uns ständig über den anderen ausfragten.

Hatte Larry am Abend zuvor fünfunddreißig Punkte erzielt, wollten sie von mir wissen, warum ich nicht das gleiche gemacht hatte. Wenn ich fünfzehn Assists gegeben hatte, rannten sie zu Larry: »Wer ist besser? Du oder Magic?«, »Magic oder du?«, »Magic oder Bird?« – immer und immer wieder wurden diese Fragen auf den Sportseiten und in zahllosen Radiotalkshows gestellt. Diese Diskussion mag den Fans gefallen haben, aber sie sorgte sicherlich nicht für Fortschritte in unserer gegenseitigen Beziehung.

Es dauerte nicht lange, und die Presse begann zu berichten, daß wir uns nicht ausstehen könnten. Sie behaupteten, laut Bird spiele Magic zu sehr für die Galerie, und Magic wiederum empfinde Birds Art als dröge. Nach einer Weile fingen auch wir an, diesen Berichten zu glauben. Wird man fortwährend mit jemandem verglichen, muß sich zudem laufend anhören, daß man sich nicht leiden mag, und hat doch bis dahin mit dem anderen noch kein einziges richtiges Gespräch geführt, dann reagiert man schließlich tatsächlich gereizt.

Wenn die Lakers gegen die Celtics antraten, wurde die Begegnung von den Medien, insbesondere von CBS, regelmäßig zu einer persönlichen Abrechnung hochstilisiert. Titel des Showdowns war: »Magic Man gegen Bird Man«, so als ob wir noch immer im College wären. Schon bald schlüpften Larry und ich in diese Rollen, die man von uns erwartete. Vor den Spielen wechselten wir kein Wort, reichten uns nicht einmal die Hand. Wir tauschten lediglich einen Blick aus, mit dem wir klarstellten: Ja doch. Okay, ich weiß, wer du bist. Also laßt uns endlich zur Sache kommen.

All dies änderte sich, als wir im Sommer 1984 nach unserem spektakulären Aufeinandertreffen im Finale zwei Werbefilme zusammen drehten. Der erste wurde in Los Angeles für die Ölgesellschaft *Amoco* produziert. Anschließend flog ich zu Larry nach French Lick, Indiana, um dort mit ihm in einem Streifen für *Converse* mitzuwirken. Bei den Dreharbeiten zu einem Werbefilm verbringt man die meiste Zeit mit Warten. Und während wir so herumstanden, begannen Larry und ich, uns zu unterhalten.

Wie sich herausstellte, hatten wir reichlich Gesprächsstoff. Zuerst ging es natürlich um Basketball. Dann kamen wir auf Spielergehälter zu sprechen – und amüsierten uns köstlich über folgendes: Als wir 1979 Profis wurden, besaß die NBA noch nicht den Glamour der heutigen Tage. Die Einschaltquoten sanken, die Stadien waren halbleer, und der Durchschnittsverdienst eines Spielers lag unter 150 000 Dollar im Jahr.

Jetzt, fünf Jahre später, waren die Besucherzahlen in die Höhe geschnellt, die Einschaltquoten lagen, vor allem während der Finalserie 1984, so hoch wie nie zuvor, und das durchschnittliche Spielergehalt betrug mittlerweile weit über eine halbe Million Dollar. Obwohl sich für diese Entwicklung zweifellos auch andere Ursachen anführen ließen, so war doch jedem klar, daß die Auftritte von Larry Bird und Magic Johnson zu den Hauptgründen für diesen dramatischen Anstieg der Gehälter zählten.

Larry und ich fühlten uns zwar nicht gerade unterbezahlt, doch entsprachen unsere Einkünfte andererseits nicht dem Beitrag, den wir für die Sportart leisteten. Wir lachten und plauderten über all die Spieler in der NBA, die – unserer Meinung nach – überschätzt und auch überbezahlt wurden. Und während wir dort in Larrys Wohnzimmer zusammensaßen und unsere Ansichten austauschten, merkte ich, daß Larry ein Typ war, mit dem ich mich völlig problemlos unterhalten und amüsieren konnte.

Wir brauchten nicht allzu lange, um klarzustellen, daß die angebliche Feindschaft zwischen uns jeglicher Grundlage entbehrte. Sie war eine Erfindung der Presse, mehr nicht. Diese Geschichten befanden sich seit immerhin fünf Jahren im Umlauf, doch wir brauchten lediglich eine Stunde, um zu klären, daß an ihnen nichts dran war.

Aber unsere wichtigste Erkenntnis in jenem Sommer hatte nichts mit Basketball oder Geld zu tun. Larry und ich entdeckten zahlreiche innere Gemeinsamkeiten, die uns eigentlich bereits früher hätten bewußt werden müssen. Es stimmt schon, oberflächlich betrachtet schienen unglaubliche Unterschiede zwischen uns zu bestehen. Über die verschiedene Hautfarbe hinausgehend, bringen die Leute mich immer mit Hollywood in Verbindung und sehen in Larry meist den Farmer aus Indiana.

In Wahrheit sind wir beide Jungs aus der Kleinstadt. Wir stehen beide weiterhin unseren Familien, Lehrern, ehemaligen Trainern und Freunden, mit denen wir zusammen aufgewachsen sind, sehr nahe. Es war kein Zufall, daß Larry jeden Sommer nach French Lick und ich nach Lansing zurückkehrten. Wir wußten, woher wir kamen und wohin wir letztlich auch gehörten.

Es bedeutete mir sehr viel, mit Larry Bird Freundschaft geschlossen zu haben. Nicht allein, weil ich den Menschen Larry Bird tatsächlich außerordentlich schätze und respektiere. Daneben will ich auch unbedingt die großen Spieler der Gegenwart kennenlernen. Es genügt nicht, bloß gegen sie zu spielen oder sie im Fernsehen zu sehen. Später will ich mir mit meinen Kindern Videobänder von Michael Jordans Dunks, den Moves von Julius Erving oder den Pässen von Larry Bird ansehen. Und dann möchte ich in der glücklichen Lage sein, sagen zu können: »Siehst du den Kerl da? Den kenne ich.«

Nach unserem Treffen in Larrys Haus veränderte sich unsere Beziehung schlagartig. Selbstverständlich blieben wir weiterhin Kontrahenten. Doch jetzt empfanden wir so viel Sympathie füreinander, daß die folgenden sportlichen Auseinandersetzungen zwischen uns wesentlich freundlicher verliefen. Einmal mußte ich bei einer Begegnung gegen die Celtics im Forum verletzt pausieren. Vor dem Anpfiff kam Larry zu unserer Auswechselbank, um mich zu begrüßen. »Magic, du spielst nicht? Dann werde ich für dich eine Show abziehen. Entspann dich, lehn dich zurück und genieße die Larry-Bird-Show.«

Larry bot eine grandiose Vorstellung und verbuchte am Ende sechsunddreißig Punkte, zwanzig Rebounds und fünfzehn Assists. Und jedesmal, wenn er punktete, blickte er kurz zu mir herüber und lachte verschmitzt. Ich konnte nur mit dem Kopf schütteln. Es war schon ein merkwürdiges Gefühl: Da wurde mein eigenes Team auseinandergenommen, und dieser Kerl tat es auch noch mir zu Ehren! Nach dem Spiel gratulierte ich ihm dann zu seiner Leistung. Doch er wußte ganz genau, daß ich es jetzt nicht mehr erwarten konnte, bei unserer nächsten Begegnung im Boston Garden den Spieß umzudrehen. Und schon bald sollte mir das gelingen.

In den folgenden Jahren schickten wir uns häufig witzige Briefchen und lustige kleine Geschenke zu, vor allem wenn einer von uns verletzt war. Als ich meine T-Shirt-Firma gründete, habe ich Larry eine Auswahl zukommen lassen. Sein Antwortschreiben lautete: »Danke für die Shirts.« Und der Zusatz: »P.S. Such Dir einen richtigen Job.«

Und als ich in Los Angeles ein jährliches Wohltätigkeitsspiel zu organisieren begann, dessen Einnahmen einer Stiftung zur Förderung schwarzer Studenten zugute kommen sollte, galt mein erster Anruf Larry. Allerdings erlaubten die Celtics ihm in der Regel nicht, an irgendwelchen Benefizspielen teilzunehmen. Doch Larry wollte in diesem Fall unbedingt dabeisein und überredete Red Auerbach zuzustimmen. Wir spielten an diesem Abend im selben Team und hatten eine Menge Spaß zusammen.

Zuweilen konnte der Eindruck entstehen, wir beide seien die einzigen Mitglieder eines exklusiven Klubs. Julius Erving war bereits zurückgetreten, Kareem stand im Begriff, ihm zu folgen. Michael Jordan gehörte fraglos die Zukunft, aber in seinen ersten Jahren in der NBA zählte er noch nicht wirklich zu unserem Kreis. Um in diesem Klub Aufnahme zu finden, mußte man mehr haben als nur Talent. Man mußte darüber hinaus ein Siegertyp sein.

Weder Larry noch ich waren mit unserem Spiel jemals völlig zufrieden. Man nehme zum Beispiel Larrys fabelhafte Saison 1983/84. Die Celtics hatten uns nicht allein im Kampf um den Titel besiegt, Larry wurde außerdem zum wertvollsten Spieler der gesamten Liga gewählt. Zu diesem Zeitpunkt war er ohne jeden Zweifel der beste Basketballspieler der Welt. Also was tat er, nachdem er diese Ehrung erfahren hatte? Lehnte er sich bequem zurück und ruhte sich auf seinen Lorbeeren aus? Nie und nimmer...

Er schloß seine Trophäe in den Schrank und nutzte den ganzen Sommer in French Lick dazu, noch besser zu werden. Jeden Morgen stemmte er Gewichte, und jeden Nachmittag arbeitete er an seinem Wurf. Das nenne ich einen außerordentlichen Athleten!

Das Tolle an Larry ist, daß er seinen Erfolg ohne einige der angeborenen Talente erreicht hat, welche andere Spieler als Selbstverständlichkeit empfinden. Meine eigenen körperlichen Veranlagungen sind schon ziemlich begrenzt, doch im Vergleich zu ihm bin ich noch einer der fliegenden Gebrüder Wallenda. Weiße können nicht springen? Larry war der lebende Beweis. Vielen Weißen mangelt es zudem an Schnelligkeit. Doch obwohl eine Menge Spieler schneller auf den Füßen sind, schien Larry ihnen immer den einen entscheidenden Schritt voraus zu sein. Vielleicht lag es daran, weil er sich stets völlig im klaren darüber war, wohin er als nächstes zu gehen und was er dort zu tun hatte.

Seine physischen Nachteile erhöhten meine Achtung vor ihm nur noch weiter, da er sich auch durch sie niemals von seinem Weg hat abbringen lassen. Larry Bird machte den Wert einer guten Grundausbildung deutlich. Er hatte alles gelernt – vom Passen über Rebounden und den Aktionen am Korb bis hin zum Werfen aus großen Entfernungen.

Und ähnlich wie mir gelang ihm dies alles auf althergebrachte Weise. Er arbeitete und arbeitete, und dann arbeitete er noch ein bißchen mehr. Ich glaube, ich habe noch nie einen derart von seinem Sport besessenen Athleten gesehen. Für die meisten Spieler ist Basketball ein Job. Für Larry stellte er den Lebensinhalt dar.

Er hat ein wesentlich tiefgreifenderes Verständnis für das Spiel als die meisten unserer Kollegen. Wir waren beide keine brillanten Manndecker. Doch betrachtet man die Verteidigung als Teamaufgabe, dann konnten wir mit jedem mithalten. Ein Teamverteidiger muß die gesamte Szenerie überblicken. Er erkennt die Spielzüge der gegnerischen Mannschaft sofort. Er ist dabei auf seinen Instinkt und seine Intuition angewiesen. Er begreift das Spielgeschehen und antizipiert sich abzeichnende Aktionen. Deshalb konnten wir auch so viele Bälle abfangen. Wir besaßen diesen sechsten Sinn, den man sonst nur bei kleinen Aufbauspielern findet.

Rein technisch gesehen spielte Larry natürlich die Position eines Forward. Aber in seinem Herzen war er der Point Guard seiner Mannschaft. Er inszenierte die meisten Spielzüge, und gewöhnlich ging der Ball erst zu ihm, bevor irgend etwas passierte. Er ist meines Wissens der einzige Spieler gewesen, der ein Match kontrollieren konnte, ohne dabei auch nur einen Wurf zu machen. Besser als jedem anderen gelang es ihm, aus allen in seiner Umgebung das Beste herauszuholen.

Auch aus mir. Obwohl Larry und ich selten zusammen auf dem Parkett standen, bildete er für mich stets das Maß, an dem ich mich zu messen hatte. Ich behielt ihn ständig im Blick, so wie er umgekehrt mich nicht aus den Augen verlor. Jeden Morgen las ich zuerst die Sportseite, um herauszufinden, was Larry am Abend zuvor gemacht hatte. In welchen Kategorien hatte Larry zweistellige Ergebnisse: bei den Punkten, den Assists oder den Rebounds? Oder in allen dreien? Das hieß, ich würde mich künftig mehr anstrengen müssen.

Im Sommer, wenn ich an meinem Distanzwurf arbeitete, konnte es vorkommen, daß ich schon nach einer Stunde müde wurde. Aber dann mußte ich stets an Larry denken und sagte zu mir: »Halt. Ich wette, Larry ist noch immer da draußen und übt.« Diese Vorstellung allein genügte, um mich für eine weitere Stunde Schußtraining zu motivieren.

Nach acht Profijahren gelang es mir 1987 endlich, die Auszeichnung als wertvollster Spieler, als MVP zu gewinnen. Larry hatte diesen Preis zwar bereits dreimal errungen, aber wer will das schon so genau nehmen? Wir ähnelten zwei erfolgreichen leitenden Angestellten in demselben riesigen Unternehmen, die auf Schritt und Tritt miteinander konkurrierten. Dreimal war eine Stellung auf höchster Ebene ausgeschrieben worden, und jedesmal hatte er den Vorzug erhalten. Aber zu guter Letzt hatte ich jetzt ihm einmal den Rang abgelaufen.

Deshalb bedeutete mir der MVP so viel. Als Mannschaftsspieler hatte ich alles, was man erreichen konnte, erreicht. Doch dem Einzelspieler Magic Johnson fehlte etwas.

Mein Bild von Larry Bird auf dem Spielfeld ist untrennbar mit dem meines Mitspielers Michael Cooper verbunden, wie dieser Larry deckt. Michael hat immer wieder Mittel gefunden, Bird auszuschalten, und Larry antwortete in schöner Regelmäßigkeit mit neuen Tricks. Keiner in der Liga hatte Larry so gut im Griff wie Coop. Mit anderen Worten: Er blieb in etwa der Hälfte der Fälle erfolgreich.

Coop sah sich stundenlang Zusammenschnitte an, um mit Birds gesamtem Repertoire an Bewegungen vertraut zu werden. Er schien wie besessen von Bird, nahm sogar Videobänder von Larry mit in den Urlaub. Und mir kam zu Ohren, daß Larry andererseits eingestanden haben soll, er stelle sich während seines Einzeltrainings im Sommer vor, Cooper würde ihn decken.

In der Liga gab es zudem kaum ein zweites Paar, das so viel Trash während der Spiele austauschte wie Cooper und Bird. Permanent quatschten sie aufeinander ein. Es hat immer Spaß gemacht, ihrem Geschwätz zuzuhören, vor allem wenn sie sich gegenseitig zum Lachen brachten. Hatte Cooper einen Wurf von Bird geblockt, sagte Bird zum Beispiel: »Okay, den letzten hast du bekommen, dafür hau ich dir den rein.« Und tatsächlich – *Swish!* Oder Bird traf einen Sprungschuß, drehte sich zu Cooper um und meinte: »Du kannst mich ja doch nicht decken. Du hast nicht die geringste Chance, mich zu stoppen.« Und Cooper würde antworten: »Du hast einfach Glück, Kleiner, aber den nächsten triffst du bestimmt nicht.« Und er würde ihn nicht treffen.

In einem der Finalspiele 1984 gelangen Cooper zwei ausgezeichnete Abwehraktionen gegen Bird hintereinander. Beim dritten Anlauf sagte Bird nur: »Coop, dieses Mal koche ich dich ab.« Bird bekam den Ball von Dennis Johnson und setzte zu einem Sprungschuß an. Coop stieg mit ihm hoch. Er war sich absolut sicher, daß er den Wurf abblocken würde, doch Bird legte Coop herein: Anstatt zu schießen, gab er einen einzigartigen Paß zu Robert Parish, wobei der Ball einen höchst wundersamen Bogen um Coop und auch um Kareem herum beschrieb. Im ersten Moment hatte ich das Gefühl, Coop müsse jeden Moment in Ohnmacht fallen. Als Parish den Angriff mit einem Dunking abschloß, blickte Bird zu Coop und lächelte. Darüber brauchte er kein Wort zu verlieren.

Im folgenden Jahr spielten wir in der Finalrunde erneut gegen Boston, und Bird mußte sich einmal mehr mit Cooper auseinandersetzen. Für gewöhnlich trieb es Michael zur Verzweiflung, wenn Larry ihm exakt vorhersagte, was er als nächstes machen würde. »Ich werde dich und deinen dünnen Hintern bis unter den Korb schieben«, kündigte Bird in Spiel Eins der Serie etwa an. Drei Sekunden später baute sich Bird unmittelbar am Brett auf, bekam den Ball, drehte sich um und sprang Cooper direkt ins Gesicht. *Swish*!

Es dauerte zwar zwei Jahre, aber dann gelang es Coop, die Rechnung zu begleichen, als er im zweiten Treffen der Finale von 1987 gegen die Celtics einen Playoff-Rekord mit sechs verwandelten Dreipunktewürfen aufstellte. Beim ersten Wurf hatte Larry ihn frei stehend zum Schuß kommen lassen. Nach dem zweiten Treffer meinte Larry nur: »Reines Glück.« Worauf Coop den dritten versenkte und erwiderte: »Glück, he? Komm lieber raus und deck mich, verdammt noch mal.« Nummer vier folgte, und Coop meinte: »Hey, Larry, besser, du kommst näher, weil ich dir nämlich sonst den Arsch aufreiße.« Nachdem er den fünften getroffen hatte, sagte Coop nur noch ein Wort: »Face« –, was in der NBA-Sprache soviel bedeutet wie »Ich schieß ihn dir mitten ins Gesicht«. Doch als er den letzten versenkt hatte, blieb Cooper still. Es gab nichts mehr zu sagen.

Die schwarzen Fans haben stets von Bird Notiz genommen, auch wenn sie vorgaben, ihn nicht weiter zu beachten. Zuerst glaubten viele Schwarze einfach nicht an seine Klasse. Es fiel ihnen schwer, zu akzeptieren, daß dieser Typ wirklich spielen konnte, daß er fast alles beherrschte, was die besten schwarzen Spieler auszeichnete. Einige dieser Fans lehnten ihn völlig ab. Sie waren der Meinung, Bird sei nichts weiter als ein Produkt der Medien, ein weißer Star, der zur Befriedigung einer weißen Öffentlichkeit kreiert worden sei. In Wirklichkeit tat Bird alles Erdenkliche, um sich von den Medien fernzuhalten. *Ich* war von uns beiden immer derjenige gewesen, der interviewt wurde, weil ich das Rampenlicht genoß. Er dagegen scheute es.

Früher oder später haben es jedoch auch die schwarzen Fans verstanden. Vielleicht mochten sie ihn noch immer nicht leiden, aber sie hatten gelernt, ihn zu respektieren.

Einen weißen Spieler seines Formats hatten sie noch nie zuvor erlebt. Es war nicht allein sein Talent, das ihnen auffallen mußte, es war darüber hinaus seine gesamte Haltung. Auf dem Spielfeld verbreitete er eine gewisse Aura der Unantastbarkeit. Doch die Tatsache, daß er gleichzeitig Trash redete, überraschte noch weitaus stärker. So etwas gilt als typisches Freiplatzgequatsche, und Schwarze waren nicht daran gewöhnt, dies von Weißen zu hören. Einige schwarze Spieler nervte es regelrecht. Sie fragten sich: »Sagt der Kerl diesen Scheiß zu *mir?*« Aber Larry konnte seinen Sprüchen Abend für Abend durch seine Leistungen Gewicht verleihen, und nur das zählte.

Hätte Larry einen 360-Grad-Dunking, bei dem er dich gleichzeitig auslachen konnte, in seinem Repertoire gehabt, er hätte ihn angebracht. Aber so etwas beherrschte er nicht. Statt dessen schoß er lieber einen Dreier gegen dich und grinste dich an.

Larry hätte in jedem schwarzen Viertel auf einen Freiplatz gehen und ohne Schwierigkeiten mitzocken können. Ich habe mir immer vorgestellt, Larry wäre mit Schwarzen aufgewachsen, aber ich konnte mir nicht denken, wie dies in einer Kleinstadt in Indiana möglich gewesen sein sollte. Erst kürzlich habe ich erfahren, daß es ein großes Ferienhotel in French Lick gibt und daß dort die schwarzen Angestellten sich an ihren freien Nachmittagen zum Basketball treffen. Zu diesem Platz ging Larry schon damals nach der Schule. Er besuchte erst die siebte Klasse und war noch ein Kind, aber er wurde als Mitspieler stets akzeptiert.

Der Filmemacher Spike Lee hat seit Jahren Seitenhiebe auf Larry ausgeteilt. Doch ich bin der Meinung, daß er nur Theater spielte. Spike mag dies abstreiten, aber wenn er Larry als Spieler nicht ernstgenommen hätte, weshalb dann die ganze Aufregung? Im übrigen wissen die New Yorker Fans bestens um die Spielstärke der Celtics, waren die doch immerhin das Team, das von den Knicks nie geschlagen werden konnte.

Detroit kämpfte lange Zeit mit einem ähnlichen Problem. Als die Celtics 1987 in den Finalspielen der Eastern Conference die Pistons schlugen, wurde deren Abwehrspezialist Dennis Rodman nach Bird befragt. Larry hatte soeben in dem siebten und entscheidenden Spiel der Serie siebenunddreißig Punkte erzielt, die Celtics zu einem Sieg mit drei Punkten Vorsprung geführt und damit deren Einzug in die Meisterschaftsrunde gesichert. Es muß Rodman ungeheuer frustriert haben, so kurz vor dem Ziel zu scheitern. Jedenfalls versuchte er Birds Leistung zu schmälern, und als ihn ein Reporter fragte, warum Bird denn immerhin dreimal MVP geworden sei, antwortete Rodman nur, Bird sei eben weiß. Die Reporter konfrontierten Isiah Thomas mit diesem Zitat, und Isiah stimmte Rodman zu.

Zu dieser Zeit bereiteten wir uns auf die Finalspiele gegen die Celtics vor, aber das einzige Thema, über das die Presseleute redeten, war dieser Kommentar von Isiah über Larry. Natürlich wollte jeder wissen, was ich darüber dachte. Ich bin schon immer ein Larry-Bird-Fan gewesen und war nicht gewillt, meine Meinung zu ändern, nur weil Isiah eine dumme Bemerkung gemacht hatte. Auf der anderen Seite bedeutete Isiah mir viel. Und auch ich hatte in meiner Karriere schon so manchen Blödsinn von mir gegeben, vor allem wenn ich unter großem Druck gestanden habe oder frustriert gewesen war. Ich fand, Larry zeigte eine wunderbare Reaktion auf diese ganze Geschichte, als er sagte: »Ich habe auf Anhieb gewußt, daß diese Bemerkung nicht aus Isiahs Herzen kam. Sie kam aus seinem Mund.«

Während des All-Star-Wochenendes Anfang 1991 entschloß sich die Zeitschrift *Sports Illustrated,* ein Titelphoto mit jenen fünf Spielern aufzunehmen, die bei den Olympischen Spielen 1992 von den Vereinigten Staaten zuerst aufs Parkett geschickt werden würden. Die Mannschaftsaufstellung war zwar noch nicht benannt worden, aber das Magazin hatte bereits seine eigenen Kandidaten im Kopf: Michael Jordan, Charles Barkley, Karl Marlone, Patrick Ewing und mich. An dieser Liste gab es eigentlich nichts auszusetzten, aber wo blieb Larry? Bevor er nicht einbezogen werden würde, wollte ich nicht mit auf dieses Photo kommen. Eine Olympiamannschaft ohne ihn war für mich unvorstellbar.

Diese Entscheidung liegt allein bei uns, nicht bei euch, meinten die Herausgeber der Zeitschrift. Im übrigen hat sich Larry noch gar nicht entschieden, ob er überhaupt mitspielen möchte.

Ich rief Larry an, und er bestätigte, daß er noch keinen Entschluß getroffen habe. Er fragte sich, ob er nicht zu alt für ein Olympiateam sei, und spielte mit dem Gedanken, seinen Platz für einen jüngeren Mann frei zu machen. Aber einige von uns bearbeiteten ihn so lange, bis er sich bereit erklärte. Nachdem wir miteinander gesprochen hatten, ließ ich mich mit den vier anderen Jungs photographieren.

Es bedeutet mir unglaublich viel, daß er an meiner offiziellen Rücktrittsfeier im Forum teilnahm. Die Lakers spielten zwar an diesem Tag sowieso gegen die Celtics, aber da Larrys Rückenschmerzen ihn beinah umbrachten, begleitete er in diesem Zeitraum sein Team sonst nie auf Reisen. Er hatte deshalb sogar das All-Star-Spiel eine Woche zuvor verpaßt, und trotzdem bestand er darauf, diesen strapaziösen Flug von Boston nach Los Angeles auf sich zu nehmen.

Selbstverständlich traf er etwas früher im Forum ein, lange bevor der Rest der Mannschaft ankam. Wir konnten uns einige Minuten unterhalten, und er erzählte mir, wie glücklich er und seine Frau mit dem kleinen Jungen seien, den sie adoptiert hatten. Er konnte zur Zeit zwar kein Basketball spielen, aber er hatte etwas entdeckt, das ihm eine sogar noch stärkere innere Befriedigung bereitete. Jemandem wie mir, der wenige Stunden vor der Verabschiedung stand und dessen Frau gerade ein Baby erwartete, klangen solche Worte wie Musik in den Ohren.

Später, während der eigentlichen Zeremonie, sprach Larry zum Publikum über all die Kämpfe zwischen unseren beiden Mannschaften und über den Respekt, den sich die Lakers und die Celtics stets entgegengebracht haben.

Als Larrys Auftritt angekündigt wurde, war ich begeistert davon, wie ihn die Zuschauer im Forum mit stehenden Ovationen begrüßten. Sie bejubelten ihn so lautstark, daß er meinte: »Hey, nicht ich bin hier derjenige, der zurücktritt.« Aber ich glaube, unsere Fans sagten in diesem Moment uns beiden Lebewohl. Vielleicht mochten sie die Celtics nicht leiden, doch sie achteten die einzelnen Spieler. Und niemandem brachten sie größere Achtung entgegen als Larry Bird. Wenn er in die Stadt kam, wurden die anfänglichen *Buuhs* stets von staunenden *Aaahs* abgelöst.

Ich habe mir immer vorgestellt, wir beide würden zusammen abtreten – nicht bloß in demselben Jahr, sondern in demselben Augenblick. Das siebte Spiel in der Meisterschaftsrunde, die Lakers gegen die Celtics. Die letzte Minute ist angebrochen. Es steht unentschieden.

Und dann, auf einmal, ist es Zeit zu gehen. Larry und ich schütteln uns einfach die Hand, gehen vom Feld und sind verschwunden.

Aber selbst dies wird nicht das Ende bedeuten. Im Alter werden wir uns jeden Sommer treffen und ein paar Runden Dame spielen.

Und ich werde ihm den Arsch aufreißen.

FÜNFZEHNTES KAPITEL

Isiah und Michael

Gelegentlich werden Meisterschaftsserien in der NBA von einem einzigen markanten Augenblick geprägt, an den sich die Leute dann noch Jahre später erinnern können. Das gilt für McHales rüde Attacke gegen Kurt Rambis im Finale 1984 oder auch für meinen »Junior Skyhook«, der Spiel Vier gegen die Celtics 1987 entschied. Im darauffolgenden Jahr lösten wir in der Finalrunde gegen die Detroit Pistons Pat Rileys Versprechen ein, den Titelgewinn zu wiederholen. Damit waren wir in den achtziger Jahren in Amerika die einzige Mannschaft, der im gesamten professionellen Sport eine Titelverteidigung gelang. Diese Serie über sieben Spiele gegen die Pistons wurde eine äußerst schwierige und schmerzhafte Angelegenheit. Doch von all diesen zwei Wochen dauernden Auseinandersetzungen erinnern sich die Leute am besten an einen umstrittenen Moment, der stets vor Beginn der eigentlichen Spiele lag. Sie erinnern sich an den Kuß.

Vor jeder dieser Begegnungen haben Isiah und ich uns einen Kuß gegeben. Wir beide sind eng befreundet, und dies war unsere Art, uns zu begrüßen. Ich umarme und küsse meinen Vater, wann immer ich ihn treffe. Genauso halte ich es mit meinen Brüdern und meinen engen Freunden. Viele Männer machen das – vor allem in anderen Ländern.

Nun gibt es Leute, die es bisher noch nicht erlebt haben, daß amerikanische Männer sich küssen. Noch dazu während einer landesweiten Fernsehübertragung. Und dann auch noch Sportler. Ich glaube, es war ihnen einfach unangenehm. Natürlich beginnen die Leute immer zu tuscheln, wenn man seine Gefühle gegenüber einem anderen Mann offen zum Ausdruck bringt. Die Presse stürzte sich auf uns. Einige Kommentatoren fanden es amüsant, andere hielten unser Benehmen für ungebührlich.

Einige unserer Mitspieler mochten es ebenfalls nicht. Als ich vor dem Spiel einem von ihnen die Hand geben wollte, meinte er: »Gib mir ja keinen Kuß!« Auf beiden Seiten war ein Teil der Spieler der Meinung, wir sollten gefälligst etwas feindseliger gegenüber unseren Gegnern auftreten. Und ich wußte, daß auch Coop es nicht billigte. Auf ihn wirkte es, als würde man vor der Schlacht seinen Feind küssen. Später erleichterte ihn dann allerdings die Vorstellung, mein Kuß für Isiah käme doch eher der letzten Zigarette gleich, die einem Todgeweihten vor dem Gang zum Exekutionskommando überreicht wird. Doch Isiah und ich kümmerten uns um das Gerede der Leute wenig. Jeder, der uns kannte, wußte, was er davon zu halten hatte.

Ich habe Isiah vor Jahren durch Mark Aguirre kennengelernt, der zuerst für Dallas und dann für Detroit spielte. Mark besuchte die Universität von DePaul, und ich traf ihn bereits 1979 zum erstenmal, als er mit seiner Collegemannschaft in den Final Four gegen Birds Indiana State antreten mußte. Mark kannte Isiah noch aus Chicago, wo beide aufgewachsen sind.

Jahrelang hingen wir drei – besonders während der Sommerpausen – zusammen. So sind wir in der Anfangszeit einmal gemeinsam mit unseren zukünftigen Frauen für eine Woche nach Maui gereist. Und jeden Sommer verbrachten wir sechs einen Tag in Cedar Point, einem großen Freizeitpark in Ohio. Wir trafen uns in Detroit, mieteten uns dort einen Bus und fuhren nach Cedar Point, nur um uns noch einmal wie Kinder zu fühlen.

Der Achterbahn wollte ich eigentlich nicht zu nahe kommen, aber Mark, Isiah und die Frauen stachelten mich dazu an, sie auszuprobieren. Mit meinen langen Beinen hatte ich aber bereits Schwierigkeiten, in den Sitz zu kommen, und irgendwie brachte ich damit den Ablauf der gesamten Anlage durcheinander. Jedenfalls schaltete sich die Achterbahn wenig später plötzlich ab, kurz bevor Cookie und ich an der höchsten Stelle angekommen waren. Ich habe noch nie in meinem Leben so intensiv gebetet. Als wir schließlich wieder festen Boden unter den Füßen hatten, kam der Manager zu uns und meinte: »Ich hoffe, Sie nehmen es uns nicht übel. Aber wir möchten Sie bitten, auf dieser Achterbahn keine weiteren Fahrten mehr zu unternehmen.« Hey, überhaupt kein Problem!

Die meiste Zeit verbrachten wir allerdings mit Jahrmarktspielen wie dem Abräumen von Büchsen oder dem Versuch, Ringe über Milchflaschen zu werfen. Hatten wir dann keine Lust mehr, nahmen wir all die Stofftiere, die wir gewonnen hatten, und verteilten sie an Kinder im Park oder gaben sie einer Wohltätigkeitsorganisation.

So etwas haben wir jetzt leider schon seit einigen Jahren nicht mehr gemacht. Ich vermisse diese Zeiten mit Isiah und Mark, in denen wir einfach wir selbst sein konnten. Doch wenn sich Erfolg einstellt, steckt man so tief in Terminen und muß so vielen geschäftlichen Verpflichtungen nachkommen, daß es viel schwieriger wird, die alten Freunde wieder einmal zu treffen.

Sowohl Mark als auch Isiah sind in derart harten Verhältnissen aufgewachsen, daß es mich manchmal erstaunt, wie sie dies alles überhaupt haben durchstehen können. Isiah wurde von Gangs bedrängt, Mitglied bei ihnen zu werden. Einmal mußte sich seine Mutter sogar mit einem Gewehr an die Haustür stellen, um sie zu verjagen. Es gab eine Menge Kriminalität in ihrer Nachbarschaft, und es hätte nur allzu leicht passieren können, daß Isiah vor die Hunde gegangen wäre. Aber das geschah nicht – zum Teil, weil seine Mutter ihn auf eine gute Privatschule am Stadtrand gehen ließ.

Isiah ist das jüngste von neun Kindern. Sein Vater verschwand, als Isiah drei war. Die Familie konnte sich nicht eimal genügend Betten für alle Kinder leisten. Gewöhnlich aßen sie »Wunsch-Stullen« – zwei Scheiben vertrocknetes Brot, und dann wünschten sie sich, irgend etwas dazwischenlegen zu können.

Mark stammte aus ähnlichen Verhältnissen voller Armut und Gewalt. Der Bezirk, in dem er lebte, war so übel, daß er während seiner Zeit auf der High School den Trainern, die ihn für ein College anwerben wollten, nicht erlaubte, ihn zu Hause zu besuchen.

Meine eigene Jugendzeit sah da natürlich ganz anders aus. Und im Unterschied zu meinen Freunden hatte ich noch immer einen Vater. Aber jeder von uns hat in seinen Teenager-Jahren tragische Erlebnisse durchmachen müssen. Bei mir war es der Verlust von Reggie Chastine, und später der von Terry Furlow. Bei Isiah wurde ein Bruder drogenabhängig, und sein Mannschaftskamerad Landon Turner verunglückte wenige Monate, nachdem Indiana den NCAA-Titel gewonnen hatte, mit dem Auto und blieb querschnittsgelähmt.

Meine Freundschaft zu Isiah begann mit einer Vielzahl langer Gespräche. Er studierte intensiv alle Facetten des Spiels, und wir hatten einige ausführliche, ernsthafte Diskussionen darüber, was wahre Siegertypen alles auszeichnet. Seit er in die Liga kam, war sein Denken darauf ausgerichtet, ein Champion zu werden. Über die Jahre hinweg habe ich ihm die meisten meiner Geheimnisse verraten, und ich glaube, er konnte davon profitieren – vor allem hinsichtlich der Fähigkeit, ein Team zu führen.

Jede Meistermannschaft braucht eine Leitfigur, der dann aber auch jeder im Team zu folgen hat. Dieser zentrale Mann muß ständig an seinen Mitspielern dranbleiben und sicherstellen, daß sie auf dem Spielfeld nicht nachlassen. Genauso wichtig nimmt er jedoch auch, wie es außerhalb des Spielfelds läuft. Sicherlich ist genügend Können in so einer Mannschaft versammelt, sonst würde man es gar nicht so weit bringen. Aber die Jungs müssen darüber hinaus auch auf die nötigen Ruhephasen achten. Wenn sie mich, den großen Partylöwen, während der Playoffs früh zu Bett gehen sahen, war diese Botschaft eindeutig. Riley konnte nicht ständig selbst jeden im Auge behalten, so daß ich mit den Leuten immer wieder Einzelgespräche führte. Manchmal schrie ich sie sogar an. Das waren so die Dinge, über die ich mich mit Isiah unterhielt.

Isiah und Mark halfen mir, als ich nach unserer Niederlage gegen Boston 1984 in ein tiefes Loch gefallen war. Drei Jahre später machte Isiah eine ähnliche Erfahrung. In den Finalspielen der Eastern Conference 1987 gegen Boston unterlief ihm in der fünften Begegnung ein katastrophaler Fehlpaß – nur fünf Sekunden vor dem Ende. Bird erwischte den Ball, die Celtics gewannen und führten in der Serie 3:2. Nach Spielschluß rief ich sofort Isiah in seinem Hotel an. Ich wußte, was er durchmachte und wie groß der Schmerz sein mußte. Ich bereitete ihn darauf vor, daß er mit einer Menge Kritik zu rechnen habe. Die Leute würden sich diese Szene immer und immer wieder ansehen, und er müsse sich auf heftige Reaktionen gefaßt machen. Es war hart für ihn. Diese Begegnung sorgte letztlich für die entscheidende Wende in der Serie, und die Celtics spielten um die NBA-Meisterschaft. Dies war auch das Jahr, in dem Rodman und Isiah ihre Bemerkungen hinsichtlich eines vermeintlich überbewerteten Larry Bird abgaben.

Einige Jahre lang trafen Isiah und ich uns jeden Sommer in New York. Dort fanden wir die seltene Möglichkeit, draußen ungestört miteinander zu reden, indem wir in einer Pferdekutsche durch den Central Park spazierenfuhren. Mit einigen Freunden gehe ich lieber tanzen oder auf Partys, aber mit Isiah blieb ich in der Regel zu Hause, und wir unterhielten uns. Manchmal nahmen wir auch einfach das nächstbeste Flugzeug in irgendeine andere Stadt. Bei einem dieser Trips haben wir seine spätere Ehefrau Lynn besucht, die damals noch in Atlanta lebte.

Als ich noch in meinem Haus in Bel Air wohnte, hatte er dort sein eigenes Zimmer – ich nannte es ›Isiahs Reich‹. Zwar durften auch andere Gäste darin übernachten, aber es war speziell für ihn eingerichtet. Manchmal gesellte sich noch Mark zu uns, und es konnte vorkommen, daß wir in der Basketballhalle, die zu meinem Haus gehörte, die ganze Nacht hindurch HORSE spielten. Wir amüsierten uns so gut, daß wir die Zeit völlig vergaßen. Wir merkten erst, wie spät es war, als die Sonne bereits aufging.

Aber aus der Tatsache, daß Isiah für Detroit spielte und Mark 1988 ebenfalls zu dieser Mannschaft stieß, kann man keineswegs folgern, daß ich nun mit besonderem Vergnügen in eine Partie gegen die Pistons gegangen wäre. Ich spiele gerne gegen meine Freunde, daran lag es nicht. Aber der Stil, den die Pistons bevorzugten, behagte mir überhaupt nicht.

Einige Mannschaften arbeiten mit großem Körpereinsatz, und dafür ist sicherlich auch Platz in der NBA. Aber die Pistons übersteigen dieses Maß bei weitem. Rick Mahorn sagte einmal – und wer sollte es besser wissen als er –, die Pistons sprächen erst dann von einem körperbetonten Spiel, wenn jeder im Gesicht bluten würde.

In der Meisterschaftsrunde 1988 gegen die Lakers boten diese Jungs erheblich mehr als den üblichen Körpereinsatz. Sie waren bösartig. Die »Bad Boys« – so nannten sie sich selbst. Ein anderer gab dieser Serie den Namen »Die Schöne gegen das Biest«. Detroit versuchte uns auf diese Art einzuschüchtern. Sie wollten uns aus dem Rhythmus bringen, genauso wie es Boston 1984 gelungen war. Aber sie spielten noch weitaus gemeiner, als es die Celtics jemals getan hatten. Sie foulten uns und gaben uns anschließend noch einen Schlag mit. Und dann stellten sie sich auch noch über den Gefoulten, damit kein Zweifel daran aufkommen konnte, wer den letzten Schlag geführt hatte. Wie ein Boxer, dessen Gegner bereits auf den Knien ist, fanden sie Gefallen daran, dir noch einen weiteren Ellbogencheck an den Kopf zu knallen.

Der Schlimmste war Bill Laimbeer. Seine sportlichen Fähigkeiten sind beschränkt, und seine rüde Spielart half ihm, in dieser Liga überhaupt zu überleben. Einige Leute nennen ihn einen gemeinen Spieler. Meiner Meinung nach hat er mehr von einem schäbigen Schläger. Foulen ist eine Sache, aber Laimbeer versucht am Ende eines Fouls alles, dir richtig weh zu tun. Er zieht seinem Opfer noch mal eins über den Kopf oder versetzt ihm einen zusätzlichen Stoß, damit er noch härter auf den Boden kracht.

Gleichzeitig scheint er außerhalb des Spielfelds ein netter Typ zu sein. Und man kann nicht abstreiten, daß er bei Detroit ein effektives Mitglied der »Ersten Fünf« darstellt. Er ist groß und nimmt eine Menge Platz ein. Sinkt man bei der Manndeckung gegen ihn zu tief ab, dann trifft er mit einiger Sicherheit einen Dreier. So etwas beherrschen die wenigsten großen Leute. Außerdem ist er ein guter Rebounder in der Abwehr. Aber das Gros der Spieler haßt ihn. Er ist zweifellos der unbeliebteste Typ in der Liga.

Obwohl ich den Stil der Pistons nicht mag, muß man deren damaligem Trainer Chuck Daly doch immerhin zugestehen, daß er damit Erfolge erzielte. Wir schlugen sie zwar noch 1988, doch 1989 revanchierten sich die Pistons und besiegten uns. Und sie wiederholten ihren Triumph in der darauffolgenden Saison gegen Portland. Ihre spielerischen Möglichkeiten mochten begrenzt sein, aber Daly verstand es ausgezeichnet, sie optimal auszunutzen. Die Pistons sind bestimmt nicht die sympathischste Truppe, der man in der NBA begegnen kann. Doch sie leisten ganze Arbeit, und sie verdienen als Gewinner meinen Respekt.

Als wir 1988 während der Finalrunde nach Detroit kamen, war ich derart angespannt, daß ich nicht einmal meine Familie sehen wollte. Ich bat sie, mich nicht in meinem Hotel aufzusuchen, und sie verstanden das. Ich hatte eine wichtige Aufgabe zu erledigen und mußte mich völlig darauf konzentrieren. In Playoff-Zeiten reagiere ich zuweilen launisch und gereizt, und ich wollte nicht, daß sie mich so erleben würden. Sie hätten wahrscheinlich geglaubt, irgend etwas wäre mit mir nicht in Ordnung.

Aber dies spiegelte lediglich die Intensität wider, die während der Playoffs in unserem gesamten Team herrschte – vor allen Dingen 1988, als wir versuchten, unseren Titel zu verteidigen. Uns allen war klar, daß dies möglicherweise unsere letzte und beste Gelegenheit sein würde, eine weitere Meisterschaft zu gewinnen. Wir wußten zwar nicht genau, wie lange Kareem noch beabsichtigte zu spielen, aber viel Zeit blieb uns sicherlich nicht mehr. Rileys Garantie-Versprechen hatte uns ein klares Ziel vorgegeben, und jetzt war der entscheidende Augenblick, an die Arbeit zu gehen.

Es fing nicht gut an. Uns steckten zwei schwere Serien mit jeweils sieben Spielen in den Knochen, und Detroit – mit einem Adrian Dantley, der an diesem Abend von sechzehn Versuchen vierzehn traf – schockte uns in der ersten Begegnung im Forum. Sie hatten Erfolg mit ihrer Einschüchterungstaktik. Uns gelang es nicht dagegenzuhalten. Nach dieser ersten Partie wußten wir, daß wir härter zur Sache gehen mußten. Es war so wie 1984 gegen Boston. Aber diesmal brauchten wir nur eine Niederlage, um die gegnerische Taktik zu durchschauen.

Kurz vor Spiel Zwei erlitt ich eine schwere Grippe mit Schüttelfrost und Durchfall. Ich fühlte mich hundeelend, bestand aber darauf zu spielen. Schon nach zwei Minuten war ich völlig fertig. In der Halbzeit mußten sie mir wegen des großen Flüssigkeitsverlustes eine Spritze geben. Zum erstenmal in meiner Laufbahn mußte ich mir genau einteilen, wann ich spielen konnte und wann ich auszuruhen hatte. Es gab keine andere Möglichkeit. Würden wir die ersten beiden Spiele zu Hause verlieren, konnten wir unsere Meisterschaftsträume gleich begraben. Ich wollte unbedingt, daß wir gewinnen, und trug dazu dreiundzwanzig Punkte bei. Riley nannte es ein »Hoffnungsspiel« – man hoffte einfach, sich durchzumogeln. Und irgendwie schafften wir es – spielten gut genug, um sie mit 108:96 zu schlagen.

Dann ging es weiter nach Detroit, wo wir das dritte Spiel ziemlich deutlich für uns entschieden. Die Pistons hielten sich dafür in Spiel Vier schadlos. Ich erinnere mich noch sehr gut an diese Begegnung, weil Isiah und ich an diesem Abend aneinandergeraten sind. Die Pistons hatten sich offenbar entschlossen, mich härter zu nehmen, denn sobald ich zum Korb zog, wurde ich brutal gefoult. So besaß Detroit im Schlußviertel bereits einen beruhigenden Vorsprung, als ich zum Korbleger ansetzte und mich zwei Pistons wirklich hart erwischten. Ich hatte genug von dieser primitiven Hackerei. Okay, sagte ich zu mir. Jetzt werde ich mir auf der Gegenseite den nächsten Typ, der zum Korb zieht, vorknöpfen.

Na ja, dieser nächste Typ war nun ausgerechnet Isiah. Ich traf ihn mit dem Ellbogen auf den Brustkasten und schickte ihn zu Boden. Als er aufstand, warf er den Ball nach mir und begann mich zu schubsen. Unsere Mitspieler mußten uns trennen. »Du siehst doch, was ich einstecken muß«, sagte ich ihm. »Na, und jetzt zahle ich es eben zurück.«

Die Finalrunde war nun bei zwei Siegen für jedes Team wieder offen. Und alle warteten gespannt darauf, wie Isiah und ich uns vor dem nächsten Spiel verhalten würden. Waren wir immer noch Freunde? Würden wir uns weiterhin mit einem Kuß begrüßen? Wir beide redeten darüber und waren der gleichen Meinung. Hier ging es um Basketball. Nichts war persönlich gemeint. Wenn man eine Meisterschaft gewinnen will, bleibt kein Platz für Freundlichkeiten. Als ich ihn foulte, mußte er ganz einfach kontern.

Aber deshalb konnten wir uns noch immer auf unsere übliche Weise begrüßen. Der Kuß stellte lediglich unsere Form eines Handschlags dar.

Detroit behielt in Spiel Fünf die Oberhand und führte nun die Serie mit 3:2. Zum Glück ging es jetzt wieder zurück ins Forum.

Isiah lieferte ein unglaubliches sechstes Spiel. Er erzielte dreiundvierzig Punkte, davon fünfundzwanzig allein im dritten Viertel, was einen Rekord für Finalspiele bedeutete. Und das alles gelang ihm trotz eines verstauchten Sprunggelenks. Eine Minute vor Schluß führten die Pistons 102:99. Konnten sie diesen Vorsprung nur noch sechzig Sekunden lang halten, würde der Titel ihnen gehören.

Aber in der NBA kann in einer Minute verdammt viel passieren. Byron bekam einen Paß von James und versenkte einen Distanzwurf aus vier oder fünf Metern. Damit lagen wir nur noch einen Punkt zurück. Als Isiah im Gegenangriff von der Grundlinie aus verfehlte, erkämpfte sich James den Rebound, und wir nahmen sofort eine Auszeit. Anschließend spielten wir den Ball zu Kareem. Laimbeer foulte ihn – allerdings nicht besonders hart, vor allem, wenn man Laimbeers eigene Maßstäbe ansetzte. Kareem war nicht einmal verletzt und traf beide seiner Freiwürfe. Noch vierzehn Sekunden. Wir führten mit einem Punkt, 103:102.

Joe Dumars brachte den Ball für die Pistons und nahm einen Wurf acht Sekunden vor Spielschluß. Der Ball sprang vom Ring ab. Rodman verlor den Rebound. Byron Scott nahm den Ball auf und wurde von Rodman mit einem absichtlichen Foul hart erwischt. Byron war so erbost, daß er beide

Freiwürfe daneben warf. Aber Detroit konnte daraus keinen Nutzen mehr ziehen, und die Serie stand 3:3.

In Spiel Sieben sah es lange Zeit nach einem sicheren Kantersieg der Lakers aus – insbesondere mit Isiah auf Krücken. Aber wie ich mir gedacht hatte, ließ er sich dadurch nicht vom Spielen abbringen. Wir führten noch im Schlußviertel mit fünfzehn Punkten, aber Detroit gab sich einfach nicht geschlagen. Riley warnte uns laufend davor, daß die Partie noch keineswegs entschieden sei. »Hört auf zu feiern«, sagte er. »Macht weiter Druck. Paßt auf.«

Doch die Pistons kamen immer näher heran. Unser Vorsprung schmolz von fünfzehn auf zehn Punkte. Und viereinhalb Minuten vor Schluß betrug er nur noch sechs. Zudem spielten Kareem und ich bereits mit jeweils fünf Fouls und hätten bei unserem nächsten automatisch das Spielfeld verlassen müssen.

Noch neunzehn Sekunden, und die Lakers führten weiterhin mit fünf Punkten. Aber Detroit war in Ballbesitz, und alles schien noch möglich. Dumars traf. Die Lakers drei vor. Sechzehn Sekunden. James wurde gefoult. Er traf nur einmal. Die Lakers somit vier vor. Noch sechs Sekunden. In diesem Moment verwandelte Laimbeer einen Dreipunktewurf. Ein Punkt für die Lakers. Ich gab einen Paß zu A. C. Green, und der legte den Ball ein. 108:105, die Lakers führten mit drei. Die letzte Sekunde. Isiah bekam den Ball an der Mittellinie zugespielt. Wir stießen zusammen. Kein Pfiff, weder gegen ihn, noch gegen mich. Und er kam nicht mehr zum Werfen.

Detroit hatte eine rasante Aufholjagd gestartet, und wir konnten froh sein, daß die Begegnung in diesem Moment beendet wurde. Es war sicherlich nicht der glorreichste Sieg in unserer Teamgeschichte, aber am Ende hatten wir die schwierigste aller Aufgaben erfüllt: die Titelverteidigung.

Bis dahin war es noch keiner Mannschaft in der NBA gelungen, in Folge drei Playoff-Runden mit jeweils sieben Spielen zu gewinnen. Und keine Finalrunde hatte jemals so lange gedauert. Die Saison endete schließlich am 21. Juni, dem längsten Tag im Jahr – in mancherlei Hinsicht.

In der darauffolgenden Saison mußten wir erneut gegen Detroit antreten. Bis zur Finalrunde hatten wir elf Playoff-Spiele hintereinander für uns entschieden! Es sah ganz danach aus, als könnte uns eine dritte Meisterschaft in Folge gelingen.

Aber dann verließ uns das Glück. Kurz bevor die Finalrunde begann, zerrte sich Byron den Oberschenkel. Es blieb keine Zeit mehr, sich taktisch auf ein Spiel ohne ihn umzustellen, und wir verloren die erste Partie 109:97. Im zweiten Spiel passierte mir genau das gleiche wie

Byron: Oberschenkelzerrung. Ich wünschte beinahe, ich hätte mir diese Verletzung frühzeitiger zugezogen und wir wären erst gar nicht so weit gekommen. Ich werde nie den traurigen Gesichtsausdruck meiner Mitspieler vergessen, als die Verletzung auftrat. Sie sahen mich an und hofften noch immer, mit mir wäre alles in Ordnung. Aber daran konnte keiner von uns mehr irgend etwas ändern. Ich versuchte, in der dritten Begegnung zu spielen, aber die Schmerzen waren zu groß. Und auch die vierzig Punkte, die James erzielte, reichten letztlich nicht aus.

Unsere Jungs kämpften großartig. Aber ohne die wichtigsten Rückraumspieler konnten wir Detroit nicht schlagen. Die Pistons gewannen die Serie glatt.

Ich berufe mich ungern auf Verletzungspech, doch ich frage mich noch heute häufig, was gewesen wäre, wenn... Unzweifelhaft befanden sich die Lakers mitten in einer erstaunlichen Siegesserie. Wir waren heiß, und alle wußten das. Wir hatten seit dem Beginn der Playoffs kein einziges Spiel verloren. Wären nicht ein paar Oberschenkel im Weg gewesen, hätte die ganze Sache womöglich einen anderen Verlauf genommen. Aber man weiß ja nie. Detroit hat einen wirklich guten Ball gespielt, und vielleicht wären sie ohnehin als Sieger vom Platz gegangen. Aber wenn wir schon nicht gewinnen konnten, so freute es mich wenigstens, daß es Isiahs Team war, das den Titel errang. Er hatte so lange auf diesen Moment hingearbeitet und war im Jahr zuvor so knapp davor gescheitert. Jetzt gehörte auch er endlich dem Kreis der Gewinner an.

Die Pistons wiederholten 1990 ihren Triumph, als sie Portland in fünf Spielen besiegten. Ein Jahr später wurden sie allerdings von Chicago bereits im Finale der Eastern Conference glatt geschlagen. Dies entwickelte sich damals zu einer äußerst unangenehmen Serie, und ihr Ende hinterließ einen bitteren Beigeschmack. Denn bevor das letzte Spiel überhaupt abgepfiffen war, gingen einige der Pistons bereits demonstrativ an der Bank von Chicago vorbei und verließen die Halle, ohne den Gewinnern zu gratulieren.

Damit desavouierten sie nicht allein sich selbst, sie brüskierten zudem die Fans und den gesamten Basketballsport. Das war ein unsportliches Verhalten, für das es keine Entschuldigung geben konnte. Die Pistons wollten geachtet werden, aber brachten den anderen keinerlei Achtung entgegen. In den drei Jahren zuvor hatten sie Chicago in den Playoffs jedesmal besiegt. Und stets hatten die Bulls auch in diesen Niederlagen den Stil gewahrt. Nicht so Detroit. Sie respektierten ihre Gegner nicht, und so etwas läßt sich kein Spieler gefallen.

Isiah hatte sich schlecht benommen, und das sagte ich ihm auch. Er ist ein großartiger Spieler und hätte es sicherlich verdient gehabt, 1992 in der Olympia-Auswahl berücksichtigt zu werden. Aber daß er einfach so vom Feld ging, dürfte ihn seine Chancen auf eine Teilnahme gekostet haben. Der Vorfall beschäftigte die Zeitungen noch wochenlang, und die Fans werden niemals vergessen, was geschehen ist. Die Aktion war schlicht häßlich. Und sie war falsch.

Es hat viel böses Blut zwischen den Pistons und den Bulls gegeben und vor allem zwischen Isiah Thomas und Michael Jordan. Soweit ich weiß, nahmen die Schwierigkeiten bei dem All-Star-Spiel 1985 ihren Anfang. Jordan bot eine schwache Vorstellung und kam lediglich neunmal zum Wurf. Einige Leute, darunter auch Michael, waren der Überzeugung, Isiah habe ihm absichtlich nicht den Ball zugespielt, um ihm eine Lektion zu erteilen. Schon möglich. Einen Tag vorher hatte Michael am Slam-Dunk-Wettbewerb nicht – wie üblich – in einem Trainingsanzug seiner Mannschaft teilgenommen, sondern in Sachen von *Nike* und behangen mit Goldkettchen. Einige der Jungs hatten dabei den Eindruck gewonnen, er wolle bloß mit der Anzahl seiner Werbeverträge prahlen.

Michael war über Isiah und auch über mich wütend. Laut eines Zeitungsartikels hatten nämlich Isiah und ich verabredet, daß Michael keinen Ball bekommen würde. Aber das ist lächerlich. Ich gehörte ja nicht mal Michaels Mannschaft an. Ich spielte für den Westen. Aus diesem Grund wurde von mir *erwartet*, ihm den Ball *nicht* zu geben. Doch ich war auch ein Freund Isiahs. Und zu dieser Zeit hatten wir sogar denselben Agenten. Vielleicht hat diese Tatsache die Leute zu Spekulationen angeregt.

Ein oder zwei Jahre lang wurde ich überall, wo ich erschien, nach Michael gefragt. Es ähnelte ein wenig den Anfangsjahren mit Bird, als wir uns persönlich überhaupt nicht kannten und die Presse uns zu Feinden auserkoren hatte. Schließlich setzten Michael und ich uns vor einem unserer Spiele zusammen und sprachen uns aus. »Die Medien würden es liebend gerne sehen, daß wir beide uns bekämpften«, sagte ich. »Aber dazu habe ich keine Lust. Und ich finde, es wäre eine Schande, wenn unsere aktive Laufbahn irgendwann zu Ende ginge, ohne daß wir uns kennengelernt haben.«

Nach dieser Unterredung ist unser Verhältnis dann immer besser geworden. Und ich glaube, ich habe entscheidend dazu beigetragen, ihn zu einer Teilnahme an den Olympischen Spielen 1992 zu überreden. Zu Anfang verhielt er sich in dieser Frage noch sehr zögerlich. Aber können Sie sich eine amerikanische Basketball-Auswahl ohne Michael Jordan vorstellen? Ein absurder Gedanke.

Larry Bird und ich waren zwei der cleversten Spieler, die je gespielt haben. Aber Michael ist auf dem Spielfeld zu Dingen fähig, die man sich in den kühnsten Träumen kaum auszudenken wagt. Er ist einfach unglaublich. Selbst wenn er ein schlechtes Spiel macht und von zehn Versuchen nur einen trifft – was selten vorkommt –, dieser eine Wurf ist womöglich Teil der außergewöhnlichsten Bewegung, die man in seinem Leben gesehen hat. Geht man von der Begeisterung aus, die sein Spiel entfacht, ist Michael Jordan der größte Basketballer, der sich jemals ein Paar Sneakers zugeschnürt hat.

Es gibt nicht viele Spieler, für deren Auftritt ich Geld bezahlen würde, aber Michael Jordan steht ganz oben auf meiner Liste. Jeder weiß von seinen Fähigkeiten im Angriff, und ich kann dem Gesagten nur wenig hinzufügen, außer der Anmerkung, daß es für die Spieler einen ebenso großen Genuß darstellt, ihm zuzuschauen, wie für die Fans. Und Michael ist sogar noch besser, als den meisten Fans bewußt ist. Über all sein Können am Ball hinaus ist er zudem ein großartiger Abwehrspieler. Es gibt eigentlich kaum etwas, was er nicht beherrscht.

Und ich mußte mit Bewunderung feststellen, wie konsequent er sein Spiel den Notwendigkeiten der Mannschaft anpaßte, um aus ihr ein Gewinnerteam zu formen. Es gab Zeiten, da bestanden die Bulls aus Michael Jordan und elf anderen. Seine Show war phantastisch, aber Chicago konnte nicht gewinnen. Michael wollte jedoch stets auf der Siegerseite stehen, und er begriff, daß die Bulls niemals einen Titel erringen würden, wenn er weiterhin derart dominierte. Viele Spieler behaupten zwar, ihr einziges Ziel sei es zu gewinnen, aber sie sind gleichzeitig unfähig, über ihre persönlichen Erfolgsstatistiken hinauszusehen. Sie sind vom Ich-Gefühl statt vom Wir-Gefühl bestimmt. Michael verstand, daß in der NBA ein einzelner Spieler zum Siegen nie genügen wird, egal wie überragend er auch sein mag; gegen fünf Leute zieht einer allein immer den kürzeren. Aber wenn dieser eine Typ ein *Teamspieler* ist und dazu noch einen Partner wie Scottie Pippen hat, dann sieht die Sache schon ganz anders aus.

Vor ein paar Jahren wurde der Vorschlag für ein Eins-gegen-eins-Match zwischen Michael Jordan und mir gemacht. Man könne es auf Pay-TV übertragen und damit zugleich viel Geld für einen wohltätigen Zweck zusammentragen. Aber wohlgemerkt: Nicht alles sollte diesem Zweck dienen. Michael und ich betreiben eine Sportart, in der den Vereinen das Gesamtbudget für Spielergehälter vorgegeben ist, und wir fanden es eine lustige Idee, an diesem einen Abend einmal auszuprobieren, wieviel wir auf dem freien Markt tatsächlich einbringen könnten. Wir fanden beide an dieser Idee Gefallen, und unsere Agenten Lon Rosen und David Falk begannen, die Möglichkeiten ihrer praktischen Umsetzung zu klären.

Nun existiert in den Richtlinien der NBA aber eine Klausel, die besagt, daß die Organisatoren einer Sportveranstaltung, die unter Mitwirkung von NBA-Spielern stattfindet, die Zustimmung sowohl der Liga als auch der beteiligten Vereine benötigten. In meinem Vertrag gab es zwar einen Paragraphen, der mir trotzdem erlaubt hätte, an diesem individuellen Vergleich teilzunehmen. Doch die Konditionen in Michaels Kontrakt waren etwas strikter, und es hätte Schwierigkeiten gegeben.

Dann brachte Lon eine interessante Lösungsvariante ins Gespräch: Michael und ich würden beide unseren Rücktritt vom Basketballsport erklären, anschließend die Partie austragen und danach unser Comeback starten. Wir spielten eine Zeitlang mit diesem Gedanken, entschieden uns letztlich aber doch dagegen. Eine Machtprobe mit der NBA war nun das letzte, was wir brauchen konnten.

Zuletzt meldete auch die Spielergewerkschaft gegen diese ganze Idee eines Duells zwischen Michael und mir Bedenken an. Vorsitzender der Spielergewerkschaft war damals Isiah Thomas. Michael hatte den Eindruck, daß dabei rein persönliche Gründe für Isiah den Ausschlag gaben.

Am Ende entschlossen wir uns, die Sache auf sich beruhen zu lassen. Aber ich glaube noch immer, es wäre eine tolle Sache geworden. Wir hätten einen Termin kurz nach den Playoffs gewählt. Gespielt worden wäre zweimal fünfzehn Minuten auf einen Korb. Und letztlich hätten von diesem überaus lukrativen Geschäft wir, aber auch einige wichtige soziale Einrichtungen profitiert.

Als dieses Match noch in der öffentlichen Diskussion stand, wurde Michael in der *USA Today* als 8:5-Favorit gehandelt. Das war mir gerade recht, fühlte ich mich doch von jeher in der Rolle des Außenseiters wohl; das hat mich stets dazu animiert, noch härter an mir zu arbeiten.

Wir reden noch heute über dieses Thema. Wenn ich ihn treffe, meint er immer: »Ich hätte dich geschlagen.«

»Niemals«, erwidere ich dann. »Ich hätte gewonnen.«

»Du kannst mich nicht halten.«

»Vielleicht nicht, aber du kannst mich genausowenig stoppen.«

Möglich, daß wir beide recht haben. In diesem Fall würde derjenige gewinnen, der zuletzt in Ballbesitz ist.

SECHZEHNTES KAPITEL

Die Frauen und ich

Das folgende Kapitel wird vermutlich der meistgelesene Teil dieses Buches sein. Dafür gibt es viele Gründe. Einige Leute fragen sich vielleicht immer noch, ob ich HIV über eine homosexuelle Beziehung bekommen habe. Andere möchten erfahren, wie das Zusammensein mit einer Vielzahl von Frauen wohl gewesen ist. Einige hoffen vielleicht, ich werde jetzt etwas Schweinisches erzählen. (Werde ich nicht.) Und noch andere warten womöglich darauf, daß ich um Verzeihung bitte.

In Wahrheit würde ich dieses Kapitel niemals schreiben, wenn ich mich nicht mit HIV angesteckt hätte. Nur deshalb fühle ich mich dazu verpflichtet, dieses Thema zu behandeln, obwohl ich es nur allzugerne auslassen würde. Es geht immerhin um mein Privatleben.

Ich schreibe hier nicht über die Frauen in meinem Leben, um damit anzugeben; dies ist nicht Wilt Chamberlains Autobiographie. Aber ich muß zugestehen, daß jenes Virus, das durch eine Zufallsbekanntschaft in meinen Körper gelangt ist, für ein ungeheures Interesse an der Rolle des Sex in meinem Leben gesorgt hat. Ich bin es dem Leser schuldig, aufrichtig zu sein, aber gleichzeitig bin ich es den Frauen, die ich gekannt habe, und auch Cookie und mir schuldig, diskret zu bleiben. Daher werden hier keine Namen oder Telefonnummern genannt und keine ausschweifenden Beschreibungen geboten.

Und keine Entschuldigungen. Im Zeitalter von AIDS ist ungeschützter Geschlechtsverkehr eine Fahrlässigkeit. Heute weiß ich das natürlich. Und in Wahrheit wußte ich das auch schon damals. Doch ich habe dem einfach keine Beachtung geschenkt. Genauso häufig, wie ich etwas über die Bedeutung von Vorsichtsmaßnahmen hörte, verdrängte ich es auch wieder. Es schien mir unvorstellbar, daß mir irgend etwas in der Art passieren könnte.

Weil die Leute immer wieder danach fragen, möchte ich zuerst etwas zum Punkt Homosexualität sagen. Ich kann die Zweifel derer verstehen, die es weiterhin für möglich halten, daß ich doch schwul bin: Zum einen infizierte sich nur eine kleine Prozentzahl der Männer in Amerika, die HIV oder AIDS haben, bei ungeschütztem Sex mit Frauen. Zum anderen wollen eine Menge Leute – und insbesondere Sportler – weiterhin in ihrem Glauben festhalten, daß ich das Virus trotz aller meiner Erklärungen aus einer homosexuellen Beziehung habe. Denn wenn ich es daher hätte, wären sie aus dem Schneider. Falls auch sie häufig wechselnden Geschlechtsverkehr mit Frauen – und vor allem mit denselben Frauen, mit denen ich zusammengewesen bin – gehabt hatten, würde die Erkenntnis, daß Magic Johnson sich mit HIV infiziert habe, weil er schwul oder bisexuell ist, für sie eine große Erleichterung sein.

Aber ich bin nicht homosexuell. Und es lag auch nicht an dem gemeinsamen Gebrauch einer Nadel, denn ich habe zu keiner Zeit Drogen genommen.

Ich wiederhole es noch einmal: Ich habe keinerlei homosexuelle Erfahrungen. Ich bin weder schwul noch bisexuell. Wenn ich es wäre, würde ich es sagen. Es ist nicht meine Art, etwas Derartiges zu verheimlichen oder abzustreiten.

Aber in Anbetracht der Geschichte von AIDS denke ich, daß solche Gerüchte und Spekulationen über meine sexuellen Neigungen verständlich waren. Ich weiß von diversen großen Zeitungen, die nach meiner öffentlichen Erklärung ganze Reporterteams auf diese Story ansetzten. Die Gerüchteküche begann sogar schon zu kochen, bevor ich überhaupt von meiner HIV-Infektion wußte. Einige Leute fragten sich, weshalb Isiah Thomas und ich uns vor jedem Playoff-Spiel küßten. Andere bemerkten, daß ich zu Benefizveranstaltungen oder sonstigen sozialen Ereignissen in der Stadt häufig ohne Begleitung erschien.

Der Kuß für Isiah hängt mit unserer Freundschaft zusammen, nicht mit unseren sexuellen Interessen. Und der Grund dafür, daß ich mich in der Öffentlichkeit lieber allein zeigte, lag in meiner Achtung vor Cookie. Sie wußte, daß ich andere Frauen traf. Doch das bedeutete noch lange nicht, daß ich es ihr ständig vor Augen führen mußte.

Heute beginne ich langsam zu begreifen, wie naiv und ohne Fingerspitzengefühl ich mich gegenüber diesem ganzen Fragenkomplex verhalten habe. Am Tag nach meiner öffentlichen Erklärung, daß ich HIV habe, trat ich in der Arsenio Hall Show auf. Als ich sagte, ich sei nicht schwul, brach das Publikum in Beifall aus. Es war ein merkwürdiger Augenblick, und ich fühlte mich etwas peinlich berührt. Und doch kam ich nicht auf den Gedanken, daß homosexuelle Zuschauer durch diesen Applaus beleidigt wurden. Heute verstehe ich natürlich deren verletzte Gefühle. Doch ich mußte zuerst eine größere Sensibilität für diesen gesamten Themenbereich entwickeln, und daran arbeite ich noch heute.

Einige Monate später gab ich dem *Advocate*, einem Wochenmagazin der Schwulen, ein Interview. Im Verlauf unseres Gesprächs stellte mir der Reporter eine interessante Frage bezüglich meines Auftritts bei Arsenio: »Wie, glauben Sie, wäre die Reaktion des Publikums ausgefallen, wenn Sie erklärt hätten, Sie seien schwul?«

»Ich weiß es nicht«, antwortete ich.

»Glauben Sie, daß Sie den gleichen Applaus erhalten hätten?«

»Sicherlich nicht.«

In meiner Jugendzeit in Lansing hatte ich, mit Ausnahme eines Typs aus der Nachbarschaft, der im Knast gewesen war, keine Homosexuellen gekannt. »Er ist etwas komisch«, erzählten sich die Leute. »Er hat es mit Kerlen gehabt.«

Ich wußte nicht einmal genau, was das bedeutete. Aber ich wollte es nicht zugeben und habe deshalb nur dazu genickt. Später, als ich nach Los Angeles zog, nahm ich die schwule Szene ein wenig bewußter wahr. Aber bevor mir dies hier passierte, habe ich mich unter Schwulen nie richtig wohl gefühlt. Wie viele heterosexuelle Männer befürchtete ich ständig, ein Schwuler könnte mir auf die Pelle rücken. Wie würde ich reagieren? Würde ich wütend werden?

Aber seit meiner öffentlichen Erklärung habe ich mit einer Vielzahl von Schwulen zusammengesessen und gesprochen, vor allem mit HIV-infizierten Leuten. Etwas Gemeinsames verbindet uns; ich stehe auf derselben Seite wie sie und werde zusammen mit ihnen kämpfen. Doch bis ich mich mit HIV infizierte, habe ich ihre Kämpfe nie wirklich verstanden. Wenn ich heute auftrete, sage ich den Leuten, daß wir, gleichgültig, wie jemand dieses Virus bekommen hat, unsere Arme öffnen müssen für alle, die es haben – und nicht nur für mich, weil ich heterosexuell bin.

Wo ziehen wir die Grenze in den privaten Beziehungen zwischen Männern und Frauen? Sicher ist, daß sich diese Grenze laufend verändert. Ist es tatsächlich für einen unverheirateten Mann falsch, Sex mit einer unverheirateten Frau zu haben? Mit vielen Frauen? Ein Teil der Kritik drehte sich genau um diesen Punkt. Also gut, wieviel ist aber zu viel? Solange niemand verletzt wird, was ist dann falsch an Sex zwischen unverheirateten Erwachsenen?

Nach meinen Erfahrungen stehen Frauen und Männer diesen Fragen sehr unterschiedlich gegenüber. Und es herrscht hinsichtlich Sex und Promiskuität zweifellos eine weitverbreitete Doppelmoral. Nach meiner öffentlichen Erklärung sagte Martina Navratilova, daß eine weibliche Sportlerin, die sich nach zahlreichen sexuellen Beziehungen mit HIV infiziert hätte, viel schlimmer als ich behandelt worden wäre. Man hätte sie eine Nutte genannt, und ihre Werbeverträge wäre sie wahrscheinlich auch sofort losgewesen. Ich bin mir sicher, daß Martina damit recht hat.

Die Leute entwickeln alle möglichen Vorlieben in ihrem Leben. Einige trinken. Einige rauchen. Einige essen zuviel. Zu denen zähle ich nicht. Meine Vorliebe bestand darin, mit Frauen zusammenzusein.

All dies passierte während meiner langjährigen, mal intakten und dann mal wieder geplatzten Beziehung zu Cookie, über die sie selbst etwas später schreiben wird. Einige Menschen können nicht verstehen, wie ich eine Frau lieben und mit anderen zusammensein konnte. Aber es gab einen Teil von mir, der immer bei Cookie blieb. Vielleicht war dies Earvin, und der andere Teil von mir war Magic.

Auf jeden Fall war ich ein alleinstehender Kerl in den Zwanzigern. Ich hatte einen Job, der mich sehr in Anspruch nahm. Und neben dem Herumziehen mit meinen Mitspielern zählte das Zusammensein mit Frauen zu meinen bevorzugten Arten der Entspannung.

Ich glaube, diese Neigung bestand wechselseitig. Je länger ich in der NBA spielte, desto anziehender schien ich auf Frauen zu wirken. Man sagt, Macht sei ein Aphrodisiakum. Das mag zutreffen, aber das gleiche gilt für Erfolg und Ruhm, für Reichtum und für das Gewinnen.

Außerdem spielte mein Name eine Rolle. Während meiner gesamten Laufbahn wurden Witze und Wortspiele damit gemacht. Dabei wollen wir eins doch mal festhalten: »Magic« klingt romantisch und sexy. Als Fred Stabley mich damals in der High School so taufte, hatte sich niemand von uns all die Möglichkeiten vorstellen können, die dieser Name einmal eröffnen würde.

Doch sosehr ich die Frauen auch liebte, meine Liebe zum Basketball war größer. Ich spielte engagiert, und ich trainierte hart. Ich erklärte allen Frauen, die ich kannte, daß sie hinter Basketball zurückstehen müßten. Nur eine Frau verstand und akzeptierte dies wirklich. Das war Cookie.

Während meiner Jahre in der NBA hatte ich stets das Gefühl, ich dürfe erst heiraten, wenn meine Karriere beendet sein würde. Basketball verlangte mir alles ab – emotional, physisch, geistig. Ich wollte der Beste sein. Ich wollte gewinnen. Es genügte nicht, in der NBA mitzuspielen oder einen Haufen Geld zu verdienen. Jedes Jahr wollte ich die Meisterschaft gewinnen, und mit weniger habe ich mich nie zufriedengegeben. Und ich konnte mir einfach nicht vorstellen, wie ich diese Einstellung beibehalten und gleichzeitig ein guter Ehemann sein könnte. Vielleicht gelang es anderen, mir schien es nicht möglich.

Schließlich bin ich vernünftig geworden und habe Cookie geheiratet. Und es ergab sich dann so, daß ich weniger als zwei Monate nach unserer Heirat tatsächlich meinen Rücktritt vom Basketball erklärte.

Bis dahin nahmen die Frauen einen großen Teil meines Lebens ein, aber es gab auch andere Dinge: Wenn ich nicht spielte, trainierte oder einen Mittagsschlaf hielt, ging ich häufig mit den Jungs aus – ins Kino, zum Abendessen, in Konzerte, Discos oder Clubs. Ich war in ein halbes Dutzend Firmen eingespannt und an den verschiedensten Wohltätigkeitsaktionen beteiligt. Ich veranstaltete Basketballcamps sowohl für Kinder wie für Erwachsene. Ich besuchte meine Familie und meine Freunde zu Hause in Michigan. Ich verbrachte Zeit mit Cookie. Und ich verbrachte Zeit allein.

Ja, sicher, ich habe auch herumgeflirtet. Nachdem Norm Nixon den Verein gewechselt hatte, wurde ich in dieser Beziehung sogar zum Mannschaftsführer. Aber bis zu meiner öffentlichen Erklärung kannten mich nur die wenigsten Leute von dieser Seite. Ich war diskret und hängte es nicht an die große Glocke. Meine Mitspieler wußten natürlich Bescheid. Coop wußte das meiste, und die anderen hatten alle schon eine ziemlich gute Vorstellung davon, weil wir im Hotel auf demselben Stockwerk wohnten. Aber was ich machte, machten die meisten von ihnen auch. Niemand hat jemals behauptet, die Lakers seien eine Pfadfindertruppe gewesen.

In der NBA gibt es einen bekannten Witz, den man sich wahrscheinlich auch in anderen Sportarten erzählt. Frage: Was ist die größte Schwierigkeit, mit der man zu kämpfen hat, wenn Auswärtsspiele anstehen? Antwort: der Versuch, nicht zu lächeln, wenn man seine Frau zum Abschied küßt.

Wen kann diese Haltung überraschen? Männer haben unterwegs stets nach Zerstreuung gesucht, ob es sich um Sportler oder um Geschäftsreisende handelt. Es ist ganz natürlich und läuft so schon seit ewigen Zeiten.

Wenn du in der NBA spielst, gibt es in jeder Stadt Frauen, die darauf warten, dich kennenzulernen. Das trifft vor allem bei einer Mannschaft mit einem so hohen Prestige wie den Lakers zu. In den achtziger Jahren galten die Lakers als das Team mit dem meisten Sex-Appeal und Glamour. Das Gewinnen bezauberte. Unser Fast Break war sexy. Und daß wir die beste Mannschaft in der Liga waren, erhöhte die Anziehungskraft noch.

Beinahe jedesmal, wenn uns der Bus nach einem Spiel zum Hotel zurückbrachte, warteten vierzig oder fünfzig Frauen in der Lobby auf unsere Ankunft. Die meisten von ihnen waren wunderschön, ein paar einfach unglaublich.

Einige arbeiteten als Sekretärin. Andere als Anwältin. Es waren eine ganze Reihe Schauspielerinnen oder Mannequins darunter. Andere arbeiteten als Lehrerin, Verlegerin, Steuerberaterin oder Unternehmerin. Es gab auch Flittchen unter ihnen, aber nicht viele. Berufstätige mit College-Abschluß bildeten die Mehrheit. Manche waren schwarz, manche weiß, südamerikanischer oder asiatischer Abstammung. Einige dieser Frauen standen sehr offen zu dem, was sie machten, andere verhielten sich diskreter. Ein paar prahlten sogar, mit wie vielen Spielern sie bereits geschlafen hatten. Für andere gehörte dies alles zu einem äußerst verborgenen Privatleben.

Die meisten von ihnen waren Mitte Zwanzig. Ab und zu begegnete man einer Minderjährigen, aber wer schlau war, ließ die Finger davon. Diese Mädchen waren einfach zu jung – nicht nur nach dem Gesetz, sondern auch hinsichtlich ihrer Gefühlswelt.

In der Regel behaupteten die Frauen, die auf uns in der Lobby des Hotels warteten, sie wären an Autogrammen interessiert. Doch diese Autogramme stellten lediglich den gesellschaftlich akzeptierten Weg dar, mit den Spielern in Kontakt zu kommen. Ich habe allerdings selten gesehen, daß ein Spieler eine Frau sofort mit auf sein Zimmer genommen hat. Man wußte ja nie, wer einen beobachtete, und keiner wollte allzu offensichtlich vorgehen.

Es gab verschiedene Möglichkeiten: Man konnte das gewünschte Autogramm geben und neben der Unterschrift seine Zimmernummer notieren. Oder man schrieb seinen Namen und flüsterte »Ruf mich an« oder »Ich treff dich in einer Stunde«.

Wenn ich in mein Zimmer kam, lag immer schon ein Berg telefonischer Mitteilungen vor. Dolores hat angerufen, sie wartet unten in der Lobby. Arlene hat angerufen, sie trägt ein rotes Kleid. Marian hat angerufen, sie steht am Aufzug.

Noch bevor ich in einem Hotel abgestiegen war, gab es häufig bereits ein Dutzend oder mehr Anrufe von Frauen, die mich treffen wollten. In New York waren sie am eifrigsten. Eine Angestellte im Grand Hyatt erzählte mir einmal, ich würde den Rekord für die meisten Anrufe halten. In all den Jahren, die sie dort arbeitete, hätte sie noch nie so viele Nachrichten für einen Gast aufgenommen.

Manchmal ging ich erst gar nicht ans Telefon. Oder ich bat die Rezeption darum, keine Anrufe durchzustellen. Aber die Frauen wählten immer wieder, und manche kamen durch.

»Hallo, Magic. Hier ist Cheryl. Hast du meine Nachricht erhalten?«

»Aber ich *kenne* dich überhaupt nicht.«

»Das ist schon in Ordnung. Ich werde heute abend beim Spiel sein, Block 42. Ich ziehe einen schwarzen Sweater an.«

Oder: »Hallo, Magic. Ich ruf dich nur an, um zu fragen, wo die Lakers nach dem Spiel hingehen.«

Manchmal waren die Frauen, die anriefen, auch wesentlich direkter. »Hallo, Magic? Ich bin hier unten in der Halle. Wie wäre es, wenn ich mal raufkomme und es dir besorge?«

Solche Dinge passierten regelmäßig – insbesondere in den großen

Städten. New York, Atlanta, Chicago und Houston waren in dieser Hinsicht heiße Pflaster. In den kleineren Städten und in großen Bereichen des Südens gingen die Frauen dagegen im allgemeinen weniger aggressiv vor.

Jede Großstadt hatte bestimmte Restaurants und Nachtlokale, die die Spieler aufsuchten. Die meisten mochten – vor allem nach einem Spiel – nicht in ihrem kleinen Hotelzimmer bleiben, und deshalb zog häufig eine ganze Horde von uns zum Tanzen los. In Los Angeles gingen wir ins *Carlos 'n' Charlie's*, eine Disco mit Restaurant auf dem Sunset Boulevard. In New York war der *China Club* sehr beliebt.

Bei soviel weiblicher Konkurrenz versuchten die Frauen, die uns kennenlernen wollten, sich immer irgendeinen Vorteil zu verschaffen. Einige schickten uns Kuchen und Kekse. Einige ließen Blumen überbringen. Man fand in der Gästekabine beinahe jeder NBA-Halle einen großen Strauß Rosen vor. Im Forum nahmen die verheirateten Jungs diese Blumen gelegentlich für ihre Ehefrauen mit nach Hause.

Wir erhielten außerdem einen riesigen Berg Fanpost. Jeden Tag trafen Hunderte parfümierter Briefe im Forum ein. Zum Teil waren diese Schreiben ziemlich deutlich, und es blieb zudem nicht allein bei Briefen. Manchmal legten die Frauen Photos von sich bei – gewöhnlich ohne ihre offizielle Garderobe. Oder sogar Videobänder, nur um sicherzugehen, man habe verstanden. Andere schickten ihre Unterwäsche. Auf besonderes Feingefühl wurde jedenfalls kein Wert gelegt.

In den Hotels bestachen Frauen, die einen Spieler treffen wollten, zuweilen das Hotelpersonal, um zu erfahren, in welchem Zimmer er abgestiegen war oder auf welcher Etage die Lakers wohnten. Ich ließ niemals eine Frau ins Zimmer, die unangemeldet auftauchte und an die Tür klopfte. Aber ich kann auch nicht behaupten, daß ich nie in Versuchung geraten bin, es zu tun. In manchen Hotels konnte man zu jeder beliebigen Tages- oder Nachtzeit seine Tür öffnen, und in der Halle stand eine schöne Frau, die darauf hoffte, hereingebeten zu werden.

Es gab Zeiten, vor allem in den ersten paar Jahren, in denen ich eine Frau, die ich gerade erst in der Lobby kennengelernt hatte, mit auf mein Zimmer nahm. Aber das machte mich immer etwas nervös, weil in solchen Fällen sofort das Gerede anfing...

Einmal traf ein Spieler aus unserem Team eine Frau in der Hotelhalle. Sie bat ihn um ein Autogramm, sie sah sehr gut aus, und sie ließ keine Zweifel daran, daß sie zu haben war. Sie verbrachten die Nacht zusammen. Früh am nächsten Morgen verschwand sie. Als er aufwachte, bemerkte er, daß seine Brieftasche ebenfalls verschwunden war. Doch diese ganz spezielle Frau hatte sich nicht mal die Mühe gemacht, die Brieftasche aus der Hose des Mannes zu ziehen. Sie hatte auch die Hosen mitgenommen. Er mußte sich für den Heimflug ein anderes Paar leihen.

Man ließ sich fraglos auf ein riskantes Spiel ein, wenn man eine unbekannte Frau auf sein Zimmer nahm. Das lag daran, daß sich einige von ihnen tatsächlich nicht richtig zu erkennen gaben. Zwei Spieler in unserer Mannschaft machten die Erfahrung, daß sich die Frauen, mit denen sie sich amüsierten, als etwas verschieden von dem erwiesen, was sie erwartet hatten. Zum einen sahen diese Frauen keineswegs so gut aus, wie es auf den ersten Blick den Anschein gehabt hatte. Zum anderen stellte sich schließlich heraus, daß es sich überhaupt nicht um Frauen handelte – es waren Männer in Frauenkleidern. Unsere Jungs brachte das wohl ziemlich aus der Fassung, aber sie verheimlichten es deshalb keineswegs. Sie erzählten es dem Rest von uns, und wir zogen sie daraufhin wochenlang auf.

Einmal wurden wir vor einem Pärchen von Groupies gewarnt, die ihren Trick überall in der Liga versuchten. Sie sprachen einen Spieler gewöhnlich in der Halle oder der Bar eines Hotels an und versprachen ihm einen flotten Dreier. Waren sie auf seinem Zimmer, baten sie ihn, beim Zimmerservice etwas zu trinken zu bestellen. Während eine Frau ihn ablenkte, schüttete die andere ein Schlafmittel in sein Glas. Kurz danach schlief er ein, und die beiden raubten ihn aus. Und diese Mädchen kannten sich verdammt gut aus. Sie tauchten in der Regel zu Beginn einer längeren Tournee auf, wenn jeder eine Menge Bargeld besaß.

Es passierte zwar nicht oft, aber ab und an hörte man auch davon, daß jemand für weibliche Gesellschaft bezahlt hatte. Viele Leute kennen diese Geschichte von einem meiner Mitspieler, der in Houston verhaftet wurde, weil er mit einer Vermittlung für weibliche Begleiter ins Geschäft kommen wollte. Unglücklicherweise für ihn war diese illegale Agentur kurz zuvor von der Polizei übernommen worden.

Einige Jahre vorher lag ich eines Nachts allein in meinem Hotelzimmer, als ich im Flur eine Frau schreien hörte. Coop muß sie ebenfalls gehört haben, denn wir öffneten gleichzeitig unsere Türen. Wir sahen eine in Tränen aufgelöste junge Frau – und nicht viel mehr. Als sie aufgehört hatte zu weinen, erzählte sie uns, sie sei eine Prostituierte. Sie sei mit einem unserer Mannschaftskameraden zusammengewesen. Aus irgendeinem Grund hätten sie Streit bekommen, und er hätte sie, ohne zu zahlen, aus seinem Zimmer geworfen. Dann fragte sie, ob wir ihr einen Gefallen tun könnten.

»Sicher – was soll's denn sein?«

»Würdet ihr mit mir zusammen runter zu dem Auto meines Luden gehen und ihm erzählen, was passiert ist?«

Coop und ich sahen einander bloß an. Das klang nach einer hervorragenden Möglichkeit, umgebracht zu werden! Genau in diesem Moment öffnete sich eine Tür, und die Kleider der jungen Frau flogen in den Flur.

Am Ende trösteten Coop und ich die Frau, während sie sich anzog. Aber niemals wären wir bereit gewesen, mit nach unten zu kommen, um ihren Zuhälter zu treffen.

Ich habe nie jemanden für Sex bezahlt, und soweit ich weiß, waren die beiden Vorfälle, die ich eben erwähnte, Ausnahmen. Andererseits lernt man seine Mitspieler zwar ziemlich gut kennen, wenn man zusammen unterwegs ist, aber ich glaube, man erfährt doch nicht alles.

Ich verstand nie, wie ein Spieler vor einer Basketballpartie mit einer Frau schlafen konnte. Einige machten das, aber ich konnte es mir nicht vorstellen. Vielleicht verbrachte ich den Nachmittag mit einer Frau, aber ich hätte vor einem Spiel niemals Sex mit ihr gehabt.

Es gibt einige Leute, die glauben, daß Basketballspieler ununterbrochen anbändeln würden. Daß sie in jeder Stadt, die sie besuchen, jemanden hätten, der auf sie warten würde. Daß sie jede freie Minute im Bett verbringen würden. Aber ich habe in meiner gesamten Laufbahn nur ein oder zwei solcher Typen kennengelernt.

Einer meiner Mitspieler hatte tatsächlich in jeder Stadt eine andere Frau. Eines Abends spielten wir in Cleveland. Die Halle der Cavs, das Coliseum, liegt nicht einmal in der Nähe der Stadt – sie befindet sich weit draußen auf dem Land, auf halber Strecke nach Akron. Es gab einen fürchterlichen Schneesturm, und wir brauchten eine Ewigkeit bis zu unserem Hotel zurück. Endlich kam der Bus an, und es sah so aus, als hätten wir soeben den Nordpol erreicht. Wir stellten uns vor, der gesamte Staat von Ohio sei dichtgemacht worden. Aber kaum hatten wir den Bus verlassen, da schneiten auch schon zwei Frauen, vermummt wie Eskimos, herein, um diesen Typen zu besuchen.

Doch so etwas bildete die Ausnahme. Bei den meisten stand der Basketball an erster Stelle. Das traf ohne Frage auf mich zu. Ich wußte, wann es die richtige Zeit war, sich mit Frauen zu amüsieren und wann nicht. Hatte ich einen Tag frei, dann war es kein Problem. Und nach einem Spiel? Klar – es sei denn, wir hatten am nächsten Tag ein weiteres.

Es gab Spieler, die die ganze Nacht unterwegs waren, aber auch das habe ich nie gekonnt. Vielleicht kann man sich so etwas im Baseball leisten. Das Spiel ist anders, und die Leute verbringen drei oder vier Tage in derselben Stadt. Doch Basketball ist anstrengend und der Spielplan brutal.

Jeder Mensch verhält sich natürlich anders. Einige der verheirateten Spieler trieben sich überhaupt nicht herum. Oder sie gingen, wenn sie es machten, so diskret vor, daß niemand etwas davon merkte. Außerdem gab es in der Liga ein paar Spieler, die sich aus religiösen Gründen zurückhielten.

Einige erwarteten, daß jede Frau, mit der sie schliefen, über Nacht bleiben würde. Manche Frauen taten das gerne. Andere zogen es nicht einmal in Erwägung.

Ich selbst verbrachte mit einer Frau nie die ganze Nacht. Es schien mir einfach nicht richtig. Oft wollte sie, nachdem wir zusammen geschlafen hatten, noch bleiben. Aus diesem Grund erklärte ich immer schon vorab, daß ich es bevorzuge, allein zu schlafen, und daß ich sie unabhängig davon, wie es mit uns laufen würde, nachher bitten müßte, wieder zu gehen. Es gab Frauen, die sich weigerten, mit mir ins Bett zu gehen, solange sie nicht auch mit mir aufwachen durften. Ich konnte ihre Gefühle verstehen. Für einige dieser Frauen war das eine Frage des Respekts. Aber ich fing mir lieber einen Korb ein – und manchmal passierte mir das tatsächlich –, als anschließend in ein Mißverständnis zu geraten.

Einige der Spieler mochten kleine Frauen. Andere schätzten große oder dunkelhaarige oder blonde oder vollbusige. Für mich zählte das alles nicht. Was mich anzog, war der Sex-Appeal einer Frau, die Art, wie sie sich gab. Ich mochte eine Frau, die mich zum Lachen bringen konnte, die selbstsicher agierte, die hereinkommen konnte und einen Raum sofort beherrschte.

Außerdem mochte ich Frauen, die eine anregende Unterhaltung zu führen wußten. Es hört sich komisch an, aber manchmal trifft man eine perfekt aussehende Frau, mit der man sich einfach nicht unterhalten kann. Wie wunderschön sie auch immer sein mochte, ich haßte die Gesellschaft von jemandem, der lediglich herumkicherte. Bei dem Zusammensein mit Frauen auf solchen Auswärtstouren ging es ja schließlich nicht allein um Sex. Es hatte ebensoviel mit dem gemeinsamen Gespräch, mit Entspannung und dem Nicht-allein-Sein zu tun. Es ist unmöglich, sich mit jemandem zu amüsieren, mit dem man nicht auch kommunizieren kann. Wenn eine Frau nichts zu sagen wußte, fand ich eine Entschuldigung, um die Sache schnell zu beenden.

Doch die meisten Frauen erzählten gerne. Und wenn sie nicht selbst reden wollten, stellten sie Fragen. Wie fühlt man sich, wenn man berühmt ist? Wie ist Kareem wirklich? Erzähl mir von Arsenio.

Manchmal waren die Fragen sehr direkt. Nicht über Sex, aber über Geld. Wieviel ich verdienen würde? Wieviel der und der verdienen würde? Je mehr man einigen Frauen erzählte, desto mehr törnte es sie an. Die meisten Frauen aus dieser Gruppe hatten bereits ein ziemlich genaues Bild von unseren Einnahmen, da sie die Zeitungen verfolgten und auf solche Dinge achteten. Zuweilen bekam ich das Gefühl, daß es weniger ich und mehr mein Gehaltszettel war, der sie in Erregung versetzte. Sie konnten der Vorstellung einfach nicht widerstehen, mit einem Typen, der Millionen von Dollars verdiente, ins Bett zu gehen.

Ich traf auch Frauen, mit denen das Zusammensein ein reines Vergnügen war und mit denen ich Freundschaft schloß. Aber selbst dann ließ ich mich nie gefühlsmäßig stärker mit jemanden ein, den ich unterwegs kennengelernt hatte. Alle paar Jahre verliebte sich ein Rookie in unserem Team in eine Frau aus einer anderen Stadt. Aber solche Dinge endeten immer schlecht. Wir versuchten, unsere jüngeren Mitspieler davor zu bewahren, aber ein paar von ihnen machten trotzdem diese schmerzliche Erfahrung.

Ein Rookie mochte beispielsweise eine junge Dame kennenlernen und völlig hin und weg sein. Dann besuchte er sie zu Hause und bemerkte, daß Anrufe von anderen Spielern kamen. Er würde sich verraten fühlen, obwohl wir ihn doch vor dieser Entwicklung gewarnt hatten. Mochte sie ihn nicht? Sicherlich mochte sie ihn. Aber vielleicht war sie einfach nicht an einer Beziehung zu einem einzigen Mann interessiert.

Letztendlich lief es darauf hinaus, daß viele dieser Frauen den Männern exakt das antaten, was Männer seit Jahren schon den Frauen gegenüber machten. Sie behandelten uns als Sex-Objekte. Was sie wollten, war eine Eroberung. Und für einige von ihnen lag die Spannung hauptsächlich in der Jagd.

Andere erregte die Erfüllung bestimmter Phantasien. Manchen genügte es bereits, Sex mit einem berühmten und wohlhabenden Mann zu haben. Häufig, zumindest nach meinen Erfahrungen, beinhalteten diese weiblichen Phantasien, Sex an einem ungewöhnlichen Ort zu praktizieren. Auf dem Dach eines Hotels. Am Strand. In einem Flugzeug. Eine Frau wollte es in einem Hotelfahrstuhl probieren. Ich machte die Tour mit.

Eine andere Frau, mit der ich befreundet war, bat mich, in ihrem Büro vorbeizuschauen. Sie hatte stets davon geträumt, es auf ihrem Schreibtisch zu treiben, während ihre Kollegen direkt nebenan eine Vorstandssitzung abhielten. Wir wurden zwar nicht erwischt, aber es war zweifellos der nervenaufreibendste Akt.

Ich genoß es, die Phantasien der Frauen zu verwirklichen, aber irgendwo muß man einen Schlußstrich ziehen. Eine Frau wollte mit mir in einer kleinen Telefonzelle im hinteren Teil eines Restaurants verschwinden. So etwas mag mit einem Jockey funktionieren, aber ein Basketballspieler stößt da an gewisse Grenzen.

Auch ich hatte meine Wunschträume. Wie viele Männer hatte ich mich immer gefragt, wie es mit mehr als einer Frau zusammen sein würde. Es gab

Zeiten, in denen es mir gelang, solche Abende mit zwei Frauen zu arrangieren. Oder mit mehr. In der Regel brachte ich Frauen aus verschiedenen Städten zusammen, um mein Privatleben zu schützen – und ihres. Der halbe Spaß lag bereits in der Organisation dieser Begegnungen und in der Verschwiegenheit.

Einige Leute klassifizieren all diese Frauen als Groupies, aber die Wahrheit ist etwas komplizierter. Für mich ist ein Groupie jemand, der Sportler mehr oder weniger sammelt, der daran interessiert ist, möglichst viele kennenzulernen. Es gibt da die Geschichte von einem berühmten Spieler, der eine prachtvolle Frau kennenlernte. Sie lud ihn zu sich nach Hause ein, und er nahm das Angebot nur allzugerne an. Als Gegenleistung für ihre Gastfreundschaft bat sie ihn, ein signiertes Paar Basketballstiefel mitzubringen. Als sie ihre Schranktür öffnete, um das Paar hineinzustellen, fiel der Typ beinahe in Ohnmacht. Es müssen darin etwa hundert Paar Schuhe aufgereiht gewesen sein, alphabetisch nach Mannschaften geordnet.

In meinen ersten Jahren in der Liga zog ich häufiger mit Groupies los – oder mit »Freaks«, wie wir sie in der NBA nannten. »Freaks in the house« hieß soviel wie: Es warten Frauen in der Hotelhalle.

Nachdem ich eine Zeitlang in der Liga war, suchte ich die Bekanntschaft einer anspruchsvolleren Art von Frauen. In aller Regel lernte ich sie über Dritte kennen. Ich hatte zahlreiche Freundinnen einschließlich einiger, mit denen ich nie geschlafen habe. Und sie stellten mich häufig ihren Freundinnen vor.

Wenn von attraktiven Frauen die Rede ist, liegt Los Angeles im Städtevergleich ganz vorne. Jede Mannschaft freute sich, nach L. A. zu kommen, weil Los Angeles mit einigen der schönsten und aufregendsten Frauen des ganzen Landes dafür entschädigte, daß es den meisten nicht besonders gut in ihrem Spiel gegen uns im Forum erging. Die Ehefrauen der Spieler wußten das natürlich ebenfalls, weshalb manche von ihnen Wert darauf legten, ihre Ehemänner auf den Reisen nach Kalifornien zu begleiten.

Sosehr ich auch das Zusammensein mit Frauen genoß, das Junggesellendasein hatte nicht nur angenehme Seiten, insbesondere wenn Frauen Nachrichten hinterließen wie: Warum hast du mich nicht angerufen? Oder: Ich habe gehört, du bist mit dieser und jener ausgegangen. Ich war stets aufrichtig zu diesen Frauen und habe sie anständig behandelt. Aber einige Frauen wurden anhänglicher, als sich das zu Anfang erwarten ließ. Ich kann nicht behaupten, daß die Bekanntschaft mit so vielen Frauen immer unkompliziert verlaufen wäre oder daß ich sie zu keinem Augenblick als lästig empfunden hätte.

Dazu kamen noch andere Schwierigkeiten. 1990 benachrichtigte mich ein Anwalt, der mir eine Vaterschaftsklage anhängen wollte: Ich sollte der Vater eines zweijährigen Kindes in Maryland sein. Es konnte nicht überraschen, daß die Mutter des Kindes an einer Abfindung interessiert war. Mein Name tauchte sogar auf der Geburtsurkunde des Kindes auf. Es gab nur ein Problem: Ich hatte noch nie von dieser Frau gehört. Doch sie brachte eine Geschichte vor, derzufolge ich sie zahlreiche Male besucht hätte. Ich erklärte mich sogar zur Durchführung eines Bluttests bereit, aber als es dazu kam, beschuldigte der Anwalt mich, das Blut sei nicht wirklich von mir, obwohl er selbst daneben gestanden hatte, als die Probe genommen worden war! Ich mußte tatsächlich einen zweiten Bluttest machen, bevor diese lächerliche Geschichte endlich zu Ende ging.

Ich weiß, *wie* ich das HIV-Virus bekommen habe. Aber ich weiß nicht, bei wem ich mich infiziert habe. Ich rief eine Reihe von Frauen an, bevor ich meine öffentliche Erklärung abgab, damit sie sich testen lassen konnten. Mit anderen Frauen telefonierte ich auch nach der Erklärung noch. Natürlich hatten sie zu dieser Zeit bereits davon gehört, aber ich verspürte ihnen gegenüber noch immer so etwas wie Verantwortung. Von den Frauen, mit denen ich gesprochen habe, hat keine einen positiven Befund erhalten – zumindest bis jetzt nicht. Gott sei Dank.

Wenn ich mit anderen Frauen zusammen war, erzählte ich ihnen stets von Cookie. Die meisten von ihnen kannten sie bereits. Ich machte es jeder gegenüber deutlich, daß ich nicht auf der Suche nach einer festen Freundin war. Einige Frauen akzeptierten das. Andere, glaube ich, sahen in Cookie eher eine Herausforderung. Und ein paar meinten sogar zu mir: »Ich werde dich so verwöhnen, daß du sie ganz schnell vergessen haben wirst.«

Doch das gelang keiner.

Cookie und ich heirateten am 14. September 1991, kurz bevor die Saison anfing. Ich stellte nur eine Bedingung: Die Hochzeit sollte pünktlich beginnen, genau um sechs Uhr. Cookie besitzt nämlich die Angewohnheit, ständig zu spät zu kommen, weshalb ich ihr riet, schon um drei zur Kirche zu kommen. »Die Zeremonie beginnt um sechs«, sagte ich. »Bist du nicht pünktlich dort, werde ich verschwunden sein.«

Ich war um fünf vor sechs am Altar. Die Musik setzte ein, und da kam sie. Dieses Bild, wie sie mit ihrem Vater an den Reihen vorbeischritt – sie sah einfach atemberaubend aus in ihrem Brautkleid. Dies war der glücklichste Tag in meinem Leben und das Beste, was mir jemals passiert ist. Aufs neue wurde mir klar, daß ich die richtige Wahl getroffen hatte.

Und dann, nur wenige Wochen später, erfuhr ich die schlechten Neuigkeiten. Aber zuerst möchte ich Cookie Gelegenheit geben, Ihnen zu erzählen, wie sie aus ihrer Sicht einiges von dem empfunden hat.

Wenn man von Earvin und den Frauen spricht, muß man zuerst verstehen, welch große Rolle Los Angeles in dieser ganzen Geschichte spielt. Wäre Earvin Johnson nach den College Drafts bei Cleveland, Detroit, Milwaukee oder sogar New York gelandet, wir hätten schon vor langer Zeit geheiratet. Aber L. A. ist etwas vollkommen anderes. Es ist das Reich der Stars, das Reich der Phantasie. Und in dessen Zentrum befand sich urplötzlich dieser junge Kerl.
Er war erst zwanzig, als er hierherzog und all diesen schönen Menschen begegnete. Und viele von ihnen sind tatsächlich bildschön. In meinem ganzen Leben habe ich noch nie so viele betörende Frauen auf Beutezug erlebt. Die Schönheitsoperationen, die prachtvollen Garderoben, hier sieht man dies alles.
Nach Basketball sind die beiden Lieblingsbeschäftigungen von Earvin Filme und Popmusik. So stellte L. A. für ihn einen enormen Anreiz dar. Laufend fanden Filmpremieren statt, zu denen man ihn einlud. Leute wie Michael Jackson riefen zu Hause an. Sobald er ausging, war er stets Magic, an dem sie alle zogen und zerrten.
Zu Beginn verstand ich es gar nicht richtig. Ich hatte keine Ahnung, wieviel Prominenz sich um ihn bemühte, bis ich herkam und tatsächlich sah, wie sie um eine Gelegenheit kämpften, ihn zu begrüßen. Einen Abend waren wir bei *Mortons*, und Julia Roberts stand von ihrem Tisch auf, um uns die Hand zu geben. Julia Roberts! Selbst Earvin war verblüfft.
L. A. ist eine solch unwirkliche Welt. Alle wollen es schaffen, reich und berühmt zu sein und sich ein großes Haus zu kaufen. Sie prahlen damit sogar.
Es ist beinahe so, als ob Earvin sich in zwei verschiedene Personen spalten könnte. Da gibt es einmal die Welt von Hollywood, mit der er dauernd zu tun hat. Sie macht ihm Spaß, aber er nimmt sie nicht allzu ernst. Das ist die Welt von Magic, und er paßt perfekt zu ihr.
Aber niemand kennt Earvin so, wie ich ihn kenne. Die Leute sehen nur die öffentliche Seite, und sie dachten damals: Der macht sich nie und nimmer etwas aus ihr. Aber ich wußte, daß er innerhalb der Hollywood-Szene nicht wirklich er selbst war. Seine Persönlichkeit hat sich niemals grundlegend geändert. Solange ich ihn kenne, ist er stets unaffektiert und wahrhaft liebenswert gewesen.
Das Forum ist wie eine Phantasiewelt. Es wird alles so offen nach

außen gezeigt. Man sieht dort Geschäftsmänner aus anderen Städten mit Flittchen an ihrem Arm. Man sieht einen Typ im weißen Hemd und schwarzen Anzug und an seiner Seite eine Frau, die einen unvorstellbar kurzen Rock trägt. Bei meinem ersten Besuch beobachtete ich, wie ein Mädchen in einem leuchtend orangeroten Kleid, enganliegend und so tief ausgeschnitten, daß ihre Titten heraushingen, einmal großspurig um das gesamte Spielfeld herumschlenderte. Es war unglaublich. Männer schrieben Zahlen auf Papierbögen und hielten diese hoch wie Punktrichter bei den Olympischen Spielen. Sie ging ganz hinüber bis zu dem Platz, auf dem Jack Nicholson saß. Sie lehnte sich hinunter, sagte etwas zu ihm und ging anschließend wieder zu dem Typen zurück, mit dem sie gekommen war, und umarmte diesen. So etwas kann man nirgendwo sonst erleben.

Die Männer, die wegen irgendwelcher Geschäfte hierherkommen, wissen, daß Los Angeles die große Stadt der Unterhaltung ist. Sie gabeln ein junges Ding als Begleitung auf. So etwas geschieht zwar auch in anderen Städten, aber nicht so in aller Öffentlichkeit. Wenn ein Mann zu Hause an der Ostküste mit einer entsprechenden Frau zusammen ist, dann macht er das hinter verschlossenen Türen. Hier dagegen wird es regelrecht zur Schau gestellt.

Showtime gab es nicht allein auf dem Spielfeld. Zu dieser Show zählten ebenso all die blendend schönen Frauen, die im Forum herumgingen und sich produzierten. Und die Spieler bemerkten es. Zweifellos. Sie standen auf der Freiwurflinie oder saßen auf der Bank, und auch sie sahen sich um. Dann begannen sie zu überlegen: Na, ich glaube, die sahne ich heute ab. Und sie behielten recht. Ich bin nur erstaunt, daß es ihnen gelang, dabei noch so unauffällig vorzugehen.

Kein Wunder, daß Earvin so lange brauchte, um zu heiraten. Er wollte diese Welt nicht missen. Aber als Earvin sagte, er würde mich lieben, da wußte ich, daß er es wirklich so meinte, selbst wenn er mit anderen Frauen zusammen war. Nachdem ich mein Studium in Michigan State abgeschlossen hatte, arbeitete ich acht Jahre lang in Toledo. Ich erwartete von Earvin nicht, ein Heiliger zu sein, wenn ich nicht bei ihm war. Ich mußte der Realität ins Gesicht sehen und wollte mich nicht in eine Phantasiewelt zurückziehen, wie es manche Frauen tun. Eine Menge Ehefrauen und Freundinnen sitzen herum und sagen: »Oh, mein Mann würde so etwas *nie* machen.« Doch die meisten von ihnen betrügen sich dabei nur selbst.

Earvin und ich sprachen von solchen Dingen überhaupt nicht, obwohl er mir von Andre sofort erzählt hat. Er sagte, daß Melissa von ihm schwanger sei und daß er sich mit um das Baby kümmern wolle. Ich lernte Andre das erstemal als Dreijährigen bei Earvins Eltern in Lansing kennen. Ich sah diesen kleinen Kerl, der wie eine Nachbildung von Earvin wirkte, durch die Tür kommen, und mein Herz machte *Whoa*. Zu wissen, daß Earvin einen Sohn hat, war eine Sache, aber den Jungen, der so sehr seinem Vater ähnelte, zu sehen – das war sagenhaft. Ich verliebte mich sofort in Andre, und wir sind uns seitdem immer nahegeblieben. Besucht er uns, bin ich eher sein Kumpel als seine zweite Mutter. Doch wenn Strenge angebracht ist, dann sorge ich auch dafür.

Andres Geburt stellte für mich kein Problem dar. Weil Earvin und ich uns in dieser Phase getrennt hatten und weil ich wußte, daß die Beziehung zwischen Earvin und Melissa nicht besonders eng war. Wenn Earvin und ich zusammengewesen wären und so etwas hätte sich zugetragen, dann wäre es sehr viel schwerer geworden.

Während dieser Jahre kannte ich Earvins Privatleben nur in groben Umrissen. Ich wußte keine Einzelheiten, und ich wollte auch keine wissen. Und ich wurde nicht ein einziges Mal durch irgendeinen Vorfall kompromittiert. Wenn Earvin zu irgendeinem wichtigen Ereignis ging, zu einer Wohltätigkeitsveranstaltung oder einer Preisverleihung, nahm er dazu niemals eine seiner Bekanntschaften mit. Dies geschah aus Achtung vor meiner Person. Ich wußte nie, mit wem oder wann er mit jemandem zusammen war. Doch ich habe immer angenommen, daß es andere gab.

Wenn ich in die Stadt kam, war ich seine feste Freundin, und jeder wußte das. Die Ehefrauen der Lakers behandelten mich stets freundlich. Sobald ich nach Los Angeles gezogen war, nahmen sie mich in ihren Kreis auf. Vielleicht tat ich ihnen leid. Oder womöglich wollten sie Earvin ermutigen, endlich den nächsten Schritt zu tun.

Alle hielten mich für verrückt, soviel Geduld aufzubringen, vor allem nachdem er zwei Verlobungen mit mir wieder gelöst hatte. Am Anfang meinte meine Mutter: »Du kannst nicht ewig auf ihn warten.« Doch sie kannte Earvin nicht wirklich. Als sie merkte, was ich für ihn empfand, sagte sie: »Nun, wenn du ihn tatsächlich liebst, mußt du ihn vielleicht erst seine Hörner abstoßen lassen und hoffen, daß er zurückkommen wird.«

Als Earvin und ich schließlich heirateten, kamen all meine Freundinnen während der Hochzeit zu mir und sagten: »Cookie, ich bin ja so froh, daß ich mich in ihm getäuscht habe.« *Sie* waren froh? Wie *ich* mich gefühlt habe!

Das erstemal verlobten sich Earvin und ich 1985, etwa zu der Zeit, als Isiah heiratete. Alles verlief glatt, bis Earvin zurück nach L. A. gehen mußte. Dann rief er mich an und sagte, er könne nicht mehr richtig schlafen und würde sich einfach außerstande fühlen, so weiterzumachen.

Er war richtiggehend verängstigt. Ihm bedeutete Basketball so viel, und er befürchtete, daß er nicht mehr gut spielen könnte, wenn er verheiratet sein würde. Er legte zum Beispiel großen Wert darauf, vor einem Spiel ungestört zu sein. So besaß er sein eigenes Ritual, um sich auf ein Spiel vorzubereiten – Videoaufzeichnungen ansehen, Musik hören und, vor allen Dingen, allein sein. In solchen Momenten wollte er einfach niemanden um sich herum haben. Während der Playoffs wurde es sogar noch schlimmer. Vor den Spielen war er launisch und gereizt. Wenn ich in solchen Zeiten bei ihm war, befürchtete er stets, sich mir gegenüber zu grob zu verhalten.

Ich denke, der andere Grund für seine ablehnende Haltung zu einer Heirat war, daß er sein Leben auf der Überholspur nicht aufgeben wollte. Wie viele Männer dachte er, wenn er erst verheiratet wäre, würde er träge werden und festsitzen. Als er diese erste Verlobung auflöste, konnte er mir nicht einmal einen Grund dafür angeben, außer: »Ich habe Angst. Ich kann es einfach nicht machen.«

Heute sehe ich die Gründe. Aber damals bin ich in die Luft gegangen. Ich sagte: »Vergiß es. Das war's. Wir können nicht einfach nur Freunde sein, und wir können nicht immer so weitermachen. Ich werde älter, und ich will eine Zukunft. Wenn du keine Zukunft mit mir siehst, sag's mir jetzt.«

Wir trennten uns in jenem Januar und hatten ein ganzes Jahr lang keinerlei persönliche Kontakte mehr. Ich ging mit anderen Männern aus, doch das war nicht das gleiche. Und ab 1987 begannen wir uns wieder zu treffen – wir konnten nicht länger als ein Jahr vollkommen voneinander getrennt bleiben.

1989 entschloß ich mich schließlich, auf eine Entscheidung zu drängen. Ich wollte nicht mit vierzig noch unverheiratet sein. Ich war dreißig zu dieser Zeit und kannte Earvin seit nunmehr elf Jahren.

Bei einem wichtigen Gespräch am Telefon sagte ich ihm, daß wir nur zu einer Entscheidung kommen könnten, wenn ich nach L.A. ziehen würde und er sich an meine Anwesenheit gewöhnen würde. Aber wir würden nicht weiterkommen, bevor wir es nicht versucht hätten.

Nachdem er darüber nachgedacht hatte, meinte er schließlich: »Okay, laß es uns versuchen.«

Ich zog im Oktober 1989 um. Ich fand einen Job bei einer Sportartikelfirma und ein eigenes Apartment in unmittelbarer Nähe von Beverly Hills. Earvin und ich hatten so lange getrennt gelebt, daß ich einfach

nicht bei ihm einziehen konnte. Wenn diese Sache funktionieren sollte, dann mußten wir uns zuerst einmal daran gewöhnen, in derselben Stadt zu wohnen. Außerdem wollte ich mir meine Unabhängigkeit bewahren.
Er lebte in einem großen Haus in Bel Air mit allem Drum und Dran – einschließlich einer eigenen Basketballhalle. Aber einige Wochen nach meinem Umzug kaufte er ein anderes Haus in Beverly Hills. Ich wäre niemals in das Haus in Bel Air gezogen, es hätte wie eine gewaltsame Eroberung gewirkt. Er und Lon hatten bereits das neue Haus ausgesucht. Ich half bei der Innenausstattung und bei allen wichtigen Entscheidungen.
Im Februar 1990, ungefähr vier Monate nach meiner Ankunft in Los Angeles, verlobten wir uns erneut. Wir kamen prima miteinander zurecht, und ich glaube, er spürte, daß wir soweit waren. Jetzt, da wir in derselben Stadt lebten, wurde eine Menge Druck zu heiraten auf ihn ausgeübt. Nicht von mir – dafür kannte ich ihn zu gut –, aber von unseren Freunden und Familien.
Dann geschah die gleiche Sache wieder wie beim erstenmal. Er bekam es mit der Angst zu tun.
Dieses Mal verließ ich ihn nicht. Ich konnte sehen, daß er Angst hatte. Es war nicht wegen einer anderen Frau. Wäre es das gewesen, hätte ich ihn verlassen; ich hatte bereits viel zuviel durchgemacht, um auch noch damit fertigzuwerden. Doch statt mit einer anderen Frau zu kämpfen, bekämpfte ich jetzt seine Angst vor dem Bild, das er sich von einer Ehe machte. Seine Freunde hatten ihm erzählt, sobald sie geheiratet hätten, wäre alles nur noch bergab gegangen.
Die Hochzeit wurde für das erste Wochenende im September festgesetzt. Doch im April löste Earvin die Verlobung. Er stand in der Mannschaft unter großem Druck. Kareem hatte sich im Jahr zuvor zurückgezogen, und Earvin war nun die bestimmende Figur. Jetzt ging es in die Playoffs, und er konnte einfach Basketball und mich nicht miteinander vereinbaren. Für mich blieb da kein Platz.
Es war schwer. Auf beiden Seiten gab es eine Menge Tränen. Aber ich glaubte an ihn und blieb standhaft. Tief im Innern wußte ich, daß er mich liebte.
Diesmal trennten wir uns nicht wirklich. Wir schoben den Hochzeitstermin hinaus und vereinbarten eine Atempause. Wir würden einfach wieder wir selbst sein. Ich beschloß, es eine Zeitlang nicht mehr zu erwähnen. Seine Haltung war: Wenn du mich in Ruhe den Zeitpunkt der Hochzeit selbst wählen läßt, dann ist von mir aus alles in Ordnung. Aber ich war noch immer äußerst verstimmt über die erneute Lösung

der Verlobung. Die ganze Sache spielte sich ja in der Öffentlichkeit ab und war so demütigend. Ich sagte: »Okay, ich dränge dich nicht wegen des Termins. Aber laß mich weiter diesen Ring an meinem Finger tragen. Irgendein Zeichen mußt du mir lassen. Wenn ich diesen Ring abnehme, dann ist alles vorbei.«

Wir stritten uns auch darüber, aber er stimmte zu. Am Ende entschlossen wir uns, den ganzen Druck zu vergessen, einfach zu entspannen und unser Zusammensein zu genießen. Als wir dies taten, kam alles wieder in Ordnung. Unsere Beziehung wurde enger, und wir verbrachten mehr Zeit miteinander. Ich war zwar noch immer nicht bei ihm eingezogen, aber ich hielt mich häufiger denn je in seinem Haus auf. Im darauffolgenden Frühling, 1991, bat er mich, ihn zu den Playoff-Spielen zu begleiten. Ich wußte, das war ein überaus wichtiges Zeichen. Es war seine Art zu sagen: ich habe keine Angst – und die ganze Welt darf es erfahren. Pat Riley hatte es nie gemocht, daß Ehefrauen oder Freundinnen mitfuhren. Er glaubte, die Spieler würden ihre Konzentration verlieren, wenn wir dabei wären. Er wollte, daß die Lakers beim Essen, Trinken und Schlafen nur an Basketball dachten.

Doch Riley war jetzt weg, und der neue Coach Mike Dunleavy besaß eine andere Einstellung. Jerry Buss bezahlte sogar die Reise für alle Ehefrauen und Freundinnen. Er lud uns ein, in der Maschine des Teams mitzufliegen, und ließ uns mit unseren Männern zusammen im selben Zimmer wohnen. Nach all den Jahren unter Pat Riley konnten wir es kaum glauben. Als die Lakers im Finale gegen Chicago verloren, erwarteten wir schon beinahe, wir würden dafür verantwortlich gemacht. Aber niemand sagte ein Wort.

Ich hatte Earvin zu einigen der vorangegangenen Playoff-Spiele begleitet. Und als die Lakers dann in die Finalrunde gegen Chicago einzogen, sagte er: »Ich möchte gerne, daß du auf diese Fahrt mitkommst. Ich möchte, daß du dies mit mir teilst. Wer weiß, wann wir jemals wieder so nahe dran sein werden, alles zu gewinnen.«

Das war ein Durchbruch. Das war neu. Doch wenn ich ihn begleiten würde, müßte ich meinen Job kündigen. Ich arbeitete als Einkäuferin für eine Sportartikelfirma in der Innenstadt. Es war gerade Messewoche, die wichtigste und arbeitsreichste Zeit in unserem Gewerbe. Ich hatte bereits zwei Freitage Urlaub genommen, um mit ihm zu den anderen Playoff-Begegnungen gegen Golden State und Portland zu fahren. Diesmal war es allerdings etwas anderes. Fuhr ich nach Chicago, würde ich nicht zu meinem Job zurückkehren können.

Es fiel mir schrecklich schwer, meine Arbeit aufzugeben. Dies war eine kleine Firma, die auf der Kippe stand. Sie brauchten mich dort wirk-

lich. Ließ ich sie jetzt hängen, wäre dies furchtbar. Ich mußte eine Entscheidung treffen. Ich sagte zu mir selbst: Ich habe jede seiner fünf NBA-Meisterschaften versäumt. Im College habe ich die Final Four verpaßt. Dies ist womöglich meine letzte Chance, mit ihm zusammen dabeizusein, und die werde ich mir nicht entgehen lassen.
Ich konnte die ganze Nacht nicht schlafen. Am nächsten Morgen rief ich Earvin an und sagte ihm, daß ich mitkommen würde.
Die Lakers verloren gegen Chicago in fünf Spielen. Unmittelbar im Anschluß dran flogen Earvin und ich nach Maui. Zum erstenmal überhaupt sprach er mit mir darüber, was Niederlagen für ihn bedeuteten. In der Vergangenheit hatte er mich davon ausgeschlossen. Dies war ein weiterer Durchbruch, ein weiteres Zeichen, daß unsere Beziehung enger wurde.
Als wir von Maui zurückkamen, sagte er: »Ich werde es schaffen. Wir können heiraten.« Er hatte das auch schon während der Playoffs gesagt, aber ich hatte es nicht ernstgenommen. Wir spielten kurz mit dem Gedanken durchzubrennen, aber Earvin wollte eine richtige Hochzeit. Er meinte, unsere Familien hätten es verdient, und damit hatte er sicher recht. Man kann es sich vorstellen, wie ich mich fühlte, als eine Zeitung in Michigan die Geschichte mit der Aufmachung brachte: Magic Mal Wieder Verlobt.
Ende Juli flog Earvin auf die Insel St. Thomas in der Karibik. Von dort rief er mich an und sagte, er wolle im Spätsommer heiraten. Ich hatte weiterhin Angst, definitive Pläne zu machen. Als er zurückkehrte, sprachen wir noch einmal darüber und setzten einen Termin fest.
Die Hochzeit fand in Lansing statt. Wir arrangierten sie so schnell, daß wir unsere Gäste per Telefon benachrichtigen mußten – für das Versenden von Einladungen blieb keine Zeit. Die Leute mußten sich hier und jetzt entscheiden, ob sie kommen würden.
Mein Brautkleid hatte ich noch aus dem Jahr zuvor – ein langes weißes mit einer Menge Pailletten. Das Oberteil bestand aus alter Spitze mit Pailletten und Perlenstickereien, und dazu gehörte ein weiter Tüllrock. Außerdem gab es noch eine kleine Schleppe. Den Kopfschmuck bildete ein Diadem aus Bergkristallen mit einem langen Schleier. Es sah prachtvoll aus.
Bis zu dem Moment, da ich mit meinem Vater den Mittelgang hinunterschritt, hatte Earvin mich in diesem Kleid noch nicht gesehen. Er stand vorne mit seinem alten Freund aus Lansing, Dale Bread, und wippte auf seinen Absätzen hin und her. Als er mich in meinem Brautkleid auf sich zukommen sah, hörte er auf zu wippen – und ein riesiges Grinsen breitete sich auf seinem Gesicht aus.

Wir heirateten in der Union Missionary Baptist Church in Lansing. Es war eine traditionelle Zeremonie. Earvin trug ein doppelreihiges weißes Jackett und schwarze Hosen. Er sah phantastisch aus.

Er hatte mich gewarnt, daß er gehen würde, wenn ich eine Minute zu spät kommen würde. Und ich komme doch ständig zu spät. Aber nicht an diesem Tag! Ich traf etwa drei Stunden früher in der Kirche ein und wartete auf Earvins Ankunft. Und selbst als gesagt wurde, er sei in der Kirche, war ich noch immer nicht überzeugt. Ich fragte mich weiterhin, ob er seine Meinung womöglich geändert hätte, und ließ deshalb jemanden nachsehen, um sicherzugehen, daß er tatsächlich anwesend war.

Während der Zeremonie benahm er sich sehr witzig. Er war in bester Stimmung und flüsterte mir laufend komische Dinge in mein Ohr; so erwähnte er all meine früheren Freunde und fragte, ob sie in der Kirche seien. »Du bist verrückt. Du bist einfach *verrückt*.« Mehr konnte ich nicht sagen, ohne mein Gesicht zu verziehen.

Der anschließende Empfang fand im Kellogg Center der Michigan State University statt. Eine Menge Leute warteten vor der Kirche in der Hoffnung, einige Berühmtheiten zu sehen. Am Tag zuvor hatten die Zeitungen eine Liste von Stars veröffentlicht, die angeblich dabeisein würden. Die meisten von ihnen waren nicht einmal eingeladen. Isiah begleitete gemeinsam mit Mark Aguirre den Bräutigam. Earvins Brüder empfingen die Gäste und führten sie zu ihren Plätzen. Greg Kelser und Bob Chapman waren von Earvins Michigan State Mannschaft gekommen, außerdem sein alter Freund Darwin Payton. Wir haben beide eine Menge Verwandte und Freunde, und so wurde es eine große Hochzeitsfeier mit etwa dreihundert Gästen.

Als Earvin und ich zusammen aus der Kirche kamen, um zum Empfang hinüberzugehen, begannen Hunderte von Menschen zu schreien und zu hupen. Es klang, als ob wir wieder bei einem Basketballspiel wären. Aber die ganze Sache war wunderschön und das Wetter traumhaft. Ich hatte das Gefühl, daß Gott sagen wollte: »Mädchen, du hast mit diesem Mann so viel durchmachen müssen, ich werde dir eine tolle Hochzeit spendieren.«

TEIL III

HEUTE

SIEBZEHNTES KAPITEL

Schlechte Neuigkeiten

Freitag, 25. Oktober 1991

Der Anruf kam um 14 Uhr 15. Die Lakers hatten gerade ihr Hotel in Salt Lake City bezogen. Am Abend sollten wir ein Vorbereitungsspiel gegen die Mannschaft von Utah Jazz bestreiten. Dr. Michael »Mickey« Mellman, der Mannschaftsarzt, war am Telefon.

»Earvin«, sagte er, »ich möchte, daß du zurückfliegst und sofort bei mir vorbeikommst.«

»Warum?«

»Ich habe gerade erfahren, daß deine Gesundheitsuntersuchung von der Versicherung beanstandet wurde.«

Einige Wochen zuvor hatte ich mich – was im übrigen auch in meinem letzten Vertrag mit den Lakers festgehalten war – einer routinemäßigen Untersuchung für die Lebensversicherung unterzogen. Es war so reibungslos gegangen, daß ich mich kaum noch daran erinnerte. Während unserer jährlichen Lakers-Untersuchung war einfach jemand von der Versicherungsgesellschaft hereingekommen und hatte mir Blut abgenommen.

»Hat das nicht Zeit bis morgen?« fragte ich. »Wir sind gerade erst angekommen.« Ich ging davon aus, daß er von unserem Spiel an diesem Abend wußte.

»Nein, wirklich nicht.«

Ich stellte keine weiteren Fragen. Etwas in Mickeys Stimme sagte mir, daß es keine Angelegenheit fürs Telefon war.

Ich rief Lon in seinem Büro an. »Habe gerade mit Mickey telefoniert. Er will, daß ich sofort zurückkomme. Weißt du irgendwas darüber?«

»Ja, er hat mich auch angerufen«, sagte Lon. »Aber er wollte mir nicht sagen, um was es geht, weil er zuerst mit dir sprechen müsse. Soll ich ihn an den Apparat holen?«

»Klar.«

Lon ließ mich in der Leitung, während er eine Konferenzschaltung vorbereitete. Als ich so auf dem Bett saß und die nervende Überbrückungsmusik hörte, fragte ich mich, was, zum Teufel, hinter der ganzen Sache stecken könnte und warum es so eilig war.

Als Mickey in der Leitung war, fragte Lon ihn, ob es denn wirklich noch am selben Tag sein müßte. »Er hat ein Spiel heute abend. Kann er nicht morgen zurückkommen?«

Mickey war unerbittlich. »Lon, meine ärztliche Auffassung ist, daß Earvin auf der Stelle zurückkommen muß.«

»Okay. Earvin, willst du Mickey noch etwas fragen?«

Nichts, was er am Telefon beantworten würde. »Nein«, sagte ich. Mickey hing auf.

»Ich buche einen Platz für den nächsten verfügbaren Flug«, sagte Lon. »Bleib da, ich rufe gleich zurück.«

Fünf Minuten später meldete er sich wieder: »Es ist alles erledigt. Am Delta-Flugschalter liegt ein Ticket für dich bereit. Das Flugzeug geht um halb fünf. Mach dir keine Gedanken über das Auschecken im Hotel. Nimm einfach ein Taxi und fahr zum Flughafen. Ich hole dich an der gewohnten Stelle ab.«

Erst im Flugzeug kam ich zum Nachdenken. In den letzten fünf Tagen, seit wir aus Paris zurück waren, wo wir eine Woche lang eine Serie von Freundschaftsspielen hatten, fühlte ich mich ausgelaugt. Sofort nach unserer Rückkehr hatten wir eine Serie von Spielen im Forum. Aber Mickey hatte die Untersuchung für die Versicherung erwähnt. Die hatte vor etwa einem Monat stattgefunden. Was konnte es also sein? Hoher Blutdruck? Damit hatte mein Vater zu kämpfen. Krebs? Ich hoffte nicht. AIDS? Unwahrscheinlich. Mußte man nicht schwul sein, um es zu bekommen? Oder ein Drogenabhängiger?

Egal, was es war, ich mußte aufpassen. Man wurde nicht aus Utah zurückgerufen, nur weil man eine Sehnenzerrung hatte.

Die Maschine landete pünktlich. Als ich aus dem Flughafengebäude trat, saß Lon in seinem Auto und wartete auf mich. Auf dem Weg zu Mickeys Praxis in der Nähe des Flughafens begnügten wir uns mit Small Talk. Wir waren beide beunruhigt, auch wenn wir es nicht zugeben wollten.

Wir kamen um zwanzig vor sechs dort an. Der Warteraum war leer. Während wir auf Mickey warteten, nahm ich eine Ausgabe der Illustrierten *Ebony* in die Hand. Michael Jordan war zusammen mit seiner Frau Juanita auf der Titelseite. Es war eine phantastische Aufnahme, die beiden sahen großartig aus. »Weißt du«, sagte ich, »es wäre schön, wenn Cookie und ich genauso auf dem Cover drauf sein könnten.«

In dem Moment ging die Tür auf, und Mickey trat heraus. »Komm rein, Earvin«, sagte er. Ich stand auf. Ich hatte gedacht, daß Lon mitkommen würde, aber er machte keine Anstalten. »Steh schon auf«, sagte ich zu ihm, »du wirst es ja doch auf alle Fälle erfahren, also kannst du genausogut mit reinkommen.«

Mickey führte uns in seine Praxis. Er zeigte auf einen leeren Stuhl und räumte einige Unterlagen von einem anderen, damit sich auch Lon hinsetzen konnte.

Mickey setzte sich mir gegenüber. Er ist ungefähr sieben Jahre älter als ich und hat mich fast die ganze Zeit während meiner Karriere bei den Lakers betreut. Mein Verhältnis zu ihm war nicht nur das eines Patienten zu seinem Arzt – wir waren auch Freunde.

Heute sah er bleich und angespannt aus. In seinen Augen konnte ich erkennen, daß dies keine leichte Aufgabe für ihn war. Es würde also eine schlechte Neuigkeit geben, vielleicht sogar eine sehr schlechte.

Er wandte sich zum Tisch und öffnete einen Expreß-Umschlag, der wiederum einen kleineren Umschlag enthielt.

Er sah mich direkt an. »Earvin, ich habe hier die Ergebnisse deiner Untersuchung für die Lebensversicherung. Der Test hat ergeben, daß du HIV-positiv bist. Sie haben das Virus nachgewiesen, das AIDS verursacht.« Er fuhr fort zu erklären, was das genau bedeutete.

Lon und ich schauten uns an, ohne ein Wort zu sagen. Dann erklärte Mickey die Testergebnisse und was aus ihnen zu schließen war.

Ich wollte ihm nicht glauben. Aber es war Mickey, der da redete, und ich konnte sehen, daß er es selbst nicht glauben wollte. Im Inneren, das wußte ich, weinte er um mich.

Ich war in einem Schockzustand, unfähig zu reagieren.

»Diese Tests haben nur eine geringe Fehlerquote«, sagte er, »aber zur Sicherheit sollten wir sie wiederholen. Man weiß nie.«

»Was ist mit Cookie?« fragte ich. »Sie ist schwanger.« Das wußte Mickey noch nicht. Wir selbst wußten es erst seit einer Woche und hatten es noch niemandem erzählt.

»Ich weiß nicht, was mit Cookie ist«, antwortete er. »Sie muß sich auch testen lassen, und zwar so schnell wie möglich.«

»Und das Baby?«

»Wenn Cookie negativ ist, dann ist auch das Baby in Ordnung.«

Wir saßen lange Zeit dort zusammen, während Mickey uns das Virus und die verschiedenen Behandlungsmöglichkeiten erklärte. Das meiste nahm ich nur ganz verschwommen wahr. Aber eine Sache ist mir sehr deutlich in Erinnerung geblieben, daß er nämlich andere Patienten von sich erwähnte, die auch das Virus hatten. Einige von ihnen lebten schon zehn Jahre mit HIV, ohne irgendwelche AIDS-Symptome zu zeigen. Er erklärte mir, daß das Virus ganz unterschiedlich bei verschiedenen Menschen reagieren würde. Bei einigen Leuten würde es über eine sehr lange Zeit verharren, ohne aktiv zu werden.

»Und was heißt das jetzt für mich?«

Er erwähnte das Medikament AZT und erklärte, wie es durch AZT für das Virus schwieriger werde, sich im Blut zu vermehren. Ich sollte sofort mit der Einnahme beginnen.

»Was wird aus meiner Basketballkarriere?«

»Wenn wir riesiges Glück haben und die nächsten Ergebnisse mit negativem Befund zurückkommen, dann kannst du normal weiterspielen. Aber nehmen wir mal an, du hast das Virus – dann weiß ich noch nicht, wie es weitergeht. Wir müssen alle Testergebnisse abwarten, um einschätzen zu können, wie weit dein Immunsystem betroffen ist.«

Mickey erzählte uns von Dr. David Ho, einer Kapazität auf dem Gebiet der HIV- und Aidsforschung. Er arbeitete in New York als Direktor des Aaron-Diamond-AIDS-Research-Centers, wo ein Team von Forschern das HIV-Virus untersuchte. Dr. Ho war erst neununddreißig, aber er befaßte sich schon seit 1981 mit AIDS.

»Ich werde David bitten, daß er deinen und Cookies Test durchführt. Aber ich werde ihm nicht sagen, um wen es sich handelt. Ich bin sicher, wir können einige Zusatzinformationen bekommen. Ich möchte, daß ihr beide am Sonntag morgen um neun Uhr hierherkommt. Wir werden Blut abnehmen und es sofort zu David nach New York schicken.«

Als wir Mickeys Praxis verließen, war ich nicht imstande, sofort nach Hause zu gehen. Ich brauchte Zeit zum Überlegen. Ich mußte es Cookie sagen, und zwar sofort. Aber ich mußte es ihr auch auf die richtige Art beibringen, wie immer das aussehen sollte. Wenn ich sie in dieser Minute gesehen hätte, ich glaube, ich hätte alles verpatzt.

Als wir nordwärts in Richtung Stadt über den San Diego Freeway fuhren, rief ich sie vom Auto aus an. Sie wollte gerade mit ihren Freundinnen Sharon und Nicole zum Essen gehen.

»Ich mußte zurückfliegen, um etwas mit Mickey zu besprechen«, sagte ich ruhig, um sie nicht jetzt schon zu erschrecken. »Ich gehe noch mit Lon essen und komme dann später nach Hause.«

Wir fuhren zur *Casa Monica*, einem kleinen italienischen Restaurant in Santa Monica, ganz in der Nähe von Lons Haus. Ich sah, daß er mitgenommen war, während ich selbst noch gar nichts fühlte. Es hatte sich noch nicht richtig gesetzt. Ich dachte die ganze Zeit nur an Cookie und das Baby. Ich betete, daß sie gesund waren.

Während des Essens sprachen wir darüber, ob ich zurücktreten müßte.

Wenn ich nicht mehr Basketball spielen könnte, was sollte ich dann mit dem Rest meines Lebens anfangen? Ich wollte immer selbst ein Team haben, das war also eine Möglichkeit. Außerdem konnte ich mir vorstellen, für NBC Basketballspiele zu kommentieren.

Während des Essens gab mir der Kellner einen Zettel von den Leuten am Nebentisch. Sie wollten einen AIDS-Fond gründen. Ob ich bereit wäre, mich dafür einzusetzen. Es war wirklich gespenstisch, diesen Zettel zu bekommen. Und genau in diesem Moment begann die Sache, richtig Wirkung bei mir zu zeigen.

Nach dem Essen fuhr Lon mich nach Hause. Jetzt kam der schwierige Teil. Im Auto begann ich zu überlegen, wie ich es Cookie beibringen sollte. Wie könnte ich anfangen? Wie die ganze Sache abmildern? Was sollte ich sagen? *Wie konnte ich ihr das nur antun?* Ich hatte so lange gewartet, bis ich sie endlich in meine eigene Welt hineingelassen hatte. Jetzt, wo wir verheiratet waren, wollte ich, daß alles perfekt war. Cookie zu heiraten, war die beste Sache, die ich je getan hatte. Diesen Schritt hätte ich schon Jahre vorher machen sollen.

Und nun, *bumm*!

Wenn ich alleinstehend gewesen wäre, dann hätte ich vielleicht einfacher mit der Sache umgehen können. Aber jetzt waren wir zu zweit. Und bald zu dritt. Es gab keine Zweifel: Das alles Cookie zu erzählen, war die schwierigste Aufgabe, die ich je vor mir hatte.

Lon fuhr davon. Wir würden später weiter darüber sprechen. Ich ging ins Haus.

Cookie war im Wohnzimmer. »Na, wie geht's?« fragte sie.

»Alles klar.«

»Was ist los mit dir?«

Sie kannte mich zu gut.

Zunächst konnte ich nicht sprechen. Ich wollte es ihr auf die richtige Art sagen, aber als ich jetzt mit ihr zusammen war, merkte ich, daß es gar keine richtige Art gab. Ich mußte direkt sein. »Ich habe ein Problem«, sagte ich. »Beim Test ist herausgekommen, daß ich HIV-positiv bin. Ich habe AIDS.«

Bis zum Zeitpunkt der offiziellen Bekanntgabe erzählten Lon und ich allen Leuten, ich hätte AIDS. Das war natürlich falsch, aber wir hatten den Unterschied zwischen HIV und AIDS noch nicht auf die Reihe gebracht.

Cookie begann zu weinen. Sie dachte, ich würde bald sterben. Wir sprachen darüber und über eine Menge anderer Sachen. Sie fragte nicht, wie ich das Virus bekommen hatte. Das war unwichtig. Es war Vergangenheit, und durch nichts konnten wir sie verändern. Sie dachte nur an die Zukunft – an meine, an ihre und an die des Babys.

Ich begann ihr zu erklären, daß ich es sehr gut verstehen würde, wenn sie mich verlassen wollte. *Wumm!* Bevor ich ganz ausgesprochen hatte, schlug sie mir hart ins Gesicht. Meine Mutter und meine Großmutter haben mir immer wieder gesagt, daß schwarze Frauen stark sind, und in dieser Nacht begriff ich, was sie damit meinten. Cookie war wirklich sauer. Sie konnte nicht verstehen, wie ich so etwas auch nur denken konnte. Aber ich fühlte mich schrecklich. Vierzehn Jahre lang hatte ich sie herumgestoßen. Und jetzt kam das.

Ich möchte sie selbst auch von diesem Tag berichten lassen:

Er war am Morgen nach Utah geflogen. Dann aber, um sieben am Abend, rief er mich von Lons Auto aus an und sagte mir, daß er zurück sei. Ich wußte, daß er erschöpft war und daß er die Reise am liebsten gar nicht gemacht hätte. Er war nicht krank, aber er war auch nicht gesund. Wir hatten beide noch unter dem Jet-lag von dem Paris-Flug zu leiden. Es war eine wundervolle Reise, und die Begeisterung der Franzosen für die Lakers war unglaublich. Überall wo wir waren, umringten sie Earvin und riefen *Magique! Magique!* Aber es war auch alles sehr anstrengend. Und sobald wir zurück waren, mußten die Jungs wieder spielen.
Als wir ins Haus gingen, hatte er diesen ganz besonderen Blick. Mein erster Gedanke war, daß jemand gestorben war. Dann aber, o Gott, dachte ich, daß etwas nicht mit ihm stimmte.
»Ist es schlimm?«
»Ja.«
O nein. Ich hatte gerade erst erfahren, daß ich schwanger war. Ich dachte es mir schon in Paris, und der Test zu Hause hat es dann bestätigt. Ich war sofort zum Arzt gegangen, als wir zurückkamen. Das war am Montag und erst vier Tage her. Ich war im Fernsehzimmer, als er es mir sagte. Er holte tief Luft und sagte es dann einfach. Ich hatte Angst und weinte lange. Meine Gedanken kreisten nur um das Baby. Würden wir es verlieren?
Ich konnte es nicht glauben. Es war schon schwierig genug für uns, überhaupt zu heiraten. Schließlich hatten wir die Probleme überwunden, und alles schien einfacher zu werden. Earvin hatte gemerkt, daß die Ehe nicht das war, was er befürchtet hatte. Verheiratet zu sein war völlig unproblematisch, genau wie ich es ihm immer gesagt hatte. Das hatte mir deutlich gemacht, daß die Angst das eigentliche Problem war – genau wie er es mir immer gesagt hatte. Sobald wir nämlich verheiratet waren, war es vorbei.
Earvin meinte, daß er es verstehen könnte, wenn ich ihn verlassen würde. Ich konnte nicht glauben, was ich hörte, und gab ihm eine Ohrfeige. »Bist du verrückt geworden?« sagte ich. »Was glaubst du

wohl, warum ich dich geheiratet habe? *Ich habe dich geheiratet, weil ich dich liebe.*«

Zuerst überlegte ich, wie wir die Sache bekämpfen könnten. Wir mußten auf unseren Glauben vertrauen und dann herausfinden, *wie* wir dagegen kämpfen konnten. Gott spielt in meinem Leben eine bedeutende Rolle. Ich glaube daran, daß er Wunder vollbringen kann. Ich glaube, daß Gott ihn heilen wird.

Natürlich dachte ich daran, daß er sterben könnte, aber ich machte mir keine Sorgen darüber. Ich vertraute nur auf meinen Glauben und schob alle anderen Gedanken beiseite.

Überall, wo wir auftauchen, kommen Leute auf uns zu und sagen: »Wir lieben dich, wir beten für dich.« Im ersten Moment, als Earvin mir sagte, daß er die Sache publik machen wollte, hatte ich schreckliche Angst. Mein Gott, man wird uns hassen, dachte ich, man wird uns nicht mal in ein Restaurant lassen. *Wir* können damit fertigwerden, unsere Liebe ist stark genug. Aber wenn es die ganze Welt weiß, was werden die Leute mit uns machen? Ich hatte solche Angst.

Ich wurde nicht wütend. Wie hätte ich ihm die Schuld geben können? Es war doch nicht beabsichtigt. Es passierte einfach. Das Leben geht weiter, und ich fühle mich okay. Normalerweise denke ich gar nicht daran, bis ich einen Beitrag im Fernsehen oder ein Interview mit ihm sehe. Es ist das einzige, wonach er gefragt wird, in allen Interviews. Niemand will etwas anderes von ihm wissen. Nur dieses: Wann haben Sie es erfahren? Wie war es, als Sie es erfuhren?

Ich weiß nicht, was noch kommen wird. Nie hätte ich mir vorstellen können, daß eine so große Sache daraus würde.

Samstag, 26. Oktober

Am nächsten Morgen habe ich zuallererst Lon angerufen. »Ich hoffe, du hast was zu essen da«, sagte ich, »weil Cookie und ich nämlich jetzt gleich zum Frühstück kommen.«

Lon und Laurie Rosen wohnen ungefähr zwanzig Minuten von uns entfernt. Lon und ich waren schon Freunde, bevor wir zusammen Geschäfte machten. Wir begegneten uns zum erstenmal während meines ersten Jahres bei den Lakers. Er war damals Assistent in der PR-Abteilung der Lakers. Zu seinen Aufgaben gehörten die Organisation von Presse-Interviews und der Kontakt zu den Medien, deshalb lernten wir uns ziemlich schnell kennen. Wir sind gleich alt, und Lon ist eine echter Sportfan. Unsere beiden Schulen, Michigan State und USC, waren große Football-Konkurrenten, das gab uns genug Stoff für Diskussionen.

Lon arbeitete schon als College-Student für die Lakers, die sein Talent sehr früh entdeckten. Noch bevor er überhaupt seinen Abschluß gemacht hatte, wurde er schon Pressereferent für das Forum. Im Laufe der Jahre begannen wir zusammen erste Geschäfte anzubahnen, das heißt, Werbeverträge, Firmenengagements und ähnliches. Als ich mich 1986 entschied, meinen Agenten zu wechseln, fragte ich Lon, ob er das übernehmen wollte. Als die Saison zu Ende war, beendete er seinen Job und begann, für mich zu arbeiten.

An diesem Morgen, als Cookie und ich in ihr Haus kamen, fingen wir alle vier an zu weinen. Nach dem Frühstück machten Lon und ich einen langen Spaziergang zum Strand. Es nieselte, und alles lag verlassen da. Wir liefen den ganzen Morgen und sprachen über alles mögliche – meine Karriere, meine Familie und einige Geschäfte, die wir zusammen gemacht hatten. Damals hatte alle Welt gedacht, ich sei verrückt geworden, mich mit einem so jungen Agenten ohne Erfahrung zusammenzutun. Aber wir hatten es ihnen gezeigt. Wir hatten zusammen eine Menge auf die Beine gestellt – Basketballcamps, eine T-Shirt-Firma und all die Werbeverträge. Wir sprachen einmal mehr über meinen Traum, ein eigenes Basketballteam zu kaufen und über die Möglichkeit, für NBC zu arbeiten.

Und wir sprachen über das Baby, das im Juni kommen sollte. Dort am Strand sagte ich Lon, wie sehr ich mir wünschte, daß unsere beiden Kinder zusammen aufwachsen würden. Lon und Laurie hatten schon seit Jahren ein Baby gewollt, und im September war schließlich ihr Sohn Brian geboren worden. Der Zeitpunkt war vielleicht nicht gerade optimal, denn Brian hatte sich entschlossen, drei Wochen zu früh auf die Welt zu kommen, genau einen Tag, bevor Cookie und ich in Michigan heirateten. Ich rief sie von Lansing aus an, ungefähr zwanzig Sekunden, nachdem Lauries Fruchtblase geplatzt war. »Ich kann jetzt nicht reden«, hatte Lon gesagt. »Wir fahren gerade ins Krankenhaus.« Am Tag nach unserer Trauung waren wir nach Los Angeles zurückgeflogen, und als allererstes hatten wir uns den kleinen Jungen angesehen.

Sonntag, 27. Oktober

Früh am Morgen fuhren Cookie und ich in Mickeys Praxis, um uns Blut abnehmen zu lassen. Sonntagmorgen ist eine eigenartige Zeit für einen Besuch beim Arzt, aber Mickey wollte, daß wir kamen, wenn niemand sonst da war – keine anderen Patienten, keine Schwestern oder Assistenten. Die ganze Sache war streng geheim. Mickey brachte die Blutproben sofort zum Flughafen und schickte sie zu Dr. Ho nach New York. Er sagte uns, daß es mindestens eine Woche dauern würde, bis wir die vollständigen Ergebnisse der komplizierten Tests erwarten könnten. Aber er glaubte, daß wir einige Vorabinformationen schon nach wenigen Tagen erhalten würden.

Am Nachmittag fragte ich Lon, ob wir uns im L. A. Sports Club treffen könnten. Wir kamen ungefähr um sechs in die Sporthalle, und ich begann, auf dem Feld hin und her zu rennen und zu werfen. Welche Erleichterung! Sobald ich das Spielfeld betrat, verwandelte ich mich wieder in Magic. Ich konnte das machen, was ich am besten kann. Das ganze Gewicht und der Druck dieser fürchterlichen Angelegenheit wichen von meinen Schultern. Wenigstens für einen kurzen Moment.

Ich war in Hochform an diesem Abend und traf alles. Nachdem ich ungefähr eine Stunde phantastisch geschossen hatte, sagte ich zu Lon: »Ich bin für dieses Spiel geboren.«

Montag, 28. Oktober

Ich hielt es nicht mehr aus, ohne Grund zu Hause herumzusitzen. Aber wir konnten auch nichts bekanntgeben, bevor nicht alle Fakten auf dem Tisch lagen. Nachdem ich einige Freundschaftsspiele verpaßt hatte, gab Lon eine Presseerklärung heraus: Ich hätte gerade ein Grippe überwunden, würde aber noch unter dem Flüssigkeitsverlust leiden, und die Lakers legten Wert darauf, daß ich erst langsam wieder anfangen sollte. Das war das erstemal, daß Lon die Presse in einer Sache, die mich betraf, belog. Das war kein gutes Gefühl. Später würde er sich bei den Journalisten entschuldigen.

Lon und ich gingen an diesem Abend wieder in die Sporthalle. Ich arbeitete im Kraftraum, daran schloß sich eine Stunde Schußtraining in der Halle und Linienlaufen auf dem Spielfeld an. HIV hin oder her, ich wollte unbedingt mein Comeback. Und ich wollte sichergehen, daß mich diese kurze Unterbrechung nicht aus dem Tritt bringen würde.

Mittwoch, 30. Oktober

Zu diesem Zeitpunkt wußte nur eine Handvoll Leute, was los war: Lon und Laurie, Cookie und ich, Mickey, meine Eltern und die beiden Jerrys – Jerry Buss und Jerry West. Wir hatten Angst, daß die Geschichte nach außen dringen würde, bevor wir darauf vorbereitet waren. An diesem Abend bekamen wir einen Riesenschreck, als ein Arzt, der Lon kannte, in der Halle auf uns zukam. »Das sieht nicht gut aus«, brummte Lon. »Der hat dich jetzt schon zwei Abende beobachtet. Vielleicht hat er was herausgefunden.«

»Weißt du«, sagte der Arzt zu Lon, »ich schaue mir Magic die ganze Zeit an, und er sieht mir ziemlich gesund aus. Das muß ja eine teuflische Grippe sein, wenn die so lange dauert.«

»Eigentlich ist sie vorbei«, sagte Lon. »Sie bestehen nur darauf, daß er langsam wieder anfängt.«

Das schien zu wirken. »Gut so«, sagte er. »Ich bin froh, daß die Lakers ihn so vernünftig behandeln. Einem Rückfall sollte man ja schließlich vorbeugen.«

Oder einer undichten Stelle.

Donnerstag, 31. Oktober
Mickey rief am Morgen an und sagte, daß Cookie und ich in seine Praxis kommen sollten. Die vorläufigen Ergebnisse waren eingetroffen. Die schlechte Nachricht war, daß die Blutuntersuchung durch die Versicherung genau gewesen war. Das Labor von Dr. Ho bestätigte, daß ich HIV-positiv war.

Aber die gute Nachricht – was sage ich, die phantastische Nachricht – war, daß bei Cookie alles in Ordnung war. Ich war so glücklich, so erleichtert!

»Und das Baby?«

»Auch in Ordnung. Solange bei der Mutter nichts nachgewiesen wird, ist auch das Kind gesund. Aber wir werden bei Cookie einen weiteren Test in einigen Monaten machen müssen.«

»Warum?«

»Es kann eine Zeitlang dauern, bis das Virus im Test nachweisbar ist. Durch einen zweiten Test werden wir ganz sichergehen, daß alles in Ordnung ist.«

Mickey sagte uns, daß Dr. Ho am nächsten Mittwoch kommen würde. Wir würden uns dann treffen, um die genauen Ergebnisse durchzusprechen.

Freitag, 1. November
Die Lakers haben in Houston gespielt. Es war das erstemal, daß ich das Eröffnungsspiel der Saison verpaßt habe. Als offizielle Begründung für mein Fehlen wurden immer noch die Nachwirkungen meiner Grippe angegeben.

Cookie und ich haben das Spiel zusammen mit Lon und Laurie bei ihnen zu Hause im Fernsehen angeschaut. Wahrscheinlich habe ich sie mit meinem Geschrei etwas erstaunt, aber es war schwer für mich, nicht dabeizusein. Ich konnte meinen Mannschaftskameraden nicht helfen, obwohl ich es sosehr wollte. Die Rockets schlugen uns 126:121. Sedale Threatt spielte in der »Ersten Fünf« auf meiner Position, und James erzielte siebenunddreißig Punkte.

Sonntag, 3. November

Zwei Journalisten, die mit der Mannschaft in Texas waren, haben bei Lon angerufen. »Was ist los mit Earvin? Wie kommt es, daß er so lange die Grippe hat? Was geht hier wirklich vor?« Einige Tage vorher hatten sie mich beim Training beobachtet. Ich hatte einen gesunden Eindruck gemacht. Und normalerweise dauerte eine Grippe nicht so lange. Lon entschloß sich zu einer anderen Erklärung. Er sagte, ich sei beim Arzt gewesen, der »leichtes, kontrolliertes Training« erlaubt habe. Nach wie vor wollten wir Zeit gewinnen bis zur endgültigen Verlautbarung. Aber erst am Mittwoch würden wir mehr wissen.

Dienstag, 5. November

Am Morgen des ersten Heimspiels der Lakers habe ich beim Treffen in der Halle ein Fernsehinterview gegeben. Mittendrin kam mein Freund Ron Harper von den Clippers von hinten und sagte: »Hallo, Earvin, wann machst du wieder mit?«

»Wird nicht mehr lange dauern«, sagte ich und hoffte, daß es stimmte.

Ich saß auf der Bank, als die Clippers uns mit 114:109 schlugen. Die Clippers! Das war noch schlimmer, als es im Fernsehen anzuschauen. Das einzig Gute war, daß Sedale Threatt 25 Punkte machte.

Mittwoch, 6. November

Endlich habe ich mich mit Dr. Ho getroffen. Er kam mit Mickey zusammen zu uns nach Hause. »Sie haben das Virus«, erklärte er mir. »Aber bis jetzt ist Ihr Immunsystem noch nicht sehr stark angegriffen. Außerdem haben Sie auch noch keine anderen Krankheiten, die mit AIDS zusammenhängen. Trotzdem empfehle ich dringend, in dieser Saison kein Basketball zu spielen. Ich selbst bin ein großer Lakers-Fan, deshalb fällt es mir schwer, das zu sagen. Aber es gibt zu viel, was wir noch nicht wissen. Davon abgesehen haben wir es meines Wissens hier zum erstenmal damit zu tun, daß ein Profisportler das Virus hat. Deshalb ist es auch eine Frage der persönlichen Einschätzung. Und meine Einschätzung ist, daß Sie nicht spielen sollten. Wir wissen noch nicht, wie gut Ihr Körper das AZT annimmt. Einige Patienten haben Nebenwirkungen bei AZT wie Kopfschmerzen, Durchfall, Übelkeit und Anämie. Außerdem könnten die Spiele eine Menge Streß für Ihr Immunsystem bedeuten, und das würde Ihr Leben verkürzen.«

»Wir scheinen es früh festgestellt zu haben«, sagte Mickey. »Aber ich stimme David zu, du solltest aussetzen.«

Ich hätte sicher genug Kraft gehabt zu spielen. Aber die Saison ist lang, wenn man alles zusammenzählt: erst das Trainingslager, dann die vielen

Vorbereitungsspiele, der Spielplan mit den zweiundachtzig regulären Begegnungen, dann die Playoff-Spiele. Aber in diesem Jahr sollte es für einige von uns sogar noch mehr werden, weil die Vorbereitung für die Olympischen Spiele schon Ende Juni beginnen sollte. Ich war bereit, auf die Saison zu verzichten, wenn es notwendig war, aber ich wollte nach wie vor in der Olympiamannschaft spielen.

»Wenn es nicht um dich ginge«, sagte Mickey, »würde ich sagen, mach weiter und spiel. Aber ich kenne dich. Für dich gibt es nur Volldampf voraus. Du bist mit so viel Engagement bei der Sache und hast einen so unbedingten Willen zu siegen, daß ich mir nicht vorstellen kann, daß du dich zurückhalten wirst. Für dich gibt es nur alles oder nichts. Und wenn du auf diese Weise jeden Abend spielst und dazu kommt noch der Streß des Reisens und der wenige Schlaf, dann kann das nicht gutgehen.«

Nach ungefähr einer Stunde kam Laurie Rosen. Sie holte Cookie zur Achtwochenuntersuchung beim Frauenarzt ab. An diesem Tag stand die Ultraschalluntersuchung auf dem Programm. Ich wollte sie eigentlich selbst hinbringen, um mit dabeizusein, aber unsere Unterredung sah nach einer längeren Sache aus, und ich mußte bleiben.

Lon und ich sprachen noch mit den Ärzten, als Cookie und Laurie zurückkamen. Cookie rief mich heraus, um mir Bilder vom Ultraschall zu zeigen. Wie unglaublich, die ersten Aufnahmen des eigenen Babys zu sehen! Und wie verrückt, so etwas mitten in einer Diskussion über den Kampf gegen HIV und AIDS anzuschauen.

Jetzt lagen also die Ergebnisse vor, und wir wollten die Verlautbarung so früh wie möglich herausgeben. Der Mittwoch war schon vorbei. Den Donnerstag wollten wir nutzen, alles vorzubereiten und uns über HIV möglichst kundig zu machen. Die Pressekonferenz sollte am Freitagmorgen im Forum stattfinden.

Während der Woche hatte Lon viele Leute getroffen, um mit ihnen über die bevorstehende öffentliche Erklärung zu sprechen. Eine Schlüsselrolle in unserem Plan sollte Michael Ovitz einnehmen. Er ist der Kopf der Creative Artists Agency und vertritt einige der berühmtesten Leute Hollywoods. Einige Jahre zuvor war ich sein Klient geworden – das einzige Mal, daß er einen Profisportler vertrat. Er war derjenige, der mir in Geschäftsdingen wirklich etwas beigebracht hat. Jetzt sollte er mir auf besondere Weise helfen.

Ovitz riet mir, ich sollte ganz ich selbst sein: geradeheraus, offen, bestimmt, wobei ich so wenige Fragen wie möglich beantworten sollte. Im Grunde sollte der Hauptpunkt der öffentlichen Verlautbarung die Aufklärung der Leute über HIV und AIDS sein. Aber ich war kein Arzt, und wenn es um die Hintergründe der Gesamtsituation ging, war ich ein ziemlicher Laie. Deshalb würde Mickey alle Fragen zu meiner Gesundheit beantworten, und ein AIDS-Experte von der UCLA würde zur Verfügung stehen, um auf alle Fragen zu HIV und AIDS einzugehen.

An diesem Abend traf sich Lon mit den Lakers-Pressesprechern Jerry West und Bob Steiner bei sich zu Hause. Lon sagte ihnen, daß ich meinen Rücktritt am Freitag morgen bekanntgeben würde. Sie stellten nur eine Frage: »Wie können wir helfen?«

In der Zwischenzeit rief Jerry Buss den NBA-Vorsitzenden David Stern an. David ist ein guter Freund, und er mußte unbedingt von meinem bevorstehenden Rücktritt erfahren. Er war gerade auf dem Weg nach Utah, aber sobald er von der Pressekonferenz am Freitag erfuhr, kündigte er sein Kommen an.

Später am Abend fuhr Lon zu Coach Dunleavy nach Hause. Dunleavy hatte mitbekommen, daß irgend etwas entsetzlich schieflief. Als Lon ihm die ganze Wahrheit sagte, war er völlig niedergeschlagen. Obwohl seine Karriere auch vom Erfolg der Lakers abhing, schien meine Gesundheit das einzige zu sein, für das er sich interessierte.

Donnerstag, 7. November

Das sollte unser Vorbereitungstag für die Pressekonferenz sein, aber es kam anders. Am Morgen um halb zehn bekam Lon einen Anruf von einem Journalisten von KFWB, einem Nachrichtensender in Los Angeles. »Wir haben da so eine Gechichte gehört, daß Magic morgen zurücktreten wird, weil er AIDS hat. Stimmt das?«

»Das ist lächerlich«, sagte Lon. Dann rief er mich an. »Die Leute fangen jetzt schon an, etwas mitzubekommen«, sagte er. »Wir müssen es heute bekanntgeben.«

»Ich bin bereit«, antwortete ich. »Du mußt mir nur sagen, wann ich da sein soll.«

Lon rief bei den Lakers an. Sie gaben um elf eine Mitteilung heraus, daß Magic Johnson um drei Uhr im Forum eine Pressekonferenz geben würde. Sie sagten nichts über den Anlaß.

In nur wenigen Stunden würde es alle Welt wissen.

Es war nie eine Frage, daß ich es öffentlich machen würde. Ich bezweifle, ob ich es hätte geheimhalten können. Davon abgesehen habe ich nie gelogen, und ich wollte jetzt nicht damit anfangen.

Es gab noch einen anderen Grund, warum ich es bekanntgeben wollte. Ungeachtet aller Warnungen gibt es viele Menschen, die genauso leben, wie ich es getan hatte, ganz besonders unter den Sportlern und Künstlern. Viele davon sind schwarz: Weite Teile der Schwarzen leugnen immer noch die Existenz von AIDS. Die Sache war geschehen, und ich konnte nicht mehr allzuviel dagegen tun. Aber ich konnte ungeheuer viel für andere Menschen leisten. Indem ich an die Öffentlichkeit ging, hatte ich die Chance, Leben zu retten.

Plötzlich kamen mir lauter Menschen in den Sinn, die benachrichtigt werden mußten, und zwar schnell. Meine Eltern wußten es natürlich schon. Aber ich wollte derjenige sein, der es Andre sagte. Er war jetzt zehn und lebte immer noch bei seiner Mutter in Lansing. Ich rief meinen Vater an und bat ihn, Andre aus der Schule zu holen und ihm zu erklären, was los war. Später würde ich selbst mit ihm reden. Es war kein schöner Gedanke, daß sein Großvater in der Klasse auftauchen sollte, um ihn zu holen, aber ich wollte nicht, daß der Junge überrascht würde. Das würde ohnehin schwer genug für ihn werden.

Lon und ich erstellten am Telefon eine Liste von Leuten, die im voraus unterrichtet werden mußten. Ich wollte das bei einigen Verwandten und persönlichen Freunden selbst übernehmen, Lon bei meinen Freunden in der NBA. Kurz vor der Pressekonferenz wollte ich dann meine Mannschaftskameraden im Forum treffen, um es ihnen zu sagen.

Wichtig war, daß Lon die NBA-Spieler erreichen mußte. Denn eines war klar: Sobald ich meinen Rücktritt verkündet haben würde, würden die Presseleute die Spieler aufspüren und um Kommentare bitten. Und ich wollte nicht, daß jemand unvorbereitet erwischt würde.

Noch während der Anrufe begann ich über die Pressekonferenz nachzudenken. Was würde ich anziehen? Was würde ich sagen? Aber ich kam nicht allzuweit. Denn schon bald mußten Cookie und ich zum Forum aufbrechen.

Es war wirklich nicht einfach, aber Lon hatte jeden auf seiner Liste erreicht, bis auf Michael Cooper. Coop erfuhr es dann von Jerry West.

Lon hatte versucht, Michael Jordan zu Hause zu erwischen. Er war jedoch beim Training. Als Lon dort anrief, sagte ein Pressesprecher, daß Michael mit der Mannschaft trainieren würde und nicht gestört werden dürfte.

»Es ist ein Notfall«, sagte Lon.

»Ich kann ihm höchstens eine Nachricht zukommen lassen, aber ich kann nicht versprechen, daß er Sie zurückruft.«

Michael meldete sich nach einer Stunde. »Earvin wird sich heute aus der NBA zurückziehen«, sagte Lon. »Er hat AIDS.«

Michael begann zu weinen. »Nein, das kann nicht sein! Kann ich irgend etwas tun?« fragte er. »Braucht er was? Ich bin immer für ihn da.«

Pat Riley war im Manhattan Hotel, wo die New York Knicks sich immer vor ihren Spielen aufhielten. Seine Leitung war besetzt, und Lon hinterließ eine Nachricht. Fünf Minuten später rief Pat zurück. Nachdem er die Neuigkeit gehört hatte, war er außerstande zu sprechen. Er hing auf und meldete sich eine Minute später wieder. »Wie geht es Earvin? Und Cookie? Seid ihr auch wirklich ganz sicher?«

Niemand wollte es glauben.

»Wir sind sicher. Wir werden es heute nachmittag bekanntgeben.«

»Dann komme ich mit dem nächsten Flug«, sagte er zu Lon.

»Tu's nicht«, sagte Lon. »Du würdest sowieso nicht rechtzeitig hier sein. Es geht Earvin darum, daß alle mit ihrem normalen Leben fortfahren. Das beste, was du tun kannst, ist, einfach weiterzumachen. Außerdem habt ihr ein Spiel heute abend, stimmt's?«

An diesem Abend spielten die Knicks gegen Orlando Magic. Bevor das Spiel begann, rief Pat Riley beide Mannschaften für einen kurzen Moment des Gebets zu einem großen Kreis zusammen. Dann bat er die Zuschauer, sich zu erheben. »Wir alle haben heute eine sehr schlechte Nachricht erhalten«, sagte er. »Betet in eurer eigenen Sprache, in eurem eigenen Glauben, auf eure eigene Weise für Earvin und eine Million Menschen, die unter dieser heimtückischen Krankheit leiden. Sie brauchen unsere Unterstützung.« Er sprach das Vaterunser und sagte dann mit leiser Stimme: »Auf geht's! Laßt uns mit dem Spiel beginnen.«

Ich sah es im Fernseher. Pat ist ein großer Mensch und ein wahrer Freund.

Isiah Thomas war nicht zu Hause. Lon hinterließ eine Nachricht bei seiner Sekretärin. Isiah rief von seinem Auto aus zurück. »Nein, das ist nicht wahr«, sagte er, als Lon es ihm erzählte. »Ich kann jetzt nicht sprechen. Ich werde von der Straße runterfahren und gleich zurückrufen.«

Er fuhr an eine Tankstelle und rief Lon von einer Telefonzelle aus an. Er war fassungslos. »Ich kann das nicht glauben. Sag mir, daß es nicht wahr ist.«

Larry Bird wollte gerade sein Haus in Boston verlassen, als Lon ihn erreichte. Seine erste Reaktion: »O Gott! Das kann nicht sein!«

Sie wollten alle wissen, ob sie mich anrufen könnten, und alle haben es auch getan.

Von denen, die Lon zu erreichen versucht hatte, war Arsenio Hall am schwersten zu finden. Als Lon ihn schließlich aufgespürt hatte, schien Arsenio die Sache sehr zu Herzen zu gehen. »Ich werde die Talkshow für heute abend absagen«, meinte er.

»Das wirst du nicht«, sagte Lon, »Earvin würde es dir nicht verzeihen. Er will, daß du so wie bisher weitermachst. Nur so kannst du ihm helfen. Außerdem will er morgen abend zu dir kommen.«

»Machst du Witze? Ich weiß ja noch nicht mal, was aus dem heutigen Abend wird.«

Später rief Arsenio aus dem Gemeindebüro an. »Ich habe mit meinem Pfarrer darüber gesprochen«, sagte er. »Ich möchte Earvin gegenüber nur nicht respektlos sein.«

Lon rief auch Kareem an. »Sag mir, wie ich helfen kann«, sagte er. »Ich werde im Forum sein, um ihn zu unterstützen.« Wenige Stunden später saß Kareem bei der Pressekonferenz neben mir. Ein wirklicher Freund.

Nachdem Lon mit Kurt Rambis in Phoenix gesprochen hatte, sah Kurt kurz beim Training vorbei. »Ich muß gehen«, sagte er zu seinem Coach Cotton Fitzsimmons. »Ich kann dir nicht sagen, warum. Dieses eine Mal mußt du mir vertrauen.« Kurt und Linda saßen im nächsten Flugzeug nach Los Angeles. Zur Pressekonferenz waren sie pünktlich im Forum.

In der Zwischenzeit trainierten die Lakers wie gewöhnlich in Loyola. Sie wußten noch nichts. Am Ende des Trainings rief Coach Dunleavy die ganze Mannschaft zusammen. »Ich will, daß ihr um ein Uhr alle im Forum erscheint, ausnahmslos. Wenn ihr etwas anderes vorhabt, sagt es ab.«

Um halb zwei, eineinhalb Stunden, bevor die Pressekonferenz beginnen sollte, ging ich in den Umkleideraum zu meinen Mannschaftskameraden, um es ihnen mitzuteilen. Bis zu diesem Zeitpunkt hatte ich nicht geweint, nicht, als ich es erfuhr, und auch nicht, als ich es Cookie gesagt hatte. Aber als ich meine Mannschaftskameraden unterrichtete, was los war, waren sie in Tränen aufgelöst. Und während sie mich umarmten, einer nach dem anderen, spürte ich, wie ihre Kraft durch meinen Körper ging. Und ich weinte mit ihnen.

Die Pressekonferenz fand im hinteren Teil des Forum Clubs statt. Auf dem Weg dorthin zog mich Lon in einen kleinen Raum.

»Bist du okay?«

»Alles in Ordnung.«

»Du weißt, was du sagen wirst?«

»Ja, das weiß ich.«

»Aber sag nicht, daß du AIDS hast.«

»Was?«

»Ich habe gerade noch mal mit den Ärzten gesprochen. Denk immer daran, daß du nicht AIDS hast. Du bist HIV-positiv.«

»Okay, HIV. Also, ich glaube, ich schaffe die Pressekonferenz. Aber wenn nicht, möchte ich, daß du die Sache übernimmst.«

Wir wußten beide, daß es nicht dazu kommen würde.

Meine letzte Pressekonferenz in diesem Raum war 1990 gewesen, als ich zum drittenmal zum besten Spieler der Saison gewählt worden war. Damals waren einige Personen da, die auch jetzt wieder dort saßen: David Stern, Jerry West, Jerry Buss. Und es gab dieselben Aufbauten wie damals: dasselbe Podium, dasselbe Mikrofon, denselben blauen Hintergrundvorhang.

Aber jetzt waren mehr Journalisten und Kameraleute in dem Raum versammelt, als ich je gesehen hatte. Es kamen so viele, daß gar nicht alle Platz fanden – sie mußten sich das Ganze auf einem Bildschirm im Nachbarraum anschauen. In der Zwischenzeit hatten sich Hunderte von Laker-Fans vor dem Forum versammelt.

Mittlerweile hatte die Neuigkeit die Runde gemacht. Auf meinem Weg zum Forum hatte ich das Radio angestellt und es selbst gehört: »Nach bisher unbestätigten Informationen hat Magic Johnson AIDS und wird vom Basketballsport zurücktreten. Die Lakers haben eine Pressekonferenz für den heutigen Nachmittag um drei Uhr einberufen, auf der Johnson eine Erklärung abgeben soll.«

Als unsere kleine Gruppe den Raum betrat, trat blitzartig Schweigen ein. Ich kam als erster, gefolgt von Cookie, Jerry West, Kareem, Mickey und Lon. Das einzige Geräusch, das man hören konnte, war das Klicken der Automatik-Kameras, die wie kleine Maschinengewehre klangen. Einige der Journalisten waren live auf Sendung. Ihr Flüstern klang wie bei der Übertragung eines Golfturniers.

Ich ging direkt zum Podium und begann zu sprechen: »Guten Tag. Wegen des HIV-Virus, mit dem ich infiziert bin, werde ich heute meinen Abschied aus der Mannschaft der Lakers nehmen müssen. Ich möchte zunächst klarstellen, daß ich kein AIDS habe. Ich weiß, daß viele von Ihnen das wissen wollen. Ich habe HIV. Meine Frau ist gesund, ihr Test hatte ein negatives Ergebnis, für sie ergeben sich also keine Probleme.

Ich habe vor, noch lange zu leben und euch weiter auf die Nerven zu gehen. Ich werde euch also erhalten bleiben. Ich habe vor, bei den Lakers und in der Liga zu bleiben und mein normales Leben weiterzuführen. Ich glaube, ich werde nun einige Seiten des Lebens genießen können, auf die ich bis jetzt wegen der langen Saison und des Trainings verzichten mußte. Mir wird das Spielen fehlen.

Ich werde ein Sprecher für alle Belange werden, die mit HIV zusammenhängen. Ich will, daß die Menschen, besonders auch die jungen Menschen, einsehen, daß sie Safe Sex praktizieren können. Oft ist man so naiv zu denken, daß es einem selbst nicht passieren kann. Man denkt, das könnte nur den anderen passieren. *Mir* ist es passiert. Aber ich werde lernen, damit umzugehen. Das Leben geht für mich weiter, und ich werde ein glücklicher Mann sein...

Oft glauben wir, daß sich nur Homosexuelle anstecken können oder daß es einem selbst nicht passieren kann. Hier stehe ich und sage, es kann *jedem* passieren.

Auch mir, Magic Johnson.«

ACHTZEHNTES KAPITEL

Mein neuer Beruf

Auf eine Weise, wie ich es mir nie hätte vorstellen können, wurde die Saison 91/92 die produktivste, die ich je hatte. Aber anstatt Basketball zu spielen, agierte ich nun auf einer neuen Position in einem ganz anderen Spiel. Statt Point Guard war ich jetzt ein aktiver Streiter, ganz besonders in Sachen Aufklärung. Und statt ein erfahrener Kämpfer zu sein, mußte ich bei allem wieder als Grünschnabel beginnen.

Es gab noch einen weiteren Unterschied. Bis jetzt hatte ich immer in eigener Sache gearbeitet. Nach meinem Rücktritt fing ich an, für das Programm Gottes zu arbeiten. Ich glaube, er hat eine Mission für mich vorgesehen: der Gesellschaft bei der Bewußtwerdung und dem einzelnen bei der Vorsorge zu helfen. Ich will genug Geld aufbringen, um Menschen, die bereits HIV-positiv sind oder AIDS haben, zu helfen und alle anderen davor zu bewahren, es zu bekommen.

Wenn irgend jemand meint, es wäre für mich damit getan, nur so zu tun, als sei ich ein Anti-AIDS-Kämpfer, dann war er bei meiner ersten Saison ohne Basketball einfach nicht dabei, als ich den Menschen mit der Krankheit zugehört habe. Wohin ich auch kam, erzählten mir die Leute, daß sie das Virus oder AIDS hätten, oder ihr Bruder oder ihr Kind oder ihr Partner. Das Problem ist allgegenwärtig, und es ist eine wirkliche Bedrohung unseres Landes.

Das war auch der Grund, warum Cookie und ich nach meiner Erklärung bei der Pressekonferenz durch eine Hintertür aus dem Forum verschwanden. Das war Teil unseres Plans, die Aufmerksamkeit von mir persönlich auf eine sehr viel wichtigere Sache zu lenken: auf HIV und AIDS.

An diesem Abend hatten Cookie und ich ein paar enge Freunde zu einem Barbecue-Essen eingeladen. Ich war so glücklich wie schon seit Tagen nicht mehr. Eine enorme Last war mir gerade von den Schultern genommen worden. In den letzten neun Tagen, seit ich aus Utah zurückgerufen worden war und die schlimme Nachricht erfahren hatte, lebte ich mit der Unwahrheit. Vielleicht war es notwendig, aber es war nicht mein Stil. Ich konnte mit HIV leben, aber ich konnte nicht damit leben, mir selbst fremd geworden zu sein. Das machte mich nervös und rastlos. Jetzt, wo die Nachricht draußen war, wurde ich wieder ich selbst, ich lachte, scherzte und genoß das Leben.

Wenn ein Unbeteiligter an diesem Abend bei uns zu Hause gewesen wäre, er wäre niemals darauf gekommen, daß Cookie und ich gerade der Teil einer gigantischen Sensationsmeldung geworden waren. Er hätte nichts gesehen außer ein paar Freunden, die es sich zusammen gutgehen ließen. Ich fühlte mich großartig.

Lon kam spät, weil er im Forum geblieben war, um Fragen zu beantworten. Sobald er erschien, gingen wir beide nach oben und redeten fast eine Stunde miteinander. Wir mußten über so viel sprechen: über alles, was heute passiert war, genauso wie über unsere Pläne für die nächsten Tage.

Ich wollte in dieser Zeit alles tun, um mein Leben in den gewohnten Bahnen weiterlaufen zu lassen. Am Samstag flogen Cookie und ich zusammen mit einigen Freunden für eine Woche nach Hawaii. Ich war froh, ausspannen zu können, aber ich sprach immer noch einige Male am Tag mit Lon.

An jenem ersten Abend begannen wir langsam zu begreifen, welche Ausmaße die Geschichte angenommen hatte. Bis ich vom Forum nach Hause gekommen war, hatte ich mir nicht mal klargemacht, daß die Pressekonferenz live im ganzen Land übertragen worden war. Und durch den Sender CNN konnte sie überall auf der Erde gesehen und gehört werden. Es dauerte nicht lange, bis die ersten Anrufe von Freunden aus Italien und Spanien kamen.

Ich hatte mir nichts dergleichen vorgestellt. Als Star in der NBA war ich es gewohnt, vor großem Publikum zu agieren. Aber das hier war hundertmal größer. Es sprengte den Rahmen des Sports. An diesem Abend brachte jede News-Show auf jedem Kanal die Geschichte als erste Meldung. Das waren wirkliche Nachrichten – und ich brauchte ein paar Tage, um es ganz zu verarbeiten.

Als Lon an diesem Abend nach Hause kam, warteten bereits drei Kamerateams und ein Haufen Reporter auf ihn. Einige Boulevardreporter wollten sich nicht zurückziehen, bis Lon schließlich die Polizei rief. Manche durchwühlten sogar den Abfall und suchten nach Gott weiß was. Und als er schließlich im Haus war, hörte das Telefon nicht mehr auf zu klingeln.

Es gab bereits Gerüchte, daß Cookie schwanger war. Das war ein Detail, das wir bei der Pressekonferenz absichtlich nicht erwähnt hatten. Uns war wichtig, die Aufmerksamkeit der Leute auf HIV und AIDS zu lenken. Cookies Schwangerschaft wollten wir noch nicht bekanntgeben. Wir waren so naiv, immer noch zu glauben, daß wir einen Rest Privatsphäre retten könnten.

Als Lon von den Gerüchten hörte, empfahl er uns, daß wir die Wahrheit sagen sollten, wenn uns jemand fragen sollte. Wir hatten beide genug davon, Informationen zurückzuhalten, besonders jetzt, da die Pressekonferenz vorbei war. Als ein Journalist Lon an diesem Abend fragte, ob Cookie schwanger sei, sagte Lon ja. Die Geschichte war am nächsten Tag draußen.

Die folgenden Tage dauerte die Belagerung durch die Presse an. Absolut jeder wollte ein Interview mit mir. Lons Büro wurde mit Anfragen überschwemmt. Das Papier in seinem Fax-Gerät mußte fast jede Stunde erneuert werden. Wir bekamen Briefe, Zeilen der Ermutigung, Blumen, Genesungskarten, Briefe von Schulkindern und vieles mehr.

Ich hatte schon beschlossen, die Zahl meiner Interviews radikal zu beschränken, weil ich einfach nicht jedem zusagen konnte. Neben meinem Termin in Arsenios Show am Freitag abend wollte ich mit Roy Johnson von *Sports Illustrated* sprechen und meinem alten Freund Jim Hill vom Sender KABC ein Interview geben.

Am Freitag morgen kamen Mickey und ein anderer Arzt zu einer Besprechung über meine weitere Behandlung. In der Öffentlichkeit gab es große Diskussionen um meine Einnahme des Medikaments AZT, das gewöhnlich in einem späteren Stadium der Krankheit gegeben wurde. Mittlerweile wurde es aber als Präventivmittel eingesetzt, was allerdings noch nicht allgemein bekannt war. Vielleicht war das der Grund dafür, daß manche Leute, einschließlich einiger Journalisten, glaubten, ich sei ernster erkrankt, als ich es in Wirklichkeit war.

Schon wenige Stunden nach meiner Rücktrittsankündigung erreichten Lon und mich die ersten Anrufe mit Behandlungstips und Hinweisen auf Naturheilmittel gegen AIDS. Es gibt natürlich *keine* bekannte Behandlung von HIV und AIDS, aber Hunderte von Leuten, darunter einige Berühmtheiten, machten Vorschläge. Jemand schickte mir ein Glas mit einer Flüssigkeit, die wie saure Milch aussah. »Wenn Sie das trinken«, schrieb er, »geht es Ihnen bald besser.« Erwartete er wirklich von mir, daß ich eine geheimnisvolle Flüssigkeit probieren würde, die von einem absolut Fremden mit der Post geschickt worden war? Ein anderer riet mir, ich sollte mein ganzes Blut trinken und es durch neues Blut ersetzen lassen. Einige dieser »Behandlungen« waren reichlich bizarr. Auch jetzt noch kann ich nirgendwo hingehen, ohne daß jemand auf mich zukommt und sagt: »Ich kenne einen Freund, der diesen Arzt kennt, der eine Behandlung hat...«

Wir hatten eine Menge über ein Medikament gehört, das Kemron heißt und in einem medizinischen Institut in Kenia entwickelt worden ist. Viele Schwarze glauben, daß es sehr wirksam ist, aber eine Reihe sorgfältiger klinischer Studien haben keine Bestätigung dieser Annahme gebracht.

Und wenn das Zeug tatsächlich so gut für Schwarze ist, warum sterben dann immer noch so viele von uns?

Am Freitag nachmittag ging ich zum Friseur und danach wegen der Aufnahmen für Arsenios Show hinüber ins Studio. Ich war früh da, und im Umkleideraum gab ich die Interviews, die ich Roy Johnson und Jim Hill versprochen hatte. In *Sports Illustrated* trat ich dafür ein, daß jeder Sportler und jeder Künstler, der ein Single-Leben führt, Safe Sex praktizieren und sich testen lassen sollte. Ich hoffe, daß sie zugehört haben, aber man kann nie sicher sein.

Es war meine Idee, in Arsenios Talkshow mitzumachen, denn er ist einer meiner besten Freunde, und außerdem macht er eine erstklassige Sendung. Ich konnte mir keine bessere Möglichkeit vorstellen, meine Botschaft zu verbreiten: daß es mir gutging, daß mein Leben weitergehen würde und, als wichtigstes, daß es nicht zwangsläufig jedem passieren mußte. Ich war dankbar, daß ich diese Möglichkeit der Verbreitung nutzen konnte, besonders bei jemandem, den ich kenne und dem ich vertraue.

Als die Talkshow begann, waren die Zuschauer im Studio total begeistert – sie waren aufgestanden, winkten, applaudierten und wollten gar nicht mehr aufhören. Ich war tief bewegt. Irgendwann begann ich mich zu fragen, ob sie mich überhaupt zum Sprechen kommen lassen würden. An diesem Abend waren noch vier andere Gäste eingeladen, unter ihnen Roseanne Barr, die über ihre Inzest-Erfahrungen reden sollte. Ich wollte nicht, daß jemand zu kurz kam. Deshalb tat ich genau das, was ich auch auf dem Spielfeld gemacht hätte: Ich gab das Zeichen für eine Auszeit. Die Zuschauer begannen nun meinen Namen zu rufen: »Magic! Magic! Magic!« Schließlich beruhigten sie sich, und Arsenio brachte den Ball ins Rollen. Unser Gespräch verlief ungefähr so:

»Du hast angerufen und gesagt, daß du in die Talkshow kommen möchtest. Warum?«

»Ich will, daß jeder Safe Sex praktiziert, das heißt, daß er Kondome benutzt und verantwortlich handelt. Bei meinen Gesprächen mit den Ärzten in den letzten Tagen ist herausgekommen, daß Millionen von Menschen mit HIV herumlaufen. Und viele davon wissen es nicht einmal. Deshalb habe ich gestern öffentlich verkündet, daß ich das Virus habe. Ich möchte die Leute aufwecken. Wir dürfen nicht die Augen davor verschließen. Wir dürfen keine falsche Scham empfinden. Wir müssen den Leuten klarmachen, was passiert. Ich will nicht nur die jungen Menschen aufklären, sondern auch die schwarze Bevölkerung insgesamt, weil die Krankheit gerade hier stark um sich greift.«

Arsenio warf ein, daß sich viele Leute fragen würden, ob ich den Virus durch eine homosexuelle Beziehung bekommen hätte.

»Zunächst will ich festhalten, daß ich keineswegs homosexuell bin.« An diesem Punkt applaudierten die Zuschauer, was ich etwas merkwürdig fand. Und ich hoffte, daß der Applaus nicht meine nächsten Worte übertönte: »Das ist genau der Punkt. Die Leute glauben, daß es nur Homosexuellen passiert. Aber das ist falsch. Auch ich war so naiv zu glauben, daß es mir nicht passieren könnte. Achtung, Heterosexuelle, man fängt es sich ziemlich schnell! Wir müssen darauf vorbereitet sein und deswegen Safe Sex praktizieren.«

Arsenio wollte wissen, ob ich mich irgendwann gefragt hätte, warum es gerade mich erwischt hatte?

»Ja, am Anfang. Aber ich habe nicht lange gebraucht, um zu begreifen, was geschehen ist. Es war kein Geheimnis. Ich fürchte mich nicht davor«, fuhr ich fort. »Ich bin nicht niedergeschlagen. Ich sage mir, ich habe das Virus, aber das Leben geht weiter. Ihr braucht nicht vor mir wegzulaufen. Ihr könnt mich weiter umarmen und küssen. Ihr könnt mich fragen, ob ich heute schon meine Medizin genommen habe, ob es mir gutgeht oder ob ich trainiert habe. Das brauche ich. Ich will nur ich selbst sein, mehr will ich nicht. Und niemand braucht mich zu bemitleiden. Denn wenn ich morgen sterbe, dann habe ich das beste Leben gehabt, das man sich wünschen kann.«

Später fragte Arsenio mich nach der Mannschaft für die Olympischen Spiele 1992. Er wollte wissen, ob ich vielleicht in anderer Funktion mitfahren könnte, etwa als Coach.

»Ohne Zweifel! Michael Jordan hat schon gesagt: ›Du bringst das ganze Olympiateam durcheinander!‹ Alle aus der Mannschaft unterstützen mich sehr. Ich habe Michael geantwortet: ›Gegen dich gewinne ich immer noch eins gegen eins.‹ Und zu Larry Bird habe ich gesagt, daß ich ihn noch in fünf oder zehn Jahren schlage.«

Es war ein großartiges Interview, weil ich mich bei Arsenio total relaxed fühlte. Ich glaube, man konnte unsere Zuneigung und Freundschaft spüren. Wir witzelten herum, aber ich konnte auch ein paar ernste Punkte ansprechen. Dafür war ich ja schließlich gekommen. »Ich will, daß die Menschen merken, daß es fünf vor zwölf ist. Leute, benutzt euren Grips!« Dann zeigte ich unter meine Gürtellinie. »Und benutzt Kondome, dann geht alles klar.«

Dann sagte ich Arsenio, daß ich gerne seine Show übernehmen würde, wenn er mal ein paar Tage nicht da wäre.

Er lachte. »Ich erinnere mich noch gut daran, daß dich irgendwann mal ein Point Guard von den Lakers rangelassen hat. Und er bekam seine Position nie mehr zurück.« Dann wurden wir wieder ernst, und er gab mir eine wichtige Warnung mit: »Du mußt dir klarmachen, daß trotz deiner positiven Ausstrahlung eine Menge Negatives passieren wird. Neben den ernsthaften Journalisten gibt es jede Menge Dreckschleudern. Wir werden auf deiner Seite sein, wenn sie Gerüchte in die Welt setzen und anfangen, Scheiße zu reden.«

»Die können sagen, was sie wollen«, antwortete ich. »Hier stehe ich, und ich habe meinen Glauben an Gott und meine Familie – meine Eltern lieben mich, meine Geschwister, meine Freunde, meine Frau –, und nichts anderes zählt. Was sie mir geben, kann ich nirgends kaufen...«

Bevor ich die Bühne verließ, stieg Arsenio auf einen Stuhl, um mit einem High Five abzuklatschen.

Aber Arsenio hatte recht mit den »Dreckschleudern«. Es dauerte nicht lange, und die Boulevardpresse hatte sich über mich hergemacht, und sie druckten alles, was ihnen einfiel. Für Cookie war es besonders schwer, weil sie keinerlei Öffentlichkeit gewöhnt war. Das machte mir am allermeisten aus: zu sehen, wie sie darunter litt. Es ist das Letzte, über den Flughafen zu gehen und plötzlich an einem Zeitschriftenständer vorbeizukommen, an dem in großen Lettern stand: MAGICS FRAU SCHLÄFT WIEDER ALLEINE. Später haben wir darüber gelacht, aber zu der Zeit hat es geschmerzt. In dieser speziellen Story hieß es, daß Cookie in ein eigenes Schlafzimmer gezogen wäre, weil sie nicht mehr mit mir in einem Bett schlafen wollte. In einer anderen Geschichte wurde behauptet, daß ich am Tag vor meiner Rücktrittserklärung mit einem Pornostar geschlafen hätte. Eine dritte Story stellte mich als ernstlich depressiv dar. Es war alles absolut lächerlich.

Aber es gab auch die echten Journalisten. Direkt nach meiner Erklärung hatte Connie Chung bei Lon zu Hause angerufen. Wir waren alte Freunde aus der Zeit, als sie in Los Angeles gearbeitet hatte. »Ich möchte ein Interview mit Earvin«, sagte sie.

»Tut mir leid«, meinte Lon, »aber Earvin gibt keine Interviews mehr.«

»Ihnen tut das leid?« antwortete sie. »Ich rufe aus dem Flugzeug an. Ich bin schon auf dem Weg zu Ihnen.«

Am nächsten Morgen kam sie geradewegs in Lons Büro. »Ich muß ihn interviewen«, sagte sie wieder.

»Vielleicht macht er es später, aber nicht jetzt. Können Sie sich überhaupt vorstellen, wie viele Anfragen ich hier habe?«

Lon drehte sich um und durchwühlte einen Haufen Faxe. Er suchte nach einer speziellen Anfrage, und als er sie gefunden hatte, zeigte er sie Connie. Die Anfrage kam von Maury Povich – ihrem Mann.

Als ich mich für ein Fernsehinterview bereit fühlte, machte ich es mit Connie Chung. Einige Beobachter bemerkten, daß meine Botschaft bei diesem Gespräch etwas von meiner Haltung in Arsenios Talkshow abwich. Bei Arsenio hatte ich über die große Bedeutung gesprochen, den Kopf und Kondome zu benutzen. Bei Connie legte ich mehr die Betonung darauf, daß der sicherste Sex kein Sex sei.

Wie kam es zu diesem Umschwung? Nach meiner Rücktrittserklärung meldeten sich viele Leute mit ihrer Meinung zu Wort – in aller Öffentlichkeit und ganz privat. Mein Teamkamerad A. C. Green, ein religiöser Mensch, ermunterte mich, über die Tugend der Enthaltsamkeit zu sprechen. Andere Leute machten ähnliche Bemerkungen, die mir einleuchteten. Ich war froh, Neues zu erfahren und andere Standpunkte zu hören. Ich war ein Anfänger in dieser Arena und auf Hilfe angewiesen.

Deshalb hatte ich meiner Botschaft diesen Zusatz über die Enthaltsamkeit hinzugefügt, aber natürlich war mir klar, daß das alles andere als realistisch ist. Sexualität spielt eine große Rolle im Leben der Teenager. Wir können nicht nur auf die Lage eingehen, die wir uns *wünschen*, sondern müssen auf die Realität eingehen. Deshalb hat meine Botschaft seither zwei Teile: Die beste Art von Safer Sex ist kein Sex (ab diesem Zeitpunkt sprach ich nur noch von Safer Sex anstatt Safe Sex, weil nur Abstinenz wirklich sicher ist). Und die zweitbeste Art ist, daß man bei allen sexuellen Kontakten auf Sicherheit achtet und so verantwortlich wie möglich handelt.

Von allen Leuten, mit denen ich seit meiner öffentlichen Erklärung gesprochen hatte, brachte mir eine Frau am meisten über HIV und AIDS bei: Elizabeth Glaser half mir auf eine persönlichere Weise zu verstehen, was mit mir passierte. Ich hatte ihren Namen schon gehört, bevor das alles geschah, weil sie eine der prominentesten Anti-AIDS-Kämpferinnen war. Und natürlich kannte ich ihren Mann, Paul Michael Glaser, der den Starsky in der TV-Serie *Starsky und Hutch* gespielt hatte, die ich als Kind gern gesehen hatte.

1981 hatte sich Elizabeth während der Geburt ihres ersten Kindes Ariel bei einer Bluttransfusion unwissentlich mit dem Virus angesteckt. Vier Jahre später wurde Ariel ohne ersichtlichen Grund schwer krank. Monate danach ergab ein Bluttest, daß Ariel AIDS hatte. Erst dann kam den Ärzten der Verdacht, daß Elizabeth das Virus bei einer Bluttransfusion bekommen und vermutlich über die Muttermilch an ihren Sohn weitergegeben hatte. Jetzt wurde die ganze Familie getestet. Elizabeth hatte das Virus, ihr jüngerer Sohn Jake ebenfalls. Nur Paul hatte sich nicht angesteckt.

Drei Jahre später, im März 1988, starb Ariel Glaser an AIDS. Das veranlaßte Elizabeth, damit zu beginnen, Geld für Forschung und Aufklärung aufzutreiben und an die Öffentlichkeit zu gehen, damit die

Regierung sich des Problems stärker bewußt wurde. Niemand ist entschiedener für die Sache der AIDS-Kranken und HIV-Positiven eingetreten.

Kurz nach meiner öffentlichen Erklärung fragte Lon Elizabeth, ob sie bereit wäre, Cookie und mich zu treffen. Einige Tage später fuhren wir zu dem Haus der Glasers in Santa Monica. Diese zierliche Frau, die gerade einsfünfzig groß ist, begrüßte mich mit einer ungeheuer starken Umarmung. Sie stellte uns Jake vor, der mittlerweile sieben Jahre alt war. Elizabeth erzählte uns, daß Jakes Lehrer in der Klasse über meine öffentliche Stellungnahme gesprochen hatte und daß sich die Kinder entschlossen hätten, mir die Zeichnung eines Quilts als Gute-Besserung-Geschenk zu schicken. Jake fand das gut. »Aber ich finde, ihr solltet mir auch eine machen«, sagte er zu seinen Klassenkameraden. »Denkt daran, daß ich auch HIV habe.«

Elizabeth Glaser läßt sich nicht unterkriegen. Sie ist ein Vorbild für mich und eine Quelle der Inspiration. Sie ist eine Kämpfernatur – nicht nur für ihr eigenes Leben, sondern auch für das Leben vieler Menschen in ihrer Situation. Als ich sie traf, setzte sie sich schon seit mehreren Jahren für mehr Aufklärung über HIV und AIDS ein. Sie war begeistert darüber, daß ich mich ebenfalls entschieden hatte, an die Öffentlichkeit zu gehen und den Kampf aufzunehmen. »Ich habe die Bewegung lange Zeit geführt«, sagte sie mir an diesem Tag. »Und ich habe alles gegeben, was ich geben konnte. Aber ich kann nicht mehr Schritt halten. Wir brauchen dich, um den Kampf auf eine neue Ebene zu heben.«

Sie erzählte uns über die Kinder-AIDS-Stiftung, die sie nach Ariels Tod mitgegründet hatte. Diese Stiftung engagiert sich nun beim sogenannten Ariel-Projekt, einem Forschungsprojekt, das sich mit der Verhinderung der HIV-Übertragung von infizierten Müttern auf ihre neugeborenen Babys befaßt. Es ist ein äußerst kostspieliges Unternehmen, und meine eigene Stiftung hilft mit, Gelder dafür zu organisieren.

Bei jedem AIDS-Projekt, für das ich mich engagiere, ist Elizabeth eine unglaubliche Hilfe. Als ich im 1992er All-Star-Team gespielt habe, war sie da, um bei einer speziellen Veranstaltung mitzumachen, bei der die Spielerfrauen über HIV aufgeklärt wurden. Und jeder, der mehr über diese tatkräftige Frau und ihren großen Kampf wissen will, sollte zu ihrem Buch »In the Absence of Angels« greifen. Arsenios Show war mein Debüt als AIDS-Aufklärer. Ein paar Tage danach wurde ich eingeladen, aktiv in Präsident Bushs Nationaler AIDS-Kommission mitzuarbeiten. Die Autorin Belinda Mason, die eines der zwölf Mitglieder der Kommission gewesen war, war vor kurzem an AIDS gestorben. Sie hatte sich einige Jahre zuvor bei einer Bluttransfusion angesteckt. Ihr Tod hatte eine Lücke gerissen, und der Präsident bat mich, ihren Platz einzunehmen. Als die Idee aufkam, empfand ich es als eine tolle Möglichkeit, meine Botschaft zu verbreiten, besonders unter jungen Leuten. Allerdings wollte ich nicht als eine Galionsfigur für eine Regierung herhalten, die in meinen Augen nicht früh genug an das Problem herangegangen war.

Der Anruf bei Lon, mit dem alles anfing, kam von John Sununu, dem Chef des Mitarbeiterstabs von Präsident Bush. Als ein Journalist Lon danach fragte, antwortete er, daß ich mir die Einladung überlegen würde. »Haben Sie nicht die Befürchtung, daß die Einladung nur Alibifunktion hat?« Lon verneinte und setzte hinzu, daß Earvin Johnson für nichts und niemanden eine Alibifunktion übernehmen werde. Als Lons Bemerkung in *USA Today* erschien, ging Sununu an die Decke. Das mag der Grund dafür sein, warum Präsident Bush selbst in Erscheinung trat, um mir die letzten Vorbehalte zu nehmen, und mir folgende Einladung schrieb.

Das Weiße Haus
Washington
13. November 1991

Dear Magic,
es gab eine Menge Spekulationen wegen Ihres Beitritts zur Nationalen AIDS-Kommission. Ich weiß, daß Sie darum gebeten worden sind, einen Sitz zu übernehmen. Ich schreibe Ihnen diesen Brief einfach, um Ihnen zu sagen, daß ich persönlich hoffe, daß Sie der Kommission beitreten, die eine beeindruckende Zahl einflußreicher und gutinformierter Mitglieder hat. Bei allen Beteiligten herrscht echte Begeisterung bei dem Gedanken, daß Sie diese Aufgabe übernehmen.

Ich möchte hinzufügen, daß ich sehr wohl weiß, wie Sie von Anfragen aus allen Richtungen bedrängt werden. Das ist nicht nur Ausdruck der Hochachtung, die man für Ihre Person empfindet, sondern auch für die Art und Weise, wie Sie mit dem Thema an die Öffentlichkeit getreten sind. Aber bitte fühlen Sie sich nicht gezwungen, der Kommission beizutreten, wenn Sie dadurch mit anderen Aktivitäten in Konflikt geraten. Ich möchte nur, daß Sie das Gefühl bekommen, daß Sie gebraucht werden. Ich möchte Ihnen auf ganz persönliche Weise sagen, daß ich Sie respektiere und bewundere und sehr hoffe, daß es Ihnen möglich sein wird, der Kommission beizutreten. Es wird sicher Zeiten geben, in denen die Kommission und der Präsident nicht völlig einer Meinung sein werden. Das muß so sein. Sie werden eine freie und unabhängige

Stimme sein in einer hervorragenden Gruppe führender Persönlichkeiten, wenn Sie sich dafür entscheiden, die Einladung anzunehmen.

Wir brauchen Sie, und es wird sich nichts an meinem Respekt und meiner Bewunderung ändern, falls Sie sich anders entscheiden. Wenn Sie sich dafür entscheiden, lade ich Sie hiermit ins Weiße Haus ein, wo wir die öffentliche Erklärung abgeben könnten. Ich glaube, das würde dem Aufklärungsprozeß dienlich sein, den wir im ganzen Land brauchen.

Auf jeden Fall senden Barbara und ich Ihnen unsere wärmsten, besten Wünsche, unsere Liebe und unsere Hochachtung.

Herzlich
George Bush

Zwei Tage später schickte ich diese Antwort:

15. November 1991

Der Präsident
Das Weiße Haus
Washington, D.C.

Dear Mr. President,
vielen Dank für Ihren freundlichen Brief. Ich bin sehr dankbar für Ihre Unterstützung.

Es ist mir eine Ehre, Ihre Einladung anzunehmen und der Sache im Rahmen der Nationalen AIDS-Kommission zu dienen. Ich hoffe, daß meine Teilnahme dazu beitragen wird, die Aufmerksamkeit des amerikanischen Volkes auf die AIDS-Krise zu lenken und das Bewußtsein zu schärfen für das, was alle von uns tun müssen, um die Krankheit zu bekämpfen.

Ich weiß Ihr Verständnis dafür zu schätzen, daß es sehr wichtig für mich ist, meine Unabhängigkeit in dieser Sache zu wahren, weil ich mir die Aufklärungsarbeit unter den Heterosexuellen, den Afro-Amerikanern und den Jugendlichen zur Aufgabe gemacht habe.

Ich hoffe, daß es für die Kommission und Ihre Regierung möglich sein wird, Hand in Hand den Kampf gegen AIDS aufzunehmen. Und ich möchte Ihnen versichern, daß ich alles daransetzen werde, die dramatische Lage zu verändern.

Mit freundlichen Grüßen
Earvin Johnson

Am 14. Januar hatte ich meine erste Zusammenkunft mit der Kommission. Außerdem war ich eingeladen, Präsident Bush an diesem Tag zu treffen, und ich sah das als Gelegenheit an, dem Präsidenten eine energische Botschaft zu überbringen. Ich wollte ihm einen Brief überreichen, in dem ich ihn eindringlich bitten wollte, mehr für die Belange der AIDS-Opfer und für die AIDS-Forschung zu tun. Zwar wollte ich offen und direkt auftreten, meinen Gastgeber aber andererseits auch nicht in Verlegenheit bringen.

An diesem Punkt waren Michael Ovitz und sein Team einmal mehr eine große Hilfe. Einen Tag vor unserem Treffen setzten sie sich mit Marlin Fitzwater, dem Pressesprecher des Präsidenten, in Verbindung und teilten ihm mit, daß ich einen Brief für Mr. Bush dabeihaben würde. Wir wollten den Präsidenten nicht damit überfallen, deshalb fragten sie Fitzwater, ob er uns einen günstigen Zeitpunkt für die Übergabe des Briefes empfehlen könnte.

Er schlug vor, ihn zu überreichen, nachdem die Presse den Raum verlassen hatte. Es würde dann immer noch bei mir liegen, ob ich die Presse darüber informieren würde oder nicht. Ich entschied mich dagegen. Aber ich teilte den Inhalt des Briefes meinen Kollegen in der AIDS-Kommission mit und deshalb war klar, daß die Presse den Brief schnell aufgreifen würde.

Den größten Teil des 14. Januar verbrachte ich beim Treffen der AIDS-Kommission.

Ich war etwas nervös bei dem Gedanken, mit einer Gruppe von Medizinern und anderen Experten zusammenzukommen und selbst so unerfahren auf diesem Gebiet zu sein. Aber sofort, nachdem ich dort ankam, nahm mich Dr. David Rogers, der Vizepräsident der Kommission und ein prominenter AIDS-Experte, unter seine Fittiche. Ich hatte bereits die Berichte der Kommission gelesen, deshalb wußte ich schon, daß es keine Gruppe von Jasagern war. Diese Leute waren ernst zu nehmen, und sie taten etwas für die Menschen. Es war nicht ihre Schuld, wenn es das Weiße Haus versäumte, nach ihren Empfehlungen zu handeln.

Einige der Dinge, die wir an diesem Tag hörten, konnten einen aus der Fassung bringen: daß AIDS die fünfthäufigste Todesursache bei Menschen im Alter zwischen fünfzehn und vierzig ist; daß es die zweithäufigste Todesursache bei Männern zwischen fünfundzwanzig und fünfundvierzig ist; daß AIDS die häufigste Todesursache bei jungen Frauen und Männern in New York ist; daß AIDS unter schwarzen Frauen neunmal mehr verbreitet ist als unter weißen Frauen und neunundzwanzigmal mehr unter schwarzen Mädchen als unter weißen Mädchen; daß bis dahin schätzungsweise zehn Millionen Menschen auf der Erde das Virus hatten und daß bis ins Jahr 2000 mit einer Zahl von vierzig Millionen gerechnet werden muß.

Keine dieser Tatsachen und Zahlen war Teil der Abendnachrichten. Statt dessen zeigte das Fernsehen eine äußerst dramatische Situation, als ein junger Anti-AIDS-Kämpfer sich an die Kommission wandte und mir sagte, daß ich wahrscheinlich sterben würde. Sein Name war Derek Hodel, und er war zu dieser Zeit der Vorsitzende der *People with Aids Health Group* in New York.

Seine Erklärung war dramatisch, und sie war wichtig. Nur einige Sekunden davon kamen in die Nachrichten. Aber ich werde einen längeren Teil hier einbeziehen, weil Sie wissen sollen, was er gesagt hat. Seine Botschaft war wichtig, und, wie Sie sehen, bringt er sie mit großer Leidenschaft und verständlichem Ärger vor:

Die Kommission, die zweite ihrer Art, hat mehr Hearings abgehalten, als ich zu zählen imstande bin, und sie hat Pflegeeinrichtungen und AIDS-Gruppen, Gefängnisse und Forschungseinrichtungen besucht. Mitglieder der Kommission haben mit Ärzten und Wissenschaftlern, Politikern und Betroffenen gesprochen. Und in dieser Zeit, während alle sieben Minuten jemand an AIDS stirbt, haben Sie unzählige Dollars und unsagbar viel Zeit dafür aufgebracht, Berichte zu verfertigen – ohne Zweifel intelligente, eindringliche, Akzente setzende Berichte, die von einem dickfelligen und kleinlich agierenden Weißen Haus praktisch ignoriert wurden, an dessen Spitze ein Präsident steht, der Gesundheitsmaßnahmen verkündet, die von der Politik korrumpiert sind.

Sie halten die Antworten bereits in Händen. Sie wissen schon alles, was Sie wissen müssen. Deshalb frage ich mich selbst: Warum aufregen? Im letzten November, an jenem Tag der öffentlichen Erklärung eines gewissen Sportlers klingelte in meinem Büro das Telefon. Es war die Presse, die das Ereignis kommentiert haben wollte. Und ich weißer, schwuler Junge war gezwungen zu fragen: Wer ist Magic Johnson?

Mr. Johnson, Sie müssen mir vergeben, ich kenne keine Basketball-Stars. Dafür kenne ich aber viele hundert Menschen mit HIV, und darunter sind unzählige junge schwarze Männer wie Sie, einige erfolgreich, andere nicht. Obwohl sie auch alle HIV-positiv sind, ist – soweit ich weiß – noch keiner von ihnen vom Präsidenten angerufen worden. Mr. Johnson, ich habe Sie gesehen, als Sie ein AIDS-Held wurden und in die sehr kleine Gruppe aufgenommen wurden, die in erster Linie aus Kindern, Blutern und Leuten besteht, die glauben, sie hätten sich beim

Zahnarzt angesteckt. Zu der Gruppe gehören auch Ryan White und Kimberlay Bergalis, die jemand Heilige genannt hat – es ist die Gruppe der unschuldigen Opfer von AIDS. Zu dieser Gruppe gehören aber nicht die meisten Menschen, die ich kenne.

Mr. Johnson, voller Demut bitte ich Sie, daß Sie Ihre neu gefundene Rolle mit der größten Sorgfalt ausfüllen. Sie sind jetzt einer in der höchst exklusiven Gruppe der unschuldigen AIDS-Opfer.

Um unser Sprecher zu sein, bitte ich Sie, daß Sie uns alle in die Arme schließen, schwul und nichtschwul, Männer, Frauen und Kinder, und daß Sie den Mut haben, voller Humanität für all jene zu sprechen, für die Sie zum Sprachrohr geworden sind. Mr. Johnson, weil Sie das Leben von Amerikanern in allen Orten verändert haben, haben Sie auch mein Leben unermeßlich stark verändert. Nach vielen Jahren des Kampfes gegen die Krankheit sah ich, wie sich das Land plötzlich der Realität von AIDS bewußt wurde, der Realität nämlich, mit der ich als schwuler Mann jeden Tag leben mußte, der Realität, die mehr als 130 000 Amerikaner getötet hat, Leute wie Sie und mich. Und jetzt sah ich, daß für die meisten Menschen AIDS erst deshalb zur Realität wurde, weil Sie die Konstruktion »wir und die anderen« umgestoßen haben. Und sie haben fleißig und verzweifelt daran gearbeitet, diese Konstruktion wieder von neuem aufzubauen. Noch jetzt gibt der Präsident der Vereinigten Staaten den an AIDS Erkrankten die Schuld für ihre Krankheit, weil sie nicht bereit waren, ihr Leben zu ändern. Der Präsident tut so, als sei AIDS ein Preis, den man bezahlen muß.

Magic Johnson, Ihre große Macht zu überzeugen und zu inspirieren, ist etwas, das ich trotz meines Lebens im Zeichen dieses Kampfes nie kennenlernen werde. Ich weine einmal mehr um meine Brüder, die diese Kraft so dringend einige Jahre zuvor gebraucht hätten...

Tragik überschattet die AIDS-Epidemie genau wie die Arbeit dieser Kommission. Der Zusammenschluß dieser großen Geister ist ohne Macht. Ich frage Sie: Reicht Ihr Verantwortungsbewußtsein nicht weiter als zur Herausgabe von Berichten? Kann es angehen, daß Ihr Mandat, Ihr moralischer Imperativ Ihnen erlaubt, den Feind zu erkennen und dann den Kampf aufzugeben?

Sie als Mitglieder der Kommission tragen große Verantwortung, und Sie müssen sich der Wahrheit stellen: Ihre Berichte, genau wie die Krankheit AIDS selbst, werden von einer gefühllosen, unberechenbar geldgierigen Regierung um der Politik willen rücksichtslos ignoriert. Meine Haltung ist härter geworden, weil es höchste Zeit ist. Ich habe keine Zeit für Jahre der Ignoranz. Ich habe kein Verständnis für die, die nichts wissen wollen. Ich bezeichne Untätigkeit nicht als harmloses

Versäumnis, sondern als bewußte, kaltblütige Boshaftigkeit. Und ich setze Schweigen mit Tod gleich.
Ich gebe ihnen die Schuld für die Todesurteile, die ihre passive Duldung mit sich bringt. Es ist unmoralisch, solche Informationen zu sammeln und solche Empfehlungen auszusprechen, ohne lauthals Mörder zu schreien, bis man gehört wird.
Mr. Johnson, Sie haben schon jetzt vielen Menschen mit HIV durch Ihren Lebenswillen große Hoffnung gegeben. Sie haben Ihre Krankheit selbst in die Hand genommen, und Ihre positive Haltung zeigt großen Mut. Nur traurig, daß das nicht reichen wird, um am Leben zu bleiben.
Mr. Johnson, was mich letztlich heute nach Washington getrieben hat, war die Chance, Sie herauszufordern. Ich fordere Sie auf, Präsident Bush aufzuwecken, nicht ihm zuzuhören, weil wir schon wissen, was er zu sagen hat. Fordern Sie ihn auf, das Engagement zu zeigen, das nötig ist, um die AIDS-Epidemie aufzuhalten, bevor die Krankheit Sie umbringt – was sie wahrscheinlich tun wird, wie ich leider hinzufügen muß. Ich fordere Sie auf, Präsident Bush diesen Sachverhalt klarzumachen. Fordern Sie sein vereinfachendes, moralistisches Denken heraus, das nur Schuld zuteilt, aber nicht hilft. Ich fordere Sie auf, den Präsidenten damit zu konfrontieren, ihn zu drängen, mehr für die Forschung nach AIDS-Behandlungsmethoden zu tun. Mitleid hilft nicht. Nur Behandlung wird Menschen wie Ihnen das Leben retten.
Lesen Sie die Berichte der Kommission. Stellen Sie die Fragen derjenigen, die den größeren Teil eines Jahrzehnts dafür geopfert haben, diesen Kampf aufzunehmen. Wir werden Ihre Stimme hören.
Ich glaube, auch der Präsident wird Ihre Stimme hören. Meine sicher nicht. Genausowenig wie die Stimmen irgendeiner Schwulenorganisation, und ich könnte wetten, auch nicht die von Dr. Osborne. Sie haben die Wahl: Sie können fordern, daß er mehr Engagement zeigt. Oder wir können warten, mehr Untersuchungskommissionen gründen, mehr Sondereinheiten in die Welt setzen, mehr Berichte herausgeben und uns vormachen, daß wir etwas bewegen. Sende uns deine Botschaft, Magic. Wir sind Tausende von Lichtpunkten, aber wir werden jeder einzeln ausgelöscht.

Direkt nach Derek Hodels Erklärung fuhren wir mit dem Auto ins Weiße Haus. Mit mir im Wagen saßen Stephen Rivers vom Ovitz-Team und Vince Bryson von der gerade gegründeten Magic-Johnson-Stiftung, die eine große Anzahl von Aufklärungs- und Präventivaktivitäten im Zusammenhang mit HIV und AIDS initiiert. Dereks Aussage hatte uns alle gleichermaßen beeindruckt. Ohne daß wir es bemerkt hätten, waren wir schon auf das Gelände des Weißen Hauses gefahren – und ich hatte nicht einmal begonnen, darüber nachzudenken, was ich dem Präsidenten sagen würde. Aber soviel steht fest: Derek Hodels Erklärung an diesem Morgen stärkte meine Entschlossenheit, dem Präsidenten klarzumachen, daß er mehr tun und entschiedener Haltung beziehen müsse.

Ein Schauer lief mir über den Rücken, als ich den Westflügel betrat, die Tür des Oval Office geöffnet wurde und Sam Skinner, der neue Stabschef des Präsidenten, sagte: »Er hat jetzt Zeit für Sie.« George Bushs Freundlichkeit nahm mir dann aber das mulmige Gefühl. Der Präsident holte zwei oder drei von seinen Beratern dazu, und wir setzten uns hin und redeten.

Während dieser kurzen Besprechung sagte ich dem Präsidenten, die amerikanische Öffentlichkeit würde von ihm mehr Engagement in der Sache erwarten. Er müsse aus den Schatten hervortreten, um sein Verständnis und seine Sorge zu zeigen, und bekräftigen, daß er alles in seiner Macht Stehende tun würde, um die sich verschärfende Krise aufzuhalten. Während seiner ganzen Präsidentschaft hatte er das Thema AIDS nur ein paarmal erwähnt, und ich drängte ihn, forciert Stellung zu beziehen. Er schien mir zuzuhören.

Nach etwa fünfzehn Minuten sah der Präsident auf die Uhr. Dann nahm er eine Karteikarte mit seinen Tagesterminen heraus und sah zu mir auf. »Jungs, habt Ihr noch ein paar Minuten Zeit?« fragte er. »Ich würde euch nämlich gern das Basketballfeld hinter dem Haus zeigen.«

Er nahm uns drei mit auf einen kleinen Rundgang zu den Sporteinrichtungen des Weißen Hauses – dem Basketballfeld, dem Übungsraum, der hufeisenförmigen Zuschauerarena und dem Pool. Als wir zum Basketballfeld kamen, meinte der Präsident, daß die Chicago Bulls vor drei Monaten nach dem Gewinn der Meisterschaft ebenfalls hiergewesen waren. Ich zuckte zusammen, als ich das hörte, denn die Erinnerung daran, daß sie die Lakers auf ihrem Weg dorthin geschlagen hatten, war noch zu frisch. Mr. Bush erzählte mir, daß er sehr beeindruckt war von der Zahl der Dreipunktewürfe, die Craig Hodges während ihres Besuches vorgeführt hatte. Ich sagte ihm, daß mich das nicht überraschen würde, weil Craig der beste Werfer in der NBA sei, wenn es um Dreipunktwürfe ging.

Nach dem Rundgang führte uns der Präsident in sein privates Arbeitszimmer und zeigte uns Photos von seiner Familie und von seinem Haus in Kennebunkport, das gerade von einem Sturm verwüstet worden war. Zum Schluß ging es zurück in das Oval Office, wo er jedem von uns ein Paar Manschettenknöpfe und eine Krawattennadel gab.

Es fiel schwer, ihn nicht zu mögen, aber ich hatte nicht vergessen, warum ich da war. Vorher, als wir zu unserem Rundgang aufgebrochen waren, hatte ich in meiner Tasche nach dem Brief gegriffen, den ich mitgebracht hatte. »Da Sie mir einen so netten Brief geschrieben haben, dachte ich mir, ich sollte Ihnen auch einen schreiben«, sagte ich, während ich ihm meinen Brief überreichte.

Der Präsident schien das erwartet zu haben. Er griff schnell nach ihm und steckte ihn in seine Tasche. »Ist angekommen«, sagte er.

Ich hatte den Brief zusammen mit Elizabeth Glaser verfaßt. Wir hatten versucht, das richtige Gleichgewicht zwischen Respekt und Wertschätzung auf der einen und der dringlichen Forderung nach stärkerer Unterstützung auf der anderen Seite zu finden. Der Wortlaut war folgender:

14. Januar 1992
An den Präsidenten der Vereinigten Staaten
George Bush
Das Weiße Haus
Washington, D.C.

Dear Mr. President,
ich bin sehr froh, zu meiner ersten Teilnahme an der Nationalen AIDS-Kommission nach Washington zu kommen und dabei die Gelegenheit zu haben, Ihre freundliche Einladung annehmen zu dürfen.

Ich weiß, daß wir bei unserem Treffen nur wenige Minuten Zeit haben werden, deshalb möchte ich einige Anfragen schriftlich festhalten, und ich hoffe, daß sie Ihnen einige ernsthafte Gedanken wert sein werden.

Für jeden Menschen gibt es einen Zeitpunkt, an dem er mit seiner eigenen Sterblichkeit konfrontiert wird – vielleicht war das für Sie im 2. Weltkrieg –, und für mich ist dieser Zeitpunkt jetzt gekommen. In den zwölf Monaten seit unserem letzten Treffen hat sich mein Leben geändert.

In den letzten zwei Monaten geht es für mich nicht mehr um Basketball, sondern um Leben und Tod. Ich habe mehr über HIV und AIDS gelernt, als ich jemals vorhatte. Ich habe jetzt begriffen, daß wir alle denselben Kampf kämpfen. Darin hat jeder von uns *seine* ureigene wichtige Rolle zu übernehmen. Einen jedoch gibt es, der mehr tun kann als alle anderen, und das sind Sie. Ich bin sicher, daß Sie verstehen werden, daß ich – genau wie Sie – immer ein Kämpfer und ein Siegertyp gewesen bin. Deshalb weiß ich keinen anderen Weg, den Lauf der Dinge zu stoppen.

Es gehört Mut und Ehrlichkeit dazu, wie Sie in Rom offen zu bekennen, daß Sie nicht genug für den Kampf gegen AIDS getan haben und daß Sie mehr tun können.

Als Sie mich gebeten haben, der Kommission beizutreten, haben Sie mich in Wahrheit gefragt, ob ich in Ihrem Team mitmachen wollte. Sie sind der Besitzer. In der NBA spielt es keine Rolle, wie gut die Mannschaft ist; sie wird die Meisterschaft nie gewinnen, wenn der Besitzer nicht voll bei der Sache ist. Und ich habe das Gefühl, Sie sind noch nicht voll dabei. Ich habe lange darüber nachgedacht, und mir ist klargeworden, daß der Kampf gegen AIDS den ganzen Einsatz verlangt. Wir können das Spiel gewinnen, aber nur mit hundertprozentigem Einsatz von jedem.

Drei Dinge stehen im Mittelpunkt: Forschung, Behandlung und Aufklärung. Das alles sind Empfehlungen in den Berichten Ihrer Kommission.

Die Aufklärung muß verstärkt werden; die Kosten dafür werden hoch sein. Ich weiß, daß ich mithelfen kann, diese Kosten zu tragen, indem ich es zu meinem persönlichen Ziel mache, so viele Menschen wie möglich durch meinen Zugang zu den Medien über eine verantwortungsbewußte Sexualität aufzuklären. Sie jedoch sind der einzige, der die anderen beiden Punkte übernehmen kann:

1. Stellen Sie die fehlenden Forschungsgelder zur Verfügung, die von der NIH für dieses Jahr (1992) angefordert wurden, und den ganzen Bedarf für 1993.
   Geschätzte Kosten: 400 Millionen $ für 1992
   500 Millionen $ für 1993
2. Übernehmen Sie die vollständigen Kosten für das Ryan-White-Care-Bill-Behandlungsprogramm.
   Geschätzte Kosten: 300 Millionen $ für 1992
   600 Millionen $ für 1993.
3. Weisen Sie die Medicaid-Organisation an, schon für die Behandlung von Patienten mit HIV zu zahlen, nicht erst, wenn diese an AIDS erkrankt sind. Dieses frühere Eingreifen könnte Millionen von Menschenleben retten und Milliarden von Dollar einsparen.
   Geschätzte Kosten: 500 Millionen $ für 1993.

Ich bitte Sie, der Übernahme dieser notwendigen Kosten sofort zuzustimmen. Wir müssen schnell handeln. Es ist ein Wettlauf gegen die Zeit.

Schließlich möchte ich noch meiner Hoffnung Ausdruck verleihen, daß Sie Ihre Stimme und Ihr moralisches Engagement stärker in den Dienst dieses Kampfes stellen. Lassen Sie die Menschen in diesem Land und besonders die Menschen, die in Ihrer Regierung mitarbeiten, spüren, daß der Kampf gegen AIDS eine persönliche Vorrangstellung für Sie hat. Das würde die Menschen beflügeln und motivieren, ihre Anstrengungen zu verdoppeln, um die Ausbreitung der Krankheit zu verhindern.

Mr. President, wir können es nicht zulassen, dieses Spiel zu verlieren. Ich bin ein Kämpfer so wie Sie. Wir müssen mehr tun. Sie wissen das, und ich weiß das. Lassen Sie es uns zusammen anpacken. Ich werde meinen Teil übernehmen, bitte übernehmen Sie auch den Ihren.

Ich danke Ihnen.
Mit freundlichen Grüßen
Earvin Johnson jr.

Als ich nach Kalifornien zurückkam, erhielt ich diesen Antwortbrief:

Das Weiße Haus
Washington
17. Januar 1992

Dear Magic,
es war gut, Sie am Dienstag hier zu treffen. Ich weiß es zu schätzen, Ihre Meinung direkt aus Ihrem Munde zu hören. Dieser Brief soll die erste Reaktion auf Ihr Schreiben sein, das Sie mir am Ende unserer Besprechung gaben.

Wie besprochen, möchte ich vorschlagen, daß Sie sich mit den Wissenschaftlern der NIH treffen, die für die AIDS-Forschung zuständig sind, und sich mit unseren Leuten zusammensetzen, die die AIDS-Programme organisieren. Die Antwort der Regierung auf die Herausforderung AIDS geht weit über meine Person hinaus. Sie umfaßt Tausende von Menschen, die rastlos arbeiten. Wir werden gern einige Termine arrangieren, damit Sie diese Einrichtungen besuchen können.

Sie sprachen mich auf mein Engagement an und machten einige ganz direkte Vorschläge, was die Gelder angeht, die für AIDS eingesetzt werden. Letzten Monat war ich im Gesundheitsministerium anläßlich einer Grundsatzsitzung. An der Besprechung nahmen auch einige Mitglieder der Nationalen AIDS-Kommission teil. Dr. Tony Fauci, der an der Spitze unserer herausragenden biomedizinischen Forschung steht, brachte das Thema der Forschungsfinanzierung zur Sprache.

Er merkte an, daß wir eine außergewöhnliche Aufgabe zu bewältigen haben und daß die Aufwendungen dramatisch angestiegen seien. Tun wir genug? Nach Dr. Faucis Ansicht ist die Bekämpfung von HIV ein Akt der Entdeckung, und wir werden nicht genug getan haben, ehe das Problem nicht gelöst ist.

Dem stimme ich zu: Wir werden nicht genug getan haben, ehe das Problem gelöst ist. Ich bin stolz auf das, was wir bis jetzt auf die Beine gestellt haben, um der Herausforderung AIDS zu begegnen. Die beiliegende Erklärung, in der unsere ANTI-AIDS-Strategien zusammengefaßt sind, könnte für Sie von Nutzen sein.

Schließlich sprechen Sie in Ihrem Brief das moralische Engagement an, über das wir länger gesprochen haben. Seien Sie versichert, daß ich mich bemühe, alles in meiner Macht Stehende zu tun, damit in unserer Gesellschaft niemand, der mit HIV infiziert ist, Vorurteilen ausgesetzt ist. Es gibt für jeden Amerikaner eine Aufgabe und Rolle, die er bei unserer Antwort auf AIDS spielen kann. Wie wir jeden einzelnen dazu bringen, seine oder ihre Rolle zu erkennen und zu akzeptieren, das ist eine Herausforderung, der wir uns zusammen stellen müssen, und ich freue mich darauf, mit Ihnen in diesem Bemühen zusammenzuarbeiten.

Mit freundlichen Grüßen
George Bush

(In Handschrift:) Ihr Bild mit dem »Team« gefällt mir. Viel Glück, und ich hoffe auf Ihr Comeback.

Ich bin mir nicht sicher, ob der Präsident verstanden hat, worum es geht. Die Presse jedenfalls verstand es. Die Schlagzeile von *USA Today* lautete: MAGIC DRÄNGT BUSH, AM AIDS-SPIEL TEILZUNEHMEN. Die *Atlanta Constitution* titelte: MAGIC ZU BUSH: REIN INS SPIEL! STELLEN SIE MEHR GELD GEGEN DIE AIDS-KRISE ZUR VERFÜGUNG. *Die Chicago Tribune* schrieb: MAGIC DRÄNGT BUSH, DIE KARTEN AUF DEN TISCH ZU LEGEN, *New York Newsday:* MAGIC GIBT BUSH NACHHILFE. Und die *New York Times:* MAGIC DRÄNGT BUSH, SICH AN DIE SPITZE DES ANTI-AIDS-KAMPFES ZU STELLEN.

Manchmal verdreht die Presse die Fakten, aber diesmal war alles richtig dargestellt. Die *New York Times* brachte sogar einen Leitartikel unter dem Titel MAGIC UND MR. BUSH, EINS GEGEN EINS, der eine sehr starke Unterstützung für mich war: »Mr. Johnson, das neueste Mitglied der Nationalen AIDS-Kommission, machte Mr. Bush einige stichhaltige Vorschläge zur Verbesserung der AIDS-Behandlung, -Vorsorge und -Forschung. Und er lag richtig mit seiner Bemerkung, als er den Präsidenten für seine zögernde Haltung beim Kampf gegen die tödliche Krankheit kritisierte.«

Monate später, jetzt, da dieses Buch in Druck geht, muß ich voller Bedauern feststellen, daß sich die Situation nicht geändert hat. Am 25. Juni veröffentlichte die Kommission, die ein Zweiparteiengremium ist, eine Erklärung, in der es hieß, die Bush-Regierung habe durch ihre Zurückhaltung beim Kampf gegen die AIDS-Epidemie die gesamte Nation enttäuscht. Für die Regierung war es reine Routine. Aber wenn man mit einem Problem von solch enormen Dimensionen zu tun hat, dann reicht Routine nicht aus. Die Vereinigten Staaten haben weltweit die meisten HIV-Infizierten, aber wir haben kein nationales Konzept, um mit der Seuche umzugehen. Es ist eine Schande.

Im Frühjahr 1992, einige Monate nach meinem Besuch in Washington, engagierte ich mich in zwei Projekten, die in erster Linie die AIDS-Aufklärung Jugendlicher zum Ziel hatten. Das eine war »Ein Gespräch mit Magic Johnson«, eine halbstündige Fernsehshow, die im Kabelsender Nickelodeon und von öffentlichen Sendestationen im ganzen Land ausgestrahlt wurde. Die Idee stammte von Gerry Laybourne, dem Direktor von Nickelodeon. Einige Stunden nach meiner Pressekonferenz rief er die bekannte TV-Journalistin Linda Ellerbee an, die er von ihrer Firma Lucky Duck Productions her kannte, die Nachrichten- und Dokumentationssendungen für Nickelodeon produziert. »Weißt du«, sagte er, »Magic Johnson will etwas für die Aufklärung der Kids tun. Und da wir ein Kanal für Kids sind...«

Die Grundidee war einfach: Ich saß mit einer Gruppe von acht- bis vierzehnjährigen Kindern und Jugendlichen zusammen, und wir redeten über einige Dinge, die sie über den Schutz vor AIDS wissen sollten. Als die Sache erst mal ins Rollen kam, entschieden sich die beiden Sponsoren Nestlé und NBA, die Show ohne Unterbrechungen durch Werbeblöcke zu senden. Auch die Magic-Johnson-Stiftung beteiligte sich, indem sie Kopien der Show anfertigte und diese Schule und kommunalen Gruppen zur Verfügung stellte. Öffentliche Sender kamen hinzu, die sich damit einverstanden erklärten, die Show nach der Ausstrahlung bei Nickelodeon zu senden.

Die Experten, mit denen Linda sprach, erklärten ihr, daß nach ihrer Einschätzung das beste Alter für die Aufklärung Jugendlicher über Sex, HIV und AIDS ungefähr ein oder zwei Jahre vor der Pubertät sei. Und wir waren sehr direkt in unserer Empfehlung, daß sich die jungen Leute zurückhalten sollten, sobald sexuelle Aktivitäten ins Spiel kamen. Linda sagte es frei heraus wie immer: »Ihr solltet den Sex zurückstellen. Ihr seid noch Kids.« Gleichzeitig aber wollten wir nicht die Botschaft verbreiten, daß Sex etwas Gefährliches oder Schlechtes sei.

Ich war offen zu den Kids, was meine eigene Situation anging. »Es ist passiert, weil ich ungeschützten Sex hatte.« Linda zeigte den Kids und den Zuschauern, was ein Kondom war und wie es funktionierte. Und ich wiederholte, daß der sicherste Sex kein Sex sei.

Noch ein andere Sache war uns wichtig: Wir wollten die Aufmerksamkeit auf die Leute – einschließlich der Jugendlichen – lenken, die bereits HIV hatten. Bei den Kids in der Fernsehshow war ein Junge, dessen Bruder AIDS hatte, und zwei kleine Mädchen, die HIV-positiv waren. Jeder, der die Show gesehen hat, wird sich an das süße kleine Mädchen ganz vorn erinnern, das die Haltung verlor und weinte, während wir miteinander sprachen. Ich bemühte mich, sie zu trösten, aber mir brach es selbst das Herz.

Ich bin schon in vielen TV-Shows in meinem Leben aufgetreten, aber bei so etwas hatte ich noch nie mitgemacht. Hier ging es darum, Menschenleben zu retten, und ich weiß, es ist uns gelungen.

Das andere Projekt war ein Buch über AIDS, das im Frühjahr 1992 bei Times Books, einer Tochter von Random House, herausgekommen ist. Es ist ein Paperback für Teenager mit dem Titel »What You Can Do To Avoid AIDS« (auf deutsch unter dem Titel »Aids. Was du tun mußt, damit du es nicht kriegst, wenn du es tust«) erschienen.

Soviel Linda Ellerbee und ich auf dem Nickelodeon-Kanal auch leisten konnten, so muß man doch sagen, daß die Themen AIDS, HIV und Safer Sex viel komplizierter sind, als wir das in den wenigen Minuten darstellen konnten. Die Idee des Buches war, daß die Jugendlichen offene Informationen und sinnvolle Ratschläge zu einigen Grundfragen brauchen: Was genau ist Safer Sex? Wie geschieht die Übertragung von HIV im Detail? Wie sollte man mit jemandem umgehen, der das Virus oder auch AIDS hat? Was sollte man tun, wenn es einem zu peinlich ist, Kondome zu kaufen? Wie wird man auf das Virus getestet? Und wo bekommt man weitere Hilfe?

Ich bekam große Unterstützung bei der Vorbereitung des AIDS-Buches, besonders von meiner Lektorin Betsy Rapaport. Von Anfang an stimmten wir in dem zentralen Punkt überein, daß das Buch direkt und genau sein müsse. Statt seltsamer medizinischer Ausdrücke wollten wir die Ausdrücke verwenden, die die Jugendlichen selbst benutzen, wenn sie über Sex sprechen. Wir waren uns darüber im klaren, daß manche Leute an der Sprache Anstoß nehmen würden, aber dieses Risiko wollten wir eingehen. Aus unserer Sicht ist nicht die Sprache verletzend, sondern die Krankheit.

Deshalb hätte ich eigentlich nicht erstaunt sein dürfen, daß zwei der größten Einzelhandelsketten, *Kmart* und *Walgreen's*, sich weigerten, das Buch wegen seiner freimütigen Sprache und Zeichnungen zu vertreiben. Eine Sprecherin von *Kmart* bezeichnete es als »sehr plastisch« – was stimmt. »Es sollte für Jugendliche erhältlich sein«, sagte sie, »aber nicht für drei Jahre alte Kinder, während ihre Mutter einen Rasenmäher kauft.«

Also ich kenne keine dreijährigen Kinder, die bei *Kmart* herumhängen und nach schmutzigen Büchern Ausschau halten. Leider ähnelt in manchen Gegenden die Buchabteilung von *Kmart* einer richtigen Buchhandlung am meisten. Auf der anderen Seite führen *Waldenbooks*, die zu *Kmart* gehören, das Buch.

Dieses Buch wurde dringend benötigt. Times Books und Random House produzierten es zum Selbstkostenpreis, jeder Gewinn, den das Buch einbringt, wird der Magic-Johnson-Stiftung gespendet, um den Kampf gegen AIDS fortzuführen.

Und so beginnt das Buch:

Viele haben mich als Held bezeichnet, weil ich mich dazu entschlossen habe, den Rest meines Lebens der Aufklärung – besonders der Jugendlichen – zu widmen, der Aufklärung über HIV und wie man sich dagegen schützen kann. Aber laßt mich eine Sache klarstellen: Ich bin kein Held, weil ich HIV-positiv bin. Und ich habe das Virus nicht bekommen, weil ich »schlecht« oder »schmutzig« war oder weil ich es »verdient« hatte. Niemand »verdient« es, HIV zu bekommen. Ich habe mich angesteckt, weil ich ungeschützten Sex hatte. Ich habe das Virus bekommen, weil ich dachte, es könnte niemals jemandem wie mir passieren. Wenn ich die Uhr zurückdrehen könnte, würde ich selbstverständlich anders handeln. Aber ich kann sie nicht zurückdrehen, ich kann nur nach vorne sehen. Mit der Unterstützung meiner Familie und meiner Freunde werde ich die Krankheit bekämpfen, so gut ich kann. Und ich werde die Lektionen, die ich so schmerzhaft erfahren und erlernen mußte, an euch weitergeben.

Es ist ein Informationsbuch. Aber manchmal ist es nicht genug, die richtigen Informationen zu haben. Wenn man die Wahrheit nicht an sich herankommen läßt, helfen alle Informationen der Welt nicht weiter. Auch darüber habe ich mich geäußert, weil ich auf diesem Gebiet ein Experte bin. Die Informationen, die ich gebraucht hätte, um mich zu schützen, hätte ich überall bekommen können. Sie waren ganz nah: im Radio, im Fernsehen, in den Zeitungen und den Illustrierten. Aber ich schenkte ihnen keine Aufmerksamkeit. Ich dachte, mir könnte das nie passieren. Und genau das ist das größte Problem.

Außerdem sollten die Kids wissen, daß ich unter den HIV-Infizierten noch zu den Glücklichen zähle. Obwohl einige Leute sich nach meiner Erklärung negativ äußerten, geht doch die große Mehrheit der Öffentlichkeit sehr freundlich mit mir um. Die meisten Menschen mit HIV und AIDS erfahren nicht diese Unterstützung. Viele werden abgelehnt – manchmal sogar von ihren Freunden und Familien. Und sie werden in jeder nur erdenklichen Weise diskriminiert. Der Schutz vor HIV und AIDS ist nur die eine Hälfte des Kampfes. Die andere Hälfte ist, dafür zu sorgen, daß Menschen, die schon in dieser Situation sind, mit Würde und Mitgefühl behandelt werden. AIDS hat nichts zu tun mit »uns« und »den anderen«. Man bekommt das Virus nicht, weil man »schlecht« ist, und man entgeht ihm nicht, weil man »gut« ist. *Entscheidend ist nicht, wer du bist, sondern was du tust.*

Das Buch endet mit der Botschaft:

Sei verantwortungsbewußt. Es ist dein Leben. Und denk daran, daß der sicherste Sex kein Sex ist, aber wenn du dich für Sex entscheidest, praktiziere immer Safer Sex. Mir ist die Sache mit HIV zugestoßen, deshalb weiß ich, daß dir das gleiche passieren kann. Ich möchte dich in Sicherheit wissen. Dein Leben ist es wert.

NEUNZEHNTES KAPITEL

Ein besonderes Spiel

Als ich am 7. November vom Basketball zurücktrat, nahm ich an, daß es aus und vorbei sei – wenigstens für diese Saison. Ich konnte mir beim besten Willen nicht vorstellen, daß ich am 9. Februar bei dem All-Star-Spiel in Orlando dabeisein würde. Aber als die Ärzte keine Einwände gegen meine Teilnahme hatten, war ich begeistert.

Wenn ich Basketball wirklich aufgeben mußte – was ja keineswegs klar war –, dann hatte ich wenigstens ein letztes Spiel verdient. Sosehr ich auch für die Fans spielen wollte, so trat ich doch auch für mich an. Ich wollte beweisen, daß ich noch nichts verlernt hatte und noch genausogut war wie vor dem Virus.

Bevor ich von zu Hause wegfuhr, steckte ich ein Videoband in den Recorder und programmierte das Gerät auf Samstag, neun Uhr, Pazifische Zeit. Cookie war in der Mitte ihrer Schwangerschaft, und ich konnte mir schon vorstellen, wie ich einige Jahre später mit meinem Sohn oder meiner Tochter im Wohnzimmer sitzen würde. »Ich möchte dir was zeigen«, würde ich sagen. »Das ist Daddys letztes Spiel, damals hat er Abschied genommen.«

Aber es gab noch einen anderen Grund, weshalb ich unbedingt bei dem Spiel mitmachen wollte. Ich war zwar nicht mehr für die Lakers aktiv, aber jetzt spielte ich für ein anderes, viel größeres Team, ein Team, das Tag für Tag größer wurde. Das machte das All-Star-Spiel so wichtig für mich. Ich nahm teil stellvertretend für alle, die HIV oder AIDS hatten. Ich wollte der Welt zeigen, daß Menschen mit dem Virus noch laufen, springen und Basketball spielen können. Und daß man sich nicht anstecken kann, wenn man gegen uns spielt, uns umarmt, uns küßt oder umrennt.

Auf einer anderen Ebene spürte ich, daß ich für alle Menschen mit einem Leiden oder einer Behinderung mitmachte. Ich wollte ihnen sagen, daß unser Leben nicht vorbei ist. Ich war immer noch da und sie auch. Ich wollte zeigen, daß das Leben ein Kampf ist, wir aber trotzdem weitermachen müssen.

In mancher Hinsicht war es ein All-Star-Wochenende wie alle anderen. Meine Eltern waren angereist, zusammen mit meinen Brüdern und Schwestern, meinem Neffen, meinem Sohn Andre, Cookies Eltern und einigen alten Freunden aus Michigan. Am Freitag abend führten wir eine Tradition fort, mit der wir ein paar Jahre früher bei einem All-Star-Wochenende begonnen hatten. Der ganze erweiterte Familienkreis fuhr zu einem Restaurant, wo wir ein großes Essen mit Buffet hatten: gebackene Hähnchen, Spareribs, Kartoffelsalat, Kohlgemüse und Kuchen, der mit saurer Sahne, Nüssen und Zimt zubereitet war. Nach dem Essen setzten wir uns zusammen und spielten Karten.

Ich liebe es, mit meiner Familie zusammenzusein, aber an diesem Abend war ich mit den Gedanken beim Spiel vom Sonntag. War ich wirklich vorbereitet? Ich hatte hart trainiert in den letzten Wochen, aber seit Ewigkeiten kein richtiges Spiel mehr gemacht. Und die Zuschauer lassen jedes Spiel viel größer erscheinen. Wenn es nur um ein Aufwärmspiel mit ein paar anderen Jungs geht, dann machen die Fehler nicht viel aus. Aber die Fans reagieren auf jede Bewegung, die man macht, und man ist sich ihrer Anwesenheit in jeder Sekunde bewußt. Sicher, wenn ich nicht gut spielen würde am Sonntag, würden das die Leute verstehen. Aber ich wollte ihre Aufregung spüren und ihren Beifall hören und nicht das Raunen der Enttäuschung.

Der Wirbel um das Spiel war riesig. Journalisten aus aller Welt waren in Orlando. Jedesmal, wenn Cookie und ich aus dem Aufzug traten und durch die Hotellobby gingen, entstand sofort ein Massenauflauf. Als Cookie am Freitag zusammen mit Laurie Rosen hergeflogen kam, wurde sie am Flughafen erkannt, ja sogar nach Autogrammen gefragt. Das war neu.

Als wir an diesem Abend nach unserem großen Essen zurück zum Hotel kamen, war unser Auto von so vielen Fans umringt, daß wir kaum aussteigen konnten. Die Leute wollten mich nur anfassen, mir ihre Unterstützung zeigen. »Wir beten für dich! Viel Glück! Bleib gesund!«

Am Samstag abend beschlossen Cookie und ich, besser im Hotel zu bleiben. Wir redeten und lachten miteinander und gedachten der guten alten Zeit, damals auf der Michigan State University. Wir hatten so viele Abende redend in Cookies winzigem Zimmer verbracht, ich habe immer noch diese kleinen Etagenbetten und den winzigen Tisch vor Augen. Schon damals wußte ich, daß ich sie heiraten wollte, und es dauerte nicht lange, bis ich begann, den Mund über unsere gemeinsame Zukunft vollzunehmen. Ich erzählte ihr, daß ich sicher in der NBA spielen und dann in der Lage sein würde, ihr ein großes Haus, schöne Klamotten und all die anderen Sachen zu kaufen, die wir beide uns wünschten, uns aber nicht leisten konnten. Cookie hatte mich angeschaut und gelächelt. Er ist süß, hatte sie gedacht, aber so ein Träumer.

»Und erinnerst du dich an die Diamanten?« fragte ich sie, als wir am

Sonntag morgen aufwachten. In unserem zweiten Uni-Jahr zogen die meisten der Jungs aus dem Basketballteam kurz vor Weihnachten zusammen los und kauften Diamantringe für ihre Freundinnen. Die Diamanten waren echt, aber winzig. Vielleicht haben die Ringe deshalb nur ungefähr fünfzig Dollar gekostet. Trotzdem war das weit mehr, als ich aufbringen konnte. Cookie war enttäuscht, sie war das einzige Mädchen in unserer Gruppe, das keinen Ring bekommen hatte. »Hör zu, Baby«, sagte ich zu ihr. »Ich werde dir doch keinen billigen Ring aus dem Automaten ziehen. Eines Tages aber werde ich dir einen *richtigen* Diamanten kaufen. Und dann wird er so groß sein, daß du das Ding von der anderen Seite des Spielfeldes wirst sehen können.«

Ich war ein großer Schwätzer damals. Jetzt aber, dreizehn Jahre später, frühstückten wir an einem schönen Sonntagmorgen nobel in unserer luxuriösen Hotelsuite im Florida Disney World. Und dort an Cookies Finger war genau der große Diamantring, den ich mir damals auf dem College vorgestellt hatte. »Siehst du, es ist genau so geworden, wie ich gesagt habe.«

»Du hast recht«, antwortete sie, »es ist alles wahr geworden, was du mir versprochen hast.«

Cookie und ich hatten viele angenehme Stunden miteinander verbracht, aber dieses Wochenende hatte noch etwas Besonderes. Mit ihr zu reden und auszuruhen versetzte mich in beste Laune, und das half mir ganz sicher über die Nervosität, die ich wegen des Spiels verspürte, hinweg. Als ich sie im Hotel zurückließ, um schon einige Stunden früher in die Arena zu kommen, versicherte sie mir, daß alles gut laufen würde. »Dieses Spiel ist nur eine weitere Herausforderung«, sagte sie zu mir, während sie mich fest umarmte und küßte. »Nun geh schon, und viel Vergnügen. Und sieh zu, daß du sie naß machen wirst!«

Wie immer war ich der erste im Umkleideraum. Ich habe es gern, sehr früh da zu sein, weil ich dann Zeit habe, mich gedanklich auf das Spiel einzustellen. Mein Herz schlug heftig, und ich atmete einige Male tief durch, um wieder ruhiger zu werden. Bleib cool, sagte ich zu mir. Wenn du zu sehr gefallen willst, wirst du nicht zu deinem Spiel finden.

Normalerweise wurde vor dem All-Star-Spiel immer nur leicht trainiert, wir machten nicht viel mehr, als ein paarmal übers Feld zu laufen. Aber diesmal hatte uns Don Nelson, der Coach des West-Teams, am Samstag richtig aufeinandergehetzt. Mag sein, daß er das für mich angesetzt hatte, damit ich wieder Spielpraxis gegen starke Spieler bekam und mein Selbstvertrauen aufbauen konnte. Falls das sein Plan war, so ging er auf. Alle Selbstzweifel meinerseits waren schnell verschwunden.

Es dauerte nicht lange, bis der Rest des Teams in den Umkleideraum kam. Sobald das Gequatsche begann, fühlte ich mich wieder zu Hause. Das hatte ich am meisten in den letzten Monaten vermißt: nicht sosehr das Spielen selbst, aber die Unterhaltungen, die Kameradschaft und das Witzereißen. Nach zwölf Jahren in der NBA kannte ich die Jungs wirklich. In anderen All-Star-Teams hatte ich mit den meisten von ihnen schon gespielt. James Worthy kam auch von den Lakers, und einige der Veteranen aus den anderen Mannschaften wie Clyde Drexler, Karl Malone, Hakeem Olajuwon, Chris Mullin und David Robinson waren versammelt.

Ich begrüßte John Stockton, der mit 1,85 m der Kleinste im West-Team war. Im Ost-Team war Isiah genauso klein, ebenso Mark Price aus Cleveland. Aber was diesen Jungs an Größe fehlte, machten sie durch Talent mehr als wieder wett – und durch ihre Einstellung. Deshalb spielte ich so gerne mit ihnen.

Beim Samstagstraining hatten mir meine Teamkameraden auf ihre Weise einen herzlichen Empfang bereitet. Jeff Hornacek hatte gefragt, ob die Lakers mich noch unter Vertrag hätten. Wenn nicht, würde Phoenix liebend gern mit mir abschließen. »Wenn du in unserer Mannschaft wärst«, hatte David Robinson gesagt, der in San Antonio spielt, »würden wir ganz vorne landen.« Und einige Jungs hatten mir bestätigt, daß ich nicht einen Schritt verlernt hatte. »Du bist gut in Form, wirklich gut«, hatte mein alter Kumpel Clyde Drexler gesagt. Und er wiederholte das beim Spiel am Sonntag. Die Unterstützung der anderen All Stars bedeutete mir sehr viel. Ich glaube, ich hatte sie stärker gebraucht, als ich mir selbst eingestehen wollte. Jetzt zog ich mir die Sachen in der gewohnten Art an, zuerst das Trikot und die Socken. Dann lehnte ich mich für einen Augenblick zurück, um mich zu sammeln, bevor ich die Shorts und die Schuhe anzog. Ich fühlte mich glücklich und voller Selbstvertrauen. Diesen Moment wollte ich auskosten. Ich habe es immer geliebt, mich für die All Stars umzuziehen und dann auf diese riesige Bühne mit den anderen Jungs aufzulaufen.

Aber diesmal war es anders. Während wir den Umkleideraum verließen, spürte ich meine Gänsehaut. Und als wir an den ganzen Journalisten vorbei in Richtung Spielfeld gingen, begann die Spannung noch zu steigen. *Es ist wahr. Gleich werde ich draußen sein. Endlich wird es geschehen.*

Sobald wir auf dem Feld waren, merkte ich, daß die Augen der Fans alle auf mich gerichtet waren. Ich konnte sie förmlich spüren. Und so viele Kameras! Das Spiel wurde in die ganze Welt übertragen, von Nicaragua bis Singapur, von Kasachstan bis Zimbabwe. Menschen in über neunzig verschiedenen Ländern würden dabeisein. Der Satz »Die ganze Welt schaut zu« ging mir nicht aus dem Kopf.

Die Menge begann schon zu jubeln, bevor ich vorgestellt wurde, und sie machte danach noch zwei Minuten weiter. Bleib stark, sagte ich mir. Du wirst noch mehr als genug Zeit haben, Gefühle zu zeigen.

Aber ich schaffte es kaum, mich nicht von diesem Strom der Gefühle mitreißen zu lassen, als das gesamte Ost-Team, angeführt von Isiah Thomas, zu mir herüberkam, um mich zu begrüßen. Ich frage mich, ob jemals ein Athlet ein Spiel in egal welcher Sportart begonnen hat und dabei so viel Unterstützung und so viel Zuneigung von so vielen Menschen verspürt hat.

Das Spiel dauerte gerade vier Sekunden, als ich den Ball mit einem schlechten Paß verlor. Das war nichts Unerwartetes. Diese Sachen passierten mir immer zu Beginn einer wichtigen Begegnung, deshalb machte ich mir keine Gedanken. Vielleicht bedeutete es nur, daß nun die meiste Nervosität aus mir heraus war. Packen wir die Sache an. Spielen wir endlich Basketball!

Zu Beginn hielten einige Teamkameraden nicht mit mir mit. Vielleicht waren sie nicht so ganz sicher, ob ich wirklich spielen konnte. Jedenfalls schienen einige der Jungs langsam und vorsichtig zu sein. Aber das Spiel ging weiter, und sie agierten nun auch schneller. Es dauerte nicht lange, und man bekam die gewohnt harten Pässe und die Korbleger zu sehen. Dennis Rodman hatte mich schon gewarnt, daß ich etwas für meine Punkte tun müsse. »Ich werde dich hart decken«, hatte er vor dem Spiel gesagt. »Gegen mich punktest du nicht.« Als ich das hörte, konnte ich es gar nicht mehr erwarten, es ihm zu zeigen. Nach der Hälfte des ersten Viertels traf ich einen Hook Shot aus fünf Metern Entfernung über ihn hinweg.

Der Point Guard macht das Spiel, deshalb sorgte ich dafür, daß jeder etwas vom Kuchen abbekam. Der eine trifft von draußen, der andere geht gern direkt zum Korb. Das All-Star-Spiel ist meist eine große Offensiv-Show. Zum einen sind die Spieler so gut, daß man sie nicht halten kann, selbst wenn man wollte. Zum anderen will niemand in der Mitte der Saison durch übergroße Härte in der Abwehr eine Verletzung riskieren. Wenn einer von *diesen* Jungs ausfällt, kann seine ganze Mannschaft den Rest der Saison vergessen.

Das ganze Spiel war hervorragend. Aber die letzten Minuten des letzten Viertels werden mir immer in Erinnerung bleiben: die Eins-gegen-Eins-Kämpfe gegen Isiah Thomas und Michael Jordan und diese drei Dreier kurz vor Ende.

Es gibt Momente im Leben, da möchte man ein Gefühl nehmen und in eine Flasche stecken, damit man immer davon kosten kann.

Der einzige, der bei dem Spiel gefehlt hat, war Larry Bird, der wegen einer Rückenverletzung pausierte. Und trotz des perfekten Verlaufs des All-Star-Spiels vermißte ich Larry. Eines Tages werden wir auf den Platz hinter seinem Haus gehen und die offene Rechnung begleichen.

Oben auf der Tribüne saß Dad und strahlte. Er sah glücklicher aus, als ich ihn je gesehen hatte. Er hatte seine Zweifel gehabt, aber nachdem er meinem Spiel zugesehen hatte, wußte er, daß alles in Ordnung war. Ich freute mich so, ihn über das ganze Gesicht strahlen zu sehen, und dieses Bild habe ich seitdem immer wieder vor Augen.

Welche Erleichterung mußte das für ihn und Mom sein! Als ich meinen Eltern das mit dem Virus erzählte, konnte ich ihnen nicht verständlich machen, daß ich immer noch gesund war. Sie hörten alles mögliche über AIDS und wie krank ihr Sohn sei. Sie waren so hilflos und besorgt. Ihren Schmerz konnte ich oft am Telefon spüren, besonders bei Dad.

Aber bei dem All-Star-Spiel konnte Dad mit eigenen Augen sehen, daß ich fit war. Wir kennen uns beide sehr gut. Er sieht an meinen Bewegungen, in welcher Verfassung ich bin, und er beobachtet mich immer genau. Und dann sah er mich, wie ich mein Spiel machte. Das ist Junior, wie ich ihn kenne, dachte er, das ist mein Sohn, und er ist gesund.

Auch Cookie strahlte. Sie hatte über viele Jahre meine Spiele gesehen, aber an diesem Tag war sie genauso begeistert wie alle anderen. Nach dem Spiel hatten wir einen kurzen Moment für uns allein in einem der kleinen Nebenräume. Sie sagte wieder und wieder: »Ich bin *so stolz* auf dich.« Sie erzählte mir, daß sie bei meinem letzten Dreier vom Sitz aufgesprungen sei. Es war so toll zu sehen, wie meine Frau den Raum zum Leuchten brachte und mich voller Begeisterung umarmte.

Cookie hatte neben ihrem Vater gesessen, der fast noch aufgeregter war als sie. Während des letzten Viertels schrie er so laut, daß sie ihn bat, sich etwas zurückzuhalten. »Bitte, Dad, du bringst mich ja richtig in Verlegenheit!«

Dann gingen wir in einen größeren Raum, wo meine Familie und meine Freunde auf uns warteten. Andre war da und meine alten Freunde aus Lansing, außerdem Julius Erving und mein Onkel James, der Bruder meiner Mutter, der mich sonntags immer von einem Park zum anderen durch die Stadt gefahren hatte, damit ich Basketball spielen konnte. Und wenn wir niemanden auftreiben konnten, telefonierte Onkel James einige seiner Freunde zusammen und organisierte ein Spiel für mich.

Auch Jim Dart war da, und er sah aus, als würde er jeden Moment anfangen zu weinen. Er umarmte mich einige Male herzlich, und wie gewöhnlich sprach er das aus, was ihn bewegte: »Weißt du, jeder große Kämpfer stirbt auf dem Schlachtfeld. Jeder große General geht am Ende

unter. So muß es sein. Und wenn du stirbst, dann auf dem Spielfeld, während du das machst, was du liebst und für das du geboren wurdest.«
An diese Worte muß ich seit diesem Moment immer wieder denken. Und ich denke auch heute daran.

An diesem Abend flog ich mit Lon zusammen nach New York zu einem geschäftlichen Treffen. Während des Fluges blitzten in meinem Kopf immer wieder die beiden strahlenden Gesichter von Cookie und Dad auf. Wie glücklich und stolz sie ausgesehen hatten!
 In New York wurde ich belagert wie nie zuvor. Restaurantaushilfen, Hausmädchen, Kellner, Taxifahrer, alle möglichen Leute. Kurz bevor wir am Montag nachmittag wieder die Stadt verließen, ging ich noch in ein Geschäft auf der Fifth Avenue, um für Cookie ein Ledernotizbuch zu kaufen, wie sie es sich schon immer gewünscht hatte. Als ich bezahlte, fragte eine Frau hinter mir nach einem Autogramm. »Sicher«, sagte ich, während ich den Kreditkartenauszug unterschrieb. »Wenn Sie eine Minute warten können.«
 Als ich mich dann umdrehte, stand da nicht mehr nur eine Frau und wartete. Es hatte sich eine lange Schlange von Frauen bis zum Eingang gebildet, die alle still auf ein Autogramm warteten. Ich war nur fünf Minuten dagewesen, aber es sah so aus, als hätte jemand ein Schild aufgehängt: Bitte für ein Autogramm hier anstellen.
 Ich schaffte es, bei einigen zu unterschreiben, aber wir mußten uns beeilen. »Ich muß mein Flugzeug bekommen!« rief ich ihnen zu.
 »Wir waren begeistert von dem Spiel!« riefen sie zurück. »Komm bald wieder!«
 Ich bin es gewohnt, daß mich Leute nach einem Autogramm fragen, aber Frauen in einem schicken Ledergeschäft, das war neu. Später habe ich erfahren, daß dieses All-Star-Spiel fünfzig Prozent mehr Zuschauer hatte als die Spiele der früheren Jahre, und dazu gehörten eine Menge Leute, die nie zuvor in ihrem Leben ein Basketballspiel gesehen hatten. Aber sie hatten von diesem Typen gehört, der Magic Johnson heißt und Basketball spielt, obwohl er das Virus hat. Und sie sagten sich wohl: »Laßt uns mal sehen, was es damit auf sich hat.«
 Und was geschah mit all den Leuten, die das Spiel anschauten? Sie wurden aufgeklärt. Sie sahen mit eigenen Augen, daß ein Mensch mit HIV noch Basketball spielen konnte, ohne sich selbst oder irgend jemand anderen auf dem Feld in Gefahr zu bringen. Das war die beste Wirkung, die das Spiel haben konnte.
 In den folgenden Monaten schaute ich mir das Band mit dem Spiel oft an. Ich wußte, daß ich rein körperlich ein gutes Spiel gemacht hatte, aber

nach der langen Pause wollte ich sichergehen, daß meine Instinkte noch intakt waren. Hatte ich schnell genug reagiert, wenn einer an mir vorbeigehen wollte? War ich nach einem Wechsel sofort wieder ins Spiel gekommen? Die Situationen ändern sich blitzschnell in einem Profi-Spiel, und ich hatte eine lange Zeit ausgesetzt. Würde ich im Juni noch gut genug sein für das Olympiateam?

Was ich sah, gefiel mir. Ich habe das Videoband sogar dazu benutzt, mich selbst zu einem härteren Training für die Olympiade zu motivieren. Während meine Olympiateamkameraden die normale Saison zu Ende spielten und einige von ihnen dann in den Playoffs antraten, mußte ich sicherstellen, daß ich mit ihnen mithalten konnte. Das Band spornte mich dermaßen an, daß ich es nach einer Zeit gar nicht mehr anschauen mußte. Ich brauchte nur daran zu denken, und schon zog es mich wieder in die Sporthalle.

Wenn meine Basketballkarriere wirklich vorbei sein sollte, dann hätte ich mir kein besseres Ende als dieses Spiel wünschen können.

ZWANZIGSTES KAPITEL

Der Rücktritt

Nur eine Woche nach dem All-Star-Spiel – der Jubel der Menge hallte noch in meinen Ohren nach – feierten die Lakers offiziell meinen Rücktritt. Wenn ich zurückschaue, dann ging es bei dieser Zeremonie gar nicht so sehr um meinen Abschied, weil ich innerlich noch gar nicht bereit war, mich zurückzuziehen. Und jeder wußte das. In Wahrheit war die Zeremonie eine Gelegenheit für die Lakers, mir eine Ehrung zukommen zu lassen, und eine Chance für mich, meiner Dankbarkeit Ausdruck zu geben.

Die Zeremonie fand in der Halbzeitpause des Spieles gegen die Boston Celtics statt. Das war kein Zufall. Wenn ich schon meinen Rücktritt erklären mußte, dann wollte ich es machen, wenn die Celtics zu Gast waren. Diese ewige Rivalität hat mir immer viel bedeutet. Und die Laker-Fans kamen nur zu einem Spiel wirklich früh, und das war gegen Boston.

Ich hatte nicht erwartet, daß es möglich sein würde, die Aura des All-Star-Spiels wiederzubeleben. Aber es stellte sich heraus, daß es eine völlig andere Erfahrung wurde. Das All-Star-Spiel war ein Fest gewesen. Ich hatte genau so gespielt, wie ich wollte. Ich war gesund, und ich war immer noch gut. Die Rücktrittsfeier war komplizierter. Sie war schmerzlich-schön und gefühlsbetont. Und sie war nicht so eindeutig. Sie markierte ein Ende – sofern ich nicht widerrufen würde. Der schmerzliche Teil war, daß ich nicht zurücktrat, weil ich es wollte. Der schöne Teil war die Zuneigung, die mir von meinen Mannschaftskameraden und den Fans entgegengebracht wurde. Und all die großen Erinnerungen an das Forum, wo ich sooft alles gegeben hatte.

Trotz aller Pläne für diesen Tag hoffte ich immer noch auf ein Comeback bei den Lakers. Es war wahrscheinlich zu spät für die Saison 91//92, im nächsten Jahr jedoch stand alles offen.

Ich beabsichtigte, ganz bestimmt bei der Olympiade im Sommer zu spielen, aber das war etwas anderes. Einerseits würde es nur einige Wochen dauern, und andererseits würde die Belastung auf alle Spieler gleichmäßig verteilt sein.

Aber was würde nach der Olympiade sein? Ich wußte es noch nicht. Nach der Verabschiedungszeremonie meinte Coach Dunleavy scherzhaft zu den Journalisten, daß die Lakers meine Schuhe zwar an den Nagel gehängt hätten, allerdings an einen sehr wackeligen.

Wie dem auch sei, ich hatte meinen Rücktritt bekanntgegeben, und so war eine öffentliche Feier unvermeidbar. Und genau wie das All-Star-Spiel wurde sie im ganzen Land übertragen.

Am Abend zuvor hatte Arsenio mich zum Essen eingeladen. Während des Essens ließen wir unsere Karrieren Revue passieren und lachten über die guten alten Zeiten. Ich nahm die heitere Stimmung mit nach Hause und lachte immer noch, als ich ins Bett ging. Aber ich schlief nicht allzu gut in dieser Nacht. Normalerweise kann ich mir ein Ereignis vorher ausmalen, aber mit der Rücktrittszeremonie wollte mir das nicht gelingen. Ich wußte nicht genau, was geplant war und wer als erster reden sollte. Ich konnte mir die ganze Sache nicht richtig vorstellen.

Am Sonntagmorgen wachte ich früh auf. Das Spiel sollte mittags stattfinden. Ich packte meinen Anzug und meine Krawatte ein und fuhr in Trainingssachen zum Forum. Erst als ich angekommen war, fiel mir auf, daß ich meinen Gürtel vergessen hatte. Arsenio, der auch bald erschien, zog seinen Gürtel aus und gab ihn mir.

Wie ich es in den letzten Wochen immer gemacht hatte, trainierte ich mit den Lakers vor dem Spiel. Dann saß ich mit meinen Teamkameraden zusammen im Umkleideraum, und Coach Dunleavy ging einige Verteidigungsstrategien gegen die Celtics durch. Sein Plan war, Robert Parish zu doppeln und die anderen Spieler einschließlich Kevin McHale in einfache Manndeckung zu nehmen.

Larry Bird, der wegen seiner Rückenverletzung nicht spielte, kam ungefähr eine Stunde vor dem Rest der Celtic-Mannschaft an, und als ich die Halle betrat, um mein Schußtraining zu machen, tja, wer war wohl schon da? Wir begannen zusammen zu werfen, nur wir zwei, ganz allein in der riesigen Halle.

Die Leute vom Lakers-Management hatten mich gebeten, während der ersten Halbzeit im Umkleideraum zu bleiben. Arsenio leistete mir Gesellschaft, und wir schauten das Spiel im Fernseher an. Kurz vor Ende der ersten Halbzeit steckte Lon seinen Kopf zur Tür herein und sagte: »Es wird Zeit.«

Am allerschwersten war für mich der Gedanke, daß ich jetzt das letzte Mal diesen Gang hinuntergehen würde. Und diesmal hatte ich einen Anzug an statt der Sportsachen. Ich hatte diesen Weg viele hundertmal zurückgelegt, aber jetzt war alles anders. Ich erinnerte mich gut daran, als Kareem Abdul-Jabbar vor einigen Jahren abgedankt hatte. Wie ich mich allerdings bei meinem eigenen Rücktritt fühlen würde, konnte ich mir nicht vorstellen. Wie verabschiedet man sich, besonders wenn man eigentlich gar nicht gehen will? Einige Leute in diesem Gebäude kannten mich, seit ich neunzehn war. Innerlich vergoß ich Tränen.

Als ich in die Halle trat, sah ich, daß das Licht gedämpft war. Einige der legendären Laker-Spieler der Vergangenheit standen aufgereiht, um mich zu begrüßen: Wilt Chamberlain, Jerry West, Elgin Baylor und Kareem. Außerdem saß meine Familie da, meine Eltern, meine Schwester Pearl, mein Sohn Andre und Cookie. Larry Bird war auch da und einige meiner früheren Teamkameraden. Die Leute riefen: »Wir lieben dich, Magic!« Ich spürte, daß ich kurz davor war, die Kontrolle über meine Gefühle zu verlieren.

Ich hatte alles unter Kontrolle – bis Kareem sprach. Als er der Menge erzählte, daß ich ihm gezeigt hätte, daß er eigentlich *Spaß* an der Sache haben könnte, verlor ich die Fassung. Kareem ist ein Mensch, der nur selten offen über seine Gefühle spricht, besonders in der Öffentlichkeit. Jetzt überwältigte es mich, und ich begann zu weinen.

Während er sprach, dachte ich an unsere gemeinsame Vergangenheit. Als ich ihn dann umarmte, mußte ich daran denken, wie ich ihn das allererste Mal umarmt habe. Das war nach seinem Hook Shot, durch den wir das erste Spiel meiner Karriere bei den Lakers gewonnen hatten. Er dachte damals, ich sei verrückt geworden. Wenn er aber später einen besonders wichtigen Hook Shot getroffen hatte, suchte er mich geradezu für die High Fives. Mir fielen viele große Momente ein, die wir zusammen erlebt hatten. Die Spiele gegen Philadelphia am Ende meiner ersten Saison, als wir die Meisterschaft ihm zu Ehren gewonnen hatten. All die anderen Meisterschaften, besonders gegen Boston. Und der Abend, an dem er den Punkterekord in Las Vegas aufstellte. Mehr als jeder andere symbolisierte Kareem meine Zeit bei den Lakers.

Und natürlich hielt auch Larry Bird eine Rede. Aber es waren nicht so sehr die Worte, die mir nahegingen. Es war seine Anwesenheit, die Tatsache, daß er trotz seiner Verletzung gekommen war. Ich wußte bis kurz vorher nicht, ob er es schaffen würde. Und als ich ihn dann sah, rechnete ich es ihm sehr hoch an, denn es war eine Ehre für mich, daß der Mann gekommen war, der mir das Beste abverlangt hatte und der mich erst zu dem Spieler gemacht hatte, der ich war.

Als die Halbzeitpause vorüber war, gingen wir alle zurück in den Kabinentrakt, damit Photos gemacht werden konnten. Als wir dort standen, drehte ich mich zu Larry um und sagte: »Das Spiel ist ziemlich langsam. Warum gehen wir eigentlich nicht für die letzten fünf Minuten aufs Feld und mischen den Laden etwas auf?« Er grinste. Und er wußte, daß ich nur zum Teil scherzte. Wenn wir beide gesund genug gewesen wären, wir hätten es ihnen gezeigt.

Meine alten Teamkameraden hier zu sehen, weckte so viele kostbare Erinnerungen in mir. Da war Jamaal Wilkes, den alle Silk nannten. Ich konnte ihm den Ball so hart zupassen, wie ich wollte. Niemand in der NBA konnte solche Pässe fangen, wie ich sie zu Jamaal jagte. Und dann besaß er diesen wunderschönen, weichen Schuß. Er bewegte sich auf die geschmeidigste, eleganteste Art, die ich je gesehen habe. Coach Westhead verglich einmal Silks sanften Schuß mit Schnee, der auf Bambuslaub fällt. Und dann Norm Nixon, wie er auf links wechselte für seinen berühmten Fall-away Jumper. Oder Coop mit all seinen Alley-Oops und der Art, wie er und Larry den ganzen Tag aufeinander einredeten. Und Kurt Rambis, der darauf bestand, hier zu sein, obwohl seine Mannschaft in Seattle spielte. Und natürlich Kareem.

Die ganze Zeremonie war etwas Besonderes. Auch für meine Eltern, die sonst nie im Fernsehen waren. Mom ließ sich mitreißen, sie weinte genauso wie ich. Dad blieb stark, aber ich wußte, wie es in ihm aussah.

Kurz vor der Halbzeit hatten sie Dad in den Umkleideraum gebracht, und sein ganzes Gesicht strahlte, als er Wilt Chamberlain vorgestellt wurde. Wilt war sein Held, aber er hatte ihn nie kennengelernt. Ich konnte mich nicht erinnern, Dad je so aufgeregt gesehen zu haben. Er lachte und kicherte. »Ich habe Sie gesehen«, sagte er. »Junior und ich haben Sie immer angeschaut, und Hall Greer, Wali Jones und all die anderen großen Spieler aus Philadelphia.« Dad ging die ganze Mannschaft mit Wilt durch. Mensch, hätte ich gern eine Videokamera gehabt, um diesen Moment festzuhalten.

Als ich mit meiner Rede an die Reihe kam, dankte ich allen – meinen Teamkameraden, den legendären Lakers-Spielern, Larry Bird, David Stern, Jerry West, Jerry Buss, Chick Hearn, Lon, den Journalisten, den Fans, Andre, meinen Brüdern und Schwestern und besonders Mr. und Mrs. Earvin Johnson.

Dann wendete ich mich an Cookie: »Ich dachte, ich sei der stärkste Mann, der je gelebt hat. Aber ich habe herausgefunden, daß meine Frau hundertmal stärker ist als ich. Danke, Cookie, daß du so stark bist, und danke, daß du hier bei mir bist.«

An diesem Abend veranstalteten einige Freunde mir zu Ehren eine Party. Vier Jungs hielten eine Rede, und alle sagten mehr oder weniger dasselbe: daß ich wieder mit dem Spielen beginnen sollte. Und jedesmal wenn das gesagt wurde, stießen die Gäste darauf an.

Dann erhob sich Arsenio. »Ich weiß jetzt, daß viele von euch meinen, Earvin solle sein Comeback planen. Aber aus ganz eigennützigen Gründen stimme ich in diesen Chor nicht mit ein. Ich möchte, daß er sich immer mit mir herumtreibt. Denk darüber nach, Earvin. Du hast alles erreicht, was man erreichen kann. Du hast alles auf der High School gewonnen. Du hast alles auf der Universität gewonnen. Du hast NBA-Meisterschaften gewonnen. Du bist dreimal zum besten Spieler des Jahres gewählt worden. Das einzige, was fehlt, ist die Olympiade, und die steht kurz bevor. Was gibt es da noch? Jetzt geht es nicht mehr nur um Basketball. Jetzt geht es um Cookie und Andre und das Baby, das bald dasein wird. Darauf solltest du dich konzentrieren. Auf dem Spielfeld hast du schon alles hinter dich gebracht, was du dir vorgenommen hast, und du hast Sachen gemacht, von denen die meisten anderen Spieler nur träumen können. Da gibt es für dich nichts mehr zu beweisen.«

Die Leute waren wie betäubt von seiner Rede. Ich auch. Ich hatte nicht gewußt, daß er so dachte, und ich hatte mir nicht vorstellen können, daß er darüber vor allen Leuten sprechen würde. Er war bereit, unbequeme Dinge auszusprechen, und dafür bewundere ich ihn.

Später am Abend nahm er mich zur Seite: »Mann, laß dein Comeback. Du hast alles schon gehabt. Wenn der Streß wirklich dein härtester Feind ist, dann solltest du dich dem nicht aussetzen. Du weißt genau, wie das mit dem Spielen ist. Wenn du aufs Feld kommst, dann ist das mehr als nur ein Spiel. Laß uns einfach nur zurücklehnen und das Leben ein bißchen genießen. Laß uns Schwertfisch essen, nach Hawaii fliegen, Spaß haben.«

Es berührte mich tief. Ich wußte, daß es von Herzen kam. Er ist jemand, der sich genau überlegt, was er sagt, und sich vorher kundig macht. Er hatte mit einigen Ärzten und mit Elizabeth Glaser gesprochen. Sie hatte ihm gesagt, daß ich eine Chance hätte, noch lange zu leben, wenn ich auf mich aufpassen würde.

Arsenios Worte hatten eine starke Wirkung auf mich. Die meisten Leute sagten, sobald sie mich auf der Straße oder am Flughafen erkannten: »Ich kann Ihr Comeback gar nicht mehr erwarten.« Niemand sonst außer Lon sagte damals: »Bleib daheim!« Es gehörte für Arsenio eine Menge Mut dazu, mir das zu sagen. Als ich an diesem Abend nach Hause kam, weckte ich Cookie auf, um ihr davon zu erzählen.

Ich selbst habe genau wie die Menschen, die mir nahestehen, meine Einstellung zu diesem Thema ein paarmal geändert. Am Anfang waren alle einmütig der Meinung, ich solle zurücktreten, Cookie, meine Eltern, Lon und auch ich selbst. Aber jetzt, nachdem wir alle eine Menge über AIDS gelernt haben, sehen wir, vielleicht mit Ausnahme von Lon, die Sache etwas anders. Und auch nach dem All-Star-Spiel, als man den alten Magic Johnson bewundern konnte, begannen die meisten Menschen in meiner Nähe umzuschwenken. Ich kann noch spielen, und der Spaß daran steckt mir noch so sehr im Blut. Ich fing also an, mich zu fragen, warum ich eigentlich nicht spielte.

Und jetzt tobt in mir ein Kampf: Die eine Seite sagt, ich soll es bei dem Rücktritt belassen, die andere, kämpferische Seite sagt, pack's noch mal an.

Ich bin zuversichtlich, daß Cookie und ich uns richtig entscheiden werden. Es ist unsere gemeinsame Sache. Seit ich verheiratet bin, kann ich diese Art von Entscheidungen nicht mehr allein treffen. Hier ist Cookies Sicht der Dinge:

Als die beiden Ärzte zu uns nach Hause kamen und empfahlen, daß Earvin zurücktreten sollte, fragte er mich, was ich davon hielte. »Da gibt es keine Frage«, sagte ich. »Du mußt dich zurückziehen. Ich will dich bei mir haben, damit wir zusammen alt werden. Ich möchte, daß du für das Baby da bist. Wenn du wieder spielst, verkürzt du dein Leben. Das ist es nicht wert.« Diese Einstellung hatten wir beide zu dieser Zeit. Ich habe mich immer gefragt, wie Earvin sich nach einem Rücktritt wohl verändern würde. Was würde er den ganzen Tag machen? Wie würde er sich darauf einstellen?

Es entwickelte sich alles nicht so, wie wir es geplant hatten, aber es entwickelte sich zum Guten: Er ist guten Mutes, weil er so etwas Großes hat, für das er kämpfen kann. Nie ist er mit einer Leidensmiene herumgelaufen, und er war auch nicht launisch – wie er es früher manchmal gewesen ist. Er war unglaublich beschäftigt, sprach mit verschiedenen Gruppen, ging zu Treffen, und er trainierte jeden Tag. Er hat eine Menge Projekte, sitzt also nicht hier zu Hause rum. Und außerdem hat er seine Geschäfte, denen er mit Leidenschaft nachgeht. Manchmal schaue ich in sein Gesicht, wenn er ein Spiel im Fernsehen anschaut, und ich merke, daß er gepackt wird, daß er auch dort in der Halle sein will. Immer wieder hieß es: »Wir wissen, daß es schwer für ihn ist, weil er nicht spielen kann.« Da ist etwas Wahres dran. Aber an einem Abend, als wir ein Spiel gegen die Clippers besuchten und die Lakers vom Platz gefegt wurden, sagte er: »Weißt du, der Rücktritt war gar nicht so übel. Ich verspüre jetzt nicht den Druck, der auf den Jungs lastet. Wenn ich gespielt hätte, dann würde ich jetzt auch vor Wut kochen. So kann ich aber einfach nach Hause gehen und mich wohl fühlen.«

Es kommen immer noch Leute mit betretenen Gesichtern zu uns, die sagen: »Es tut uns so leid.« Aber dazu besteht kein Grund. Auch wenn das nicht passiert wäre, hätte er in einigen Jahren zurücktreten müssen. Mit der Art, wie er spielt, kann er nicht mal so, mal so agieren, für ihn gibt es nur Volldampf voraus. Und wenn er so weitergemacht hätte, dann hätte er sich sowieso aufgerieben. Als die Lakers 1990 schon in der zweiten Runde der Playoffs gegen Phoenix verloren, spielte er so hart, daß ich dachte, er würde zusammenbrechen. Nach einiger Zeit macht der Körper das nicht mehr mit.

Manche Leute glauben, er spiele nicht, weil er krank ist. Es klingt verrückt, aber in mancher Beziehung ist er heute gesünder als zu seiner aktiven Zeit. Während der Saison oder der Playoff-Spiele war sein Körper immer ausgelaugt. Er war ausgepowert. Manchmal war sein Gesicht fahl, und es gab Zeiten, da konnte er nichts essen und kaum bis ins Bett kriechen.

Das All-Star-Spiel war erstaunlich. Er strahlte und war so glücklich. Selbst die Vorbereitung war ein Vergnügen für ihn. Er war hingebungsvoll bei der Sache und hatte die Haltung: »Stör mich nicht, ich muß zum Training.« Das werde ich nie vergessen.

Es wäre mir nie in den Sinn gekommen, daß er zum besten Spieler gewählt würde. Ich war einfach nur glücklich, ihn so spielen zu sehen. Deshalb war ich wirklich überrascht, als er die Wahl gewann, obwohl es Lon schon vor der Halbzeit vorhergesagt hatte. Als Earvin zu dem letzten Dreipunktewurf kurz vor Ende ansetzte, glaubte auch ich nicht, daß er reingehen würde. Als er traf, sprang ich vom Sitz auf. Die Rücktrittszeremonie war sehr gefühlsbeladen. Das Ganze hätte noch mehr Dramatik gehabt, wenn da nicht bei ihm, und ich glaube auch bei allen anderen, der Gedanke im Hinterkopf gewesen wäre, daß er vielleicht sein Comeback versuchen würde. Als Kareem seine Rede hielt, begann Earvin zu weinen, und auch mir kamen die Tränen.

Ich stehe voll hinter ihm, egal, wie er sich entscheidet. Es ist ein richtiges Tauziehen. Die Ärzte halten sich in dieser Frage zurück, sie raten weder eindeutig ab noch zu. Und Basketball war sein Leben für eine so lange Zeit.

Wenn Earvin wieder spielen würde, dann würde es ihm um den reinen Spaß an der Sache gehen. Und ich kann verstehen, warum er das will. Ich würde ihn unterstützen.

Aber er weiß auch, daß es noch eine andere Welt gibt und eine andere Art von Spaß. Und er sieht, daß der Rücktritt nicht nur Nachteile hat: Er kann viel Zeit mit mir und dem Baby verbringen, und wir können im Winter in Urlaub fahren. Er steht nicht mehr unter dem extremen Druck, aber er weiß immer noch, wie das war. Er hat gemerkt, daß es ein Leben nach dem Basketball gibt. Jetzt, wo er es ausprobiert hat, weiß er, daß er so auch leben kann.

In der Zwischenzeit trainiert er, und er ist stark und gesund. Natürlich wissen wir nicht, was die Zukunft bringen wird, aber wir sind beide optimistisch. Und wir beten jeden Tag.

Es gibt eine Sache, die mich wirklich sauer macht: wenn Leute behaupten, daß ich mir selbst gegenüber leugne, das Virus zu haben. Vielleicht kommen sie darauf, weil ich weiter fröhlich und optimistisch bin. Aber ich werde mich nicht in ein Loch verkriechen. Es ist die Wahrheit, daß ich keine schlechten Tage habe. Ich wache nicht morgens auf und denke daran, daß ich AIDS bekommen werde. Ich habe keine Alpträume und keine Angst davor. Wenn ich träume, dann meist von Basketball. Und wenn ich danach aufwache, bin ich traurig.

Natürlich gab es Momente der Niedergeschlagenheit über das Virus, aber nicht viele. Ich war schon immer so, daß ich das Leben optimistisch gesehen habe. Und seitdem ich von dem Virus weiß, habe ich Dutzende anderer Menschen getroffen, die genau wie ich mit HIV leben.

Die Ärzte rieten mir, mich von Leuten fernzuhalten, die krank sind, außerdem auf meine Gesundheit zu achten und zu trainieren. Auch meine Ernährung habe ich umgestellt. Vorbei ist es mit gebratenem und rohem Fleisch. Statt dessen gibt es Obst, Gemüse, Säfte, gegrilltes Hähnchen und Fisch. Zu alledem kommt meine positive Lebenseinstellung. Und wenn diese Dinge helfen, habe ich eine gute Chance.

Für mich ist HIV nur eine weitere Herausforderung, da habe ich dieselbe Haltung wie auf dem Spielfeld. Und in meinem Leben habe ich nicht allzu viele Schlachten verloren.

Aber ich kann der Tatsache nicht entfliehen, daß es mir passiert ist – selbst wenn ich es wollte, was aber nicht der Fall ist. Da gibt es so vieles, das mich daran erinnert: Ich nehme jeden Tag meine Medizin. Und wohin ich auch komme, sagen die Leute, daß sie für mich beten. Ich schaue fern und lese die Zeitung, ich spreche mit Gruppen und gehe zu Treffen.

Aber das, was mich am meisten daran erinnert, daß nichts wie gewohnt ist, ist die Tatsache, daß ich zum erstenmal in meinem Leben *nicht Basketball spiele*. Wenigstens nicht wettkampfmäßig. Bis zum November 1991 war das mein Lebensinhalt. Jetzt schaue ich mir die Lakers im Fernsehen an und gebe Gastkommentare für NBC. Ich denke noch an Basketball, aber ich spiele nicht.

Und das ist das schwierigste an der Situation. Ganz sicher vermisse ich nicht die Reisen, aber mir fehlen die großen Spiele, besonders gegen Michael Jordan und Larry Bird. Und ich vermisse es, zur Mannschaft zu gehören. Ich vermisse es, auf der Straße eine Zeitung zu kaufen und nachzuschauen, was Coop, Byron und ich uns im Kino anschauen könnten. Und wenn ich jetzt in den Umkleideraum komme, weiß ich manchmal gar nicht, wovon sie reden.

Das Jahr ohne Basketball hatte allerdings nicht nur Nachteile. An einem Abend kurz nach der Rücktrittsfeier im Februar gingen Cookie und ich zum Spiel der Lakers gegen die Clippers. Wir waren nur Zuschauer, und wir saßen direkt hinter der Bank der Lakers. Die Journalisten ließen uns keine Ruhe, aber ich erklärte jedem, daß ich als Fan da sei, und schließlich akzeptierten sie es.

Es war das erste Lakers-Spiel, bei dem Cookie und ich zusammensaßen, und es war ein eigenartiges Gefühl. Aber es machte auch Spaß. Es war, als hätten wir noch mal eine Verabredung miteinander. Wir aßen Popcorn, hielten uns an den Händen, redeten miteinander und lachten den ganzen Abend. Unten auf dem Feld allerdings hatten die Clippers ihren Spaß mit den Lakers. An diesem Abend wurden die Lakers von den Clippers naß gemacht, wie ich es in meiner ganzen Karriere noch nie gesehen hatte. Hätte ich auf der Bank gesessen, ich wäre rasend geworden. Auch als Zuschauer machte sich Mitgefühl für die Mannschaft in mir breit, aber es berührte mich lange nicht so sehr, wie ich erwartet hatte. Die Spieler mußten das Gefühl der Demütigung zu ihrem nächsten Spiel mit nach Seattle nehmen, ich ging einfach nach Hause und vergaß es.

Mir war klar, daß mein Weggang aus dem Team viel verändert hatte. Aber das war nicht der einzige Wechsel. In den letzten Jahren hatte Kareem die Mannschaft verlassen, dann Kurt, Coop und auch Pat Riley. Ehe wir es bemerkt hatten, war der ganze Kern der Mannschaft verschwunden. Nur James und Byron waren noch aus der großen Zeit übriggeblieben. Das war schwer zu verdauen für die Fans, weil sie durch die Erfolge und die Show, die ihnen geboten wurde, verwöhnt waren. Sie waren daran gewöhnt, daß jedes Spiel aufregend war. Aber die Dinge hatten sich verändert.

Nach dem Fiasko gegen die Clippers saß ich bei mehreren Spielen zusammen mit Coop auf der Tribüne. Das war nicht leicht. Wir sahen zwar die Lakers, aber es waren nicht die Lakers, die wir kannten. Und wir mochten es gar nicht, zur Passivität verurteilt zu sein. Anstatt in der Halbzeit in der Umkleidekabine zu sein, saßen wir in Coops Büro und diskutierten über das Spiel wie ein paar alte Männer.

Als ich dann das Forum verließ und mit dem Wagen die Rampe heraufkam, meinte der Wächter: »Wann werdet ihr Jungs endlich mal wieder gewinnen?« Ihr Jungs – als wäre ich immer noch dabei. Ich war froh, daß er mich immer noch mit einbezog, aber ich wußte auch, daß es mit mir besser laufen würde. Es ist nicht leicht für die Fans, die Lakers ohne mich zu sehen, genau wie für mich auch.

Ich konnte mich allerdings auch nicht ganz heraushalten. Manchmal warf ich mich noch mit den Jungs vor dem Spiel ein. An einem Abend kurz vor Ende der Saison wurden alle für das Mannschaftsphoto zusammengerufen. Nur einige Meter entfernt absolvierte ich mein Schußtraining. Es versetzte mir einen Stich, daß ich nicht dabei war. Ich war immer ein Mannschaftssportler, und ich wollte zweifelsohne auf dem Photo drauf sein. Sie fragten mich alle, ob ich mich nicht dazustellen wollte, aber es kam mir nicht richtig vor. Während das Photo aufgenommen wurde, konnte ich mich nicht auf meine Würfe konzentrieren. Ich warf sogar einige Korbleger daneben.

Aber es gab auch neue Herausforderungen. Zu Beginn dieses Monats, als Chicago zu Gast war, hatte ich meine Premiere als Gastkommentator für NBC zusammen mit Mike Fratello und Dick Enberg. Die Kunst bestand darin, zusammenzuarbeiten und sich nicht in die Quere zu kommen. Dick kommentierte das Spiel direkt, deshalb mußten Mike und ich uns sehr schnell in die Übertragung einschalten und wieder herausgehen. Ich mußte ihre Handzeichen verstehen lernen, aber das hatte ich bald heraus. Ich war erstaunt, wie schnell die Wiederholungen und Einblendungen eingesetzt werden konnten, während der Produktionsleiter über Kopfhörer Anweisungen gab.

Das schwierigste für mich als Kommentator war der Versuch, objektiv zu sein. Ich mußte aufpassen, daß ich nicht »wir« sagte, wenn ich über die Lakers sprach, auch wenn ich in der ersten Person dachte. Es war schwer, meine Teamkameraden zu kritisieren, aber manchmal mußte ich es. Wenn ich darauf verzichtet hätte, hätte ich den Job nicht richtig gemacht. Meine Aufgabe war es, den Fans etwas über Basketball zu sagen, und da konnte ich schlecht schweigen, wenn einer der Spieler etwas vermasselte.

Über meinen Lebensunterhalt mußte ich mir keine Sorgen machen. Dafür konnte ich Kareem danken. Als er plötzlich kein Geld mehr hatte, brachte ich ganz schnell meine finanziellen Angelegenheiten in Ordnung. Wenn man spielt, ist es so leicht, sich vom Glanz blenden zu lassen. Jeder sagt dir, wie gut du bist, und man fängt an zu glauben, daß man über Wasser gehen kann. Man denkt, daß die Zukunft sich von selbst regelt. Aber wenn man keine Pläne macht, endet man in Schwierigkeiten. Der Applaus verhallt, bevor man es merkt. Und der Glanz verblaßt schnell.

Ganz schnell gibt es dann einen anderen jungen Typen, nach dem die Leute ganz verrückt sind. Und dann, wenn es zu spät ist, merkst du, daß du nicht mehr die Kraft hast wie zu der Zeit, als du noch heiß warst. Wenn du ganz oben bist, verwöhnt dich jeder. Du denkst, das würde so weitergehen, doch das stimmt nicht.

Sofort, nachdem ich Lon als Manager engagiert hatte, wurden die Dinge in Angriff genommen. Ich begann mit Werbung, schloß Verträge ab und traf Absprachen wegen meiner Schulden. Als meine Verhältnisse schließlich geregelt waren, begannen wir mit der Planung meiner Zukunft.

Lon half mir, ein Geschäftsteam zusammenzustellen, mit dem ich dahin kommen konnte, wohin ich wollte. Damals war ich erst sechs Jahre in der NBA, aber wenn es ums Geld ging, war ich immer vorsichtig. Ich lebte gut, aber ich bin nie losgezogen, um mir verrückte Sachen zu kaufen. Ich dachte immer auch an den nächsten Tag. Noch lange, nachdem ich Profi geworden war, habe ich weiter im Sommer gearbeitet, und dieses Geld benutzte ich zum Leben. Mein normales Monatsgehalt legte ich für spätere Zeiten zur Seite.

Ich glaube, das ist der Einfluß meines Vaters: Ich habe schon immer daran gedacht, was ich nach meiner Zeit als Basketballer tun würde, und eines wußte ich ganz sicher: daß ich ins Geschäftsleben einsteigen würde.

Einer meiner Berater war Joe Smith, der Präsident von Capital Records. »Ich möchte damit beginnen, mich auf die Zeit vorzubereiten, wenn ich kein Basketballprofi mehr bin«, sagte ich zu ihm. »Ich würde gern Geschäftsmann werden. Was können Sie mir empfehlen? Mit wem sollte ich sprechen?«

Joe nannte mir Michael Ovitz als den Mann, den ich treffen sollte. Ovitz hatte in der Postabteilung der William Morris Agency angefangen, wurde aber schon bald gefördert. 1985 verließ er zusammen mit vier Kollegen die Agentur, um eine eigene Firma zu gründen, die Creative Artists Agency. Ovitz vertrat keine Sportler und wollte auch nicht damit beginnen. Aber er war ein großer Laker-Fan. Außerdem bewunderte er Mannschaftsspieler wie mich, weil er seine eigenen Geschäfte mit wirklichem Teamgeist anfaßte. Er war bereit, mich zu treffen und einige Möglichkeiten für meine Zukunft durchzusprechen.

Eines mochte ich ganz besonders bei Ovitz: Er schmeichelte mir nicht. Er sagte mir nicht die Dinge, von denen er annahm, daß ich sie hören wollte, sondern rückte meine Vorstellungen zurecht. Er erwähnte einige seiner anderen Klienten wie Sylvester Stallone und Barbra Streisand, Michael Jackson und Robert Redford, die alle in Mega-Verträge eingebunden waren.

Trotz meines Erfolgs im Basketball war ich, das wußte ich, ein Amateur, wenn es um Geschäfte ging. Ovitz sagte es nicht so offen, aber ich gewann den Eindruck, als sei ich der kleinste unter seinen Klienten. Und das empfand ich als eine Art Demütigung.

Er gab mir einige Hausaufgaben mit, indem er mir empfahl, daß ich mit dem Anschauen der Videobänder mit meinen Interviews anfangen sollte, um meine Ausdrucksweise zu verbessern. Lon hatte mir auf diesem Gebiet schon geholfen, als er mir erklärte, daß ich meine Hände zu stark einsetzen und manchmal Slang benutzen würde. Wie viele andere Sportler auch sagte ich Worte wie »wissen Sie« und »keine Frage« wieder und wieder, ohne es überhaupt zu merken.

Ich *mußte* meine Sprache nicht verbessern. Ich wäre weiter zurechtgekommen wie bisher. Aber wenn ich die Hoffnung haben wollte, jemals im Namen der schwarzen Sportler zu sprechen und wenn ich jemals erfolgreich nach meiner Zeit als Basketballer sein wollte, dann mußte ich lernen, mich effektiver zu verständigen. Im Laufe der Jahre habe ich mich weiterentwickelt. Ich bin sicher kein Dr. J., aber Julius Erving war auch immer ein Vorbild für mich: ein Mann mit Stil, der sich auszudrücken weiß.

Als zweites riet mir Ovitz, mit dem Studium der Geschäftswelt zu beginnen. Normalerweise verschlang ich nur die Sportseiten der Zeitungen und las nicht viel mehr. Ovitz erklärte mir, daß ich das *Wallstreet Journal* jeden Tag lesen sollte, nicht bis ins kleinste Detail, aber wenigstens, um einen groben Überblick zu bekommen. Außerdem empfahl er mir drei Manager-Magazine: *Forbes, Fortune* und *Business Week*.

Wir waren uns beide darin einig, daß ich mich nicht auf einen Pool von Werbeverträgen verlassen sollte. Solche Sponsoren sind eine gute Sache, aber meist nicht für eine allzu lange Zeit. Ich wollte nicht ein paar Jahre später einer der vielen schwarzen Sportler sein, deren aktive Karriere mit sechsunddreißig zu Ende ist und die nicht wissen, was sie machen sollen.

Ovitz verstand das. Und er verstand ebenso die Haltung der meisten Sportler, daß wir nämlich alles sofort machen wollen, weil wir nur eine begrenzte Zeit zur Verfügung haben. Daraus entstehen oft überhastete Entscheidungen, ohne daß den weiteren Umständen Beachtung geschenkt wird.

Statt vieler kleiner Werbeverträge wollten wir eine ernsthafte Zusammenarbeit zwischen mir und einem großen Unternehmen aufbauen. Ovitz war daran interessiert, eine richtige geschäftliche Gemeinschaft zu entwickeln, die meinerseits eine finanzielle Beteiligung beinhalten sollte. Er begann zusammen mit seinem Team, die Liste der großen amerikanischen Firmen durchzuforsten, um etwas Passendes zu finden. Schließlich entschieden sie sich für Pepsi mit dem Hintergedanken, daß ich mich in eine der regionalen Vertriebsgesellschaften oder Abfüllanlagen einkaufen könnte.

Ovitz organisierte als nächsten Schritt ein Treffen mit ungefähr einem Dutzend Pepsi-Managern in seinem Büro. Ich war etwas nervös bei dem

Gedanken, mit diesen erfahrenen Geschäftsleuten in dunklen Anzügen zusammenzusitzen. Deshalb fand am Tag vor dem Treffen eine Art Generalprobe mit dem Ovitz-Team statt. Sie gaben mir einen Überblick über einige der Themen, um die es gehen könnte, und sie bombardierten mich mit Fragen, die die Pepsi-Leute am nächsten Tag vielleicht stellen könnten. Das Treffen lief gut, und schließlich wurde ich Mitbesitzer einer Pepsi-Vertriebsgesellschaft in Washington, D.C.

Nach der ganzen Vorbereitung hatte ich nicht vor, nur ein stiller Teilhaber zu sein. Seit ich bei Pepsi eingestiegen bin, habe ich mehrere Reisen nach Washington gemacht, um mich um die Geschäfte zu kümmern und mich mit Kunden, Mitarbeitern und Vetretern zu treffen.

Ein Treffen, das mir besonders im Gedächtnis geblieben ist, hatte ich draußen in der Andrews Air Force Base. Die Frau, die ich dort traf, war mir gegenüber etwas mißtrauisch.»Ich kümmere mich nicht um Basketball«, sagte sie, »oder darum, wer Sie sind.«

»Das ist okay«, entgegnete ich.»Ich bin nicht als Basketballspieler hier, sondern geschäftlich. Ich möchte Ihnen Pepsi verkaufen und herausfinden, warum Coke bei Ihnen mehr Regalfläche hat als Pepsi.«

Als sie das hörte, huschte ein Lächeln über das Gesicht dieser unnahbaren Frau.»Sie sprechen meine Sprache«, sagte sie, und am Ende gab sie uns mehr Regalfläche und Platz für Verkaufsdisplays.

Ich gehe immer gut vorbereitet zu diesen Terminen. Ich weiß, mit wem ich es zu tun habe und wie die Situation aussieht. Und ich habe festgestellt, daß die Leute einen ernst nehmen, wenn man weiß, worüber man redet. Bei diesen Treffen bin ich nicht Magic Johnson, genausowenig wie Earvin Johnson. Ich bin Mr. Johnson. Für mich ist es wichtig, das Image vom dummen Sportler zu verändern, und ich bin froh, daß ich mit diesem Anliegen nicht allein dastehe. Immer mehr NBA-Spieler besitzen ihr eigenes Geschäft. Michael Jordan war ein großes Vorbild in dieser Beziehung.

Bob McAdoo sprach oft mit mir über das Thema, wie wichtig es sei, daß Schwarze sich stärker am Geschäftsleben beteiligen. Ich habe dieselbe Einstellung wie er. Mein Sportbekleidungsgeschäft liegt im Zentrum eines schwarzen Wohngebietes, und wir haben junge Leute aus der Nachbarschaft dort angestellt. Ich gehe in Inglewood zum Friseur und in schwarzen Gegenden zum Essen. Und jedes Jahr vergeben wir Stipendien für mein Basketballcamp am California Lutheran College in Thousand Oaks, damit Stadtkids dort hinausfahren und die Erfahrung einer völlig anderen Umwelt machen können.

Macht entsteht durch Besitz, und solange die Schwarzen nicht beginnen, mehr Geschäfte zu erwerben und diese Geschäfte untereinander auch zu unterstützen, wird sich nichts ändern. Aber die Straße dorthin führt über das College. Während meiner ersten Jahre in der NBA hatte ich noch nicht viel von der Macht begriffen, die ein Profispieler hat, indem er ein Vorbild für Kinder und Jugendliche ist und indem er für wohltätige Zwecke Geld spendet. Dann beteiligte ich mich an der United-Negro-College-Stiftung. Jeden Sommer organisiere ich seitdem ein Freundschaftsspiel mit den größten Stars der NBA. Und jedesmal kommt eine Menge Geld zusammen für eine gute Sache. Bis jetzt sind wir bei ungefähr sechs Millionen Dollar.

Offen gesagt, verstehe ich einige Spieler nicht, die sich nicht bei karitativen Organisationen oder in ihren schwarzen Kommunen engagieren. Das sind Jungs, die keine Reden halten oder nicht in Erscheinung treten wollen oder die sich nur darum zu kümmern scheinen, wieviel sie bezahlt bekommen. Haben sie vergessen, daß *ihnen* auch schon mal jemand geholfen hat? Viele Menschen haben mir geholfen, und ich werde sie nicht vergessen: mein Vater, Jim Dart, meine Trainer und Geschäftsleute wie Joel Ferguson und Gregory Eaton, die mich damals in Lansing gelehrt haben, daß ich auch Träume und Ehrgeiz haben konnte.

Alle Kids brauchen eine Hilfe, sie brauchen Hoffnung und jemanden, der an sie glaubt.

Einundzwanzigstes Kapitel

Ein neues Leben

Das Jahr nach meiner öffentlichen Erklärung war ein dramatisches Jahr. Aber das größte Ereignis war die Geburt unseres Sohnes Earvin Johnson III. Er kam am 4. Juni zur Welt, gerade zur Zeit der Spiele von Chicago gegen Portland um die NBA-Meisterschaft 1992. Ich war wieder Gastkommentator für den Sender NBC und dadurch so viel unterwegs, daß Cookie und ich uns entschlossen, die Wehen einleiten zu lassen. Ich wollte auf gar keinen Fall die Geburt unseres Kindes verpassen.

Wir wußten, daß es ein Junge werden würde, aber wir erzählten es keiner Menschenseele. Der eigentliche Geburtstermin war der 15. Juni, aber die Ärzte, die Cookie untersuchten, versicherten, daß eine frühere Geburt in Ordnung wäre.

Also flog ich direkt nach dem Spiel Chicago gegen Portland am Abend des 3. Juni mit einem privaten Flugzeug, daß die NBC zur Verfügung gestellt hatte, zurück. Ich kam um drei Uhr morgens zu Hause an. Einige Stunden später fuhren Cookie und ich ins Krankenhaus.

Um elf Uhr begannen bei Cookie die richtigen Wehen. Wir hatten einige Lamaze-Kurse zusammen belegt, und ich half ihr beim Atmen, indem ich bis zehn zählte, damit sie die frühen Wehen besser auffangen konnte. Als die Schmerzen später zu stark wurden, bat Cookie um eine Epiduralanästhesie. Ich verließ den Raum, weil ich Nadeln hasse. Als ich zurückkam, war Cookie eine neue Frau geworden.

Dann begann die Phase des Pressens, und ich konnte nicht anders, als die Haltung eines Cheerleaders einzunehmen: »Los, Honey, du bist kurz vor dem Ende. Pressen! Wir liegen mit zwei Punkten zurück, wir brauchen einen Dreier. Pressen! Ein Punkt Rückstand, und jetzt sind wir gefoult worden. Pressen!«

Die Ärzte und Schwestern lachten, aber Cookie preßte weiter. Als wir den Kopf des Kindes sehen konnten, sagte ich: »Warte! Wir brauchen die Musik!« Cookies Schwester schob ein Band mit Luther Vandross in den Recorder. Jetzt waren wir bereit. »Okay, Honey, jetzt mach es!«

Unser Sohn erblickte um 7 Uhr 52 das Licht der Welt; er wog siebeneinhalb Pfund. Ich durchtrennte die Nabelschnur, und mit Hilfe einer Schwester verabreichte ich dem kleinen Earvin sein erstes Bad. In mir tobte ein Sturm der Gefühle, aber ihr hättet mal mein Gesicht sehen sollen. Cookie war in Tränen aufgelöst. Sie hatte schreckliche Angst gehabt, daß etwas schiefgehen könnte, aber alles war in Ordnung. Wir ließen den Jungen auch auf HIV testen, aber das Ergebnis war negativ.

Zwei Wachmänner waren vor der Tür postiert, um uns vor der Presse zu schützen. Aber Reporter und Photographen von der Boulevardpresse waren überall im Krankenhaus zu finden. Eine Zeitung hatte 50 000 Dollar für das erste Photo unseres Babys ausgesetzt, aber niemand konnte sich das Geld abholen. Später am Abend stellte sich Lon den Journalisten und zeigte ihnen ein Polaroidbild von Cookie und unserem Kind.

Jetzt hatten Cookie und ich also einen kleinen Sohn, und Andre, der mittlerweile elf Jahre alt war, hatte endlich einen Bruder. Kurz vor der Geburt hatte Andre von Michigan aus angerufen und gefragt: »Daddy, wenn das Baby ein Junge wird, wie wird es heißen?«

»Earvin«, antwortete ich. »Earvin Johnson der Dritte.«

»Dad, weißt du«, sagte Andre leise, »das hätte eigentlich *mein* Name sein sollen.«

Wham! Sobald ich aufgelegt hatte, war ich völlig fertig. Was Andre gesagt hatte, wühlte mich auf. Ich sprach mit Cookie darüber und entschloß mich dann, Andre zu fragen, ob er meinen Nachnamen annehmen wollte. Seine Mutter fand das in Ordnung, und Andre war begeistert. Deshalb heißt er jetzt Andre Johnson.

Je älter Andre geworden ist, desto näher sind wir uns gekommen. Das trifft für die Zeit nach meiner Rücktrittserklärung noch mehr zu. Ich bin stolz auf ihn. Andre ist ein recht guter Sportler und ein noch besserer Schüler. Und jedesmal, wenn er uns besucht, sorge ich dafür, daß er im Flugzeug ein Buch liest.

Obwohl die Leute in Lansing wußten, daß er mein Sohn war, habe ich ihn lange Zeit von der Öffentlichkeit ferngehalten. Hier in Los Angeles wurde man sich erst seiner Existenz bewußt, nachdem ich ihn einmal zu einem Lakers-Spiel mitgenommen hatte. Er saß zusammen mit Michael Coopers Sohn hinter der Bank. Aber es dauerte bis zur Rücktrittszeremonie 1992, daß er von Millionen von Menschen bemerkt wurde.

Kurz bevor Earvin geboren wurde, traf ich mich mit Andre, um zusammen mit ihm einen Fernsehwerbespot für SkyBox-Basketballkarten aufzunehmen. Anstatt uns genau an ein Skript zu halten, improvisierten wir die ganze Sache. Ich hatte eine Menge Erfahrung vor der Kamera, aber ich war völlig verblüfft von Andres Selbstvertrauen und Gelassenheit. Manchmal fährt mir ein Schreck in die Glieder, wenn ich ihn anschaue, besonders, wenn er lächelt, weil ich mich dann selbst sehe.

Als Andre nach dem Spot wieder in Michigan war, rief er Lon an. »Ich hatte eine Menge Spaß mit meinem Dad«, sagte er, »aber, hey... wo bleibt mein Scheck?«

»Dein Vater hat für dich ein Treuhandkonto eingerichtet«, erklärte Lon. »Und wenn du alt genug bist, kommst du an das ganze Geld heran.«

Es entstand eine längere Pause, bis Andre »Oh« sagte. »Ich hatte eigentlich vor, mit dem Geld einen Videoladen hier in Lansing aufzumachen.«

Keine Frage, der Junge hat Sinn fürs Geschäft.

Bald nach der Geburt des Babys fuhr ich zum Trainingslager für die Olympia-Basketballmannschaft nach La Jolla. Ich hatte ein bißchen Angst vor dem Treffen mit den anderen, weil ich ja ein Jahr nicht gespielt hatte, aber ich war lange nicht so nervös wie vor dem All-Star-Spiel im Februar. Meine Teamkameraden brauchten auch nur ein paar Minuten, um zu merken, daß ich noch nichts verlernt hatte. Wenn man eine halbe Stunde lang über das Feld rennt, nicht außer Atem kommt und die Pässe und Schüsse noch sitzen, dann weiß man, daß alles okay ist. Als wir in Portland zum Amerika-Ausscheidungsturnier eintrafen, brauchte die Presse etwas länger, um überzeugt zu sein. Aber sie kam zum selben Ergebnis: Ich war immer noch Magic Johnson.

Das war kein Zufall. Wenn man für eine längere Zeit aussetzt, verliert man als erstes die Disziplin. Disziplin und harte Arbeit waren für mich immer die Schlüssel zum Erfolg gewesen. Und ab März, wenige Wochen nach dem All-Star-Spiel, begann ich wieder mit der Arbeit.

Obwohl ich nicht in der NBA spielte, unterzog ich mich einem harten täglichen Training, um für die Olympiade in Form zu kommen. Jeden Tag begann ich mit zwei Stunden an den Gewichten. Es folgten anderthalb Stunden Schußtraining. Nachmittags spielte ich dann mit einer Reihe von College- und NBA-Spielern wie Reggie Miller, Shaquille O'Neal und Pooh Richardson auf dem Gelände der UCLA. Als die NBA-Saison zu Ende war und sich diese Spiele herumsprachen, riefen Spieler aus dem ganzen Land an und fragten, ob sie mitmachen könnten. Ich wußte das sehr zu schätzen, weil allen klar war, daß es bei diesen Spielen eigentlich darum ging, mich für die Olympiade in Form zu bringen.

Die beste Erfahrung beim Olympia-Trainingslager war für mich, daß ich wieder dazugehörte. Ich lernte die größten Spieler der Nation besser kennen, weil wir jetzt alle zu einem Team gehörten: Ich hatte früher nie mitbekommen, daß Patrick Ewing so witzig und gesprächig ist. Er und Larry Bird wurden gute Freunde, und es war schön, das mit anzusehen. Ich wußte immer, daß Charles Barkley ein Scherzbold ist, aber er brachte uns *ununterbrochen* zum Lachen. Mit Michael Jordan verstand ich mich schon vorher ganz gut, hier aber lernte ich ihn noch besser kennen.

Obwohl ich kein Golfer bin, verbrachte ich einen Morgen mit Michael auf dem Grün. Abends spielten die meisten miteinander Karten. Das All-Star-Spiel ist nur eine Sache für einen Tag, aber hier hatten wir die Chance, zu einem wirklichen Team zusammenzuwachsen.

Es gibt Leute, die behauptet haben, das Dream Team sei die beste Mannschaft, die je zusammengestellt wurde, und vielleicht haben sie recht. Ich glaube, Michael Jordan genoß es, daß diesmal nicht aller Druck und alle Aufmerksamkeit auf seinen Schultern lastete. Und für mich war es ein wirkliches Erlebnis, mit Michael als anderem Guard zusammenzuspielen.

Larry Bird und ich wurden beide zum Team-Kapitän ernannt, und ich war beeindruckt, daß unsere Mannschaftskameraden, die sonst alle selbst Führungsfiguren sind, sich dem beugen konnten. Sie zollten uns ihren Respekt – und wir ließen ihnen so oft wie möglich den Ball zukommen.

Ich war immer stolz darauf, für die Lakers zu spielen, aber das Trikot für das USA-Team zu tragen, war doch etwas anderes. Überall, wo wir hinkamen, riefen uns die Leute zu: »Bringt Gold mit!« und »Viel Glück in Barcelona!« Einige der Jungs hatten schon früher bei einer Olympiade gespielt, aber für mich war es das erstemal, und ich fand es unglaublich aufregend.

Vom Ausscheidungsturnier in Portland wird mir immer in Erinnerung bleiben, wie begeistert unsere Gegner waren, gegen uns zu spielen. In der Begegnung gegen Argentinien redete der Spieler, der mich deckte, ohne Unterbrechung. Er konnte nicht viel Englisch, aber er bat mich immer wieder, ihm nach dem Spiel mein Trikot mit einem Autogramm zu geben. (Das Hemd, das ich trug, konnte ich ihm nicht überlassen, deshalb habe ich ihm später eins geschickt.)

Vor jedem Spiel in Portland baten uns die Gegner um Erinnerungsphotos. Noch erstaunlicher aber war die Tatsache, daß das auch *während* der Spiele passierte. Es kam vor, daß ein Spieler den Ball führte und plötzlich vor der Bank seiner Mannschaft stoppte, damit ein Mitspieler ein Beweisphoto machen konnte, daß er bei der Partie gegen uns dabei war. Das alles war ein Zeichen der außerordentlichen Wertschätzung des NBA-Basketballs, aber gleichzeitig auch ein großer Spaß für jeden.

Besonderen Reiz hatte es für mich, endlich mit Larry Bird in einer Mannschaft zu spielen. Wir beide hatten immer davon geträumt. In unserem allerersten Spiel gegen Kuba paßte ich ihm andauernd den Ball zu, und er traf einen nach dem anderen. Dann aber setzten wieder die Schmerzen in seinem Rücken ein, und er mußte einige Spiele aussetzen. Die Zuschauer riefen immer wieder lauthals nach ihm, doch Larry wollte keine ernsthaftere Verletzung riskieren, die ihn vielleicht daran gehindert hätte, einige Wochen später in Barcelona zu starten.

Beim letzten Spiel des Turniers gegen Venezuela wollten die Zuschauer einfach nicht mit den Larry-Rufen aufhören. Jeder Zuschauer auf der Tribüne hatte es auf den Lippen. Als noch zwei Minuten zu spielen waren, sagte ich zu mir: »Das ist doch lächerlich, er muß einfach reingehen und spielen.« Also schlich ich mich hinter ihn und riß ihm seinen Trainingsanzug herunter. Die Menge schrie sich nahezu um den Verstand, als Larry gegen Ende hereinkam und einen Korb machte. Die ganze Halle stand kopf.

Dann flogen wir zu unserer letzten Trainingswoche vor Barcelona nach Monte Carlo. Einige unserer Übungsspiele in dieser Woche waren wirklich sagenhaft; es war mit Abstand der beste Basketball, den ich je gesehen hatte oder an dem ich je beteiligt war. Ich hatte noch nie mit oder gegen Jungs mit so viel Talent und Können gespielt. Unser Coach Chuck Daly ließ Michael Jordan und mich immer in getrennten Mannschaften spielen. Und wir nahmen beide den Kampf auf, fighteten hart und machten uns an. In einem dieser Übungsspiele lag mein Team ungefähr zehn Punkte vorne, und ich ließ es Michael richtig spüren. »Hey, M. J.!« brüllte ich. »Ich hab dir doch gesagt, daß wir euch auseinandernehmen. Ihr Jungs bringt *nichts*!«

Was als nächstes geschah, war eine Basketballdemonstration, die ich niemals vergessen werde. Ich wußte, daß Michael der Beste war, aber an diesem Morgen zeigte er uns die wahre Air-Jordan-Show mit allem, was dazugehört: mit Schüssen von draußen und Reinziehen zum Korb, mit Dunkings und unaufhaltsamen Sprüngen zum Ring, die einfach prachtvoll waren. Bis zur Olympiade war ich immer der ehrlichen Überzeugung, daß ich mit Michael Jordan in einem Eins-gegen-eins-Wettbewerb mithalten könnte. Das habe ich sogar weiter vorn in diesem Buch behauptet. Aber da habe ich mir selbst etwas vorgemacht. Es gibt keine Chance – er ist einfach zu gut.

Während der Olympiade verbrachten Michael und ich auch viel Zeit außerhalb des Spielfeldes miteinander. In einer Nacht blieben er, Larry Bird und ich praktisch bis zum Sonnenaufgang wach und redeten über Basketball, unsere Karriere und die NBA. Am Ende der Woche, als Cookie mit Little Earvin für die letzten Spiele anreiste, unternahmen wir viel mit Juanita und Michael.

Innerhalb des Dream Teams entstanden eine Menge echter Freundschaften, und als wir nach dem Gewinn der Goldmedaille zurückflogen, fiel uns das Auseinandergehen wirklich schwer. Wir hatten alle vorher gewußt, daß das sportliche Niveau hervorragend sein würde, aber daß der Zusammenhalt in der Mannschaft so gut sein würde, das hatte niemand erwartet.

Wir hatten einige große Einzelkönner im Team, aber Eifersucht oder Mißgunst kamen nicht auf. Wir hatten alle am selben Strang gezogen und die Gemeinschaft genossen.

Während wir in Barcelona waren, erfuhr Charles Barkley zu Hause wegen einiger seiner Äußerungen große Aufmerksamkeit. Was soll ich zu Charles sagen? Er legt es auf Kontroversen an, und ich glaube, er fühlt sich wohl dabei, den Bad Guy zu spielen. Seine Bemerkungen haben mir nichts ausgemacht, bis auf einige haarsträubende Äußerungen, bei denen die Leute annahmen, daß er für das ganze Team spreche. Wir baten ihn einige Male, sich etwas zu mäßigen, aber Charles macht meist, was er will – besonders auf dem Feld. Er spielte brillant in Barcelona. Wenn Charles Barkley in der Nähe des Korbes seine Hand an den Ball kriegt, kann ihn niemand auf der Welt mehr stoppen.

Es gab einiges Murren in der Presse darüber, daß das Dream Team nicht mit den anderen Sportlern im olympischen Dorf gewohnt hat. Aber jeder, der mit uns in Barcelona zusammen war, kann verstehen, weshalb das unmöglich gewesen wäre. Jedesmal, wenn wir das Hotel verließen, um zu einem Spiel zu fahren, säumten drei- oder viertausend Leute die Straße, *nur um uns in den Bus einsteigen zu sehen.* Überall, wo wir in der Öffentlichkeit auftraten, egal ob zu einem Ereignis im Rahmen der Olympiade oder in einem Restaurant oder auch nur bei einem Spaziergang, entstand ein Auflauf. Es war, als wenn der Papst angekommen wäre, und ich war immer wieder aufs neue überrascht. Chuck Daly machte keine Witze, als er meinte, es wäre wie eine Reise mit zwölf Rockstars gewesen. Wenn wir im olympischen Dorf geblieben wären, hätten wir überhaupt keine Ruhe mehr gehabt.

Der Einmarsch ins Stadion bei der Eröffnungsfeier gehörte zum Wahnsinnigsten und Wundervollsten, das ich je erlebt habe. Sportler aus allen Ländern brachen aus ihren Reihen aus und kamen zu mir, um nach einem Autogramm zu fragen, ein Photo zu machen oder mir einfach nur die Hand zu schütteln. Ich bin Aufsehen gewöhnt, aber ich konnte nicht glauben, daß so viele Athleten aus der ganzen Welt mich treffen wollten.

Darauf war ich nicht vorbereitet, besonders, weil ja auch Michael Jordan bei uns im Team war. Aber viele Europäer waren davon ausgegangen, daß ich die Reise nach Barcelona gar nicht machen würde, und sie waren deshalb ehrlich begeistert. Und während meine Teamkameraden das ganze Jahr über Basketball gespielt hatten, wurde ich jetzt als Heimkehrer willkommen geheißen. Wohin ich auch kam, überall riefen die die Leute meinen Namen und baten mich zu lächeln. »Ma-gic! Ma-gic!

Bitte lächeln. Ein Lächeln für die Kamera!« Diese Worte höre ich jetzt noch im Schlaf.

Die Spiele selbst waren eine etwas kleinere Herausforderung, als wir erwartet hatten. Die Mannschaften aus Kroatien und Litauen waren in der Presse aufgebaut worden, und wir waren heiß auf diese Spiele. Aber das Niveau der Auseinandersetzungen war nicht wie angenommen. Zum Teil lag das an unserer überragenden Abwehrleistung. Es gab Phasen, da ließen wir über fünf, manchmal sogar zehn Minuten keinen Korb zu.

Manchmal wurde es mir geradezu unheimlich. Während unseres ersten Spiels gegen Kroatien saß ich mit John Stockton und unserem Assistenz-Coach Lenny Wilkens auf der Bank. Wir sprachen gerade darüber, daß unsere Mitspieler auf dem Feld etwas nachlässig geworden waren, als ich einen Blick auf die Anzeigetafel warf und merkte, daß wir mit vierunddreißig Punkten vorn lagen.

Es ist wahr, daß wir einige unserer Spiele mit siebzig oder achtzig Punkten Unterschied hätten gewinnen können, wenn wir es denn gewollt hätten. Aber darum ging es bei der Olympiade ja schließlich nicht. Ab einem gewissen Punkt versuchten wir nur noch, gute Unterhaltung zu bieten. Unser Ziel war, unsere Gegner zu schlagen, nicht sie zu demütigen.

Ich wünschte, all die amerikanischen Fans, die gegen die Entsendung von NBA-Spielern nach Barcelona waren, hätten sehen können, wie unsere Gegner uns begrüßten und wie begeistert sie waren, gegen uns spielen zu können. In dieser Hinsicht war die Atmosphäre kaum anders als einen Monat vorher beim amerikanischen Ausscheidungsturnier in Portland.

Die Olympiade ist ein Schaufenster der besten Sportler der Welt. Ein amerikanisches Collegeteam hätte auch gut abgeschnitten, aber es hätte nicht die Goldmedaille gewonnen und auch nicht die silberne. (Von Kroatien und Litauen wäre es geschlagen worden.) Jedes andere Land hat seine besten Spieler geschickt, so haben wir es auch gemacht. Und viele der Jungs, gegen die wir gespielt haben, sind auch Profis, entweder in der NBA oder in Europa.

Obwohl jeder vorher wußte, daß wir die Goldmedaille gewinnen würden, war es doch ein großartiger Moment, als wir es schließlich erreicht hatten.

Mir kamen fast die Tränen, als »The Star Spangled Banner« gespielt wurde, aber ich hatte meinen Mannschaftskameraden vorher versprochen, daß ich nicht zu weinen anfangen würde. Aber es war nicht leicht, mich zurückzuhalten, und mir lief eine Gänsehaut den Rücken hinunter.

Als ich auf dem Podest stand, sagte ich ein stilles Gebet. Ich dankte Gott für die Kraft und dafür, ein Teil dieser wundervollen olympischen Erfahrung geworden zu sein. Das ist eine Erinnerung, die ich immer in Ehren halten werde.

Postscript

Am 2. November 1992 habe ich meinen Rücktritt aus der NBA erklärt. Diesmal endgültig und für immer.

Nur fünf Wochen vorher hatte ich wieder begonnen, in der Liga zu spielen. Damit war zwar die Freizeit zu Ende, aber ich freute mich auf eine weitere Saison voller Siege mit den Lakers. Abgesehen vom Virus war ich nach einem Jahr harten Trainings in hervorragender Form. Und ich konnte unser Spiel gegen die Clippers am 6. November kaum erwarten.

Nach dem Triumph des Dream Teams in Barcelona schwebte ich im siebten Himmel. Aber als der Sommer zu Ende ging, änderte sich alles. Es gab wieder neue Zweifel und Gerüchte um meine sexuelle Vergangenheit. Das kannte ich schon, damit hätte ich leben können.

Aber bei unserem letzten Vorbereitungsspiel holte ich mir eine kleine Wunde am Arm. Es war Freitag abend, und wir spielten gegen Cleveland in Chapel Hill, North Carolina. Der Riß war so klein, daß ich ihn nicht mal bemerkt hatte. Aber einer meiner Teamkameraden wies unseren Trainer Gary Vitti darauf hin. Ich verließ das Spielfeld, und Gary versorgte die Wunde mit einem kleinen Pflaster, das aber wegen des Schweißes auf meinem Arm nicht hielt. Gary bedeckte das Pflaster zwar mit einem Schweißband, aber die Gefühle der Spieler konnte er nicht verdecken. Die Jungs hatten Angst. Man konnte es in ihren Augen sehen, und man konnte die unausgesprochenen Fragen hören: Ist die Wunde vollständig verbunden? Blutet es?

Normalerweise liebe ich es, meinen Gegnern Furcht einzuflößen. Aber diesmal war es anders. Sie hatten keine Angst vor meinen Fähigkeiten, sondern vor dem Virus.

Als ich am Samstag nach Hause kam, erzählte ich Cookie von der Veränderung und daß ich schon absehen könnte, daß die Saison keine reine Freude werden würde. Und ich hatte mir immer geschworen, daß ich aufhören würde, sobald es so weit kommen würde.

Am nächsten Tag sprachen sich einige Spieler und ein Vereinsbesitzer gegen meinen Verbleib in der Liga aus. Als ich ihre Stellungnahmen in der *New York Times* las, bestärkte mich das in meiner Entscheidung. »Siehst du«, sagte ich zu Lon, »ein Grund mehr abzutreten.«

Ich konnte genau absehen, was kommen würde. In jeder Stadt, in der wir spielen würden, würden die Auseinandersetzungen wieder von vorn beginnen und die Furcht umgehen. Und das wäre schlecht, und zwar aus zwei Gründen. Es wäre zum Nachteil von Basketball, weil es die Aufmerksamkeit der Leute vom Sport ablenken würde. Jeder wäre damit beschäftigt, seine Meinung beizutragen, ob ich jetzt spielen solle oder nicht. Und dafür liebe ich Basketball doch zu sehr, um das zuzulassen. Der andere Grund wäre, daß der Druck auf meine Person stark zunehmen würde, falls ich weitermachen würde. Und um das Virus zu besiegen, muß ich Druck und Streß vermeiden. Das ist das letzte, was ich in meinem Leben jetzt brauche.

Ich bin nicht sauer auf irgend jemanden, aber ich bin wirklich enttäuscht. Wenn es eine Sache gibt, die ich in den letzten Monaten gelernt habe, dann die, daß es noch jede Menge zu tun gibt, um die Leute umfassend über das Virus aufzuklären. Es sieht so aus, als hätte ich jede Menge Zeit, meinen Teil zu dieser Aufgabe beizutragen.

Der Abschied wird mir schwerfallen. Die *National Basketball Association* hat sich mir gegenüber sehr entgegenkommend verhalten, und ich weiß, daß ich in ihrer beispiellosen Erfolgsgeschichte eine große Rolle gespielt habe. Wenn ich schon abtreten muß, dann will ich es wenigstens mit einem guten Gefühl tun. Ich habe nicht vor, noch ein weiteres Jahr dabeizusein, um nachher in einer vergifteten Atmosphäre der Auseinandersetzung und Furcht meinen Abschied zu nehmen.

Ich bin auch deshalb enttäuscht, weil meine Erfahrungen andere Sportler davon abhalten werden, sich testen zu lassen. Und falls einige von ihnen schon wissen, daß sie das Virus haben, wird das, was mit mir geschehen ist, sie sicher nicht ermutigen, an die Öffentlichkeit zu gehen. Und was ist mit den Jungs, die befürchten, daß sie das Virus bekommen, wenn sie gegen mich spielen, die aber immer noch nicht glauben, daß sie es bei einer Frau aufschnappen können? Da gibt es noch eine Menge zu tun.

Ich bin nicht nachtragend. Ich bin es nie gewesen und will auch jetzt nicht damit anfangen. Das ist vergeudete Energie. Es ist passiert, ich werde damit umgehen und weiterleben.

Ob es mir leid tut? Sicher. Wenn ich heute in die Sporthalle gehe, dann trainiere ich für mich allein anstatt mit meinen Teamkameraden. Wenn ich im Kraftraum arbeite, denke ich an die Jungs und frage mich, was sie jetzt machen.

Und ich wünschte, daß Karl Malone mit seinen Zweifeln zuerst zu mir gekommen wäre. Wir waren keine engen Freunde, aber wir haben zusammen im Dream Team gespielt, und er hätte mich zur Seite nehmen können, um mit mir darüber zu reden. Statt dessen mußte ich seine Haltung in der Zeitung lesen. Aber ich weiß genau, daß Karl recht hatte, als er sagte, er spreche nur laut aus, was andere Spieler leise tuscheln. Er ist sicher nicht der einzige.

Und ich frage mich: Wenn all das jemand anderem passiert wäre, wie hätte ich darauf reagiert? Sicher hätte ich auch Fragen gehabt. Aber ich glaube, ich hätte versucht, diese zu beantworten und nicht nach meinen Ängsten zu handeln. Jedenfalls hoffe ich das.

Jetzt, da ich diese Zeilen schreibe, gibt es ungefähr 250 000 registrierte AIDS-Fälle in den USA. Es gab bis heute noch keinen einzigen dokumentierten Fall einer Virus-Übertragung durch Sport. Heißt das, daß es nicht passieren kann? Niemand kann das sagen. Aber gibt es überhaupt Dinge ohne Risiko im Leben?

Ich liebe die NBA, aber ich werde ohne sie weiterleben. Ich plane eine Welttournee, die mich nach Australien, Japan und in einige europäische Länder führen wird. Ich hoffe, ein Team von ehemaligen NBA-Spielern zusammenstellen zu können, mit dem wir auf Tour gehen können. Ich bin sicher, wir werden viel Spaß haben und die Fans unterhalten. Aber versteht mich nicht falsch – ich spiele, um zu gewinnen.

Wie immer.

ANHANG

Eine Botschaft
an schwarze Jugendliche

Als Teil meines neuen Aufklärungsprogramms habe ich innerstädtische High Schools im ganzen Land besucht. Meine Hauptbotschaft ist, daß die Kids aus meinen Fehlern lernen sollen, damit ihnen nicht das gleiche passiert wie mir. Dieses Thema habe ich in diesem und in meinem Buch »Aids. Was du tun mußt, damit du es nicht kriegst, wenn du es tust« bereits eingehend behandelt.

Es gibt noch eine zweite Botschaft, die ich an die Kids weitergebe, und diese hat nichts mit AIDS zu tun. Es geht darum, erfolgreich zu sein und das Beste aus sich zu machen. Bei meinen Treffen lese ich nie ab, weil das langweilig ist, sondern ich spreche frei. Aber was ich ihnen zu sagen habe, ist ungefähr folgendes:

Basketball war meine Eintrittskarte zum Erfolg. Aber wenn ich darin nicht gut genug gewesen wäre, dann hätte ich mit etwas anderem Erfolg gehabt. Ich wäre auf das College gegangen, hätte hart gearbeitet und etwas aus mir gemacht. Und genau das kannst du auch.

Basketball ist nicht der beste Weg, nach oben zu kommen. Es ist vielleicht die schwierigste Richtung, die du einschlagen kannst. Es gibt siebenundzwanzig Mannschaften in der NBA, jede mit zwölf Spielern. Das macht zusammen dreihundertvierundzwanzig Spieler, die zur selben Zeit in der Liga arbeiten. In einem Land, das so groß ist wie unseres, ist das nicht gerade eine überwältigende Zahl. Ungefähr tausendachthundert Spieler sind in den College-Mannschaften, und nur ganz wenige von ihnen sind gut genug, um in die NBA berufen zu werden. Wenn du also begabt genug bist und das Glück hast, in einer College-Mannschaft zu spielen, dann heißt das noch lange nicht, daß du danach auch in der NBA spielen wirst. Man muß sich klarmachen, daß die Chancen, mit Basketball seinen Lebensunterhalt zu verdienen, minimal sind.

Die *Black Community* hat schon genug Basketballspieler. Und sie hat auch genug Baseballspieler und Footballspieler. Aber es gibt noch eine Menge anderer Berufe, die wir wirklich gebrauchen können. Wir brauchen mehr Lehrer. Wir brauchen mehr Anwälte. Wir brauchen mehr Ärzte. Wir brauchen mehr Steuerberater. Wir brauchen mehr Krankenschwestern. Wir brauchen mehr Piloten. Wir brauchen mehr Wissenschaftler. Wir brauchen mehr Tischler. Wir brauchen mehr Professoren. Wir brauchen mehr Polizeibeamte. Wir brauchen mehr Bankangestellte. Wir brauchen mehr Computerspezialisten. Wir brauchen mehr Mechaniker. Wir brauchen mehr Sozialarbeiter. Wir brauchen mehr Autohändler. Wir brauchen mehr Politiker.

Und jeder einzelne dieser Berufe – einschließlich Arzt und Anwalt – ist leichter zu erlernen als der des NBA-Spielers.

Es gab eine Zeit, in der Schwarze einige dieser Berufe nicht ausüben konnten und in der es am leichtesten war, durch Sport oder im Showgeschäft nach oben zu kommen. Heute aber stimmt das nicht mehr; heute hast du die Chance, es auf viele verschiedene Arten zu schaffen.

Verstehst du, was ich meine? Wenn du dann später einmal Arzt geworden bist oder Anwalt oder deinen eigenen Klempnerbetrieb hast, dann möchte ich, daß du an meine Tür klopfst und sagst: »Magic, ich habe mein eigenes Geschäft. Ich würde gern die Klempnerarbeiten bei dir übernehmen.« Oder: »Ich bin Anwalt geworden, wie du gesagt hast. Möchtest du mein Klient werden?«

Wenn du die Möglichkeit hast, zum College zu gehen, dann mach das. Ich weiß, es ist schwer. Ich weiß, daß es Kids gibt, die dich entmutigen werden. Wenn du ehrgeizig bist, hart studierst und deine Ziele hoch steckst, dann werden einige Leute vielleicht sagen, du verhältst dich »wie ein Weißer«. Halt dich fern von solchen Leuten! Es sind nicht deine Freunde. Wenn die Leute, die du kennst, immer auf der Stelle treten, wenn ihre Träume nicht größer sind, als an der nächsten Ecke herumzulungern, wenn sie dich herunterziehen, dann mußt du sie loswerden. Leute mit negativer Einstellung können deine Energie sehr schnell untergraben, und sie können dir deine Träume stehlen.

Du kannst sagen: »Ich werde aufs College gehen und Arzt werden.«
Sie werden antworten: »Hör doch auf. Du wirst nie ein Arzt werden.«
Es ist leicht, ihnen zuzuhören. Bevor du es richtig merkst, hast du dieselben Zweifel. Laß dir von niemandem erzählen, was du nicht kannst. Wenn du keinen Erfolg hast, nimm es auf deine eigene Kappe. Gib nicht den anderen die Schuld.

Eine Menge Leute haben auch an mir gezweifelt. Manche wollen einfach nicht, daß man es schafft, weil sie es selbst nicht schaffen. Sie haben aufgegeben, deshalb wollen sie, daß auch du aufgibst. Wie das Sprichwort sagt, Elend liebt Gesellschaft.

Gib nicht auf. Umgib dich mit Menschen, die Energie haben und diszipliniert sind. Umgib dich mit ehrgeizigen, positiven Menschen. Wenn es Erwachsene sind, die du bewunderst, halte dich nicht zurück, ihnen Fragen zu stellen und sie um Rat zu bitten.

Ich weiß, daß das College nichts für jeden ist. Und wenn es nichts für dich ist, dann finde einen anderen Weg, voranzukommen. Wenn deine Fähigkeiten auf einem anderen Gebiet liegen, dann solltest du nach anderen Schulungsmöglichkeiten suchen. Vielleicht wirst du Klempner, der beste, den es gibt. Vielleicht wirst du Schlosser, und eines Tages hast du deine eigene Werkstatt. Unser Nachbar in Lansing, Jimmy Daniels, hat als Teppichreiniger in Bürogebäuden angefangen. Heute besitzt er eine eigene Firma und verdient gutes Geld.

Ich will euch nicht erzählen, daß es einfach ist. Es ist *nicht* einfach. Heutzutage aufzuwachsen ist schwer. Ich weiß das. Es ist sehr viel schwerer als zu der Zeit, als ich in eurem Alter war. Damals gab es nicht so viele Gangs und auch nicht so viele Waffen. Es gab nichts, das mit Crack vergleichbar gewesen wäre. Vielleicht hat man mal ein bißchen Gras geraucht, aber das war auch schon alles. Heute gibt es Kokain, Heroin, AIDS und alles mögliche, worüber wir uns niemals Gedanken machen mußten. Du kannst ein hervorragender Student sein, aber du lebst trotzdem in der Angst, von einer verirrten Kugel getroffen werden zu können.

Das ist unsere Wirklichkeit. Und der Rassismus gehört dazu. Rassismus gibt es, aber zu oft benutzen wir ihn als Entschuldigung. Ich behaupte nicht, daß es ihn nicht gibt, weil er ganz sicher existiert. Aber wenn du die entsprechende Ausbildung hast, dann kannst du dahinterschauen. Kümmere dich nicht darum, als was dich jemand bezeichnet. Du kannst stolz darauf sein, wer du bist.

Solange wir immer wieder dieselbe Ausrede benutzen, nämlich daß der Rassismus an allem schuld ist, solange werden wir ihn nie überwinden. Wir werden immer auf der Stelle treten. Wir müssen damit aufhören, uns nur Entschuldigungen auszudenken. Wir müssen aufhören, Mitleid mit uns selbst zu haben. Wir müssen aufs College gehen, an Geschäfte denken, hart arbeiten. Wir müssen uns gegenseitig unterstützen, so wie es andere Gruppen auch machen.

Die Regierung wird dir nicht helfen. Das *Black Leadership* wird dir nicht helfen. Du bist der einzige, der etwas bewirken kann. Wovon du auch träumst und was dein Ziel auch ist, versuche es zu erreichen.

Du *kannst* es schaffen.

Glossar

ABA (American Basketball Association) Profiliga, die zwischen 1967–1976 in Konkurrenz zu der NBA bestand. Die ABA-Klubs aus New York (als New Jersey Nets), Denver, Indiana und San Antonio fanden 1976 Aufnahme in die NBA.

Airball Fehlwurf, der weder Ring noch Brett berührt.

All-Star-Spiel Seit 1951 alljährlicher Vergleich der besten Spieler aus der **Western Conference** gegen die der **Eastern Conference** mit starkem Showcharakter. Die Begegnung findet (seit 1984) an einem Wochenende zusammen mit dem Slam-Dunk-Wettbewerb, dem Dreipunktewerfen und einem Freundschaftsspiel ehemaliger Basketballstars statt. Die »Ersten Fünf« beider All-Star-Teams werden von den Fans im Verlauf der ersten Saisonhälfte gewählt. Die anderen Spieler werden von einer Jury und den Coaches berufen. Betreut werden die Auswahlmannschaften von den Coaches, deren Vereine zu diesem Zeitpunkt die besten Records aufweisen.

Alley-Oop Spielzug, bei dem ein Paß in Ringnähe von einem Mitspieler im Sprung aufgenommen und sofort – stilgemäß mit einem Dunking – abgeschlossen wird.

Assist Paß, der zum direkten Korberfolg führt.

Big Ten siehe **NCAA**

Blocken und abrollen Grundlegender Spielzug zweier Angreifer gegen Manndeckung. Dabei »blockt« der eine Akteur seinen – häufig ballführenden – Mitspieler, d. h. er stellt sich rechtzeitig dessen Gegenspieler in die Laufbahn. Dadurch kann sich der Mitspieler am Block von seinem Verteidiger lösen. Übernimmt in diesem Moment der Verteidiger des blockstellenden Spielers die Deckung des freigewordenen Angreifers, dreht sich der Mitspieler, den abgeblockten Verteidiger im Rücken behaltend, vom Block ab (er »rollt ab«) und kann dann, da sein Verteidiger ja den Mitspieler »übernommen« hat, in meist aussichtsreicher Position angepaßt werden.

College-Drafts Verfahren, bei dem alljährlich die abgehenden Collegespieler den NBA-Profiteams zugeordnet werden. Dabei wird die Reihenfolge, in der die NBA-Teams wählen dürfen, durch eine Art Lotterie entschieden. Die Mannschaften mit den schlechtesten Saisonabschlüssen besitzen dabei die besten Chancen auf einen »hohen Pick«. Dieses Wahlanrecht kann ein Verein – beispielsweise im Zusammenhang mit einem Spielerwechsel – an einen anderen Klub übertragen. Für die Spieler ist die Verteilung weitestgehend verpflichtend.

Dreipunktewurf Wurf von jenseits einer besonderen Markierungslinie, siehe auch **NBA-Regeln**.

Dunking, Slam Dunk, Dunk Ein- oder beidhändiges »Stopfen« des Balles von oben in den Korb.

Eastern Conference siehe **All-Star-Spiel** und **NBA**

Erste Fünf Die das Spiel beginnenden fünf Spieler einer Mannschaft.

Fast Break Schneller Gegenangriff, bei dem sich in der Regel eine Überzahlsituation ergibt.

Final Four siehe **NCAA**

Forward siehe **Guard**

Freshman, Sophomore, Junior, Senior Bezeichnung für die Studenten während ihrer vier Collegejahre (gilt ebenso für den Besuch der High School). Die Anwerbung für eine College-Mannschaft ist in der Regel mit der Vergabe eines Stipendiums verbunden. Darüber hinausgehende Förderungen und Zuwendungen sind durch die NCAA-Regularien außerordentlich strikt begrenzt. Verstöße ziehen empfindliche Strafen bis zum Verbot von Fernsehübertragungen oder dem Ausschluß aus der Meisterschaftsrunde nach sich.

Guard, Forward, Center Bezeichnung der Spielerpositionen im Angriff, wobei eine Mannschaft in der Regel jeweils mit zwei Guards, zwei Forwards und einem Center spielt. Die beiden Guards operieren im Rückraum, der **Point Guard** ist vor allem für die Ballverteilung, der **Shooting Guard** für Distanzwürfe zuständig. Die Forwards sind meist großgewachsene Flügelspieler mit starkem Drang zum Korb. Insbesondere der **Power Forward** (im Unterschied zum **Small Forward**) übernimmt – etwa bei der Reboundarbeit – ähnliche Aufgaben wie der Center.

Center und Forwards sind gewöhnlich auch die **Post-up-Spieler** einer Mannschaft, d. h. diejenigen, die sich mit dem Rücken zum Korb (und zu ihrem Gegenspieler) in Brettnähe so aufbauen, daß sie angepaßt werden können und mit einer möglichst schnellen, kurzen Bewegung zu einem Wurf aus der Nahdistanz kommen.

High Five Gratulations- und Begrüßungsriten. Gegenseitiges Hände-Abklatschen mit nach oben ausgestrecktem Arm.

Hook Shot Im Dt. gelegentlich auch als »Hakenwurf« bezeichnet. Einhändiger Wurf, bei dem der Ball an der vom Korb abgewandten

Körperseite hochgeführt wird und die Hand bei nach oben ausgestrecktem Arm verläßt. In der Regel ein Nahdistanzwurf.

HORSE Beliebter Basketball-Wettkampf auf Freiplätzen. Dabei müssen alle Beteiligten eine erfolgreiche Wurfaktion des beginnenden Spielers kopieren. Gelingt dies jemandem nicht, verliert derjenige einen Buchstaben des Wortes HORSE. Mißlingt dem beginnenden Spieler sein Versuch, geht das »Vorgaberecht« an den nächsten weiter. Wer als letzter noch Buchstaben besitzt, hat gewonnen.

Ivy League siehe **NCAA**

MVP (Most Valuable Player)
Der beste Basketballspieler der abgelaufenen Saison, gewählt von Sportjournalisten und Kommentatoren (seit 1980/81, davor von den Spielern). Magic Johnson gewann diesen Titel 1986/87, 1988/89 und 1989/90. Außerdem wird eine MVP-Auszeichnung beispielsweise für die Finalspiele (Magic Johnson 1980, 1982 und 1987) und für das All-Star-Spiel (Magic Johnson 1992) vergeben.

NBA (National Basketball Association)
Unter diesem Namen seit 1950 existierende Profiliga. Sie ist mittlerweile eingeteilt in zwei **Conferences** mit jeweils zwei **Divisions** und besteht z. Zt. aus folgenden 27 Teams:

Eastern Conference

Atlantic Division	**Central Division**
Boston Celtics	Atlanta Hawks
Miami Heat	Charlotte Hornets
New Jersey Nets	Chicago Bulls
New York Knicks	Cleveland Cavaliers
Orlando Magic	Detroit Pistons
Philadelphia 76ers	Indiana Pacers
Washington Bullets	Milwaukee Bucks

Western Conference

Pacific Division	**Midwest Division**
Golden State Warriors	Dallas Mavericks
Los Angeles Clippers	Denver Nuggets
Los Angeles Lakers	Houston Rockets
Phoenix Suns	Minnesota Timberwolves
Portland Trail Blazers	San Antonio Spurs
Sacramento Kings	Utah Jazz
Seattle Supersonics	

Im Text erwähnte Namen ehemaliger Teams: Kansas City Kings (ab 1985 Sacramento Kings), Minneapolis Lakers (ab 1960 Los Angeles Lakers), Buffalo Braves (ab 1978 San Diego Clippers, ab 1984 Los Angeles Clippers), New Orleans Jazz (ab 1980 Utah Jazz).

Die Mannschaften spielen in der Regel pro Saison ein Hin- und Rückspiel gegen Teams der anderen Conferences und mindestens zwei Hin- und Rückspiele gegen Teams der eigenen Conference. Insgesamt umfaßt die reguläre Saison (ohne die Playoffs) für jedes Team 82 Begegnungen. Die acht Mannschaften mit dem besten **Record,** dem Verhältnis von gewonnenen zu verlorenen Partien, ziehen in die **Playoffs** der jeweiligen Conference ein. Die erste Runde wird seit 1984 nach dem Best-of-Five-Modus ausgetragen (vorher Best-of-Three); alle weiteren Runden sind Best-of-Seven-Serien. In den NBA-Finals stehen sich dann die Gewinner der Finalrunden im Osten und Westen gegenüber und ermitteln den World Champion. Begehrtes Symbol für eine gewonnene »Weltmeisterschaft« sind die **Diamantringe** für jedes Mitglied des Siegerteams.

NBA-Regelwerk Einige im Text angesprochene NBA-Regeln und zum Vergleich die davon abweichenden Bestimmungen des Deutschen Basketball Bundes in Klammern: effektive Spielzeit 4×12 Minuten (2×20 Minuten), Spielerausschluß nach sechs Fouls (fünf Fouls), verpflichtende Manndeckung, Auszeit u. U. auch während des Spiels vom Feld aus anzusagen (nur bei Spielunterbrechung), 24 Sekunden effektive Zeit pro Angriff (30 Sekunden), Korbentfernung der Dreipunktelinie zwischen 6,70 m zur Außenlinie und 7,29 m zur Spielmitte hin (fester Radius 6,25 m).

NCAA (National Collegiate Athletic Association) Dachorganisation für die Sportprogramme der Universitäten. Hier speziell: Basketballmeisterschaft für Collegeteams der Division I. Dieser Leistungsklasse gehören ca. 300 Mannschaften an, die in etwa drei Dutzend Conferences eingeteilt sind. Im Text erwähnt wird z. B. die **Big Ten**, zu der traditionell starke Uni-Teams wie die von Indiana und Michigan State zählen, oder die **Ivy League** mit den Mannschaften vergleichsweise elitärer Colleges wie Harvard, Yale und Princeton. Wie im amerikanischen Sport üblich führt jede Mannschaft einen plastischen Beinamen; so die **Spartans** (Michigan State), die **Wolverines** (University of Michigan), die **Wildcats** (University of Kentucky) oder die **Bruins** (UCLA/University of California Los Angeles).

Für die NCAA-Meisterschaft im Frühjahr werden nach einem komplizierten Schlüssel die (zur Zeit 64) besten Collegeteams zusammengestellt. Höhepunkt der sogenannten »March Madness« ist alljährlich das Wochenendturnier mit Halbfinale und Finale, die prestigeträchtigen **Final Four**.

No-Look-Pass Zuspiel ohne Blickkontakt.
Playoffs siehe **NBA**
Point Guard siehe **Guard**
Post-up-Spieler siehe **Guard**
Power Forward siehe **Guard**
Rebound Die Sicherung eines nach einem Fehlwurf vom Brett oder Ring abprallenden Balles im Angriff oder in der Verteidigung.
Record siehe **NBA**
Rookie hier: Spieler in seiner ersten Profisaison. Der beste wird ausgezeichnet als »Rookie of the Year«.
Skyhook Markenzeichen Kareem Abdul-Jabbars. Hook Shot von bis dahin nicht bekannter Eleganz und Präzision; zelebriert in allgemein unzugänglichen Regionen. Keineswegs beschränkt auf Nahdistanz.
Sophomore   siehe **Freshman**
Steal Ballgewinn des Verteidigers. Abgefangener oder dem Gegenspieler abgenommener Ball.
Tip-In Nachtippen des Balles zum Korberfolg beim Offensiv-Rebound.
Triple-Double Ausbeute eines Einzelspielers während einer Partie. **Zweistellige** Ergebnisse in **drei** verschiedenen Kategorien, gewöhnlich in Punkten, Rebounds und Assists (äußerst selten wird ein zweistelliges Ergebnis in Steals oder abgeblockten Würfen erreicht, welches dann ein Triple-Double komplettieren könnte).
Western Conference   siehe **All-Star-Spiel** und **NBA**

Bildnachweis

Die angegebenen Seitenzahlen beziehen sich auf den Bildteil in der Mitte des Buches:

S. 6, oben: Brian Burd
S. 6, unten: Michigan State University
S. 7, oben: Michigan State University
S. 7, unten: Michigan State University
S. 8: Michigan State University
S. 9: Andy Bernstein/NBA Photos
S. 10, oben: Andy Bernstein/NBA Photos
S. 10, unten: Andy Bernstein/NBA Photos
S. 11: Andy Bernstein/NBA Photos
S. 12: Action Photo
S. 13: Andy Bernstein/NBA Photos
S. 14, oben: Bongarts, Hamburg
S. 14, unten: Bongarts, Hamburg
S. 15: Bongarts, Hamburg
S. 16: Andy Bernstein/NBA Photos

Danksagungen

Ich war der Center in diesem Spiel. Bill Novak war der Point Guard, der mir bei jeder sich bietenden Gelegenheit den Ball zugespielt hat. Peter Osnos von Random House war unser Coach, der uns auf die Gewinnerstraße gebracht hat. Und Lon Rosen, unser General Manager war zuständig für fast alles.

Earvin Johnson

Viele halfen uns, und ich bin ihnen allen Dank schuldig. Für ihre Bereitschaft, mit mir zu sprechen und meine Fragen zu beantworten, danke ich Kareem Abdul-Jabbar, Peter Berger, Larry Bird, Vince Bryson, Jerry Buss, Michael Cooper, Wanda Cooper, Greta und Jim Dart, Elizabeth Glaser, Russ Granik, Jud Heathcote, Jim Hill, Christine Johnson, Cookie Johnson, Earvin Johnson sen., Pearl Johnson, Mitch Kupchak, Bob McAdoo, Stu Nahan, Linda Rambis, Pat Riley, Dr. David Rogers, Josh Rosenfeld, Bob Ryan, Fred Stabley jr., David Stern und Jerry West.

Im Forum gewährten mir John Black, Stacy Brown, Matt Fleer, Renee Hawkins, Mary Lou Leibich und Bob Steiner freundlicherweise Einsicht in die Akten und beantworteten meine Fragen.

Bei Random House gaben Ken Gellman und Betsy Rapaport viele fruchtbare Anregungen. Amy Edelmann, unsere Textredakteurin, brachte Dutzende von Verbesserungen an. Und ganz besonderer Dank gilt Peter Osnos. Viele Lektoren erkennen Probleme, Peter bietet Lösungen.

Für ihre Ratschläge und ihre Großzügigkeit danke ich einigen Menschen, die von besonderer Bedeutung waren: Steve Axelrod, Michael Cooper, Greta Dart, Jim Dart, Cookie Johnson, Roy S. Johnson, Taren Metson, Michael Ovitz, Stephen Rivers und Laurie Rosen. Colleen Mohyde half uns bei den Nachforschungen.

Für die Hinführung zu den wichtigen Themen und Fragen bin ich folgenden Autoren und Büchern dankbar: Scott Ostler und Steve Springer, »Winnin' Times; Pat Riley, »Show Time«; Kareem Abdul-Jabbar und Mignon McCarthy, »Kareem«; Earvin Johnson und Richard Levin, »Magic«; Earvin Johnson und Roy S. Johnson, »Magic's Touch«; und natürlich »The Breaks of the Game« von David Halberstam.

Lon Rosen gebührt ein eigener Absatz. Aber wo soll ich beginnen? Vielleicht mit seinem ausgezeichneten Gedächtnis, seinem genauen Urteilsvermögen, seinem Sinn für Humor und seiner allgemeinen Aufmerksamkeit. Einige dieser Eigenschaften kamen an einem Tag zusammen, als ich gerade dabei war, mein Hotel zu verlassen, um Kareem Abdul-Jabbar zu interviewen. Ganz unerwartet rief Lon an und fragte mich, ob ich saubere Strümpfe anhabe. »Klar, Lon, aber warum fragen Sie?« Lon war plötzlich eingefallen, daß die Besucher bei Kareem zu Hause gebeten werden, die Schuhe auszuziehen, und Lon wollte mich nicht in eine peinliche Situation hineinlaufen lassen. Es war so ein großes Vergnügen, mit Lon zusammenzuarbeiten, daß ich meist sogar die Hektik und den enormen Zeitdruck vergaß, unter dem wir das Buch fertigzustellen versuchten.

William Novak

Autoren

Earvin »Magic« Johnson, geboren 1959 in Lansing, Michigan, ist einer der beeindruckendsten Sportler Amerikas. Mit seiner Mannschaft der Los Angeles Lakers beherrschte er in den achtziger Jahren wie kein anderer die beste Basketball-Liga der Welt. Im November 1991 schokkierte er die Öffentlichkeit, als er bekanntgab, daß er mit dem AIDS-Virus infiziert sei. Heute engagiert er sich sehr stark im Kampf gegen AIDS. Unter anderem ist er Gründer einer Stiftung, die Mittel für die AIDS-Forschung und -Bekämpfung aufbringt. Er lebt mit seiner Frau in Los Angeles.

William Novak ist Co-Autor der Bestseller-Autobiographien von Lee Iacocca und Nancy Reagan. Er lebt mit seiner Frau und seinen drei Söhnen in Newton, Massachusetts.